Sommaire

Avec ce guide voici les Cartes Michelin *qu'il vous faut*

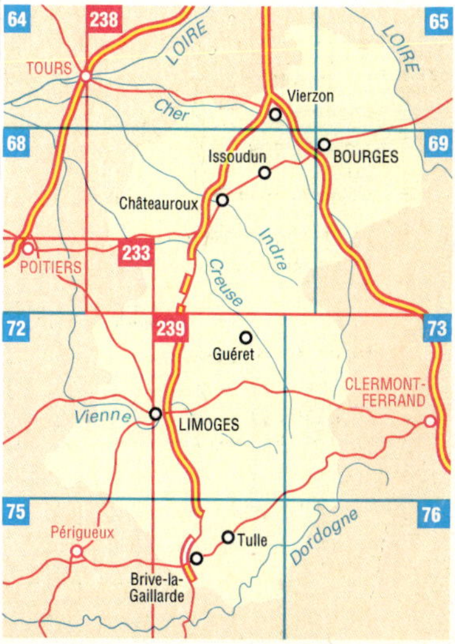

Principales curiosités

Vaut le voyage ★★★

Mérite un détour ★★

Intéressant ★

Les curiosités décrites dans ce guide figurent en noir. Consultez l'index.

23 Nº et limite de département

0 — 30 km

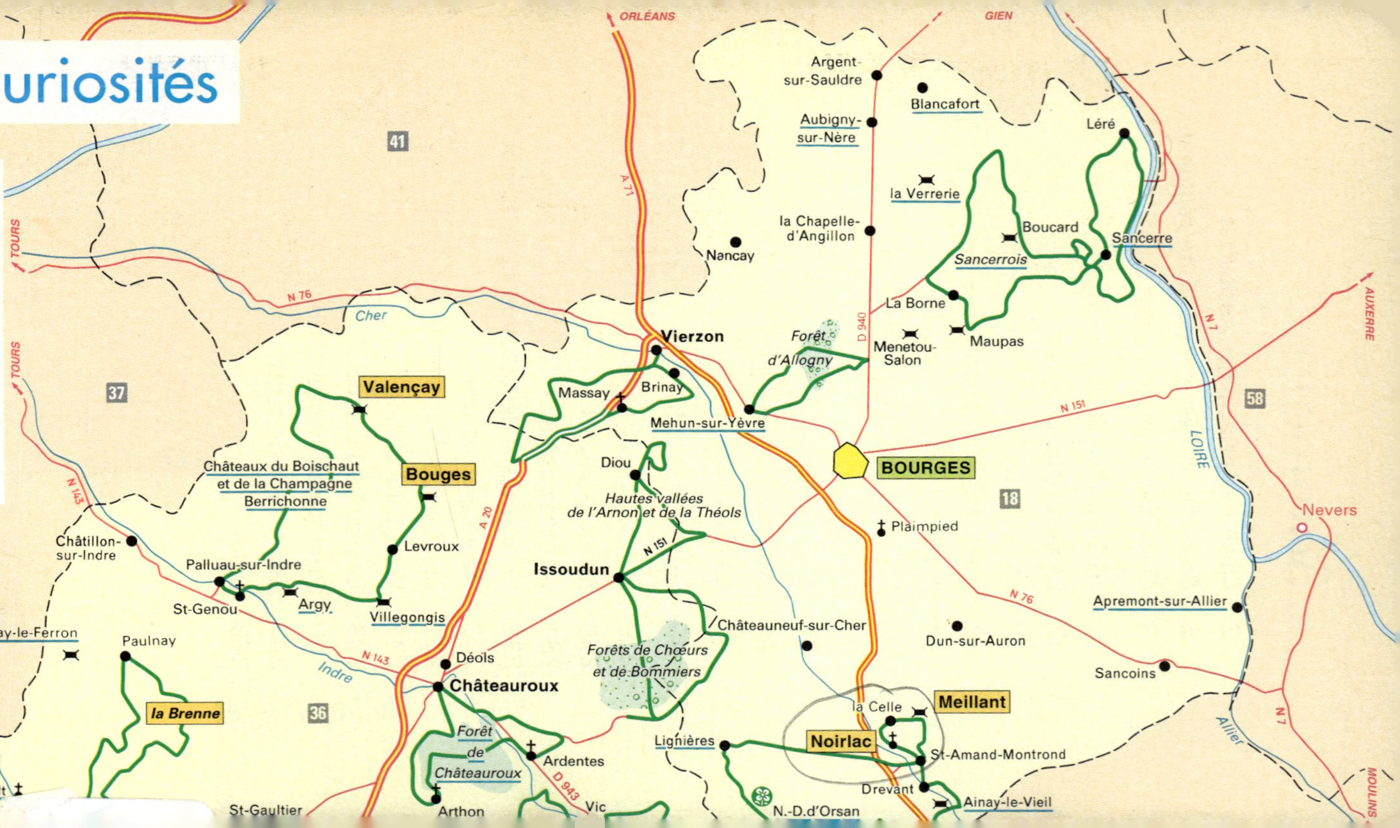

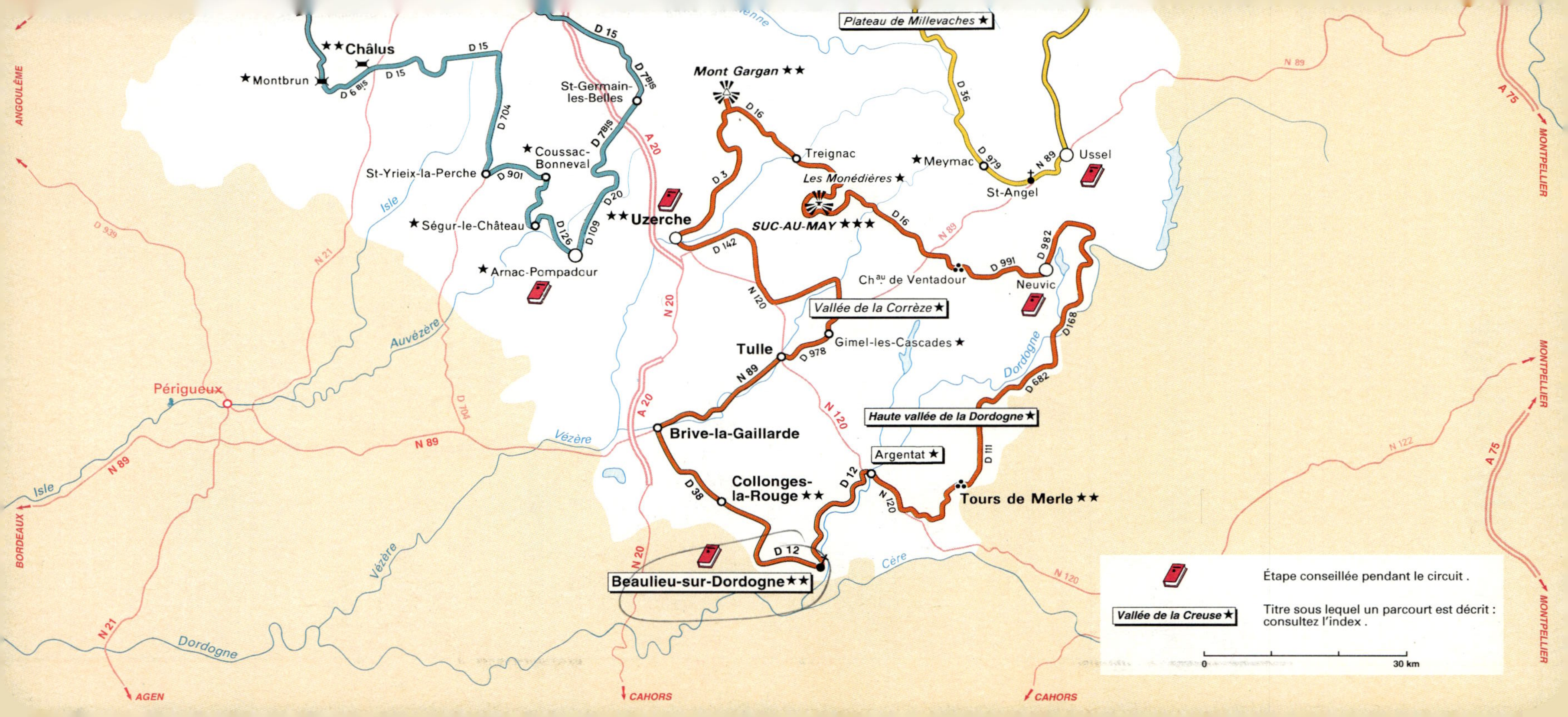

Plateau de Millevaches ★
★★ Châlus
★ Montbrun
D 6 BIS
D 15
D 704
D 7BIS
St-Germain-les-Belles
Mont Gargan ★★
D 16
Treignac
★ Meymac
D 979
N 89
Ussel
St-Angel
D 36
Les Monédières ★
SUC-AU-MAY ★★★
★ Coussac-Bonneval
St-Yrieix-la-Perche
D 901
D 20
D 109
D 126
A 20
★★ Uzerche
★ Ségur-le-Château
★ Arnac-Pompadour
D 3
D 142
N 120
Ch^au de Ventadour
D 991
D 982
Neuvic
Vallée de la Corrèze ★
Gimel-les-Cascades ★
D 978
Tulle
D 168
Dordogne
D 682
Haute vallée de la Dordogne ★
N 20
Isle
D 939
N 21
Auvézère
Périgueux
D 704
N 89
Vézère
Brive-la-Gaillarde
Argentat ★
D 111
D 12
Tours de Merle ★★
D 38
Collonges-la-Rouge ★★
Cère
Beaulieu-sur-Dordogne ★★
ANGOULÊME
BORDEAUX
AGEN
CAHORS
MONTPELLIER
A 75
N 122
Étape conseillée pendant le circuit .
Vallée de la Creuse ★
Titre sous lequel un parcourt est décrit : consultez l'index .
0
30 km

Lieux de séjour

CHOISIR SES VACANCES

La carte ci-dessous fait apparaître trois types de localités. Les **lieux de séjour traditionnels** sont des lieux de détente, particulièrement adaptés à la villégiature en raison de leurs possibilités d'hébergement, de leurs manifestations et de l'agrément de leur site ; les « **ville-étapes** » sont les centres urbains qu'il est intéressant de visiter : prévoir une excursion ou un arrêt d'une demi-journée à une journée ; Bourges et Limoges, par leur patrimoine historique et leur rayonnement culturel, justifient à elles seules le voyage : ce sont des **destinations de week-end**.
Outre les hôtels et les campings sélectionnés dans les publications **Michelin**, les offices de tourisme et syndicats d'initiative communiquent la liste des meublés, gîtes ruraux, etc. Ces organismes renseignent sur les activités locales en plein air et sur les manifestations culturelles de la région (informations pour l'hébergement, adresses et numéros de téléphone des O.T.S.I. : voir *Les Renseignements pratiques* en fin de guide).

CLIMAT ET SAISONS

La douceur du climat océanique est altérée par le relief, qui crée des conditions météorologiques très nuancées.

Par la modération des températures et des précipitations, le ciel du **Berry** s'apparente à celui du **Val de Loire** : largement ouverte aux perturbations, la région ne reçoit pas plus de 750 mm d'eau par an sous forme d'averses faibles et irrégulières ; les écarts saisonniers se creusent à partir de Châteauroux où l'influence continentale commence à se faire sentir.

George Sand remarquait déjà l'influence bénéfique de microclimats dans la vallée de la Creuse, et conseillait l'établissement d'un relevé des lieux de villégiature qui permettrait aux classes moyennes d'éviter le coûteux voyage en Italie. Elle écrit à propos de **Gargilesse** : « C'est comme une serre chaude au milieu des plateaux élevés et froids qui unissent le Bas-Berry à la Marche » *(Promenades dans le Berry)*. De fait, si le climat du Berry, surtout celui de l'Indre, est éloigné de tous les extrêmes, de nombreuses nuances locales s'y observent : aux chaleurs et à la sécheresse des étés de la Champagne berrichonne s'opposent l'humidité plus marquée du Boischaut, la fraîcheur des étangs de la Brenne et des hauteurs forestières de la Motte d'Humbligny.

En s'éloignant vers le Sud, **Marche** et **Limousin** essuient un climat moins propice, qui dépend étroitement de l'altitude. Les vents dominants du Sud-Ouest heurtent de plein fouet les reliefs du Limousin, placés en avant-garde du Massif Central : les précipitations sont nombreuses (entre 1 200 et 1 700 mm d'eau par an), mais varient d'une année à l'autre et n'excluent pas les risques de sécheresse estivale. L'hiver, sur les hautes terres voisines de l'Auvergne (Millevaches, Gentioux, Monédières et même Combraille), est long et rude ; les températures y sont basses, aggravées par un vent violent et glacial. Le reste du Limousin est plus favorisé : les hivers y sont moins rigoureux, les pluies moins abondantes, mais la fréquence des **gelées** nocturnes touche durement les cultures durant les saisons intermédiaires. Les régions les plus clémentes (températures douces, précipitations faibles, peu de gelées) sont le **bassin de Brive**, pénétré d'influences méridionales, et la **Charente limousine** (régions de Rochechouart et du Dorat), qui annonce l'agréable douceur atlantique.

J.D. Sudres/DIAF

Lac de Vassivière

Étang de la Brenne – Grèbe à cou noir

Introduction au voyage

J. L. Le Moigne/JACANA

Physionomie du pays

LA FORMATION DU SOL

Ère primaire – Début : il y a environ 600 millions d'années. A la fin de cette ère se produit un bouleversement de l'écorce terrestre, le plissement hercynien, dont la forme en V apparaît en tireté sur la carte ci-dessous. Il fait surgir un certain nombre de hautes montagnes parmi lesquelles le Massif Central. Ce massif de roches granitiques va être nivelé peu à peu par l'érosion.

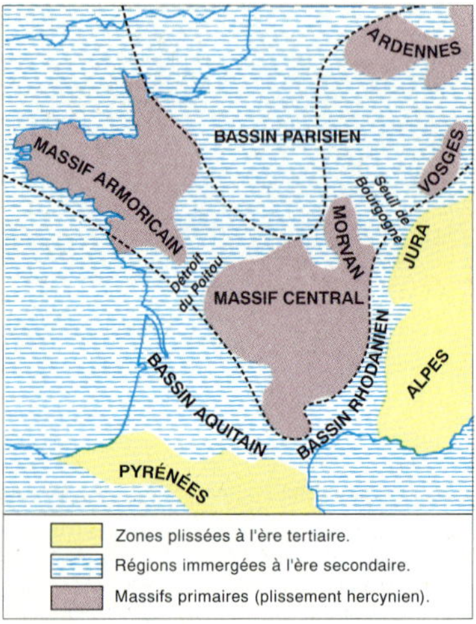

Ère secondaire – Début : il y a environ 200 millions d'années. Au milieu de l'ère secondaire, le socle ancien se ploie et la mer envahit le Bassin Parisien et le Bassin Aquitain qui deviennent de vastes golfes : les sédiments (dépôts) calcaires s'accumulent autour de l'avancée du Massif Central qui constitue le Limousin et forment les auréoles des calcaires jurassiques de la Champagne berrichonne et crétacés du Boischaut-Nord et du Sancerrois-Nord. On retrouve les mêmes structures calcaires au Sud dans le Périgord et le Quercy.

Ère tertiaire – Début : il y a environ 65 millions d'années. A l'époque tertiaire, par deux fois, mer et lacs occupent le Bassin Parisien, y déposant des sédiments argileux, des grès et des sables qui sont à l'origine des paysages très particuliers (forêts et étangs) de la Sologne et de la Brenne. D'autre part, l'inclinaison du Sud-Est vers le Nord-Ouest des plateaux du Limousin témoigne du soulèvement subi par le Massif Central sous la poussée gigantesque de la surrection alpine.

Ère quaternaire – Début : il y a environ 1,8 million d'années. Les effets de l'érosion achèvent de donner à la région sa physionomie actuelle.

LE BERRY

Cette province couvrant deux départements, l'Indre et le Cher, constitue l'un des plus vieux terroirs agricoles de la France et doit son unité plus à l'histoire qu'à la géographie. Le Berry forme une zone de contact entre le Bassin Parisien et le Massif Central. Il se présente comme un vaste plateau de faible altitude, relevé au Nord-Est par les côtes de Sancerre, le signal d'Humbligny (434 m), et s'abaissant à l'Ouest par paliers vers les dépressions de la Brenne ; il offre, dans le Sud, un terrain plus accidenté de collines ou d'escarpements.

Les paysages

Le Berry septentrional – Le **Pays Fort** et le **Sancerrois** forment transition avec les pays de la Loire. L'un incline ses terres d'argile à silex vers la Sologne tandis que l'autre dresse ses côtes crayeuses, couvertes de vignes, au-dessus du fleuve. L'ancienne forêt n'est plus qu'un bocage aux belles haies où subsiste la forêt d'Allogny *(voir les environs de Mehun-sur-Yèvre)* qui domine les immenses vergers de St-Martin-d'Auxigny. Le **Boischaut-Nord** étend ses prairies entre la forêt de Valencay, les rives de l'Indre creusées dans la craie et la Champagne berrichonne.

Le Berry méridional – La **Champagne berrichonne** se présente comme un vaste plateau ondulé se développant à perte de vue, entre la Loire nivernaise et l'Indre : c'est le domaine de la grande culture. A l'Est, le **Val de Germigny** s'allonge en une longue dépression autrefois marécageuse, se couchant au pied d'escarpements couronnés par les bois de Meillant ; la prairie grasse domine. Le Boischaut se situe entre le Cher et la Creuse. Ses terres argileuses humides empiètent sur les confins de la Marche ; à l'inverse de la Champagne, il se compose d'une foule de petites vallées fertiles au paysage bocager très morcelé. A l'Ouest, la Brenne est une vaste cuvette nappée de sable et d'argiles. Les innombrables marais et lacs en font avant tout une exceptionnelle réserve écologique ; bruyères, terres brunes hérissées de tertres rouges couverts de pins et de genêts complètent ce paysage magnifique.

L'économie

L'agriculture a longtemps dominé l'activité du Berry. Les entreprises y sont moins nombreuses et moins concentrées que dans les départements limitrophes du Val de Loire ; mais le réseau autoroutier en pleine expansion désenclave la région et favorise les implantations industrielles.

M. Guillard/SCOPE

Champagne berrichonne

Une agriculture en mutation – La concentration et l'équipement moderne des exploitations ont modifié le visage de l'agriculture berrichonne sans pour autant lui ôter ses spécificités locales.
Autrefois vouée à une polyculture pauvre (pacage de moutons et jachères alternées), la **Champagne berrichonne** a entrepris une révolution agricole fondée sur la mécanisation, et le développement des cultures céréalières et oléagineuses. Pays de grandes exploitations – les fermes de 100 à 200 ha d'un seul tenant sont fréquentes -, sa production annuelle de céréales (20 millions de quintaux) la place au deuxième rang après la Beauce. Mais le faible nombre d'industries agro-alimentaires, comparé au volume de la production, constitue un handicap.

L'élevage – L'élevage bovin s'oriente vers la production de viande au détriment des vaches laitières : Sancoins, dans le Cher, est le premier marché à bestiaux de France. La plus grande partie du lait sert à nourrir les veaux de race charolaise ou limousine, nombreux dans les prairies du Boischaut-Sud, la région de La Châtre et le Val de Germigny. Vaches frisonnes et normandes sont majoritaires dans le Boischaut du Nord où subsistent d'importants élevages laitiers.
Le mouton, longtemps la principale ressource du paysan berrichon, complète l'élevage bovin en permettant l'utilisation des parcelles peu intéressantes. Cette activité traditionnelle a décliné sous l'effet de la modernisation agricole, mais les ovins restent très présents dans le Sud-Ouest de l'Indre autour de Bélâbre, Lignac, St-Benoît-du-Sault et dans la région de Tranzault.
L'élevage caprin, en plein essor, joue un rôle essentiel dans le maintien de la polyculture. La commercialisation du lait de chèvre constitue la base économique de nombreuses exploitations. Les fromages de chèvre du Berry sont renommés : crottin de Chavignol, pavé de Levroux, pyramides de Valençay et de Pouligny-St-Pierre...

Fruits, miel et vignes – Le Berry n'est pas un gros producteur de fruits ; il possède, sur les coteaux argilo-calcaires dominant la plaine de Bourges, les importants vergers de poiriers et de pommiers de La Chapelle-d'Angillon et de St-Martin-d'Auxigny. Les établissements apicoles se rencontrent en Champagne berrichonne, à proximité des champs de colza. La vigne occupe plusieurs terroirs : coteaux ensoleillés de l'Arnon, du Cher, de Châteaumeillant, du Val de Loire avec Sancerre.

Une industrie au carrefour de la France – La modernisation des voies de communication *(voir ci-dessous)* semble inciter les entreprises à venir s'installer dans la région. Plus proche de l'Ile-de-France, le Berry peut désormais envisager de se hisser au niveau de ses voisins d'Orléanais et de Touraine, véritables « bases arrière » de la région parisienne, qui avaient bénéficié de la grande vague de décentralisations (1960-1974).
Le développement industriel a suscité des spécialisations régionales : Bourges est la capitale de l'armement (GIAT Industries) ; St-Amand-Montrond abrite le siège des imprimeries Bussière et SEPC (Livre de Poche) et transforme 10 % de l'or français ; le chemin de fer, la céramique et le matériel agricole demeurent à Vierzon ; Argenton-sur-Creuse, en dépit d'une reconversion douloureuse, reste fidèle à la confection ; Châteauroux effectue une percée remarquable dans le secteur des tapis et moquettes (l'Indre en est le premier producteur de France), la biscuiterie, le pain de mie et la fonderie.
Pour affronter la concurrence des pays à main-d'œuvre bon marché, les entreprises berrichonnes privilégient certaines voies :
– Le développement des industries de biens d'équipement (équipement ménager, automobile, aéronautique).

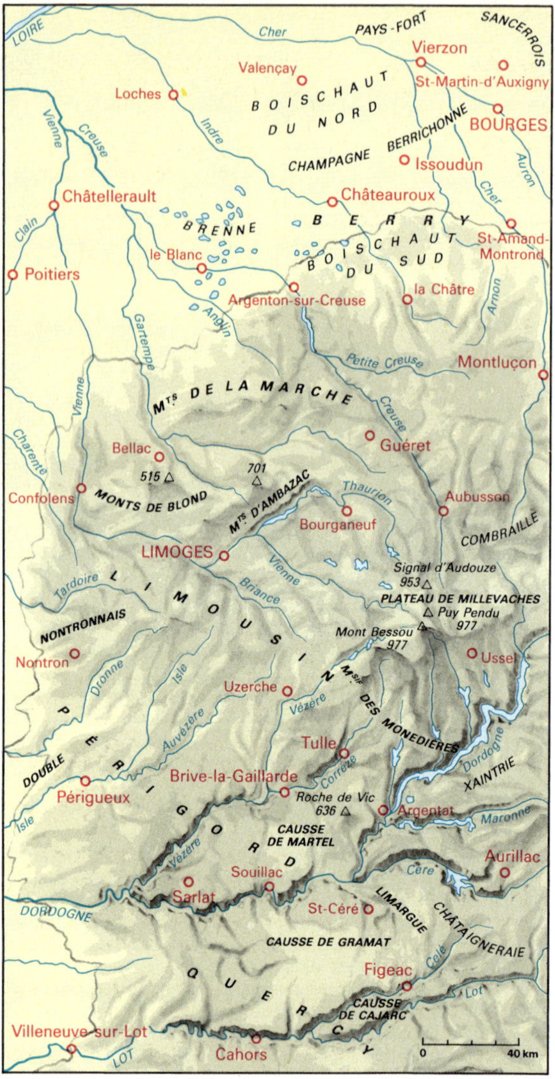

– La reconversion dans des produits « haut de gamme » (Société des ateliers Louis Vuitton, chemiserie de luxe, prêt-à-porter féminin).
– La recherche : Bourges dispose d'un CRITT (Centre Régional d'Innovation et de Transfert de Technologies), orienté vers la productique ; s'y ajoutent à Vierzon une Zone de Transferts Techniques et Technologiques (Z3T), spécialisée dans l'usinage des matériaux, et à Bourges des établissements d'enseignement supérieur spécialisés en Risques industriels, sans oublier les laboratoires de l'aéronautique-armement.
– L'extension des voies de communication : aux aéroports de Bourges et Châteauroux-Déols, ainsi qu'aux autoroutes A 71 (Vierzon-Montluçon) et A 20 (Vierzon-Brive : en cours d'achèvement) s'ajouteront une autoroute reliant Bourges à Angers, le T. G. V. Centre, etc.

Le triangle Bourges-Vierzon-Châteauroux totalise 20% du potentiel industriel de la région Centre et un peu moins de 50 000 emplois.

Mais, hormis quelques exceptions comme l'usine d'appareils électriques des Pompes Guinard à Neuvy-St-Sépulchre, les casseroles Sitram à St-Benoît-du-Sault ou la laiterie Triballat à Rians, l'industrie se cantonne dans les villes.

La baisse de la confection, bien implantée en milieu rural, qui a accentué la désertification des campagnes, semble aujourd'hui enrayée.

Les autres activités – L'artisanat traditionnel subsiste encore et l'exemple des artisans de Gargilesse, des potiers du village de la Borne *(voir à ce nom)*, ou encore celui des maîtres verriers spécialisés dans la rénovation des vitraux (Allouis, Lignières), montre qu'il sait s'adapter au monde moderne par des productions de qualité.

LE LIMOUSIN

Cette région regroupe trois départements peu homogènes : la Haute-Vienne au Nord-Ouest, la Creuse (ancienne province de la Marche) au Nord-Est et la Corrèze au Sud. L'unité de son climat humide et le travail assidu de ses habitants ont façonné un paysage très verdoyant, forestier et bocager. « Devant nous se déroulait un pays vert et mouvant, silencieux et profond, coupé de haies épaisses, rempli d'ombres puissantes et tout mouillé d'eaux vives. Point de fleuves, des rivières ; point de lacs, des étangs ; point de vallées, des vallons ; une gravité touchante. Nous étions en Limousin... » *(d'après le roman « La Maîtresse servante » (1911) de Jérôme et Jean Tharaud).* La création des barrages a modifié l'aspect de ces paysages traditionnels qui restent toujours marqués par trois constantes : le granite, l'arbre et l'eau.

Les paysages

La montagne – C'est dans la partie orientale de la région, dans la Montagne limousine – composée des **plateaux de Millevaches et des Gentioux** au Nord, et des monts des Monédières au Sud – que l'on rencontre les altitudes les plus fortes. Ces hautes terres peu accidentées ne sont dominées par aucun sommet vigoureux : elles atteignent 977 m au mont Bessou et au puy Pendu et 953 m au signal d'Audouze. En fait, l'impression de montagne provient plus de la rigueur du climat (fort enneigement hivernal) que du relief aux formes écrasées et confuses, tel qu'on le découvre en parcourant le plateau de Millevaches. Cet ensemble de plateaux dégradés par les moraines glaciaires constitue un véritable château d'eau d'où partent la Creuse, la Vienne, la Triouzoune, la Vézère, la Corrèze et quantité d'autres petites rivières. La terre est pauvre, soumise à des vents violents et d'abondantes précipitations à la mauvaise saison. Elle déroule un paysage alterné de landes à moutons – parfois de prairies –, d'étendues pierreuses et de forêts d'épicéas où l'habitat humain de faible densité est très dispersé.

Les plateaux du Haut-Limousin – Au Nord-Ouest s'ordonne une succession de collines où affleurent les rochers et se creusent les vallées. D'altitude modeste (300 à 600 m), elles forment une sorte de talus d'une grande régularité (**monts de Blond, monts d'Ambazac**). L'atmosphère humide a donné un paysage bocager très morcelé ; les arbres poussent avec vigueur (chênes et hêtres dans les parties élevées, châtaigniers à plus faible altitude) et les herbages, bien entretenus, sont la ressource essentielle de ces contrées vertes.
Plus au Nord, la **Marche**, relativement sèche et moins boisée, constitue un palier ou « marche » entre le Massif Central et le Val de Loire. Prolongeant la Montagne au Nord-Est, les hauts plateaux du Cher supérieur et de la Combraille portent, dans un paysage vallonné, quelques reliefs résiduels et sont parsemés d'étangs. Plus hospitaliers que la Montagne, ils présentent une alternance de bois, d'herbages agrémentés parfois de cultures. Avec les plateaux voisins situés entre la Creuse, la Gartempe et le Taurion, dominés par quelques sommets (signal de Maupuy 686 m, puy de Gaudy 651 m), ils dessinent la **Haute-Marche**.
En avant s'étend la **Basse-Marche** (200 à 350 m d'altitude) qui entre peu à peu en contact avec le Berry ; autour de Bellac, les labours prennent de l'importance.

Les plateaux du Bas-Limousin – Au Sud du massif des Monédières, entre Vézère et Dordogne, s'étagent les plateaux du Bas-Limousin, qui laissent percer les influences du Sud-Ouest.
La **Xaintrie** étend ses landes émaillées de bouquets de pins et de bouleaux argentés. Son sol granitique est profondément entaillé par les gorges de la Dordogne et de la Cère. Coupée en son milieu par la vallée tourmentée de la Maronne, elle abonde en précipices, pentes vertigineuses sur lesquelles les hommes ont taillé des routes en lacet. Vers Argentat, la vallée s'ouvre sur de grandes terrasses aux pentes ombragées de châtaigniers.
Le **Nontronnais** se raccroche en partie au Limousin dont il est proche par ses herbages, ses châtaigniers, ses landes de bruyères et d'ajoncs, ses fermes éparses.

L'économie

Reposant sur une activité essentiellement rurale où l'élevage prédomine, le Limousin tente de diversifier son secteur économique. Grâce à un lourd investissement financier, la région mise sur des productions de qualité, dans tous les secteurs d'activités. Ainsi l'agriculture, la haute technologie, la recherche ou le tourisme ont un même dénominateur commun qui devrait dynamiser la tertiairisation. Pour étendre ses voies de communication, le Limousin se dote actuellement de nouvelles infrastructures.

Une terre d'élevage – Par ses aptitudes naturelles, le Limousin est avant tout un pays d'élevage. Cette activité se répartit entre les races bovines (57 %) et ovines (26 %), essentiellement concentrées en Haute-Vienne. La production porcine et chevaline complète une diversité d'élevages peu commune (bisons).
Le bœuf limousin, à courte encolure, se distingue par son pelage roux sans tache dit « froment vif ». Animal destiné à la boucherie, sa viande est fortement appréciée pour sa qualité, garantie par un label. Possédant un herd-book de 1866, cette race bovine, grâce à une maîtrise génétique performante, a pu s'acclimater en Europe (Angleterre, Espagne, Italie, Hongrie) et à travers le monde (Amérique du Nord et du Sud,

Bovins de race limousine

Nouvelle-Zélande, Russie). Dans le Limousin, cet élevage s'est orienté vers la production de veaux de lait élevés sous la mère, très recherchés par les marchés parisiens et méridionaux. Certains veaux sevrés à 8 mois sont exportés en Italie où ils subissent un engraissement intensif. Les taurillons de 8 à 15 mois sont destinés aux foires ; les génisses de 2 à 3 ans sont expédiées aux abattoirs bordelais. Encadré par l'Auvergne et le Poitou-Charentes, importants producteurs de lait, le Limousin reste limité en élevage laitier.
Jadis élevé pour sa laine, le mouton est destiné à la boucherie sous l'appellation « baronet ». L'élevage de chevaux est essentiellement dirigé vers la puissance et l'esthétique de l'animal, spécialités du haras de Pompadour. La région tente aussi de préserver certaines races rustiques, depuis le cochon cul-noir de Saint-Yrieix, très gras, à la robe pie noir et blanc, jusqu'au coq de pêche de Neuvic dont les plumes sont recherchées par les pêcheurs à la mouche.

L'agro-alimentaire – La petite exploitation recule rapidement au profit de la moyenne et surtout de la grande exploitation moderne gérée rationnellement. Les terres de labour se situent dans la partie Nord de la région où l'on produit surtout des céréales. Le Sud est le domaine de l'arboriculture où se développe avec succès la « Perle du Limousin », produite par des pommeraies de qualité. L'industrie agro-alimentaire (Diépal, Madrange) n'est pas encore aussi performante que le secteur agricole. Malgré d'excellents produits régionaux, la plupart des IAA se fournissent hors du Limousin en matières premières.

Cuir, eaux et forêts – Après avoir atteint son apogée au siècle dernier avec une cinquantaine de tanneries, l'industrie du cuir se limite maintenant à la production de chaussures (Weston) et de gants en Haute-Vienne. Pays aux nombreux cours d'eau, le Limousin possède de puissants barrages sur la Dordogne, la Maulde et le Taurion, permettant une conversion en énergie électrique. La forêt et ses filières bois-papier apparaissent comme un secteur prometteur pour la région. Aussedat-Rey à Saillat-sur-Vienne, du groupe International Paper Co, prévoit un doublement de sa production de papier de reprographie.

Émaux et porcelaine – La présence, dans le sous-sol limousin, des oxydes métalliques nécessaires à la fabrication des émaux a favorisé dès le Moyen Âge l'implantation de l'émaillerie à Limoges. La porcelaine de tradition s'est associée à de grandes griffes de la mode (Dior, Hermès) pour mieux s'implanter sur les marchés internationaux. L'exportation (Bernardaud) représente plus de la moitié de la production française.

Formation, recherche et industrie de pointe – Fort d'une matière grise brillante, le Limousin a su mettre à profit cet avantage brut pour développer la formation supérieure et professionnelle. Parmi les centres les plus réputés on trouve : l'ENSCI (École Nationale Supérieure de Céramique Industrielle), l'ENSIL (École Nationale Supérieure d'Ingénieurs de Limoges), la Faculté des sciences (unité de biotechnologie) ou l'OIE (Office International de l'eau). La région commence à récolter les bénéfices dus à la synergie industrie-recherche-université, bien représentée à Limoges par la technopole ESTER (Espace Scientifique et Technologique d'Échanges et de Recherche). L'IRCOM (Institut de Recherche en Communication Optique et Micro-Ondes) travaille pour des entreprises de pointe comme Ariane Espace et Airbus Industrie. L'expansion de Legrand (appareillage électronique) incite les nombreuses PME-PMI locales à suivre sa réussite sur le marché international.

Le tourisme vert – Bénéficiant d'un environnement préservé, le Limousin permet plusieurs types de découvertes : la nature, authentique, par la pratique de nombreux sports, ou le patrimoine culturel à travers le développement de festivals et de divers modes d'expression, drainant un large public.

Les autres activités – Si la Cogema ferme ses mines d'uranium, sa filiale SMB exploite les mines d'or du Bourneix, faisant du Limousin la dernière région française productrice d'or. A ces activités, il faut ajouter les armes (Tulle), l'imprimerie-presse-édition (Limoges) et la tapisserie (Aubusson).
Le réseau urbain, très lâche, du Limousin est entièrement dominé par la ville de Limoges qui cumule les fonctions industrielle, administrative et culturelle. Pour continuer son développement économique, la région se donne les moyens de ses ambitions avec plusieurs atouts :
– L'aéroport de Limoges-Bellegarde assurent les liaisons Paris, Lyon, Marseille, Rennes.
– Le TGV (en projet) mettra Limoges à moins de deux heures de Paris.
– La progression de l'A 20 s'effectue par tronçons depuis le Sud du Berry jusqu'à Brive, mettant le Limousin en position de relayeur sur l'axe Paris-Espagne via Toulouse. Une nouvelle section de 16 km vient d'être ouverte à la circulation, franchissant la Gartempe, en attendant les 15 km du contournement d'Uzerche où un viaduc de 350 m enjambe la vallée de la Vézère à 50 m de hauteur.

Berry, Limousin et la philatélie

Le Berry – La première émission d'un timbre sur la région date de 1945 et représente *Louis XI*, suivi plus tard par les effigies de *Jacques Cœur* (1955) et du chimiste *Pierre Martin* (1955), tous trois natifs de Bourges. *Charles VII* (1946) et de nouveau *Louis XI* (1969) illustrent les rois de France. Les écrivains sont aussi à l'honneur avec *George Sand* (1957) et *Alain-Fournier* (1986). Le blason aux trois fleurs de lys porte les couleurs du *Berri* (1953), que l'on découvre à travers une vue de la région *Centre* (1976), un paysage de *La Brenne* (1989), ou des monuments comme le *château de Valençay* (1957), le *radiotélescope de Nançay* (1962), la *cathédrale de Bourges* (1965) et l'*abbaye de Noirlac* (1983). L'art est représenté par la miniature des frères Limbourg *Les très Riches Heures du duc de Berry* (1965) et le tableau de Maurice Estève intitulé *Skibet* (1986). Le folklore est illustré par une danse : *La Bourrée croisée* (1981).

Le Limousin – Ce sont les armoiries d'une ville, *Limoges*, qui furent choisies, en 1942, comme sujet du premier timbre consacré à la région, précédant les blasons du *Limousin* (1951), de la *Marche* (1955) et de *Guéret* (1962). Un an après le drame de juin 1944, la poste commémore le martyr d'*Oradour-sur-Glane* (1945). La nature, l'eau et l'uranium symbolisent la région *Limousin* (1976) que viennent illustrer les sujets sur *Limoges* (1955), *Uzerche* (1955), *Ussel* (1976), *Argentat* (1994) et *Corrèze* (1995), le lac de *Bort-les-Orgues* (1966), le château de *Rochechouart* (1974) et celui de *Sédières* (1988), le monument de la *Collégiale du Dorat* (1977), ou l'*église abbatiale Aubazine* (1978). Les arts décoratifs sont représentés par un *émail champlevé limousin* (1964), une tapisserie de *Lurçat* (1966), les boiseries du *Moutier d'Ahun* (1973), un grès de *Dalpayrat* (1994), et les peintures murales des *Salles-Lavauguyon* (1997). Les personnalités locales sont évoquées par les effigies de *Bugeaud* (1944), *Turgot* (1949), *Gay-Lussac* (1951), *Sadi Carnot* (1954), *Pierre-Auguste Renoir* (1955), *Maryse Bastié* (1955), *Jean Giraudoux* (1974) et *Edmond Michelet* (1974).

La faune et la flore

L'EAU

La région est parcourue par un réseau hydrographique dense. Les rivières du Limousin grondent dans de pittoresques vallées encaissées, au contraire du Berry où elles coulent beaucoup plus sagement. A cela s'ajoutent une multitude d'étangs, de grands lacs artificiels qui constituent un milieu écologique très riche.

Richesse des étangs de la Brenne

Nettement individualisée par rapport au reste du Berry, la Brenne est une petite région naturelle de 80 000 ha. Le fond argilo-calcaire descendu du Massif Central à l'ère tertiaire explique, par son imperméabilité, la présence d'environ 400 étangs. Ceux-ci ont été créés (comme en Sologne) après que le défrichement eut entraîné la remontée de la nappe aquifère et l'apparition de zones humides.
Établis par un simple barrage d'une dépression naturelle à l'aide d'une digue de terre, les étangs ont une faible profondeur. La diversité des habitats possibles, la quantité importante de nourriture disponible, en harmonie avec l'utilisation humaine de l'environnement font de la Brenne un lieu privilégié pour la reproduction des oiseaux, mais aussi une halte de migration et d'hivernage.

Coupe d'un étang – Les ceintures d'étangs complètes comportent une succession de formations végétales qui, de l'extérieur vers l'intérieur, sont de plus en plus adaptées à l'humidité. Ces quatre zones concentriques regroupent l'essentiel de la faune :

I Les prairies humides : Au bord le plus externe de l'étang, elles forment une ceinture de largeur variable, très colorée au printemps. Leur flore diversifiée compte une cinquantaine d'espèces : violette des marais, gentiane, nombreuses orchidées.

II Vasières et saulaies inondées : Les rives de nombreux étangs sont envahies par des massifs de saules qui s'étendent de la terre ferme à l'eau libre. La sarcelle d'hiver y dissimule son nid ; canards colvert et fuligules milouin aiment y nager sous les branches formant voûte ; le héron cendré s'y mêle aux colonies discrètes de hérons bihoreaux. Les vasières riches en mollusques constituent des parcelles de choix pour les petits échassiers : barges à queue noire, courlis cendrés, vanneaux huppés, bécassines.

III Les roselières sont des associations végétales dominées par les carex, roseaux, massettes et joncs des tonneliers (scirpes). Impénétrables, souvent considérées comme nuisibles à la pisciculture, elles sont des lieux essentiels à la survie d'espèces rares. Butors étoilés, hérons pourprés établissent leurs nids dans ces refuges. Le reste du massif est occupé par le busard des roseaux et de nombreux passereaux : phragmites des joncs, rousserolles, bruants des roseaux.

IV Les eaux libres : Les hauts-fonds garnis de végétation flottante accueillent les nids des grèbes huppés et des grèbes à cou noir ; guifettes noire et moustac sillonnent gracieusement la surface de l'eau ; les canards sont innombrables : colvert, souchet, fuligule morillon ou milouin, canard chipeau plus rare, canard siffleur, canard pilet ; le balbuzard pêcheur y marque une étape avant de poursuivre sa migration.
La cistude est une petite tortue aquatique discrète et farouche, qui se nourrit dans les champs de nénuphars et prend ses bains de soleil sur le front des roselières. Les insectes sont partout : la faune entomologique d'un étang peut dépasser 600, voire 1 000 espèces. Couleuvres et batraciens abondent et certaines espèces rares de mammifères ont été observées, comme le vison d'Europe, redécouvert en 1982 à l'étang Ricot (réserve de Chérine).

Un patrimoine à protéger – 100 espèces d'oiseaux dont 40 nicheuses, une trentaine d'espèces d'orchidées, le même nombre pour les libellules (1/3 des espèces françaises) : la faune et la flore des étangs brennous constituent un patrimoine irremplaçable. Le dégagement systématique des rives et la disparition des roselières sont responsables de la régression de certaines espèces, mais plusieurs solutions ont déjà été trouvées : création d'une réserve naturelle (Chérine, en 1985), d'une réserve de chasse (La Gabrière, en 1987), institution du parc naturel régional de la Brenne (1989).

Lacs et rivières du Limousin

Les eaux courantes du Limousin sont recherchées pour leur abondance en poissons : la truite capricieuse de la Creuse, la « fario », fait les délices des amateurs de pêche sportive ; la Gartempe est renommée pour ses carpes. Truites, ombres et autres salmonidés sont les espèces les plus répandues dans les rivières rapides et claires, bien oxygénées ; les cyprinidés : carpes, tanches, gardons, goujons, ablettes préfèrent les cours d'eau plus calmes et les lacs de retenue. Ces derniers abritent les « monstres » de grande taille : sandres, brochets, perches, au milieu des bancs serrés de brèmes et gardons. A ces étendues tranquilles s'ajoutent les nombreux étangs d'irrigation, aménagés en haut des prés sur les plateaux corréziens de faible altitude (moins de 500 m), réserves d'eau desservies par les « levades » (rigoles) et pêcheries asséchées tous les deux ou trois ans.

Faune des étangs de la Brenne

① ② ③ ④ ⑤ ⑥ ⑦ ⑨ d'après photos J. F. Hellio, N. Van Ingen, in Brenne, Terre sauvage, Éditions La Pommeraie ⑧ d'après photo Ermie/JACANA, Paris

LANDES ET FORÊTS

La lande, lot des pays déshérités – Pays de médiocres pâturages, la Brenne est aussi un pays déserté (moins de 10 h/km² sur les sols infertiles de Brenne centrale).
Les terres cultivées laissent une large place aux friches, landes et bois. La brande, par laquelle l'on désigne habituellement ces contrées, est le nom commun de la bruyère à balais, arbrisseau de 2 à 3 m de haut à la floraison blanc verdâtre, qui domine la lande des sols humides. Dans les secteurs plus secs, l'ajonc européen, le genêt à balais, la fougère aigle se mêlent à quelques arbres isolés.
De nombreux rapaces chassent sur ces terres et dans la forêt toute proche de Lancosme : circaètes jean-le-blanc, busards cendrés et Saint-Martin, buses variables.

Les tourbières – Les tourbières du Limousin se concentrent dans les zones d'altitude. Les vastes dépressions granitiques du plateau de Millevaches ou de Gentioux sont occupées par des tourbières acides à sphaignes (« mousses » sub-aquatiques adaptées au milieu). La tourbière du Longéroux, près de Meymac, est une zone protégée de 255 ha qui comprend les sources de la Vézère.
La tourbe résulte de la décomposition lente, au fond d'une eau froide et acide, de matières organiques (essentiellement des sphaignes). Cette opération demande des siècles. Au Longéroux, où l'épaisseur moyenne de la tourbe est de 2 m, l'analyse des pollens fossilisés montre que la tourbière s'y est installée il y a 8000 ans.
La faune des tourbières est peu riche mais très spécialisée. A l'intérieur du fond tourbeux, le lézard vivipare se glisse furtivement dans la végétation ; le pipit farlouse y niche, reconnaissable à son chant nuptial ; la vipère péliade prend ses bains de soleil sur les « touradons » (petites mottes formées par l'enchevêtrement des molinies, longues herbes violacées pouvant atteindre 1,50 m). La loutre, extrêmement farouche, ne laisse que des traces dans la neige ou ses « épreintes » (excréments). Les rapaces profitent de ces landes découvertes pour chasser : le magnifique circaète jean-le-blanc y mérite son surnom d' « aigle des serpents », spécialisé dans la capture des batraciens et des reptiles.

Hêtre

Épicéa

L'exploitation forestière – La reconversion, au 19e s. des forêts appartenant à l'État en taillis sous futaie puis en futaie, a placé l'Indre au premier rang de la production de bois de chêne de qualité placage. Profitant de cet exemple, les propriétaires privés mettent de plus en plus en valeur leur patrimoine forestier. Les **forêts domaniales de Châteauroux** (5204 ha) et de **Bommiers** (4470 ha) constituent des ensembles remarquables : sur leurs sols bruns faiblement acides, les futaies de chênes pédonculés s'associent aux taillis de charmes et de frênes avec leurs sous-bois de fougères. Sangliers, cerfs, martres, putois, écureuils et chats sauvages sont les habitants communs de ces réserves, ainsi que quelques oiseaux caractéristiques comme l'autour des palombes ou le pic noir.
Plus au Nord, la terre acide et lessivée du Boischaut convient aux taillis de bouleaux de la forêt de Gâtine ; la chênaie-hêtraie préfère les confins marchois, tandis que les chênes pubescents poussent sur les plateaux calcaires du Sud-Ouest de l'Indre.
A l'opposé, les hauts plateaux du Limousin (altitude supérieure à 600 m) offrent le spectacle d'une croissance désordonnée des résineux. 150000 ha sur 500000 ont été conquis depuis 1946 afin de réguler le régime des eaux : épicéas, mélèzes, sapins se sont implantés au détriment des bruyères et des terres à céréales.

Châtaignier

Les champignons – L'humidité bien répartie, la nature souvent acide du sol favorisent la naissance de nombreuses variétés comestibles : cèpe de Bordeaux, bolet bronzé ou tête-de-nègre, bolet rude, girolle, mousseron, morille, coulemelle-oronge, amanite des césars... Pour éviter tout risque d'intoxication, il est préférable de se renseigner auprès d'un mycologue compétent, voire de lui présenter sa cueillette.

CHAMPS ET BOCAGE

Terre de grande culture, la **Champagne berrichonne** possède une flore relativement pauvre. Les rares landes à genévriers renferment encore des espèces intéressantes : les coteaux du Cher mêlent buis et chênes pubescents à d'autres végétaux adaptés à la sécheresse des terrains calcaires.
L'intérêt de la Champagne réside plus dans sa faune ornithologique : l'oiseau caractéristique de ces grands espaces céréaliers est l'outarde canepetière, volatile très farouche, qu'il faut observer en bordure des champs au début de l'automne, avant sa migration vers le Sud ; le faucon émerillon apparaît durant la saison froide ; au printemps et à l'automne, le passage des grues cendrées s'entend de loin.

Le bocage berrichon – Caractéristique du **Boischaut-Sud**, présent dans la Brenne et le Pays Fort, il s'oppose aux étendues découvertes de la Champagne. L'intrication des haies, des prés, des taillis impose la présence de l'arbre sans offrir de vastes massifs forestiers. La haie, ou « bouchure », sert de barrière pour protéger les cultures et assurer la garde du bétail. Environnement naturel où le paysan prélevait une bonne part de ses ressources, la haie est aujourd'hui modérément exploitée : les arbres fournissent le bois de chauffage, mais ne sont plus guère émondés comme autrefois, ou taillés en têtard de façon à faciliter le développement des repousses supérieures. Lentement, le bocage se transforme : la strate buissonnante recule au profit des arbres de haut jet ; les châtaigneraies (ou « gorces »), fréquentes au 19e s., ont disparu ; merisiers, cormiers et noyers sont devenus résiduels. Sans altération majeure, les parcelles s'agrandissent au profit d'une agriculture plus rationnelle ; les chemins creux (les « traînes », bordées par deux haies dressées sur talus), très efficaces contre l'érosion des terres, mais inadaptés au passage des tracteurs, sont recouverts par la végétation.
La faune du bocage est diversifiée, mais manque d'espèces remarquables. La haie sert d'abri pour le petit gibier et attire les prédateurs : le troglodyte en est totalement tributaire ; faisans et belettes s'y reproduisent. Le geai, la buse et le pigeon ramier nichent dans les arbres creux ; perdrix rouges, grives, rouges-gorges et lapins de garenne fréquentent les buissons.

S. Sauvignier/MICHELIN

Bocage berrichon

Quelques faits historiques

La préhistoire

Les premiers établissements humains du Berry et du Limousin remontent au paléolithique moyen. Les principaux sites se localisent en Basse-Corrèze et sur le plateau limité par la Vienne et la Creuse. L'homme néandertalien de La Chapelle-aux-Saints (près de Curemonte), daté de – 40 000 ans, offre le plus ancien exemple de rite funéraire en France. Les vallées de la Creuse, de l'Anglin et de la Gartempe furent des axes essentiels de pénétration des « civilisations » du Sud-Ouest, du Moustérien (– 90 000 à – 35 000 ans) au Magdalénien (– 15 000 à – 10 000 ans). Toutefois c'est au Néolithique (–7 500 à – 2 500 ans) que se met véritablement en place le peuplement régional : les nombreuses stations éparpillées entre la Loire et la Vienne montrent que l'homme a commencé à s'enraciner et à défricher, hormis en montagne. Les populations néolithiques élevèrent les premiers « monuments », mégalithes et tumuli.

La protohistoire et l'Antiquité

Avant J. -C.	
6e-5e s.	Installation des Bituriges Cubi dans le Berry. Ceux-ci étendent leur domination sur le Centre et s'intitulent « rois du monde » ou « rois éternels ».
fin du 2e s.	Les Gaulois s'installent sur des hauteurs fortifiées, les oppida : Levroux, Dun-sur-Auron, Toulx-Ste-Croix, Roche-de-Vic sont parmi les mieux défendus. Hormis Avaricum *(voir à Bourges)*, il n'existe pas de villes.
52	César soumet la Gaule. Avaricum est prise et détruite. A Alésia, l'armée de secours, dont fait partie un important contingent lémovice, est écrasée.
27	Berry et Limousin appartiennent à la province d'Aquitaine. Début d'une longue période de prospérité et de sécurité.
Après J.-C.	
vers 250	Saint Martial évangélise les Lémovices.
276	Invasions des Alamans et des Francs. De nombreux sites sont détruits, notamment celui d'Argentomagus *(voir à St-Marcel)*. Les villes s'enferment dans des remparts.
fin du 3e s.	Berry et Limousin sont incorporés dans l'Aquitaine première dont Bourges est la capitale. Saint Ursin, premier évêque de Bourges.
Vers 380	Intervention de saint Martin à Levroux.
470	La bataille de Déols livre l'Aquitaine à Euric, roi des Wisigoths.

De Clovis à Louis XI : instabilité et incertitudes politiques

507	Bataille de Vouillé : l'Aquitaine tombe aux mains des Francs.
631	Saint Éloi fonde l'abbaye de Solignac *(voir à ce nom)*.
732	Défaite des Arabes à Poitiers. Une légende leur attribue l'introduction de la tapisserie et d'une nouvelle race chevaline en Limousin.
760-768	Lutte entre Pépin le Bref et le duc Waifre qui se termine par la mort de ce dernier et la fin du duché d'Aquitaine.
9e s.	Invasions normandes. Situation anarchique dont les comtes de Poitiers tirent profit en étendant leur autorité entre Loire et Garonne.
10e s.	La Marche est érigée en comté indépendant et forme une marche militaire en Poitou-Limousin et Berry. Émiettement féodal.
917	Fondation de l'abbaye de Déols *(voir à ce nom)*.
1021-1031	Proclamation de l'apostolicité de saint Martial, apogée de l'abbaye qui porte son nom.
1048-1124	Vie de saint Étienne de Muret, fondateur de l'ordre de Grandmont *(voir à Ambazac)*.
1095	Périple d'Urbain II en Auvergne et en Aquitaine.
1101	Philippe Ier achète la vicomté de Bourges.
1130	Fondation de l'abbaye de Noirlac *(voir à ce nom)* par les cisterciens.
1152	Par son remariage avec Henri Plantagenêt, Aliénor d'Aquitaine apporte en dot au futur roi d'Angleterre tout le Sud-Ouest de la France dont le Limousin.
1195	Début des travaux de la cathédrale de Bourges.
1199	Mort de Richard Cœur de Lion à Châlus *(voir à ce nom)*.
1200	Traité du Goulet : Jean sans Terre cède à Philippe Auguste ses droits sur le Berry.
1234	Louis IX achète les droits du comte de Champagne sur le Berry.

1273 Début des travaux de la cathédrale de Limoges.
1324 Consécration de la cathédrale de Bourges.
1337 Début de la guerre de Cent Ans.
1342-1352 Clément VI, premier des papes « limousins » à Avignon.
1356-1370 Ravages de l'armée du Prince Noir en Berry et en Limousin.
1360 Création de l'apanage d'Auvergne et de Berry pour Jean, troisième fils du roi Jean le Bon.
1416 Mort du duc Jean de Berry.
1422 Charles VII prend le titre de roi de France à Mehun-sur-Yèvre.
1429 L'amiral de Culant reçoit Jeanne d'Arc à Culan *(voir à ce nom)*.
1438 Pragmatique sanction de Bourges : naissance de l'Église gallicane.
1451 Procès de Jacques Cœur.
1463 Fondation de l'université de Bourges.
1483 Mort de Louis XI.
1487 Grand incendie de Bourges.

Les temps modernes et contemporains : effacement de la personnalité régionale

1505 Voyage mouvementé de Louis XII à Meillant *(voir à ce nom)*.
1531 Réunion de la Marche au domaine royal.
1562-1598 Guerres de Religion : les protestants sont peu nombreux, mais la région subit d'importantes dévastations.
1593-1594 Révolte des « Croquants » en Limousin.
1605-1608 Fondation de la ville d'Henrichemont *(voir à ce nom)* par Sully.
1607 Réunion de la vicomté de Limoges à la couronne de France.
1612 Henri II de Condé, gouverneur du Berry.
1693 Incendie de la Sainte-Chapelle de Bourges.
1718 Mort d'Étienne Baluze, historien du Bas-Limousin.
1736 Louis XV achète le duché de Châteauroux.
1761-1774 Turgot, intendant du Limousin.
1768 Découverte du kaolin à St-Yrieix-la-Perche.
1781 Fondation des forges de Vierzon par le comte d'Artois.
1808 Gay-Lussac formule la loi sur les combinaisons gazeuses.
1852-1870 Second Empire. Période de transformations économiques profondes, notamment par l'arrivée des chemins de fer.
1871-1940 Troisième République. Le Limousin s'affirme très tôt comme un bastion des idées avancées, il élit les premiers députés ouvriers (Martin Nadaud, Desfarges) et fournit de nombreux cadres aux partis de gauche.
1876 Mort de George Sand *(voir à Nohant)*.
1905 Grandes grèves de Limoges.
1935 Construction du barrage de Marèges sur la Dordogne.
1940 La ligne de démarcation traverse le Cher.
1942-1944 Intenses activités des maquis du Limousin.
1944 Massacres de Tulle et d'Oradour-sur-Glane, perpétrés par la division Das Reich *(voir à ces noms)*.
1947-1957 Achèvement du Programme d'équipement hydro-électrique en Limousin.
1948 Découverte du premier gisement d'uranium français en Haute-Vienne.
1960 Création de la région Centre.
1963 Ouverture de la Maison de la culture à Bourges, première du genre en France.
1964 Création de la région Limousin.
1968-1971 Construction de l'aéroport de Limoges-Bellegarde.
1977 Création du Printemps de Bourges.
1984 Création du Festival international des Francophonies en Limousin.
1989 Création du Parc naturel régional de la Brenne. Achèvement de l'autoroute Paris-Clermont-Ferrand (A 71).
1993 Limoges CSP est le premier club français à remporter la Coupe d'Europe de basket.
1994 Le Limousin Luc Leblanc devient Champion du monde de cyclisme.
1995 Jacques Chirac, député de Corrèze, est élu Président de la République. Les demoiselles du CJMB de Bourges remportent la Coupe Ronchetti (Coupe d'Europe de basket).

AU TEMPS DE LA GUERRE DE CENT ANS

La papauté à l'heure limousine – Au 14e s., alors que le Limousin connaît l'une des périodes les plus difficiles de son histoire – famines, épidémies, pillages –, jaillit sur lui l'honneur de donner plusieurs papes à la chrétienté.

En 1342, Pierre de Rosiers, né au château de Maumont près d'Égletons, accède au trône de saint Pierre sous le nom de **Clément VI**. Cet ancien moine de l'abbaye bénédictine de La Chaise-Dieu aurait déclaré, sitôt son élection, en jouant sur ce nom de Rosiers : « Je planterai dans l'Église de Dieu un tel rosier de Limousins qu'après cent ans il aura encore des racines et des boutons. » En effet, il comble d'honneurs ses parents et ses compatriotes, leur accordant évêchés, archevêchés et légations, sacrant cardinal un neveu de 19 ans. Habile diplomate, il joue un rôle politique très actif, décrétant une croisade contre les Turcs, intervenant dans le conflit opposant les rois de France et d'Angleterre.

Son successeur, Étienne Aubert, né près de Pompadour, devenu pape sous le nom d'**Innocent VI** (1352-1362), continue dans la même voie et favorise les siens. En 1370, le neveu de Clément VI, Pierre-Roger de Beaufort, comme lui né au château de Maumont, ceint la tiare sous le nom de **Grégoire XI**. En 1377, il quitte Avignon pour Rome où il décède peu de temps après son arrivée ; s'ouvre alors le Grand Schisme d'Occident. En trente ans, le Limousin fournit ainsi à l'Église une dizaine de patriarches, une quarantaine de cardinaux et plus de trois cents évêques.

Le duc Jean de Berry – Au 14e s., le Berry compte environ 350 000 habitants, qui se trouvent plongés dans la guerre de Cent Ans. Région-frontière, base possible de départ pour une reconquête du Poitou et de l'Aquitaine, le Berry est érigé en duché-pairie au profit du troisième fils du roi Jean le Bon, Jean de France, en 1360.

Le jeune duc, après un temps de captivité en Angleterre, prend possession de son apanage qui comprend également l'Auvergne. Ayant toujours d'énormes besoins d'argent, il se préoccupe avant tout d'augmenter les charges fiscales, destinées à financer les frais de guerre, les fondations pieuses et, surtout, les dépenses excessives qui marqueront son « règne » . Homme de guerre bien que piètre militaire, il fait une entrée triomphale à Limoges en 1370 : les bourgeois et l'évêque décident de se ranger dans le camp des Valois, ce qui entraîne peu après de terribles représailles anglaises sur la cité. Poursuivant ses offensives en concertation avec Du Guesclin et le duc d'Anjou, les victoires de la campagne de 1372 lui valent d'ajouter à son apanage le Poitou (1373). La mort de Charles V en 1380 aboutit à une répartition des profits et des honneurs entre les oncles du tout jeune roi Charles VI : Jean obtient le gouvernement du Languedoc qu'il s'empresse de mettre en coupe réglée. Ses excès entraînent sa destitution en 1388, mais le roi ne tarde pas à sombrer dans la folie (1392) ; la voie du pouvoir lui est à nouveau ouverte. Louvoyant au mieux de ses intérêts entre Armagnacs et Bourguignons, le duc Jean va même jusqu'à traiter avec les Anglais auxquels il promet de livrer la Guyenne (1412) ; cette attitude provoque le siège de Bourges par les troupes royales. Jean capitule, il meurt quatre ans plus tard à 76 ans. Homme de goût, il avait entrepris un ambitieux programme de constructions prestigieuses : palais dans chacune de ses capitales (Bourges, Poitiers et Riom), résidences et demeures princières. Amateur d'art et de musique, de grandes chasses et de riches soupers, il avait de plus la manie – coûteuse – des collections. Attirant les meilleurs artistes, il fit exécuter des chefs-d'œuvre dont les *Très Riches Heures du duc de Berry* des frères Limbourg.

Le « royaume de Bourges » – La succession du duc Jean passe au dauphin Charles en 1417 : le Berry sera le noyau autour duquel il va reconquérir son royaume.

Déshérité par le traité de Troyes, **Charles VII** n'en est pas moins proclamé roi par ses fidèles en octobre 1422 au château de Mehun-sur-Yèvre. La situation de la monarchie française est critique : la moitié du royaume est aux mains des Anglais auxquels s'est allié le puissant duc de Bourgogne. Par dérision, ses ennemis appellent Charles VII le « roi de Bourges ».

Bourges abrite alors une partie de l'administration monarchique : la chancellerie, le conseil royal (itinérant toutefois) et la Chambre des Comptes. Le roi réside au palais archiépiscopal ou à Mehun. Il est assisté par des hommes de valeur : Martin Gouges, Juvénal des Ursins, Alain Chartier, le maréchal de Brosse, l'amiral de Culant, Jean de Naillac...
Cependant, la personnalité de Charles VII n'est guère attirante. Faible, craintif, méfiant, souffreteux, le souverain fait preuve d'apathie et d'indécision ; sa cour est un foyer d'intrigues où s'affrontent des clans. Sa rencontre avec Jeanne d'Arc, à Chinon le 25 février 1429, l'aide à reprendre confiance en lui. A la force morale retrouvée s'ajoute bientôt la puissance financière de Jacques Cœur, qui a tout de suite soutenu l'initiative de la Pucelle. La position royale va se renforcer progressivement. Par la paix d'Arras en 1435, Charles VII se réconcilie avec Philippe le Bon et, en 1436, Paris est repris. Le royaume se redresse par une série de mesures : réforme des finances et des monnaies inspirée par Jacques Cœur, création des compagnies d'ordonnance, puis de la milice des francs archers. Le prestige diplomatique du roi sort renforcé par ailleurs du règlement de la question du schisme pontifical (1449).

Le procès de Jacques Cœur – La position de Jacques Cœur à la cour *(voir à Bourges)*, son immense fortune font de lui un personnage jalousé que ses ennemis cherchent à abattre à la première occasion. La mort d'Agnès Sorel, la gracieuse et jolie maîtresse du roi, en est une : le grand argentier est accusé de l'avoir empoisonnée.
Jacques Cœur est arrêté le 31 juillet 1451 ; on s'empresse de saisir ses biens sur lesquels sont immédiatement prélevés 100 000 écus pour les frais de guerre en Guyenne.

PIX

Portrait de Jacques Cœur

Le procès commence un an plus tard. L'accusation d'empoisonnement étant sans fondement, on fouille son passé pour y trouver des motifs plus sérieux. Certes, le personnage n'est pas totalement innocent, mais tout est amplifié, exagéré à dessein. Le déroulement du procès revêt un caractère exceptionnel : l'homme est mis au secret, il ignore les déclarations des témoins, la question lui est appliquée, les juges ne présentent aucune garantie d'impartialité et les droits de la défense sont réduits au minimum. Aussi la sentence du 29 mai 1453 ne surprend-elle pas : Jacques Cœur est reconnu coupable de toutes les accusations sauf celle d'empoisonnement, et il est condamné à mort, peine commuée en bannissement et confiscation de tous ses biens en raison des services rendus au pays. En outre, il doit verser 400 000 écus s'il veut retrouver la liberté.
Les courtisans de Charles VII n'ont plus alors qu'à se partager le butin.
Tandis que l'on condamne Jacques Cœur, les troupes françaises, payées avec ses deniers, remportent la dernière bataille de la guerre de Cent Ans, à Castillon, le 17 juillet 1453. L'iniquité de ce procès, le traitement réservé à celui qui fut à l'origine du redressement financier du royaume suscitèrent la réprobation des habitants de Bourges. Pourquoi Charles VII avait-il agi ainsi ? Les historiens s'interrogent et estiment que le roi crut certainement à une conspiration de Jacques Cœur et du dauphin Louis pour le renverser ; en faisant condamner le premier, il affaiblissait le second et trouvait de plus de l'argent frais pour ses armées. Changeant d'attitude, il ordonna, en 1457, la restitution des biens non vendus aux enfants de Jacques Cœur. Louis XI autorisa ces derniers à poursuivre devant le Parlement la révision du procès de leur père.

TURGOT EN LIMOUSIN

La généralité du Limousin reçoit en 1761 un intendant promis à un illustre avenir en la personne de Turgot (1727-1781), esprit brillant et partisan de réformes libérales. Pendant treize ans, cet intendant hors pair s'efforce de sortir le Limousin de son isolement. Il fait entreprendre la construction de 160 lieues de routes principales et secondaires qui permettent les liaisons avec d'autres provinces et avec les grandes villes. Il fait établir, pour remédier aux abus des collecteurs, un tarif de la taille d'après une estimation du loyer et de la valeur des terres, ce qui constitue une innovation considérable.
Turgot s'intéresse de près à l'agriculture : il fonde une école vétérinaire, introduit le mérinos et la pomme de terre. Il prend des mesures pour soulager la misère populaire : création d'ateliers de charité, encouragement à l'action sociale du clergé, développement des petites industries artisanales... Malgré cela, le pays reste pauvre et l'émigration est une nécessité pour survivre.
C'est à Limoges en 1766 que Turgot publie ses *Réflexions sur la formation et la distribution des richesses*, ouvrage dans lequel il défend des théories très en avance sur son temps. Son séjour en Limousin, dont il a tiré une expérience utile, se termine en 1774 par une prestigieuse promotion : il est nommé contrôleur général des finances. Sa politique de réformes hardies ne tarde pas à susciter l'hostilité des privilégiés ; il est renvoyé en 1776 par Louis XVI auquel il prédit des lendemains difficiles.

ENFANTS ILLUSTRES ET CÉLÉBRITÉS

Les écrivains de la région sont mentionnés au chapitre « Vie intellectuelle et littéraire ».

588-659 Saint Éloi (Limoges) – Conseiller de Clotaire II, puis de son fils, « le bon roi Dagobert » , il donne les fonds nécessaires à la construction de l'abbaye de Solignac.

1340-1402 Louis, connétable de Sancerre – Compagnon de Du Guesclin, il combat pendant 40 ans les ennemis de Charles V et de Charles VI. Connétable en 1397, il est enterré en 1402 à Saint-Denis, au milieu des rois de France.

1400-1456 Jacques Cœur (Bourges) – Homme d'affaires avisé, argentier de Charles VII et fondateur d'un empire commercial sur la Méditerranée, sa fortune finance la fin de la guerre de Cent Ans et la reconquête du royaume.

1423-1503 Pierre d'Aubusson (Bourganeuf) – Grand maître de l'ordre des Hospitaliers de Rhodes, il repousse un assaut turc conduit par le vainqueur de Constantinople, Mehmet II.

Vers 1601-1655 François, dit Tristan l'Hermite (seigneur de Soliers, près de Janaillat) – Poète, auteur de comédies et de tragédies, il a pratiqué tous les genres mais n'a appartenu à aucun groupe littéraire. Il fut le protégé de Gaston d'Orléans et du duc de Guise.

1738-1800 Armand-Joseph, duc de Béthune-Chârost (St-Amand-Montrond) – Pair de France, il développe l'agriculture selon les idées des physiocrates, abolit la corvée et les péages sur ses terres de Chârost et propose l'égalité devant l'impôt.

1762-1833 Jean-Baptiste Jourdan (Limoges) – Engagé à 16 ans dans la guerre d'Indépendance américaine, il met ensuite son expérience militaire au service de la Révolution, en remportant de nombreuses victoires. Il devient maréchal de France en 1804.

1778-1850 Louis-Joseph Gay-Lussac (St-Léonard-de-Noblat) – Physicien, il établit en 1808 la loi de dilatation des gaz qui porte son nom.

1784-1849 Thomas-Robert Bugeaud, marquis de la Piconnerie (Limoges) – Maréchal de France, il s'illustre en Afrique du Nord lors de la bataille d'Isly. Sa notoriété reste dans les mémoires grâce à l'air célèbre : « *As-tu la casquette... au père Bugeaud.* »

1807-1865 Alban-Napoléon Chaix (Châteauroux) – Il crée en 1845 l'Imprimerie Centrale des Chemins de Fer. L'indicateur Chaix sort en 1857.

1824-1915 Pierre Martin (Bourges) – Ingénieur et industriel, il met au point le procédé de décarburation de la fonte. Il contribue au développement de la métallurgie de l'acier.

1837-1894 Marie-François-Sadi Carnot (Limoges) – Homme politique, il est nommé préfet puis élu député (1871), il occupe plusieurs ministères avant de devenir président de la République en 1887.

1840-1915 Édouard Vaillant (Vierzon) – Ingénieur des Arts et Manufactures, il adhère à l'Internationale et soutient la Commune. Défenseur de la condition ouvrière, il devient un membre important de la SFIO (Parti socialiste français).

1841-1919 Pierre-Auguste Renoir (Limoges) – Peintre, il débute très jeune en décorant la porcelaine où il fait remarquer ses talents d'artiste. Il participe au mouvement impressionniste, puis se crée son propre univers grâce à une grande maîtrise technique.

1879-1974 Henry de Monfreid (Ingrandes) – Aventurier-navigateur, compagnon de Joseph Kessel, il parcourt les rives de la mer Rouge. Il est l'auteur de 73 livres dont le plus connu est : *Les Secrets de la mer Rouge*. Il se retire dans son pays natal en 1947.

1884-1970 Henri Queuille (Neuvic-d'Ussel) – Homme politique, « Le bon docteur Queuille » est élu député corrézien radical-socialiste de 1914 à 1935, puis sénateur jusqu'en 1940, et nommé plusieurs fois ministre. Il rejoint de Gaulle à Londres en 1943.

1898-1952 Maryse Bastié (Limoges) – Aviatrice, elle établit lors de sa carrière dix records internationaux de distance et de durée.

Né en 1904 Maurice Estève (Culan) – Connu pour ses toiles non figuratives, il reste attaché au Berry. A Bourges, L'Hôtel des Échevins lui a consacré un musée où sont exposés tous les courants de son œuvre.

Né en 1913 Georges Guingouin (Magnac-Laval) – Instituteur, prend le maquis dès 1941 et organise de nombreuses opérations de résistance. A la tête de 20 000 hommes, il libère Limoges dont il devient le maire en 1945.

Né en 1936 Raymond Poulidor (St-Léonard-de-Noblat) – Creusois de naissance, il reste le coureur cycliste le plus populaire de France. Ayant acquis cette gloire sans maillot jaune, il possède pourtant un palmarès éloquent aux nombreuses places d'honneur.

Né en 1953 Patrick Boutaut, dit **Patrick Sébastien** (Brive) – Homme de spectacle (imitateur) et de télévision (variétés) ; ancien joueur du XV briviste, il en est devenu le président et a remporté avec lui la Coupe d'Europe des clubs (1997).

Né en 1967 Alain Roche (Brive) – Footballeur international au riche palmarès (5 coupes, 2 championnats).

Traditions et folklore

Aussi bien en Berry qu'en Limousin quelques traditions de l'ancienne civilisation rurale se sont perpétuées : vieilles coutumes, vieux métiers mais aussi un riche folklore très vivace. En outre, les profondeurs de l'âme régionale restent marquées par d'antiques superstitions entourées d'un halo de légendes où maléfices et sorciers côtoient une religion vouée au culte des saints.

Folklore et coutumes

Les fêtes traditionnelles *(Voir le calendrier des principales manifestations dans la rubrique Renseignements pratiques en fin de guide.)* - Depuis quelques années, les fêtes champêtres à la manière d'autrefois se multiplient, animées par des groupes réputés comme les « Gâs du Berry » ou les « Thiaulins de Lignières ». En ces occasions, sont ressortis les costumes traditionnels.

La Saint-Jean est un de ces grands moments où l'on donne la « jouée » : on danse la ronde et la farandole autour d'un immense feu que tous les participants se doivent de traverser. La vielle, encore fabriquée dans l'Indre, faite d'une caisse en bois de noyer ou d'érable, possède six cordes que frotte une roue de bois reliée à une manivelle, les notes étant formées par de petits taquets mobiles actionnés par le joueur. La cornemuse, instrument encore plus typique, est à trois chalumeaux d'ébène ou de buis.

G. Boutin/EXPLORER

Joueur de vieille

Les costumes sont variés. Les femmes portent généralement une coiffe de dentelle carrée à oreillons ornée d'une « floque » (nœud de ruban), une « robe à corps » d'un seul tenant se composant d'une ample jupe et d'un corsage moulant lacé et boutonné, le tout recouvert d'une lourde et large cape de drap de couleur sombre. Les hommes sont revêtus d'une chemise de lin ou de chanvre parfois brodée et de pantalons de gros drap de laine brute, ils se couvrent d'une veste et d'une cape de droguet uni ou rayé, sur la tête un chapeau à très larges bords et autour du cou un mouchoir de couleur. La « biaude », grosse blouse de travail, le plus souvent blanche, est remise en honneur ; maintenue par une large ceinture d'étoffe, elle s'accompagne de guêtres de grosse toile blanche.

Le folklore limousin a connu une renaissance grâce à des hommes comme Jean Ségurel qui lui ont redonné son lustre passé et l'ont enrichi d'un répertoire nouveau. La bourrée et le pélélé se dansent au son de la vielle (à roue), de la cabrette, du violon, de l'accordéon et de quelques cuivres. Les chants, dans ces pays d'émigrants, expriment souvent le déracinement, la nostalgie, et célèbrent la beauté des montagnes. Les costumes sont très harmonieux. Pour les femmes : robes longues multicolores, tablier brodé et serré à la taille, châles de couleur sur corsage assorti, imposantes coiffes comme « barbichet » à longues barbes ou simple bonnet de toile orné de la « paihole » à rubans noirs. Pour les hommes : vestes et pantalons noirs, gilets de couleur, chemises claires, foulards, chapeaux de feutre noir à larges bords ; certains passent une blouse bleu sombre.

Les coutumes – Les âges de la vie, de la naissance à la mort, ont longtemps fait l'objet de rites particuliers. En Limousin, le nouveau-né devait être baptisé le plus vite possible et ne pouvait être transporté du domicile à l'église que par une femme.

A partir de 7 ou 8 ans, les enfants commençaient à se rendre utiles et, passé la première communion, vers la douzième année, l'entrée dans l'adolescence signifiait l'apprentissage du dur labeur de la terre.

La vie des champs rythmait l'existence de chacun : de mai à septembre la besogne pressait et on ne se reposait que le dimanche et lors de fêtes religieuses ; l'hiver, on se réunissait autour du « cantou » (grande cheminée) pour la veillée : là on croquait quelques châtaignes tout en se racontant des histoires gaies, les « niorles ». Sur les hauts plateaux, le jour de l'An, on ne manquait jamais de jeter des étrennes dans les puits, un geste destiné à garantir la prospérité pour l'année nouvelle.

En Berry, à Noël, on préparait une bûche faite d'un gros morceau de bois très sec n'ayant jamais été fendu, et on la brûlait pendant plusieurs jours ; on fabriquait aussi pour l'occasion toutes sortes de petites pâtisseries et on nourrissait grassement les animaux.

Parmi les coutumes également tombées en désuétude, il faut mentionner l'usage du patois. Le Limousin se rattache globalement au pays d'Oc, la frontière longeant théoriquement la Vienne à l'Ouest et traversant, au Nord, la Marche. Les parlers locaux survivent dans les campagnes où, si on ne parle plus patois couramment, on le comprend encore très bien. Les Berrichons conservent de leur côté un fort accent du terroir, qui consiste à rouler les « r » et à s'exprimer dans un vieux français à la syntaxe approximative : « un parler rocailleux et syncopé sous lequel percent la prudence et la ruse, la gaucherie et la roublardise, le calcul et la spontanéité » (Michel Dominik).

Les métiers d'autrefois – Qui n'a entendu parler des fameux maçons de la Creuse ? Trop nombreux sur des terres trop pauvres, les paysans creusois devaient trouver un revenu d'appoint pour survivre.

Dès le 15e s., des groupes prirent l'habitude de partir à la recherche des chantiers de construction pour se faire embaucher comme tailleurs de pierre, maçons, charpentiers, couvreurs, etc. Ainsi, en 1624, construisirent-ils la célèbre digue de La Rochelle.

Temporaire (de mars à novembre), l'émigration devint définitive : le département perdit la moitié de sa population de 1850 à 1950. Parmi les « hirondelles blanches » comme on les surnommait, certains bâtirent des fortunes mais beaucoup d'autres vécurent dans une grande pauvreté. Martin Nadaud les a admirablement racontés dans ses *Mémoires de Léonard.*

D'anciens métiers limousins ont survécu jusqu'à ces derniers temps. Le peyroulier ambulant sillonnait la région avec sa roulotte, allant de hameau en hameau et de ferme en ferme collecter les objets et les outils à réparer.

Paysan et paysanne de Limoges à la fin du 18e s.

Jeune paysan des environs de Limoges à la fin du 18e s.

Le feuillardier, que l'on ne rencontre plus qu'exceptionnellement dans les collines boisées du Sud-Ouest de la Haute-Vienne, perpétue une vieille tradition du travail du bois de châtaignier. Habitant une hutte savamment construite par ses soins, son travail consistait à tailler des lattes planes et flexibles, qui servaient à cercler les tonneaux ou à fixer les torchis des maisons, et étaient utilisées pour les clôtures. Les derniers en activité fabriquent quelques paniers et meubles.

Le Berry retrouve lui aussi ses racines dans les petits métiers d'art ressuscités à Gargilesse ou à la Borne *(voir à ce nom).* Nombreux autrefois, les tailleurs de silex de pierre à fusil et les pêcheurs d'aloses du Sancerrois ont par contre disparu.

Superstitions et sorcellerie

Les sorciers du Berry – Les sorciers sont partout. Plusieurs dictons sont attachés à des lieux réputés maléfiques : en Brenne, Paulnay, Saulnay, Rosnay, Villiers ; en Sancerrois, quatre paroisses de sorciers : Verdigny, Menetou-Ratel, Sens-Beaujeu et Bué ne sont guère plus fréquentables. Les sorciers ont le terrible pouvoir de jeter des sorts sur les hommes et sur les bêtes. Leur redoutable besogne, fondée sur la connaissance des secrets de la nature et inspirée par le diable, met très souvent en scène des animaux maudits comme les crapauds, les chouettes et les loups. Ainsi pour faire périr le bétail, le sorcier met dans un pot un gros crapaud salé qu'il enterre pendant sept heures, puis le cloue à un arbre du pacage : attiré par le goût du sel, le bétail lèche et s'empoisonne. On connaît aussi l'histoire d'une servante qui, pour prendre la place de la maîtresse de maison, lui fit absorber un bouillon mortel de crapaud.

Une **birette** est un individu, homme ou femme, qui s'est vendu au diable et porte un signe distinctif : une peau de loup ou de sanglier. De là vient sans doute la légende des loups-garous qui terrorisaient les campagnes. Le « meneu de loups » est un personnage différent : il conduit des troupeaux de loups au son de la cornemuse et les fait danser au clair de lune ; à condition de ne pas s'attaquer à lui, il n'est pas dangereux.

Au sorcier s'oppose le « contre-sorcier » qui est le prêtre ; sa connaissance des livres lui permet de chasser les maléfices. De même l'eau bénite possède de grands pouvoirs et, jadis, on en faisait une grande consommation. Pour se défendre des sorcières, le meilleur moyen était encore de se signer et de répéter trois fois « j'te doute sorcière ». La ville elle-même n'est pas épargnée par l'épidémie de sorcellerie et de magie. Bourges est la capitale des alchimistes, en raison des symboles figurant sur les édifices construits pour Jacques Lallemant et Jacques Cœur. Ce dernier n'aurait-il pas été en possession de la « pierre au blanc » qui lui aurait permis de transformer le métal en argent ?

Mystères limousins – En Limousin et dans la Marche, les histoires de sorcellerie sont aussi répandues qu'en Berry : la nuit creusoise est remplie de lavandières infernales, de loups-garous dont il faut se défendre à l'aide d'une épingle bénite, de fées qui font rouler d'énormes blocs de pierre dans les prés, de diablotins qui lâchent les bêtes sans oublier le « bœuf maudit » de la nuit de Noël et le cavalier noir qu'il ne fait pas bon trouver sur son chemin.

Quantité de superstitions, dont certaines ont la vie dure, rythmaient les faits et gestes des paysans : lancer du bouillon gras en l'air dans l'étable protégeait les animaux des maladies et du « mauvais œil », danser dans le « palissou » (corbeille où l'on faisait lever la pâte) favorisait une bonne récolte, etc.

Les nuits de Carnaval (Mardi gras) et du 30 avril au 1er mai étaient réputées nuits de sabbats : sorciers et jeteurs de sorts se réunissaient en un lieu déterminé et étaient rejoints par des chats. Ces nuits-là, il fallait s'entourer de multiples précautions, car le pouvoir des esprits malfaisants était décuplé ; au petit matin, on jetait du sel dans la maison, dans les puits d'eau, dans les champs afin de chasser les sortilèges.

Certaines régions restent imprégnées de mystères venus du fond des âges. Ainsi les monts de Blond *(voir les environs de Bellac)*, jonchés d'énigmatiques rochers « sacrificiels », où, les nuits de pleine lune, se tiendraient encore des sabbats. Mme de Montespan n'aurait-elle pas participé à des messes noires à Mortemart ? L'Église n'a jamais pu extirper ce vieux fond païen (celtique, précisent certains) du pays, malgré les croix de pierre et les chapelles isolées. En tout cas, c'est ici que l'on compte le plus de vieillards au km^2 et que les boussoles s'affolent sans raison apparente.

S'il existe des sorciers maléfiques, il s'en trouve aussi des bénéfiques qui ont le pouvoir de guérir les malades : ce sont les panseux et les rebouteux, toujours très visités, et continuant une longue tradition de médecine populaire.

Les lanternes des morts

Un passage du « **De Miraculis** » de Pierre le Vénérable, abbé de Cluny de 1122 à 1156, fournit la première référence littéraire concernant les lanternes des morts : un jeune novice de l'abbaye de Charlieu (Loire) voit apparaître son oncle Achard, ancien prieur du monastère décédé quelques années plus tôt. Celui-ci le conduit au cimetière, où, nimbée d'une clarté extraordinaire, en larges cercles concentriques, est assise une assemblée de religieux : « Au centre du cimetière, se dresse une construction en pierre portant à son sommet une sorte de logette pouvant contenir une lampe qui, toutes les nuits, en l'honneur des fidèles qui reposent ici, éclaire de sa lueur ce lieu sacré. Des marches permettent d'accéder à une plate-forme sur laquelle deux ou trois personnes peuvent se tenir debout ou assises... » L'édifice ainsi décrit renvoie à la définition qu'en donne l'abbé Lecler, érudit limougeot de la fin du 19e s., dans son « **Étude sur les lanternes des morts** » (1882) : « Une colonne en pierre ronde, carrée ou polygonale, creuse à l'intérieur, terminée à son sommet par un petit pavillon ajouré, percée à sa base d'une petite porte par laquelle on introduisait la lampe qui devait brûler à son sommet, toujours surmontée d'une croix et accompagnée ordinairement d'un autel fixe ou portatif. »

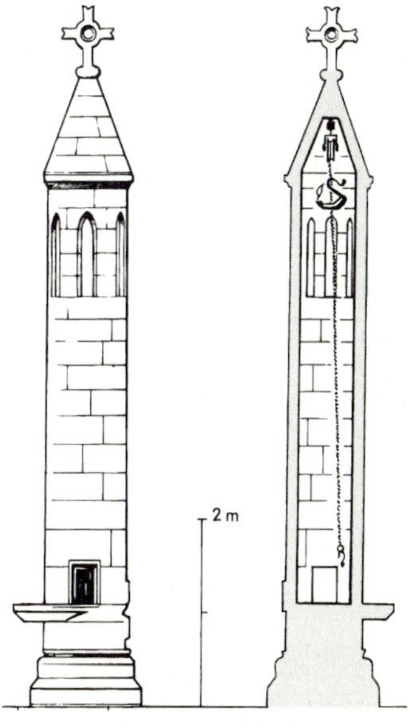

Élévation et coupe
de la lanterne de Ciron

Construction et modifications – Les lanternes des morts se rencontrent majoritairement sur l'ancien territoire du diocèse de Limoges. Les campagnes de destruction dont elles ont fait l'objet depuis le Moyen Âge ont altéré l'apparence, changé le site et masqué la signification des monuments. Implantées au cœur des cimetières du 11e au 13e s., à côté de l'église romane, elles furent érigées sur les plans de moines-architectes par des tailleurs de pierres et des maçons itinérants. L'ornementation est discrète : toit conique de Ciron, arêtes amorties par des colonnettes à La Souterraine et à St-Aignant-de-Versillat. La hauteur, égale à six à huit fois le diamètre, obéit à des canons hérités de l'antiquité romaine. Le caractère essentiel est la verticalité : élément de prestige, c'est aussi un témoignage de sécurité, la désignation du monument ne renvoyant jamais à la douleur ou au deuil (les expressions actuelles de lanterne des morts ou de fanal funéraire remontent au 19e s.). Les spécialistes se partagent sur l'emploi de la pierre tabulaire : simple support destiné à recevoir un autel portatif ou « pierre des morts » indiquant la direction de l'Orient, de la Jérusalem céleste, et présidant du même coup à l'ordonnance des tombes.

Un message ambigu – Le dogme chrétien n'a pu ignorer une croyance remontant au fond des âges : les esprits des morts aspirent à retrouver la lumière dont ils sont privés. Le concile d'Elvire (303-314), en Andalousie, condamna fermement la pratique païenne d'allumer des cierges sur les tombes, qu'il confondait avec un culte idolâtre. Lorsque les traces du paganisme s'estompèrent, l'Église reprit à son compte le symbole de vie contenu dans la lumière et assimila la lampe funéraire « à la clarté éternelle où revivront les âmes bienheureuses » (Franz Cumont).

Croix hosannière – La croix hosannière se distingue de la lanterne des morts par l'absence de système d'éclairage. Son nom vient de l'acclamation hébraïque « hosanna » : « vivat, bravo ! », qui servit au 14e s. à désigner le dimanche des Rameaux (« Dominica osanna »). Le buis (ozanne) était déposé à cette occasion au pied de la croix, pratique encore courante en Limousin avant 1914, ou constituait lui-même une croix tressée (Poitou), dite « croix hosannière ».

Les « ostensions » limousines

Le Limousin est le pays des saints : saints guérisseurs, saints protecteurs et saints patrons. Pas une bourgade, pas un quartier, pas une corporation qui ne les honorent. La Saint-Jean donne lieu à de nombreux rites et manifestations : feux de joie, « lunade » de Tulle, cueillette des simples, etc. Les « ostensions » demeurent néanmoins la plus impressionnante manifestation de piété populaire.

Tous les sept ans, la Haute-Vienne et la Creuse vénèrent leurs saints : saint Martial, l'apôtre du Limousin, et sainte Valérie *(voir à Limoges)*, le « bon saint Éloi » fondateur de l'abbaye de Solignac, saint Étienne de Muret... ; les ermites des forêts limousines et marchoises, et les fondateurs de monastères au creux des vallons : saint Junien, saint Victurnien, saint Léonard ; la Vierge y est parfois associée sous de pittoresques vocables, telle Notre-Dame-d'Arliquet (ou des Reliques) à Aixe-sur-Vienne.

Les « ostensions » ou expositions solennelles des reliques remontent au 10e s. L'une des premières eut lieu à Limoges lors d'une terrible épidémie, « le mal des ardents », contre laquelle on « sortit » saint Martial. Un fléau ou la visite d'un hôte illustre deviennent l'occasion de ces cérémonies, qui se renouvellent, ensuite, périodiquement.

Chaque localité a un cérémonial traditionnel donnant lieu à des fêtes religieuses à caractère folklorique. La bénédiction du drapeau qui est hissé solennellement au faîte du clocher marque « l'annonce » de l' « ostension ».

A partir de « l'ouverture » qui a lieu le dimanche de Quasimodo, les reliques sont présentées à la vénération des fidèles dans leurs châsses ou leurs reliquaires dont quelques-uns sont de véritables merveilles d'orfèvrerie.

Dans les rues des villes et des bourgs, pavoisées et fleuries, dans la campagne ou la forêt, des processions pittoresques se déroulent, accompagnées de fanfares et de tambours, de bannières et d'insignes de confréries, escortées de gardes d'honneur, des représentants des corps de métiers, de groupes aux costumes somptueux.

A ces manifestations de foi populaire s'unissent les paroisses voisines, parfois très nombreuses : c'est ainsi que le Dorat en accueille une cinquantaine le jour de la « clôture ». Les prochaines ostensions auront lieu en 2002.

Vie intellectuelle et littéraire

Moyen Âge et Renaissance – Pendant le haut Moyen Âge, la vie intellectuelle se concentre dans les abbayes, en particulier à St-Martial de Limoges, dont l'école et la bibliothèque rayonnent au-delà de la province. L'apogée de la grande abbaye limousine se situe au 11e s., avec la réalisation de la seconde bible, tandis que s'affirme l'atelier de la cathédrale de Limoges.

Mais le 12e s. est marqué par l'apparition des **troubadours** et de leur poésie lyrique originale qui s'épanouit dans les cours féodales où une noblesse oisive et raffinée prend goût au chant, à la musique et à la poésie.

Les troubadours (trobar en occitan signifiant trouver) étaient des inventeurs d'airs musicaux – musique et paroles. Protégés et encouragés par les seigneurs, ils ont créé des formes poétiques neuves : poèmes d'amour où se manifestaient, sous la forme d'hommages lyriques rendus à la châtelaine, les thèmes de l'amour courtois, poésies guerrières et poésies satiriques. Les cours d'amour réunissaient plusieurs troubadours qui faisaient assaut d'esprit sur un sujet déterminé.

Belzeaux/ZODIAQUE

Un extrait de la bible de St-Martial : Le Christ et Moïse

La chanson de **Gui d'Ussel**, la poésie de **Bernard de Ventadour**, l'épopée limousine de **Gaulcem Faidit** et le « gai savoir » de **Peire de Monlasur** illuminèrent ainsi les cours limousines.

Le 16e s. voit la décadence des abbayes, mais la vie intellectuelle se concentre désormais à l'université de Bourges – créée par Charles de Berry en 1463 *(voir à Bourges)* – et dans les collèges religieux fondés et dirigés par les jésuites à Tulle et à Limoges, qui attirent un nombre considérable d'étudiants.

L'humanisme compte en Limousin une figure prestigieuse en la personne de **Jean Dorat** (1508-1588), natif de Limoges. Helléniste et auteur de poésies latines, maître de Ronsard, de Baïf, de Du Bellay, il fut à l'origine de la Pléiade.

17e et 18e siècles – La Fontaine, qui vint en Limousin en 1663, a laissé un portrait flatteur des habitants de Limoges, « aussi fins et polis que le peuple de France ».

Le Tulliste **Étienne Baluze** (1630-1718), bibliothécaire de Colbert en 1667, connut une renommée internationale pour ses travaux historiques portant sur le Moyen Âge ; il publia plusieurs ouvrages célèbres dont l'*Histoire générale de la maison d'Auvergne.*

Le Berry tint en **Bourdaloue** (1632-1704) un prédicateur génial, auteur de sermons remarquables par la vigueur du style.

Le Limousin **Jean-François Marmontel** (1723-1799), auteur d'*Éléments de littérature* et des *Mémoires d'un père*, reçut de son vivant les honneurs et la gloire : protégé par Voltaire et par Madame de Pompadour, apprécié dans les salons mondains et littéraires, il entra à l'Académie française, avant d'être nommé historiographe du roi.

Romantisme et époque contemporaine – Le 19e s. voit se dessiner en Berry un mouvement littéraire qui fait rapidement école.

Émille Deschamps (1791-1871), poète né à Bourges, reçoit chez lui Hugo, Lamartine, Nodier, et encourage l'école romantique alors à ses débuts.

Henri de Latouche (1785-1851), né à La Châtre, est à la fois journaliste, romancier et poète. Il favorise les carrières de Nodier, de Hugo et de George Sand.

George Sand (1804-1878). Bien que née à Paris, Aurore Dupin, baronne Dudevant, doit tout à ce Berry où elle passe sa jeunesse puis la plus grande partie de sa vie *(voir à Gargilesse et à Nohant)*. Cette région sert de cadre à beaucoup de ses romans *(La Mare au diable, François le Champi)*. Son style facile et brillant fait souvent une large place au langage naturel des paysans. C'est à Jules Sandeau qu'elle doit son pseudonyme.

Jules Sandeau (1811-1883), natif d'Aubusson, romancier et moraliste, guide Aurore Dudevant dans ses débuts littéraires. Amis intimes, ils écrivent en commun *Rose et Blanche* (1831) qu'ils signent « Jules Sand ».

Maurice Rollinat (1846-1903), filleul de George Sand, monte à Paris où il obtient le succès au *Chat Noir* et dans les cabarets de l'époque. Acteur, chanteur, musicien et poète, il publie *« Névroses »*, où se mêlent angoisse et mystère. Il finit sa vie à La Pouge.

Alain-Fournier (1886-1914), né à La Chapelle d'Angillon, connut un succès posthume grâce à son unique roman *Le Grand Meaulnes*, publié un an avant sa mort. Le récit a pour cadre une école *(voir à Épineuil-le-Fleuriel)*.

En Limousin, un nom l'emporte sur tous les autres, celui de l'écrivain et diplomate **Jean Giraudoux** (1882-1944), né à Bellac et dont les pièces, comme les romans, révèlent une poésie subtile, pleines de rêves, de fantaisie et d'humour. N'oubliant pas ses origines *(Voir à Bellac)*, il écrit en 1922 *Siegfried et le Limousin*.

L'art

ÉLÉMENTS D'ARCHITECTURE

Architecture religieuse

FONTGOMBAULT – Plan de l'abbatiale Notre-Dame (fin du 11e s.)

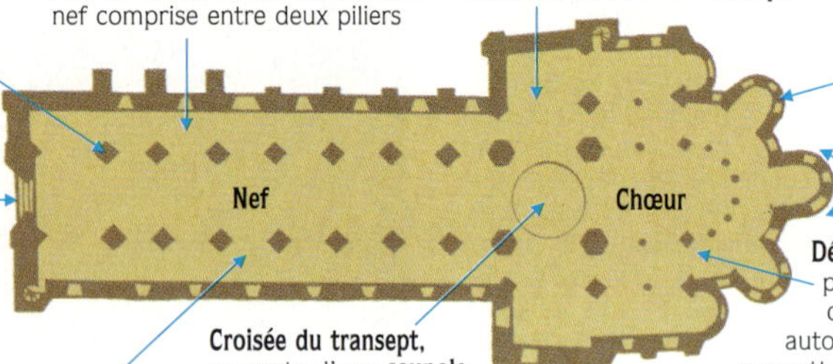

CHÂTEAUMEILLANT – Coupe transversale de l'église St-Genès (première moitié du 12e s.)

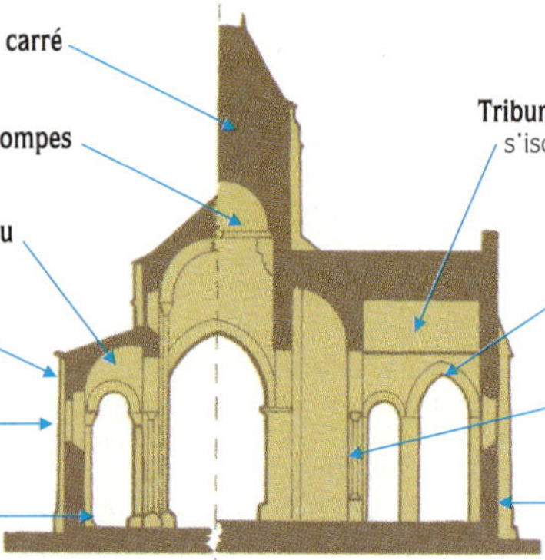

LE DORAT – Portail Ouest de la collégiale St-Pierre (première moitié du 12e s.)

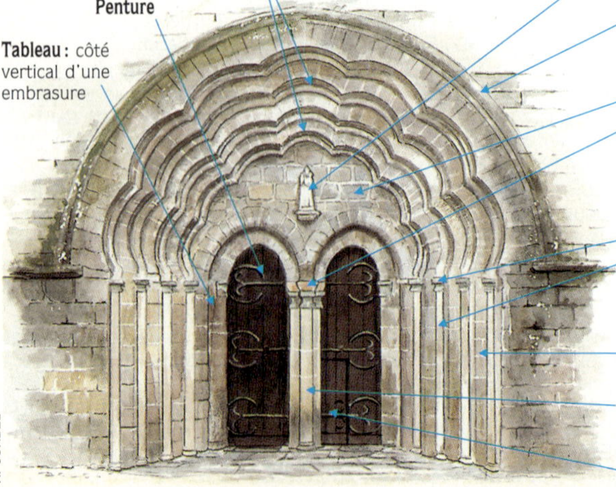

ST-LÉONARD-DE-NOBLAT – Clocher de l'église (12e s.)

Clocher à 4 étages de plan carré surmontés de 2 étages en retrait de plan octogonal, exemple de clocher à gâbles répandu dans le Limousin à l'époque romane.

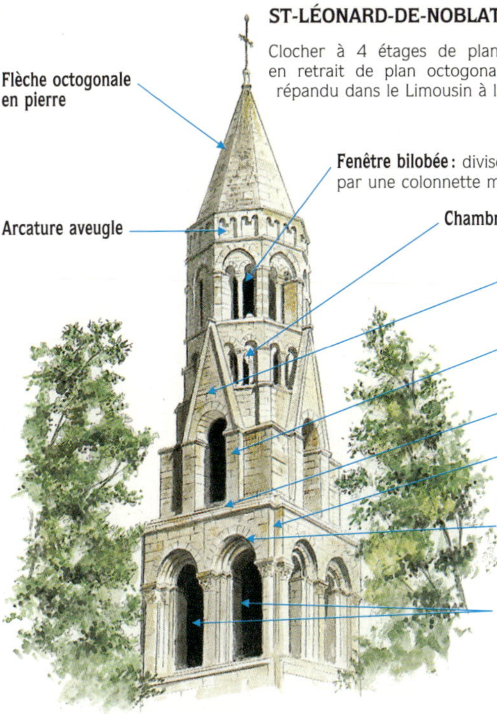

Flèche octogonale en pierre

Arcature aveugle

Fenêtre bilobée : divisée en deux compartiments par une colonnette médiane

Chambre de cloches

Gâble : pignon décoratif aigu surmontant portails et fenêtres

Pilastre : pilier engagé dans un mur sur lequel il fait une faible saillie

Ressaut

Encoignure : arête rentrante formée par la rencontre de deux pans de murs

Arc d'applique : allège le poids du mur qui porte sur les ouvertures par un procédé d'encorbellement

Baies géminées : groupées par deux

BEAULIEU-SUR-DORDOGNE – Chevet de l'église St-Pierre (début du 12e s.)

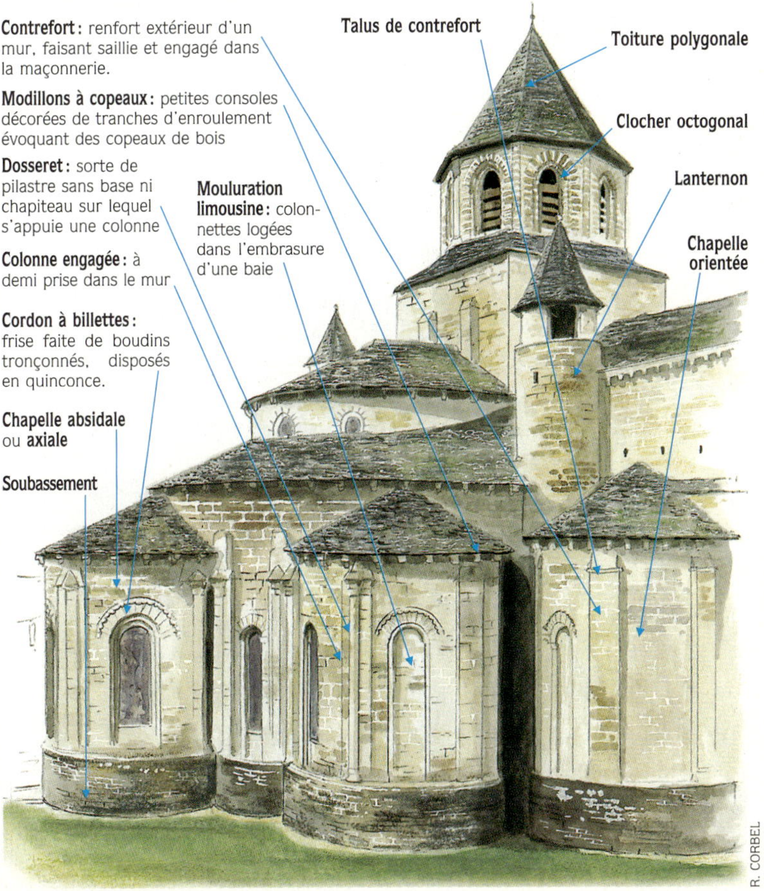

Contrefort : renfort extérieur d'un mur, faisant saillie et engagé dans la maçonnerie.

Modillons à copeaux : petites consoles décorées de tranches d'enroulement évoquant des copeaux de bois

Dosseret : sorte de pilastre sans base ni chapiteau sur lequel s'appuie une colonne

Colonne engagée : à demi prise dans le mur

Cordon à billettes : frise faite de boudins tronçonnés, disposés en quinconce.

Chapelle absidale ou **axiale**

Soubassement

Mouluration limousine : colonnettes logées dans l'embrasure d'une baie

Talus de contrefort

Toiture polygonale

Clocher octogonal

Lanternon

Chapelle orientée

BOURGES – Nef de la cathédrale St-Étienne (fin 12ᵉ-début du 13ᵉ s.)

L'**élévation** de la nef sur quatre étages (arcades, tribune, triforium, fenêtres hautes) est caractéristique de l'art gothique primitif (seconde moitié du 12ᵉ s.).

Arc doubleau

Voûte sexpartite : voûte sur croisée d'ogives embrassant deux travées séparées par un doubleau intermédiaire, délimitant six compartiments.

Voûtain ou **quartier :** portion de voûte délimitée par des arêtes ou par des nervures

Nervure

Formeret : arc latéral d'une voûte

Grande arcade : sépare la nef des bas-côtés

Triforium : galerie de circulation pratiquée dans l'épaisseur du mur, qui deviendra une arcature purement décorative à la fin du gothique.

Lustre

Pilier flanqué de colonnes engagées

Chœur, presque toujours orienté, c'est-à-dire tourné vers l'Est : c'est la partie de l'église où se célèbre l'office.

Abbaye de NOIRLAC (Cher) – Aile du cloître (seconde moitié du 13ᵉ s.)

Le **cloître** est une allée couverte de quatre côtés délimitant une cour centrale et permettant aux moines de passer des bâtiments conventuels à l'église.

Écoinçons (surface vide comprise entre l'arc et son encadrement) **à jour**

Oculus : baie ronde

Corbeille ornée de **crochets feuillagés**

Croisée d'ogives

Clé de voûte

Tailloir

Astragale

Plinthe : moulure plate, horizontale, formant la base d'un support ou d'un soubassement.

Colonnettes jumelées

Arcade géminée

Stylobate : soubassement d'une colonnade

Arc en tiers-point : arc dont les segments s'inscrivent dans un triangle équilatéral

R. CORBEL

LEVROUX – Orgues de la collégiale St-Sylvain (fin du 15e s.)

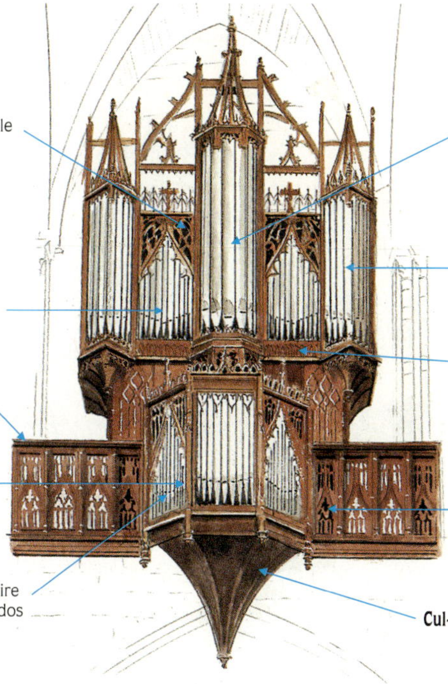

MOUTIER-D'AHUN – Boiseries et stalles Sud de l'église (1673-1681)

Architecture civile

Château de MONTBRUN (12e et 15e s.)

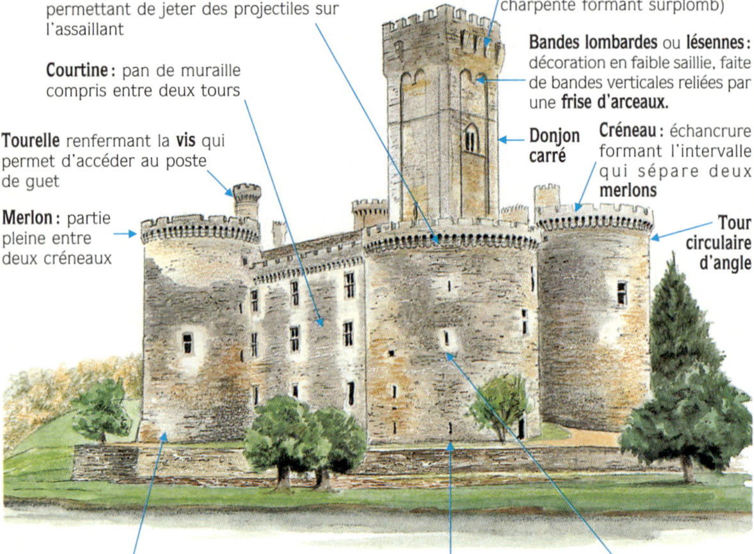

Château de MEILLANT – Façade orientale (début du 14e s.)

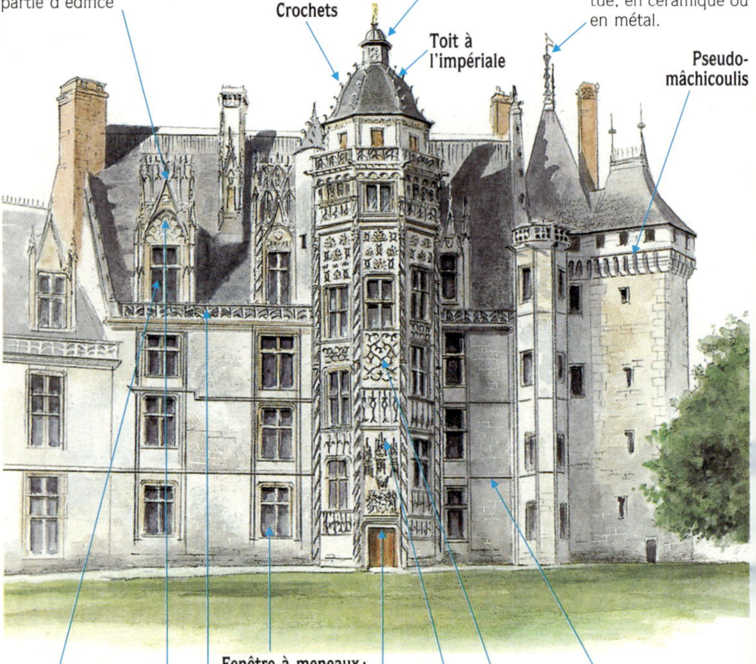

Château de BOUGES – Façade Nord (fin du 18e s.)

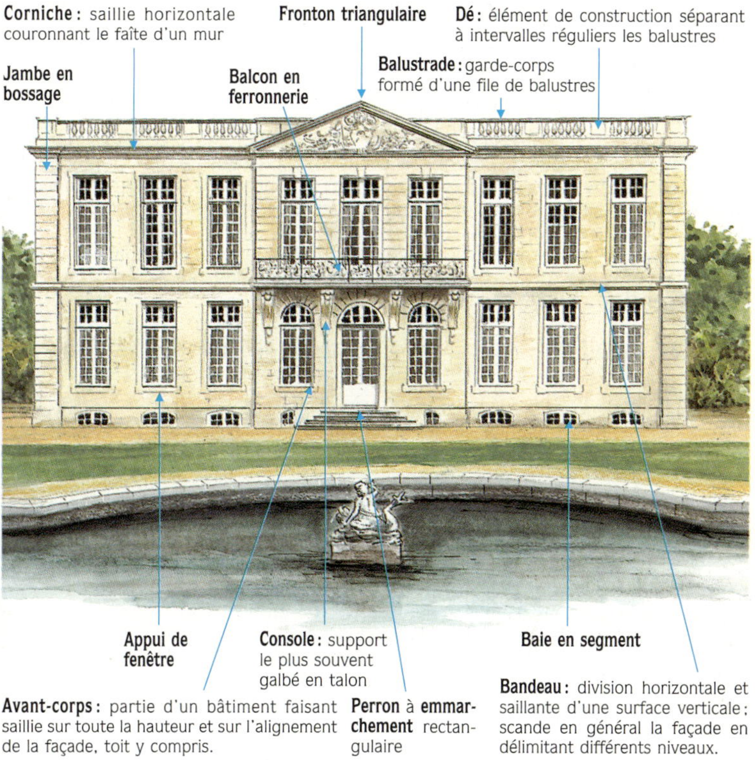

LIMOGES – Gare des Bénédictins (1923-1926)

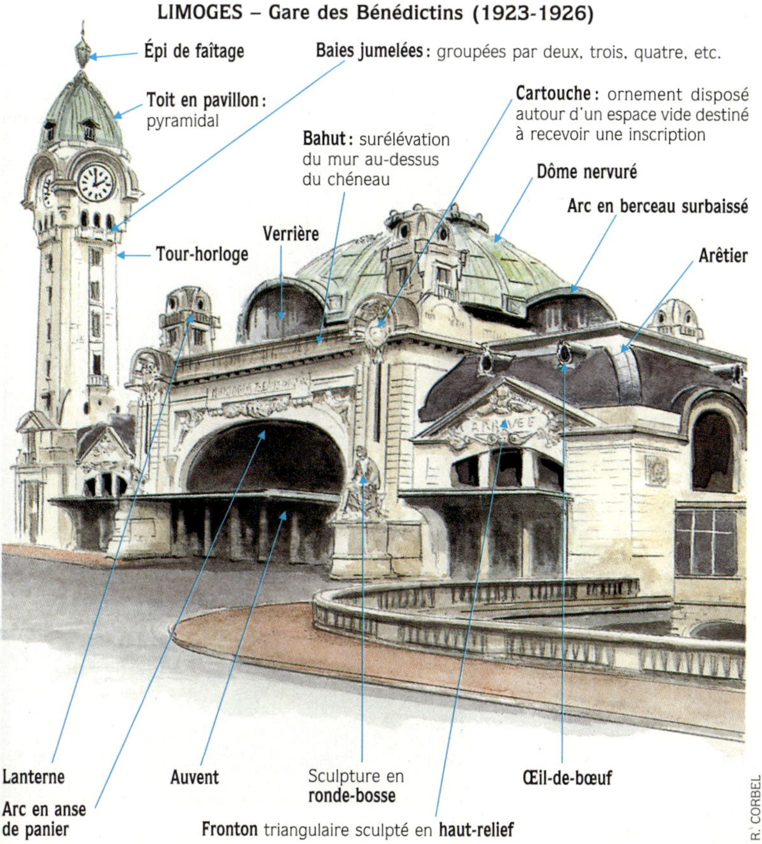

R. CORBEL

L'art en Berry et Limousin

L'Antiquité et le haut Moyen Âge n'ont guère laissé de traces architecturales. Quelques structures gallo-romaines à Bourges, à Drevant et à Chassenon, les cryptes paléochrétiennes de St-Étienne de Déols avec le beau sarcophage de saint Ludre, la crypte de St-Martial de Limoges, quelques vestiges épars souvent utilisés en remploi dans les églises, tout cela représente finalement assez peu.
Un renouveau de la construction se manifesta après l'an mille, et pendant environ deux siècles va durer l'âge roman, caractérisé par une grande diversité de styles régionaux qui s'influencèrent mutuellement.

ART ROMAN

En Berry

Bien qu'on y retrouve l'influence des écoles poitevine et bourguignonne, la plupart des églises romanes du Berry observent un plan précis, défini par certaines particularités : chœur à deux travées, flanqué quelquefois de bas-côtés avec lesquels il communique par des arcades supportées par des colonnes ornées de chapiteaux, abside en hémicycle, transept dont la croisée est surmontée d'une coupole sur trompes et dont les bras sont voûtés en berceau, simple nef rectangulaire (à l'origine couverte en charpente) plus large que le carré du transept et communiquant avec les croisillons par d'étroites d'ouvertures appelées **« passages berrichons »**.
Quelques églises étaient flanquées de collatéraux ; un édifice se singularise par son plan en forme de rotonde inspirée du Saint-Sépulcre de Jérusalem : la basilique de Neuvy-St-Sépulchre. Quant aux abbatiales, elles adoptent le plan bénédictin, l'ordre de saint Benoît ayant essaimé en Berry : à Fontgombault, à Chezal-Benoît et à Châteaumeillant où l'église St-Genès offre la particularité de présenter six chapelles parallèles à l'abside. Noirlac est une création cistercienne, Plaimpied et Puy-Ferrand sont dues aux chanoines de saint Augustin.
La décoration extérieure et intérieure ne manque pas d'intérêt. Si les tympans sont nus, les modillons sculptés, les cordons de billettes, les chapiteaux ornés de feuillages ou historiés témoignent de la vitalité de la sculpture berrichonne, notable dans les églises de La Celle, de Châteaumeillant, de Plaimpied. Plus remarquables sont les **fresques** qui ont été conservées dans plusieurs édifices. La fresque (de l'italien fresco = frais) est une peinture murale exécutée à l'eau sur une couche de mortier frais, à laquelle elle s'incorpore. Le nombre des couleurs est limité : on n'utilise que des terres ou des oxydes de fer allant du jaune au rouge et deux ou trois autres couleurs (vert, violet, bleu ou cobalt). Il ne semble pas avoir existé d'atelier berrichon, ces fresques sont probablement l'œuvre de peintres itinérants. Leurs peintures utilisent des tonalités douces sur fond clair. À Vic, les personnages sont dessinés d'un trait ferme, en brun ou ocre rouge. À Brinay, les tons assourdis sont plus nuancés ; la fresque se déroule comme une tapisserie sur des bandes horizontales vertes, jaunes, marron pâle, blanches. À Palluau, les couleurs somptueuses dominent avec les rouges profonds, les verts et les jaunes destinés à souligner la gloire divine.

Châteaumeillant – Chœur de l'église St-Genès

En Limousin

Les caractères d'écoles voisines se sont mêlés : école auvergnate, dont la caractéristique essentielle est la voûte de la nef, contrebutée à l'aide des voûtes en demi-berceau des bas-côtés ou des tribunes (ex. : à Beaulieu-sur-Dordogne) ; école poitevine, dont on retrouve certaines influences dans la collégiale St-Pierre du Dorat (nef aveugle voûtée en berceau brisé, collatéraux voûtés d'arêtes) ; école périgourdine (coupoles de l'église de Solignac). Mais certains éléments peuvent être considérés comme typiquement limousins. Tout d'abord l'emploi, comme matériau, du granit que l'on trouve partout dans les terrains primaires et dont la teinte, généralement grise, tire parfois sur le blond.
Ensuite la forme particulière de certains clochers : la flèche octogonale qui les termine est reliée aux étages carrés servant d'assise par un ou deux étages sur plan octogonal ; les gâbles placés à hauteur du dernier étage sur un plan carré jouent non seulement un rôle ornemental, mais aussi un rôle dans la construction puisqu'ils équilibrent la répartition des poussées exercées par les étages supérieurs : les clochers de St-Léonard-de-Noblat et d'Uzerche en sont les plus beaux exemples. Les façades, enfin, présentent un type assez uniforme : elles sont constituées par un massif clocher-porche flanqué de deux clochetons, comme au Dorat et à St-Junien, le portail étant souvent encadré d'archivoltes festonnées témoignant d'un emprunt à l'art musulman.
Le plan cruciforme comporte généralement une nef à collatéraux étroits et une abside en hémicycle ou polygonale avec parfois déambulatoire et chapelles rayonnantes. Le simple plan rectangulaire se termine, lui, par un chevet plat. Les petites églises de campagne à l'allure trapue présentent presque toutes un clocher-mur.
La sculpture ne tient pas une grande place, le granit n'étant pas un matériau facile à travailler ; peu de chapiteaux ouvragés donc, ni de tympans décorés, hormis celui, d'une exceptionnelle beauté, de Beaulieu-sur-Dordogne. Typiquement limousins sont les **« boudins »** qui ornent les fenêtres et les portails et qui entrent dans la composition de la **mouluration limousine**.

ART GOTHIQUE

Née dans la première moitié du 12e s., en Ile-de-France, l'architecture gothique a peu à peu remplacé l'architecture romane.

Art religieux

Cathédrales et églises – En Berry, l'art gothique se manifeste très tôt (fin du 12e s.) à Noirlac dont l'église aux murs romans se voit dotée d'une voûte d'ogives. Mais le monument essentiel est la cathédrale de Bourges, pur chef-d'œuvre du 13e s. : sa haute nef couverte de voûtes sexpartites, ses doubles bas-côtés se prolongeant autour du chœur, l'absence de transept en font un édifice d'une grande originalité.
Le Limousin a subi les influences de l'école languedocienne et des écoles du Nord de la France. A Limoges, les chantiers de la cathédrale St-Étienne, des églises St-Pierre-du-Queyroix et St-Michel-des-Lions, à St-Yrieix, la collégiale du Moûtier, à Tulle, le clocher-porche de la cathédrale Notre-Dame et le cloître témoignent de l'ardeur à construire aux 13e-14e s.

Sculpture, peinture et vitrail – Érigé en duché au profit du second fils de Jean le Bon, vers le milieu du 14e s., le Berry devient sur l'initiative du duc Jean un centre intellectuel et artistique de premier ordre *(voir à Bourges)*. Le duc fait appel à d'excellents artistes, mais la plupart des chefs-d'œuvre réalisés par les ateliers de Bourges ont malheureusement disparu : du mausolée du duc Jean ne restent que le gisant abîmé qui se trouve dans la crypte de la cathédrale et quelques fragments exposés au musée du Berry. De cette époque date cependant la majeure partie de la statuaire de la cathédrale. Issoudun conserve, dans l'ancien hospice St-Roch, un bel arbre de Jessé sculpté. A Limoges, la cathédrale St-Étienne abrite dans le pourtour du chœur deux tombeaux exécutés dans le plus pur style du 14e s. Le village de Reygade, en Corrèze, possède une Mise au tombeau du 15e s.
Les peintures murales continuent à orner les murs de plusieurs églises. Mentionnons pour le 13e s. la crypte de l'église de Gargilesse et ses personnages expressifs aux drapés verts soulignés d'un épais trait brun, les voûtes de la collégiale St-Junien qui portent des fresques bien conservées ; pour le 14e s., les fresques de l'église de Roussines ; pour le 15e s., le plafond de la chapelle du palais Jacques-Cœur.
L'art du vitrail s'épanouit à Bourges avec la réalisation, pour la cathédrale, d'un ensemble de verrières (13e s.-15e s.) considéré comme un des plus beaux d'Europe.

Architecture militaire et civile

Châteaux forts – Les forteresses féodales édifiées aux 10e et 11e s. ont subi d'importantes transformations au cours des siècles suivants et n'ont guère résisté aux guerres et aux destructions. Les donjons, derniers réduits de la défense, étaient généralement carrés en Limousin au 12e s. Ils ont été percés au 13e s. de petites ouvertures en plein cintre. Leurs différents étages étaient reliés entre eux par des escaliers pratiqués dans l'épaisseur des murs et coupés de chicanes. On n'y pénétrait que par une petite porte ouverte au 1er étage à laquelle conduisait un escalier léger ou une échelle escamotable : Châlus (Haute-Vienne) en est un remarquable exemple.

S. Sauvignier/MICHELIN

Bourges – Tour octogonale de l'hôtel des Échevins

La plupart de ces forteresses deviendront châteaux de plaisance, tout en gardant leur aspect défensif qui contraste avec les raffinements apportés par la suite. Ces châteaux forts permettent de suivre l'évolution de l'architecture militaire au Moyen Âge.
En Limousin, au 13e s., se dressaient de puissantes forteresses qui se renforcèrent aux 14e et 15e s. : Merle, Ventadour, Curemonte, Chalusset, Montbrun et, dominant la vallée de la Creuse, Crozant, la puissante citadelle des comtes de la Marche.
En Berry, les châteaux forts ne furent pas moins nombreux à la même époque ; beaucoup souffrirent du conflit entre Capétiens et Plantagenêts à la fin du 12e s. Culan, repris par Philippe Auguste en 1188, reconstruit au 13e s., garde sa nudité austère que relèvent ses trois tours arrondies surmontées de hourds en bois. Ainay-le-Vieil est protégé par son enceinte à neuf tours et Meillant dresse encore ses sept tours féodales altières. Des bourgs fortifiés, il reste çà et là des portes, des beffrois et, plus rarement, des vestiges d'enceintes comme à Brigueuil (Charente) ou au Dorat (Haute-Vienne).
Au 15e s. apparaissent des châteaux d'un type nouveau, mi-défensif mi-résidentiel, comme Villemonteix et le Théret en Creuse, qui font transition avec l'architecture civile.

Monastères et églises fortifiées – L'insécurité qui régnait dans le Sud-Ouest de la France, particulièrement pendant la guerre de Cent Ans, fut à l'origine des fortifications religieuses. Églises et abbayes constituaient alors pour les villageois le refuge le plus sûr contre les violences des bandes qui écumaient le pays.
Véritables châteaux forts, elles se hérissaient de tours crénelées, de chemins de ronde et étaient parfois entourées de palissades et de fossés. Les plus remarquables, encore visibles, sont celles de Compreignac (Haute-Vienne), de St-Angel (Corrèze) et de Glénic (Creuse). Mais nombre d'autres portent des traces de fortifications – la collégiale du Dorat est toujours munie de la tour qui surplombe son chevet – et gardent leur allure massive, surtout dans les campagnes limousines.

Architecture civile – L'architecture civile a parfois survécu au temps : quelques maisons ou hôtels particuliers (corps de logis de l'hôtel des Échevins) subsistent à Bourges, Mehun-sur-Yèvre, Limoges, St-Léonard-de-Noblat, Rochechouart et Ségur-le-Château. Un édifice retient l'attention par son ampleur et sa somptuosité : le palais Jacques-Cœur à Bourges, construit en style gothique finissant. L'hôtel des Moneyroux à Guéret lui est contemporain.

LA RENAISSANCE

Au début du 16e s., le mouvement artistique subit en France un renouveau sous l'influence de l'Italie. L'architecture civile prend le pas sur l'architecture religieuse et militaire ; il en est de même pour la plupart des autres formes de l'art.

Architecture – Le siècle qui suit la fin de la guerre de Cent Ans est une période d'intense reconstruction : la moitié au moins des châteaux du Berry furent reconstruits entre 1430 et 1550 et beaucoup de villes se transformèrent.
Le mouvement architectural nouveau privilégie le style flamboyant tout en se laissant pénétrer lentement par le goût italien, que l'on interprétait plus qu'on ne copiait. A Bourges, qui avait été ravagée par un gigantesque incendie en 1487, le style Renaissance s'affirme dans plusieurs édifices : les hôtels Cujas et Lallemant.
A Limoges, la cathédrale s'enrichit du portail St-Jean tandis qu'est édifié le bel ensemble de la cour du Temple. A Tulle, la maison de Loyac date aussi du 16e s., tout comme la maison des Archipêtres à Lubersac.

Les châteaux abandonnent peu à peu leur vocation défensive pour devenir d'aimables et confortables résidences ; beaucoup se dotent d'une galerie « à l'italienne ». En Limousin, Rochechouart, Coussac-Bonneval, Pompadour, Sédières sont des édifices de transition. En Berry, Meillant à la luxueuse façade ornementée, Ainay-le-Vieil et son pavillon d'habitation, la Verrerie et sa loge italianisante annoncent les élégantes constructions de la Renaissance, représentée dans sa pureté par le château de Villegongis (Indre) dont l'architecture s'apparente à celle de Chambord.

Sculpture et arts décoratifs – La sculpture se manifeste à Limoges avec le magnifique jubé édifié en 1533 et le tombeau de Jean de Langeac.
Dans la Marche, l'art de la tapisserie prend son envol : le 16e s. accorde une place importante à la décoration intérieure, à l'ameublement que tapisseries et tentures réchauffent et mettent en valeur. La production d'Aubusson et de Felletin se complaît alors dans la représentation de « verdures » où plantes et animaux fantastiques apparaissent sur un fond de feuillage.
A Bourges, l'art du vitrail se renouvelle avec les superbes verrières de Lescuyer.

DU 17e AU 20e SIÈCLE

Imité de Paris et de Versailles, l'art perd au 17e s. tout caractère régional. En Berry, le gracieux château de Jussy-Champagne clôt la période Renaissance et ouvre l'ère du classicisme. François Le Vau construit le château de Lignières (Cher) dans le style du Grand Siècle, avec ses frontons soutenus par des pilastres et ses corps de logis se reflétant dans les plans d'eau au-delà desquels s'étalent des jardins à la française. De son côté, le style baroque entre dans les églises par l'intermédiaire du mobilier : la chaire de Lignières, le retable monumental de Naves, les superbes boiseries de Moutier-d'Ahun témoignent d'une grande maîtrise de la sculpture sur bois au 17e s.
Le château de Bouges (Indre) fut élevé au 18e s. : la pureté de ses lignes, l'harmonie de ses proportions le classent parmi les édifices les plus intéressants de cette époque.
Sous les intendants du 18e s., le paysage urbain se transforme : les anciens remparts disparaissent au profit de grands boulevards et on aménage des jardins et des places à l'ordonnance sévère. D'imposants bâtiments s'élèvent : le palais archiépiscopal de Bourges, le palais épiscopal de Limoges, etc.
Le 19e s. n'apporte guère de nouveautés architecturales ; on s'emploie surtout à reconstituer d'anciens monuments : nombre de châteaux subissent ainsi des restaurations, parfois contestables, d'autres sont carrément réédifiés (Menetou-Salon, Apremont).
Seules la peinture et la tapisserie ont présenté un caractère original depuis le siècle dernier. Claude Monet se passionna pour le site de Crozant qui lui inspira, en 1889, une trentaine de toiles. Après un long sommeil, la tapisserie connaît depuis la dernière guerre un renouveau grâce à des conceptions et des techniques modernes, dont Lurçat, Dufy, Gromaire ont été les promoteurs.
Des œuvres modernes s'intègrent dans le paysage urbain, telle la Place des Miroirs à Issoudun.

S. Sauvignier/MICHELIN

Moutier d'Ahun – Le lutrin

L'ÉMAILLERIE

Les abbayes de St-Martial, de Solignac et, plus tard, de Grandmont furent les principaux foyers des arts mineurs parmi lesquels l'émaillerie et l'orfèvrerie prirent un essor spécifique en Limousin.
Dès le 10e s., les moines fabriquaient des objets d'or ou d'argent, tels que châsses, bagues épiscopales, statues de saints, souvent ornés de camées et de pierres précieuses et destinés à l'usage liturgique.
L'habileté des orfèvres limousins, leur technique éprouvée ont sans doute ouvert la voie, un peu plus tard, à l'émaillerie.

L'émail cloisonné et champlevé

Utilisant des procédés pratiqués dès le 6e s. par les émailleurs byzantins, qui cloisonnaient des plaques d'or mince de rubans d'or fin, et, dans les espaces ainsi ménagés, cuisaient des poudres de verre colorées, les ateliers limousins pratiquent d'abord l'émaillerie dite «cloisonnée» mais s'orientent au 12e s. vers la fabrication exclusive d'émaux champlevés : une épaisse plaque de cuivre est évidée par endroits, les cavités étant destinées à recevoir l'émail.
Vers la fin de l'époque romane, les tons unis tendent à se nuancer, deux à quatre couleurs se juxtaposent dans chaque alvéole. Le creux des plis est volontairement accusé d'un trait clair blanc, ciel, jaune, cernant des surfaces plus sombres bleu foncé, vert émeraude.
La plupart des œuvres sont inspirées des enluminures, des manuscrits, des ivoires, des tissus d'origine byzantine et orientale.
Dès le début du 12e s., la technique, déjà très affirmée, se manifeste par l'emploi de figures émaillées sur fond de cuivre doré uni.
À partir de 1170, le métal est ciselé de motifs végétaux rappelant les arabesques musulmanes. Ce fond « vermiculé » suggère la représentation des feuillages du paradis. Une faune variée, poissons, serpents, boucs, oiseaux se mêle à des symboles religieux. Agneau mystique, figures apocalyptiques des Évangélistes : bœuf de saint Luc, lion de saint Marc, homme ailé de saint Matthieu, aigle de saint Jean. Parfois l'imagination de l'artiste transforme ces attributs, l'aigle devenant griffon.
De ces compositions souvent naïves se dégage un sens artistique très poussé.
Ainsi sont exécutés des plaques d'autel, des colombes eucharistiques, des coffrets, des custodes. Les pièces les plus remarquables sont les châsses reliquaires d'Ambazac, Gimel-les-Cascades et Bellac *(voir à ces noms)*.
D'importantes collections enrichissent les musées de la région et peuvent être admirées au musée de l'Évêché de Limoges et au musée de la Sénatorie à Guéret.

L'émail peint

L'émaillerie limousine, après une période d'essoufflement, se transforme au 15e s. en découvrant la technique des émaux peints, sous l'impulsion de maîtres renommés : Monvaerni se caractérise par la rudesse de son style, son réalisme et l'emploi de couleurs crues, Nardon Pénicaud par la simplicité de son dessin et l'utilisation de teintes vives et très chaudes, rehaussées d'or et de cabochons.
À l'origine de l'émail peint, la technique de la grisaille est un procédé typique de l'émaillerie limousine : la plaque support, recouverte d'émail noir, ne reçoit que des couches successives d'un émail de consistance pâteuse appelé « Blanc de Limoges » ; après plusieurs cuissons, on obtient une œuvre en camaïeu gris.
À la Renaissance, l'émaillerie connaît une nouvelle faveur incarnée par les dynasties des Pénicaud, des Nouailher, des Laudin, des Limosin dont le fondateur, Léonard *(voir à Limoges)*, parvient, par la sûreté de sa technique, à des sommets encore jamais atteints.
Conséquence des guerres de Religion, les émailleurs délaissent peu à peu, au 17e s., les sujets païens pour aborder l'iconographie religieuse, avec la réalisation d'images de piété.
Progressivement apparaît au 18e s. la miniature peinte destinée à l'orfèvrerie, mettant en valeur coffrets et tabatières.

Le renouveau

Il faut attendre le Second Empire pour que l'émail trouve un nouvel élan, suscité par l'intérêt du couple impérial pour cet art. Les artistes vont ainsi apprendre à redécouvrir les techniques ancestrales, pour les appliquer à des copies d'œuvres anciennes (très en vogue à l'époque), puis à la création pour de grandes maisons d'orfèvrerie (Christofle) et de bijouterie (Boucheron). Enfin, il convient de ne pas oublier la production industrielle (objets religieux, lustres, vases, plaques de rues, etc.).
Au début du 20e s., l'émaillerie de Limoges fait un retour remarqué sur l'avant-scène de la création, sous l'impulsion d'artistes comme Jouhaud, Marty ou Sarlandie.
Aujourd'hui, de nombreuses vitrines limougeaudes exposent bijoux, vases, coupes et sculptures dont certains sont des créations très originales dues à une nouvelle génération d'émailleurs (Duban, Gilbert, Lavoute, Sham's).

Les émaux de Limoges

Châsse de Thomas Becket,
vers 1200, émail champlevé sur cuivre

La sibylle Agrippa,
Léonard Limosin, vers 1535,
émail peint sur cuivre

Triptyque de la Nativité,
Maître aux Grands Fronts,
1er quart 16e siècle,
émail peint sur cuivre

Aiguière au Festin de Didon et Enée,
Jean III Pénicaud,
milieu 16e siècle,
émail peint sur cuivre

Vase, Henriette Marty,
1930, émail translucide sur
paillon d'argent, sur cuivre

L'Ivrogne, Léon Jouhaud, 1912,
émail peint sur cuivre

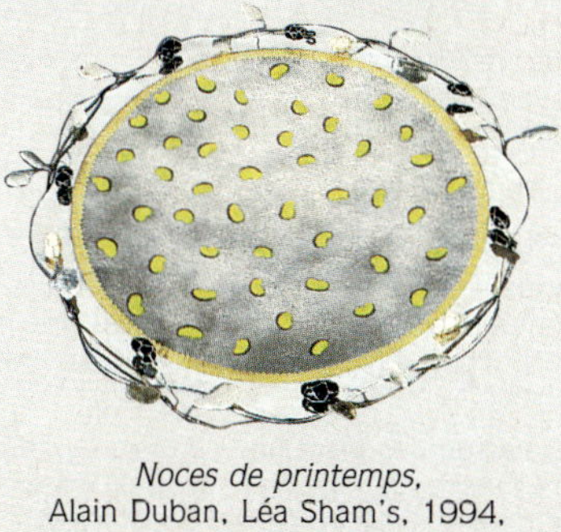

Noces de printemps,
Alain Duban, Léa Sham's, 1994,
émail sur cuivre, partiellement sur
paillon d'argent, maillechort, haricots

F. Magnoux/Musée municipal de l'Évêché, Limoges

Maisons rurales traditionnelles

EN BERRY

Calcaire, grès et terre étaient les matériaux de base utilisés dans les constructions berrichonnes d'autrefois. Cependant, il n'existe pas un type unique de maison : chaque pays a engendré un habitat qui lui est propre.

La ferme de la Champagne Berrichonne – La grande ferme céréalière se compose de vastes bâtiments alignés autour d'une cour ; leurs murs sont construits en blocage aux parements de calcaire, liés au mortier de chaux et revêtus d'un enduit lissé. La toiture abrite très bas la maison, elle est couverte de tuiles plates de couleur brune, ou d'ardoises dans les pays proches de la Loire.

La maison du Pays Fort – Bien plus modeste, elle emploie le pan de bois et le torchis. Couverte d'un toit de chaume puis de tuiles plates débordant largement afin de protéger les murs exposés aux intempéries, elle se caractérise par les lucarnes du grenier, en retrait, qui forment des échancrures typiques.

Une maison du Berry

La ferme sancerroise – Elle présente une longue façade de pierre calcaire blanche, coiffée d'un toit coupé de lucarnes à fronton triangulaire. La partie habitation est généralement prolongée par une grange parfois flanquée d'une écurie.
D'autres types de maisons se remarquent : maisons basses et trapues, bâties en pierre ocre du pays avec granges et étables alignées, au contact de la Sologne ; maisons aux proportions massives et couvertes de toits à quatre pentes dans la Brenne, etc.

En Limousin

Les maisons paysannes utilisent le granit et développent la formule de la grange-étable. Elles sont orientées de manière à ne pas recevoir de face les intempéries.

La maison de la montagne – C'est une maison basse qui se présente sous l'aspect d'un rectangle de granit allongé comprenant l'habitation, l'étable et la grange. Le toit à double pente fut longtemps couvert de chaume, aujourd'hui remplacé par l'ardoise. Le bâtiment est muni d'appentis ; en avant se trouve le « coudert », jardin-verger.

Une maison du Limousin

La maison de la Xaintrie – Type de maison-grange-étable en granit, elle s'adosse souvent à une pente ; ses murs sont crépis d'un enduit de couleur dorée ou pain bis. En allant vers le Sud, colombages et pans de bois ne sont pas rares et les surélèvements deviennent fréquents.

La maison de la Haute-Marche – Sa petite façade en granit s'ordonne presque toujours de la façon suivante : au rez-de-chaussée, une porte et une petite fenêtre, à l'étage, deux petites fenêtres, au-dessus, le grenier où étaient entreposées les céréales.

La maison du bas-pays corrézien – Maison-bloc en hauteur, construite en grès et surmontée d'un toit à quatre pentes : le rez-de-chaussée sert de magasin et l'étage d'habitation, un escalier avec terrasse les fait communiquer ; la cave s'ouvre sous le perron.

La maison des plateaux – Bâtie en granit bleu ou ocre, d'allure trapue, elle est percée de « fenestrous » (petites fenêtres) et sa toiture est couverte de tuiles rondes. L'étable est divisée en deux parties séparées par un couloir central : au-dessus des bêtes se trouve la « juque », remplie de foin que l'on fait glisser jusqu'au « cornadis » fait de poutres où sont accrochées les mangeoires. Certaines fermes possédaient un « clédier », petit séchoir à châtaignes, et un pigeonnier ; toutes disposaient d'un puits à balancier.

Gastronomie

Des rives du Cher à celles de la Dordogne, la gastronomie est à l'honneur. Elle reflète le tempérament de chaque province dont elle contribue à maintenir la renommée.

Les cuisines

La cuisine berrichonne – Saine et simple, elle utilise les produits de la ferme.
Si la soupe aux légumes et au petit salé, ou la soupe au pain, mijotée pendant une heure dans une marmite en terre et arrosée de crème, est le plat régional par excellence, la spécialité typiquement berrichonne est le « poulet en barbouille ». C'est un poulet flambé et coupé en morceaux auquel, après une heure de cuisson, on ajoute le sang cuit à feu doux avec de la crème, un jaune d'œuf et le foie pilé ; on obtient une belle sauce noire, parfumée et bien liée.
Beaucoup d'autres plats appartiennent à la cuisine berrichonne et ils sont souvent accompagnés soit d'une sauce au vin, soit d'une sauce très onctueuse à la crème. Lapin farci, œufs au vin, langue de bœuf au gratin, rognons, foie de veau piqué constituent de solides plats de résistance, sans oublier le gibier et les poissons, que l'on accompagne volontiers de champignons. Le pâté de citrouillat, le truffiat ou « bourre-chrétien » – pommes de terre enrobées de pâte – la galette « aux grillons » (pâte feuilletée fourrée de lardons frais et grillés), et, pour dessert, les tartes aux pruneaux, les sanciaux (beignets au miel), et les millats (bouillie aux cerises noires).

La cuisine limousine – La soupe typique est la « bréjaude », soupe au lard (brejou = couenne du lard) et aux choux garnie de pain de seigle.
Les pâtés truffés ou en croûtes, parfois garnis d'une farce, ont une réputation méritée. Le lièvre en chabessal est un lièvre farci de veau, de porc frais, de jambon, le tout assaisonné de sel, de poivre, d'épices et de condiments.
Beaucoup d'autres recettes sont en rapport avec les produits de la pêche : le soufflé de truites et les queues d'écrevisses à la crème et aux girolles sont parmi les plus fameuses. La châtaigne, qui est restée longtemps le pain des paysans, accompagne la dinde et l'oie, le boudin, le ragoût de veau et de porc et, sous forme de purée, les pièves de venaison. La Xaintrie possède une spécialité culinaire appelée la « poulcèze », qui est une variété typique et très particulière des « farcidures » de Tulle : il s'agit, dans sa version courante, dite « à la galopade », de boulettes à base de farine, que l'on jette dans le bouillon ou que l'on fait rôtir au four en mélangeant à la pâte des pommes de terre râpées. Le « menassous » ou « picard » est un pâté de pommes de terre râpées, servi en accompagnement d'une viande.
Le dessert limousin est le clafoutis, sorte de tarte obtenue en mélangeant de la pâte légère et moelleuse et des cerises noires.

Le farci limousin

Pour 4 personnes : prévoir une quantité suffisante de salé, trois carottes de belles tailles, deux poireaux, un navet et un chou. Après avoir mis à dessaler la poitrine de veau (la veille), plonger la viande dans de l'eau bouillante et surveiller la cuisson à partir de 30 mn. Les feuilles de chou sont ébouillantées quelques secondes, égouttées et laissées à refroidir. La farce se prépare en mélangeant 250 g de pain rassis et 100 g de lard (coupés en petits morceaux) imbibés d'eau bouillante, trois œufs, de l'ail, du persil, du sel et du poivre. Sur deux ficelles croisées, faire chevaucher les feuilles de chou pour y placer la farce en boule, avant de replier les feuilles et de ficeler le tout. Ajouter le chou farci avec le salé et les légumes, puis laisser cuire une heure sans interrompre l'ébullition.

La flognarde

Pour 6 personnes – Dans un saladier, mélanger successivement les ingrédients suivants : 100 g de farine, 100 g de sucre en poudre, deux cuillerées à soupe d'huile, un verre de lait, 20 cl de bonne crème fraîche et une pincée de sel. Dans un bol, casser cinq œufs (à température ambiante) puis les battre énergiquement comme pour une omelette. Verser le contenu du bol dans le saladier et bien mélanger pour obtenir un résultat parfaitement lisse. Choisir six belles pommes que l'on prend soin d'évider et de couper en rondelles. Garnir le fond d'un moule à manqué (préalablement beurré) avec les rondelles de pommes, puis verser délicatement le contenu du saladier. Mettre au four (thermostat 6) pendant 45 mn. Servir tiède accompagnée, pourquoi pas, d'une boule de glace à la vanille.

Vins et liqueurs

Les vins du Berry – Ils sont de qualité. Vins de Sancerre et de Menetou-Salon classés A.O.C. ; des coteaux du Val de Loire, de Quincy, de Reuilly et de Valençay, sont issus des cépages de sauvignon, cépage noble dont le goût de « pierre à fusil » est réputé. Les coteaux de l'Arnon, du Cher, de Châteaumeillant, plantés de cépages tels que pinot, gamay, muscadet, produisent des vins légers rouges, blancs, rosés ou gris.
Tous ces vins, assez légers, accompagnent hors-d'œuvre et fromages de chèvre, dont le fameux crottin de Chavignol qui tire son nom d'un hameau proche de Sancerre.

Les liqueurs – Les plus répandues sont les liqueurs de ménage, que chaque famille prépare à sa façon en faisant macérer des fruits dans l'eau-de-vie fabriquée par le bouilleur de cru local ; le produit du filtrage s'appelle le ratafia.
Le brou de noix s'obtient à partir de noix vertes coupées en deux, qu'on laisse infuser pendant six à huit semaines dans un bocal et que l'on filtre ensuite à plusieurs reprises.
En Corrèze, de petites fabriques artisanales produisent d'excellentes liqueurs : noix, myrtille, prunelle sauvage, noisette, etc. Les fruits récoltés macèrent plusieurs mois dans l'alcool, puis sont pressés et distillés.

Vin de Sancerre et crottins de Chavignol

Quelques curiosités insolites proposées dans ce guide

Bourges – Palais Jacques-Cœur, clef de voûte

Villes et curiosités

Lonchampt – Delehaye/CNMHS

Château d'AINAY-LE-VIEIL★

11 km au Sud-Ouest de St-Amand-Montrond
Cartes Michelin n° 69 pli 11 ou 238 pli 31
Schéma p. 189.

Étape de la Route Jacques-Cœur, cet édifice médiéval est situé dans la vallée du Cher, aux confins du Berry et du Bourbonnais. Sa poterne et ses remparts lui ont valu le surnom de « petit Carcassonne ».
Ainay changea très souvent de propriétaires au cours du Moyen Âge : après les sires de Bourbon, des Barres, de Seuly, les Culant le vendirent en 1445 à **Jacques Cœur** pour le racheter huit ans plus tard et le céder à nouveau, en 1467, à la famille de Bigny dont la descendance habite toujours le château.

VISITE ⏱

Extérieur – La masse sévère de l'**enceinte médiévale** (12e-14e s.) s'inscrit dans un paysage charmant d'eaux vives et de verdure. La poterne franchie, le contraste est frappant entre la décoration du gracieux corps de logis Renaissance, à la chaude patine ocre, et le dispositif fortifié. La **tour hexagonale** (début du 16e s.), ornée de balustres et de colonnes torsadées, rappelle le style de Meillant. Par le corps de garde, l'on gagne le chemin de ronde, d'où une vue agréable s'étend sur les douves remplies de nénuphars et les remparts crénelés flanqués de neuf tours.
Spectacle riche en couleurs et en senteurs, la **roseraie** rassemble une grande variété de roses françaises. L'espèce la plus ancienne remonte à 1420.

Intérieur – Il frappe par la beauté de son décor : au plafond à poutrelles et à la cheminée sculptée de la salle à manger succède l'imposante cheminée du grand salon, somptueusement décorée aux armes de Louis XII et d'Anne de Bretagne. Les portraits de Colbert, le célèbre ministre de Louis XIV, et du général Auguste de Colbert rappellent que le château est entré dans cette illustre famille au 19e s. Dans la chapelle voûtée en caissons, l'on admire les fresques et de beaux vitraux de Lescuyer (16e s.). La salle de billard contient nombre de souvenirs des familles Colbert et Villefranche, se rapportant à la captivité de Marie-Antoinette au Temple et à la campagne d'Égypte de Bonaparte.

Église St-Martin – Édifiée au 13e s., elle s'ouvre par un massif clocher-porche. Au 16e s., la chapelle seigneuriale des Bigny (pierres tombales) fut ajoutée ; le retable en bois doré date du 18e s.

Château d'Ainay-le-Vieil

*Pour organiser vous-même votre voyage
vous trouverez, au début de ce guide,
la carte des principales curiosités et un choix d'itinéraires de visite.*

AMBAZAC

4 889 habitants

Cartes Michelin n° 72 Sud du pli 8 ou 239 Sud-Est du pli 1 – 20 km au Nord-Est de Limoges

Schéma p. 52

Située au centre des monts d'Ambazac, cette petite ville active commande la région entre la Marche et le Limousin. Elle doit sa célébrité au trésor de son église, provenant de l'ancienne abbaye de Grandmont *(voir ci-contre).*

Ordre de Grandmont – Fondé en 1076 par Étienne de Muret (1046-1124), un saint ermite entouré d'un groupe de disciples, cet ordre se transporta à Grandmont dans les monts d'Ambazac en 1125, et reçut de son quatrième prieur, Étienne de Liciac, une règle très sévère inspirée des enseignements d'Étienne. Les moines grandmontains ne devaient rien posséder en dehors de leur enclos et devaient se consacrer exclusivement à la prière et à la charité. Leur pratique de la bienfaisance leur valut le surnom de « Bonshommes ». Protégé par les Plantagenêts, l'ordre rayonna en Aquitaine et au-delà des frontières par ses nombreuses « celles » appelées plus tard prieurés, mais son développement fut entravé par les révoltes des convers, qui avaient seuls la charge du temporel. A cette époque, dans le dernier tiers du 12e s., l'abbaye devint un centre artistique spécialisé dans l'émaillerie et l'orfèvrerie : on y exécuta de nombreux reliquaires (dont la fameuse châsse d'Ambazac, *voir ci-dessous*) et tout un mobilier eucharistique. L'ordre de Grandmont fut supprimé par le pape en 1772 et le trésor déplacé en 1790.

Église – Elle renferme à droite de la nef le remarquable trésor (12e-15e s.).
La **châsse★★** de saint Étienne de Muret figurait, avec six autres, sur l'autel majeur de Grandmont. Elle fut certainement exécutée en 1189 à l'occasion de l'élévation des reliques du fondateur de l'ordre. Ses dimensions imposantes (longueur : 73,5 cm, hauteur : 63 cm, profondeur : 26 cm) en font une pièce unique. Réalisée en cuivre repoussé et ciselé, avec décor d'émaux champlevés, de pierreries et d'intailles, elle symbolise la Jérusalem céleste.
La **dalmatique★**, vêtement liturgique de soie aux motifs d'or brillant sur un fond mat rouge, décoré d'un aigle de Byzance à deux têtes, est un don de l'impératrice Mathilde d'Allemagne, femme d'Henri V, à Étienne de Muret vers 1120. Les motifs ornementaux montrent une nette influence mauresque qui laisse penser que le vêtement pourrait être dû à des artisans mozarabes.

Terrasse – Elle est aménagée près d'un sanctuaire marial, érigé au sommet d'une colline au Sud-Ouest de la ville, près de la D 914. La vue se porte sur le site d'Ambazac et les monts environnants.

Parc de Montméry Ⓥ – *Continuer tout droit, dans la direction du Nord, à partir du carrefour situé devant la place de l'église. 500 m plus loin, tourner à droite ; l'itinéraire est fléché.* Une allée sinueuse et ombragée de chênes et de hêtres conduit à ce havre de verdure, créé dans les années 1885-1890 à la demande du célèbre porcelainier Theodore de Havilland. Un architecte de l'école de Hunt (New York) dessina le château dans un style éclectique. Une promenade dans le parc, planté d'essences rares et jouissant d'une bonne exposition, réserve de très belles **vues★** sur les monts d'Ambazac.

VAL DU TAURION ET MONTS D'AMBAZAC

Circuit de 65 km – environ 2 h 1/2 – schéma ci-dessous

Les vigoureuses collines aux sommets arrondis (600 à 700 m d'altitude) et le Taurion, rivière aux gorges sauvages, dessinent un pays où l'empreinte millénaire de l'homme marque la pierre à travers les mégalithes, les croix antiques et les villages aux façades trapues. Au détour des routes sinueuses, des sites parfois rudes, mais d'une grande beauté, s'offrent à la découverte.
L'économie traditionnelle de cette région reposa longtemps sur une polyculture pauvre et sur l'élevage des moutons au milieu des landes et des brandes. Depuis 1948, elle a été bouleversée par la découverte de plusieurs gisements d'uranium à forte teneur qui contribuent, de façon notable, à l'alimentation en combustible de l'industrie nucléaire française.

St-Martin-Terressus – Le bourg domine la retenue du barrage de St-Marc.
Sinueuse et pittoresque, la D 29 ménage de nombreuses échappées sur le barrage de St-Marc, puis la D 5 à gauche descend au milieu des herbages et offre de belles vues sur le lac-réservoir.

Pont du Dognon – Cet ouvrage enjambe le Taurion dans un site remarquable de falaises boisées ou hérissées de rochers.
La route s'élève en lacet, offrant une dernière vue sur le pont et la retenue. La D 29, à droite, conduit au bourg des Billanges.

Église des Billanges – Fortifiée (12e-15e s.), elle abrite une châsse émaillée du 13e s.
A 2 km à droite, la D 28A, pittoresquement tracée, traverse un paysage très vallonné avant d'atteindre Sauvagnac.

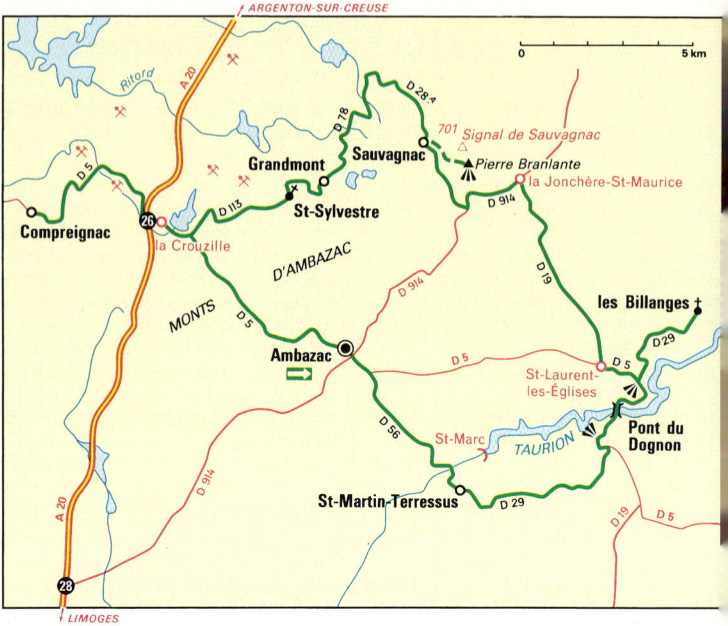

Sauvagnac – L'origine de ce minuscule village fut une « celle » de l'abbaye de Grandmont *(voir ci-dessous).* Remaniée à plusieurs époques, la chapelle a gardé sa nef sévère du 12e s., voûtée en berceau brisé, et ses piliers massifs ; remarquer à droite du chœur une Pietà du 15e s.

C'est un lieu de pèlerinage à Notre-Dame dont la statue richement habillée couronne le maître-autel.

Partant de la chapelle, un sentier fléché de rouge *(1 h à pied AR)* conduit en sous-bois, à droite du signal de Sauvagnac (alt. 701 m, *installations militaires, ne pas s'approcher*), à un chaos de blocs de granit appelé **Pierre Branlante**.

De là se développe une **vue★★** très étendue au Sud-Ouest sur Ambazac et Limoges, au Sud-Est et à l'Est vers le mont Gargan, les Monédières, le puy de Sancy et le puy de Dôme.

Dans cette région accidentée, les D 28A et D 78 offrent de jolies vues sur les **monts d'Ambazac.**

Grandmont – Au bord du village, les fondations et quelques pierres de taille sont les seules traces de l'abbaye de Grandmont dont les bâtiments, à l'architecture très dépouillée, avaient été élevés au 12e s. puis agrandis aux 14e et 15e s. C'est après la mort d'Étienne de Muret (1124) que plusieurs de ses disciples vinrent s'établir en ces lieux et fondèrent un ordre érémitique. Endommagée pendant la guerre de Cent Ans et les guerres de Religion, l'abbaye avait été complètement restaurée au milieu du 18e s., mais à la suite de la suppression de l'ordre à la veille de la Révolution, les bâtiments furent démolis entre 1817 et 1820.

Une petite chapelle de pèlerinage, érigée là en 1825, perpétue le souvenir du monastère. A l'intérieur ont été placées des copies de la châsse d'Ambazac et de la croix reliquaire de Gorre. Auprès d'elle on a dressé les plans de ce que furent les bâtiments de l'abbaye.

St-Sylvestre – L'église conserve un remarquable **buste reliquaire★** *(à gauche du chœur)* de saint Étienne de Muret. Cette pièce en argent repoussé, exécutée vers la fin du 15e s., provient, comme le reliquaire de saint Junien (13e s.) faisant également partie du trésor, de l'ancienne abbaye de Grandmont.

Par la D 113 et la D 5 qui passe près des mines d'uranium de la Crouzille et longe celles de Margnac, gagner Compreignac.

Compreignac – Le bourg de Compreignac s'est formé et développé sur le passage de l'itinéraire de Limoges à Châteauponsac, fréquenté dès le haut Moyen Âge. Des lieux de culte s'élevèrent au bord de cette route, gardée, aux 12e et 13e s., par deux châteaux aujourd'hui disparus.

Église ⏲ – Placée sous le patronage de saint Martin – ce qui atteste une origine très ancienne, elle est une des églises fortifiées les mieux conservées du Limousin. Édifiée au 12e s., ruinée par les Anglais en 1370, elle fut reconstruite et fortifiée aux 15e et 16e s. En forme de croix latine désaxée, elle est précédée d'un clocher-porche.

Au Sud, le portail retombant sur une frise de chapiteaux sobrement sculptée ne manque pas d'élégance.

L'édifice est couronné d'une galerie à mâchicoulis, un contrefort est même surmonté d'une échauguette.

APREMONT-SUR-ALLIER★

83 habitants

Cartes Michelin n° 69 pli 3 ou 238 pli 33 – 15 km au Nord-Est de Sancoins

Ce charmant village est inséparable de la puissante forteresse qui le domine ; bâti sur une butte qui lui sert de parc, le château d'Apremont s'impose aux regards de toutes parts, à travers bois ou le long de l'Allier.

Le village – Au pied du château et construit dans les mêmes tons d'ocre rose, il s'allonge au bord de l'Allier. L'ensemble constitué par les vieilles maisons, en partie reconstruites, depuis 1930, dans le style médiéval berrichon, paraît sortir d'un vieux livre d'images. Plusieurs linteaux de portes montrent les dates attestant leur âge ; la plus ancienne de ces maisons serait celle des « mariniers », du 15e s. Les épaisses frondaisons qui parent les rives, le bruit de l'eau vive ajoutent au charme des vieilles pierres.

Château ⓥ – De la forteresse, qui fut pendant la guerre de Cent Ans une place forte bourguignonne, il ne restait guère que le donjon et les soubassements quand **Eugène Schneider**, troisième du nom, l'acheta à la fin du siècle dernier. Enthousiaste, le nouveau propriétaire consacra sa vie à la restauration et à l'aménagement de cette demeure, qui devint une des plus somptueuses de la région.

On admire successivement : l'intéressante salle des maquettes, la salle des gardes (reconstituée en 1939) où figure une précieuse calèche du Prince Impérial, le salon de Bourgogne, le salon des Dames, le salon Masseran et, enfin, la superbe salle à manger en rotonde dont la table est dressée (belle vaisselle de luxe). Au cours de la visite, on remarque le mobilier raffiné, les splendides tapisseries des Flandres et d'Aubusson (en particulier « l'automne » de Dom Robert), une collection de portraits des 17e et 18e s., etc.

Musée des Calèches – Il est installé dans les écuries du château et renferme une remarquable collection de calèches familiales du 19e s. Au centre trône la grosse berline de voyage d'Eugène Schneider (fondateur du Creusot et homme politique) dont il se servait pour le transport des fonds destinés à la paie des ouvriers du Creusot. Les « chasses » de Caran d'Ache, cadeau du tsar, égayent l'ensemble.

★**Parc floral** ⓥ – Cet immense parc respire la beauté et la sérénité. Créé dans les années 70, il a nécessité d'énormes travaux : une vallée a été barrée afin d'implanter une série d'étangs ; des prés ont été transformés en pelouses et en massifs d'arbustes à fleurs ; une cascade, construite avec 650 tonnes de rochers, a été aménagée dans une ancienne carrière. Les essences les plus rares sont représentées.

Inspirée du « jardin blanc » de Sissinghurst en Angleterre (Kent), une bordure d'arbustes et de plantes vivaces à fleurs blanches ou à feuillages argentés s'étend devant un groupe de maisons médiévales très pittoresques.

Un « pont chinois », un « pavillon turc » et un « belvédère » au décor intérieur en faïence de Nevers ont été récemment édifiés dans le goût du 18e s.

ENVIRONS

Les bois environnants – Sous des noms différents : bois d'Apremont, des Ribaudières, de Neuvy, de la Boulée, toute la région comprise entre la vallée de l'Aubois et celle de l'Allier forme un massif forestier aux belles futaies, sillonné de ruisseaux et d'étangs.

Pont-Canal du Guetin – *5 km au Nord par la D 45.*

Les péniches qui suivent le canal latéral à la Loire doivent, un peu en amont de Bec d'Allier, franchir la rivière par un pont-canal très élevé qu'elles atteignent par une série de 3 écluses en escalier.

ARGENTAT★

3 189 habitants

Cartes Michelin n° 75 pli 10 ou 239 pli 27

Schémas p. 55 et p. 134

Au centre de la région pittoresque des plateaux du Bas-Limousin, Argentat étage ses maisons anciennes au débouché de la haute vallée de la Dordogne.

Aux 16e et 17e s., la ville connut une grande prospérité grâce au transport du bois qui, chargé sur les « gabares », descendait jusqu'à Bergerac, où il était utilisé dans la tonnellerie. C'est à cette époque que furent édifiées dans le centre-ville et au bord de la Dordogne d'élégantes maisons à tourelles et à poivrières, aujourd'hui parfaitement restaurées.

La traversée d'Argentat est facilitée par la mise en service de la déviation N 120, qui emprunte un 2e pont construit sur la Dordogne en aval du pont de pierre.

★**Le site** – L'arrivée sur Argentat par le Sud permet au visiteur de découvrir d'emblée la beauté de la ville. De l'entrée du pont qui franchit la Dordogne, une large vision circulaire permet d'admirer, en amont de la rive gauche, de jolies maisons à balcons de bois s'avançant au-dessus de l'eau. En face, la rive droite laisse apparaître la rue commerçante (en prolongement du pont), séparant la ville en deux quartiers. La composition de l'ensemble révèle le curieux enchevêtrement des vieux toits d'ardoises ou de **lauzes** (lames de pierre assez grossières, obtenues en débitant des blocs de schiste cristallin ou de lave, comme on le fait pour l'ardoise), semés çà et là de tourelles, de pignons ou de poivrières.

Pour une meilleure approche de la ville, laisser votre véhicule rue Eymard-Ledamp *(parking derrière le CES)*. Un peu plus loin sur la droite, un chemin donne accès au bord de la Dordogne, à suivre jusqu'au **quai Lestourgie** pavé comme autrefois. Construit en 1844, de nombreuses gabares venaient y accoster. Passé le pont, on peut longer la rivière en empruntant une promenade aménagée jusqu'à la rue des Contamines, croisant de nombreuses ruelles typiques. On remonte vers le centre-ville par la place Delmas entourée de rues aux maisons anciennes (Manoir de l'Eyrial, maison Filliol). De l'église St-Pierre, on descend par des escaliers vers la rue Ste-Claire, où s'élève l'Hôtel des Vicomtes de Turenne. Après avoir traversé la rue Henri IV, la rue des Goudous dévoile de vieilles maisons dont le linteau gravé des portes révèle la date de construction. Passé la chapelle Jeanne d'Arc, la rue Ledamp ramène au parking.

Argentat – Vue d'ensemble

Barrage d'Argentat – C'est le cinquième ouvrage hydro-électrique de la Haute-Dordogne *(voir la Haute vallée de la Dordogne)*. Édifié à 2 km en amont d'Argentat, il permet une meilleure utilisation de la retenue du Chastang. Sa hauteur maximale au-dessus des fondations est de 35 m et sa longueur à la crête de 190 m.

Quatre vannes peuvent évacuer 4000 m^3 d'eau par seconde. Cet ouvrage de type « piles-usines » est formé de cinq piles creuses. Quatre sont équipées d'un groupe hydro-électrique de même type que ceux équipant l'usine marémotrice de la Rance *(voir guide Vert Michelin Bretagne)* pour lesquels ils ont été construits à titre expérimental.

ENVIRONS

St-Martial-Entraygues – *6 km au Nord-Est par la D 18.*

A proximité de l'église, suivre un sentier fléché qui, à travers bois, conduit à un promontoire rocheux dénommé **Roc Castel**. De là se dégage une **vue** sur plusieurs courbes de la Dordogne, fermées à droite par le barrage d'Argentat.

EXCURSIONS

1 La Xaintrie

Circuit de 60 km – environ 2 h - schéma ci-dessous

Quitter Argentat par le Sud-Est en empruntant la N 120.

La route remonte la vallée de la Maronne.

A la Broquerie, en vue du barrage de Hautefage, la route franchit la rivière et s'élève rapidement, décrivant de nombreux virages, au-dessus des gorges rocheuses et boisées.

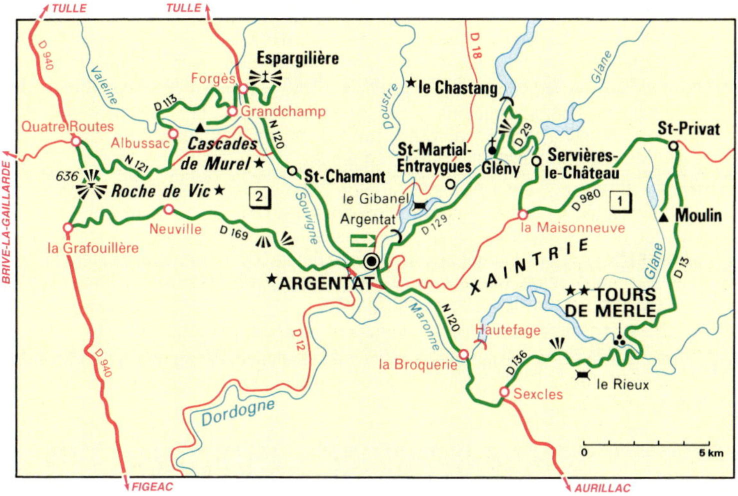

A Sexcles, prendre à gauche la D 136 qui s'élève à travers bois, puis atteint un plateau d'où l'on découvre de très belles vues sur la vallée et les monts d'Auvergne. La route passe ensuite au pied du **château du Rieux** (13e et 16e s.) et traverse St-Bonnet-les-Tours. Puis elle descend à flanc de ravin et ménage des échappées sur les tours de Merle que la D 13, à gauche, contourne en franchissant la Maronne.

★★**Tours de Merle** – *Voir p. 170.*

La D 13, pour gagner St-Privat, traverse la **Xaintrie** – altération du mot St-Trie, plateau granitique profondément entaillé par les gorges de la Dordogne, de la Maronne et de la Cère. C'est une région pauvre où les landes et les broussailles alternent avec les bois de pins et de bouleaux argentés. On distingue la Xaintrie blanche au Nord (St-Privat) et la Xaintrie noire au Sud (Mercœur).
L'opposition entre les paysages désolés des plateaux et ceux, plus riants, des vallées encaissées exclut la monotonie.

Moulin de Malesse ⓥ – Un moulin du 12e s., restauré à l'identique, a conservé un intéressant mobilier : meules à blé et à noix, pressoir monumental à huile (l'un des plus anciens de France) ; l'appareillage – deux roues d'entraînement à cuillères horizontales – a été reconstitué.

St-Privat – L'église, des 13e et 16e s., possède une puissante tour carrée.

A la Maisonneuve, tourner à droite dans la D 75, pittoresque, d'où l'on découvre le site de Servières-le-Château.

Servières-le-Château – Cette ancienne place forte aux mains de la famille de Turenne puis de Noailles, aux maisons couvertes de lauzes, occupe un **site**★ très pittoresque au-dessus des gorges profondes de la Glane, dans un cirque de rochers déchiquetés, sur lesquels s'accrochent des sapins.
Au-delà de Servières, une très belle descente sur la vallée de la Dordogne offre des vues sur le barrage du Chastang d'où l'on domine le barrage et sa retenue. Pour accéder au belvédère, suivre le sentier signalé par un panneau.

★**Barrage du Chastang** – *Voir p. 135.*

La D 129 ramène à Argentat en longeant la rive gauche de la Dordogne qui coule au pied de collines boisées, tandis que la route est, par endroits, bordée de hauts rochers.

Glény – La chapelle, reste de l'ancienne église, conserve un joli chevet et un clocher à peigne, simple mur-pignon percé de baies dans lesquelles sont logées les cloches. Peu avant le barrage d'Argentat, le **château du Gibanel** se reflète dans les eaux de retenue.

★2 Vallée de la Souvigne

Circuit de 45 km – environ 1 h 3/4 – schéma ci-avant

Quitter Argentat au Nord-Ouest.
La route remonte la vallée de la Souvigne aux collines boisées.

St-Chamant – Le portail de l'église précédée d'un clocher-porche à hourds ne manque pas d'intérêt, avec ses chapiteaux et son tympan sculpté à double registre où l'on voit, au-dessus des douze apôtres, le Christ bénissant, encadré de deux anges.

Calvaire d'Espargilière – *1/4 h à pied AR.* Des abords de ce monument, la vue s'étend largement sur les vallées adjacentes tapissées de prairies et soulignées de coteaux boisés.

★**Cascades de Murel** – *Prendre la D 113ᴱ à partir de Grandchamp.* On les atteint en longeant la Valeine aux eaux limpides ; elles s'inscrivent dans un joli cadre de feuillage et de rochers.

Dans Grandchamp, reprendre à gauche la D 113, route à flanc de coteau offrant de belles vues sur la vallée de la Souvigne. D'Albussac, la D 87 mène à la N 121 que l'on prend à droite. La route traverse des vallons coupés de châtaigneraies avant de gagner le plateau couvert de landes.

★**Roche de Vic** – *1/4 h à pied AR.* Altitude 636 m. Cette colline aux flancs dénudés est couronnée de gros blocs granitiques sur lesquels se dressent une petite chapelle et une statue de la Vierge, très visibles de la D 940. De là se développe un **panorama★** sur le Bas-Limousin : de la table d'orientation, la vue se porte au premier plan sur un paysage de collines, à l'horizon apparaissent au Nord le massif des Monédières, au Sud les Causses du Quercy.

La D 940 traverse une région vallonnée où abondent bois et prairies.

5 km au-delà de Neuville, l'itinéraire permet de découvrir une très jolie vue à droite sur la vallée de la Dordogne et, peu après, à gauche, une agréable perspective sur une gorge boisée.

ARGENTON-SUR-CREUSE★

5 193 habitants

Cartes Michelin n° 68 plis 17, 18 ou 238 pli 39

Schéma p. 123

Surnommée la « Venise du Berry », Argenton aligne ses vieux quartiers pittoresques le long des rives de la Creuse, dans un environnement de collines verdoyantes. La ville s'est spécialisée au 19ᵉ s. dans la confection. Elle a remplacé la cité gallo-romaine d'Argentomagus, qui s'étendait à 2 km au Nord, sur la colline de St-Marcel.

CURIOSITÉS

Le visiteur emprunte la rue Charles-Brillaud, à l'angle de l'Office de tourisme, place de la République.

Musée de la Chemiserie (**M**) ⓥ – Il est situé dans le premier atelier de confection mécanique de chemises créé par Charles Brillaud en 1860. Le développement de la lingerie fut spectaculaire dans cette région où les ateliers de blanchisserie étaient déjà implantés en nombre le long de la Creuse. Très vite la qualité du produit séduit de nombreux clients en France, puis à l'étranger. De nos jours la tradition s'oriente vers la chemiserie masculine haut de gamme (Cardin, Dior, Gaultier...).
Dans un espace agréable composé de plusieurs niveaux, le musée propose en préambule, un historique de l'industrie de la chemise à travers Argenton et sa région. Un atelier de confection regroupe machines et accessoires, appuyés par des schémas retraçant les étapes de fabrication. Des scènes font revivre l'évolution de la liquette du Moyen Âge à nos jours. Des chemises de stars du spectacle sont exposées (Burton, Chaplin, Sinatra) ainsi que la plus grande chemise du monde composée de 3 918 morceaux de tissu (assemblés par 25 km de fil).
Une cabine de simulation permet de se voir sous divers aspects de la mode masculine, à travers le temps.
Les ruelles perpendiculaires à la rue Grande, donnant sur la Creuse (rue des Tanneurs), sont appelées des arribouts.

Église St-Sauveur – La date de fondation remonte probablement aux origines de la ville basse (13ᵉ s.). L'édifice actuel, du 15ᵉ s., a été restauré de 1853 à 1885. Son clocher-porche néo-gothique, surmonté d'une flèche ajourée, atteint 50 m. La nef possède une belle voûte d'arêtes armoriée.
Plus loin, à gauche, dans l'impasse de Villers, bel hôtel de Scévole des 17ᵉ et 18ᵉ s. (centre médico-légal).

Vieux pont – Du 17ᵉ s., mais reconstruit au siècle dernier, il offre une très jolie **vue★** sur la Creuse, les quartiers anciens et la ville haute. En amont, la rivière s'étale en un beau plan d'eau, avec un double déversoir alimentant des moulins. Des maisons à loggias, à balustrades et à galeries de bois coiffées d'ardoises surplombent la rivière ; d'autres s'étagent le long de la falaise envahie par la végétation. Dominant la chapelle N.-D.-des-Bancs, se dresse la colossale statue dorée de N.-D.-d'Argenton, tandis qu'apparaissent à droite la flèche de pierre de l'église St-Sauveur, et à l'horizon, le clocher de l'église de St-Marcel.
Au-delà du pont, on remarque au passage une **maison ancienne** (**D**) ornée d'un petit portail Renaissance.
La rue Raspail mène à l'**ancien collège** (**E**) (Centre régional de restauration archéologique) de style Renaissance (fin 15ᵉ s.), couronné d'une tourelle à clocheton et s'ouvrant par un portail sculpté où deux anges tiennent des armoiries. Le bâtiment est appelé « vieille prison » depuis qu'il fut affecté à cet usage en 1782.

ARGENTON-SUR-CREUSE

Acacias (Allée des) 2
Barbès (R.) 5
Chapelle-N.-D. (R. de la) 7
Châteauneuf (R.) 8
Chauvigny (R. A. de) 10
Coursière (R. de la) 12
Gare (R. de la) 14
Grande (Rue) 15
Merle-Blanc (R. du) 18
Point-du-Jour (R. du) 20
Pont-Neuf (R. du) 23
Raspail (R.) 24
République (Pl. de la) 25
Rochers-St-Jean (R. des) 27
Rosette (R.) 28
Rousseau (R. Jean-J.) 29
Victor-Hugo (R.) 30
Villers (Imp. de) 31

D Maison ancienne
E Ancien collège
M Musée de la Chemiserie

Chapelle St-Benoît – Cette ancienne collégiale gothique des 15e et 16e s. a été rendue au culte et restaurée en 1873 ; le clocher actuel date de 1965. A l'angle gauche, sous un dais, une statue en pierre de 1485 représente la Vierge à l'Enfant. Face à la chapelle, prendre la pittoresque rue de la Coursière. Au fur et à mesure que l'on s'élève, se développe un panorama étendu sur la ville et son site.

Chapelle Notre-Dame-des-Bancs ⓥ – Seul vestige du château fort démantelé sur ordre de Richelieu, elle fut construite par un membre de la maison de Chauvigny au 15e s. Depuis la peste de 1632, qui ravagea Argenton, la chapelle est devenue un lieu de pèlerinage : la petite statue de la Vierge (15e s.) qui se trouve au-dessus du maître-autel est vénérée sous le vocable de « Bonne Dame d'Argenton ». Pendant la Révolution, elle faillit être jetée dans la Creuse. La renaissance du sanctuaire date de la fin du 19e s. quand l'abbé Moulin songea à une restauration complète. Le 2 juillet 1899, l'archevêque de Bourges inaugurait et bénissait la gigantesque statue de la Vierge, dorée à la feuille ; celle-ci pèse environ 3 t et mesure 6,50 m de haut.
De la terrasse, on embrasse du regard l'ensemble de la ville : la **vue★** s'étend des quais pittoresques aux maisons à pignons et à tourelles, coiffées de toits d'ardoises ou de tuiles brunes, s'attarde un instant sur les clochers de l'église St-Sauveur et de la chapelle St-Benoît, tandis que se dessine le tracé de la vallée de la Creuse enserrant la ville, dans un cadre agréable de collines.

ENVIRONS

★**St-Marcel** – *2 km au Nord par sortie ⑤ du plan. Voir p. 197.*

Le Pont-Chrétien-Chabenet – *7 km au Nord-Ouest par la D 927.*
Dans le bourg, château du Broutet (15e s.), transformé en mairie. L'imposant château de Chabenet domine le coteau calcaire de la vallée de la Bouzanne (seul l'extérieur, restauré au 19e s., est visible). Sur la rivière, le pont de bois couvert a été construit en 1847, lors de la mise en place de la ligne de chemin de fer Paris-Toulouse.

Tendu – *Sortie ① du plan, 8 km au Nord-Est par la N 20.*
Église St-Étienne du 13e s. ; donjons de Prunget et de Mazières ; château de la Rocherolle (15e s.), à gauche, à partir de la N 20.

Château du Courbat – *Sortir d'Argenton par la rue Descottes, 2,5 km au Sud.*
Ce gracieux manoir est entouré de douves. La tour date du 13e s., le bâtiment du 17e s. ; restauré depuis 1989, il accueille les services de la mairie.

★**Vallée de la Creuse** – *Voir p. 123.*

En saison, le nombre de chambres vacantes dans les hôtels est souvent limité. Nous vous conseillons de retenir par avance.

ARGENT-SUR-SAULDRE

2 525 habitants (les Argentais)
Cartes Michelin n° 65 pli 11 ou 238 du pli 19 – 10 km au Nord d'Aubigny-s-Nère

Cité solognote située sur la route Jacques-Cœur, Argent-sur-Sauldre possède de nombreuses activités : imprimerie, ateliers de confection, poterie, briqueterie.

Château – Construit en bordure de la Sauldre au 13e s. par les premiers seigneurs de Sully, remanié au 15e s. puis au 18e s., il accueille un musée.

Musée des Métiers et Traditions de France ⓥ – Il évoque l'art de vivre depuis le 18e s. dans les milieux ruraux. Outils, ateliers reconstitués (sabotier, dinandier, tonnelier), objets usuels illustrent le travail de la terre, les activités artisanales et la vie domestique propres aux différentes provinces françaises. Remarquer un fauteuil de « j'teux d'sorts » de la fin du 19e s.
Le musée abrite également une importante collection de faïences de Gien et de Langeais de la fin du 19e s. et du début du 20e s.

Église St-André – Autrefois chapelle du château, elle est précédée par un puissant clocher-porche (16e s.) coiffé d'une flèche refaite au 17e s.
L'édifice est dédié à saint André, représenté crucifié à la clef de voûte du chœur. La chapelle des fonts baptismaux abrite une étonnante représentation de la Trinité, du 16e s.

ENVIRONS

★**Blancafort** – *8 km au Sud-Est par la D 8. Description p. 74.*

ARNAC-POMPADOUR★

1 444 habitants (les Pompadour)
Cartes Michelin n° 75 pli 8 ou 239 pli 25 – 25 km à l'Ouest d'Uzerche

Ces deux cités corréziennes, distantes de 2 km, sont réunies aujourd'hui en une seule commune.

ARNAC

Église – Consacrée en 1028, elle appartenait alors à l'abbaye St-Martial de Limoges. L'église actuelle, dont la construction remonte au 12e s., frappe par son aspect sévère et ses dimensions imposantes.
L'édifice offre une curieuse juxtaposition de formes romanes et gothiques. Le portail, de style limousin, est décoré de chapiteaux archaïques, d'arcatures ornées de culs-de-lampe et de médaillons ; au-dessus, trois niches abritent des statues : la sainte Vierge entourée de saint Martial (à gauche) et saint Pardoux, les deux apôtres du Limousin.
L'intérieur présente une nef voûtée d'ogives dont les clés sont aux armes de Pompadour ; le transept, voûté en berceau, conserve son caractère roman. D'intéressants chapiteaux historiés décorent les colonnes de la nef ; parmi les différentes scènes, on reconnaît l'Annonciation, Daniel dans la fosse aux lions. Sur l'abside s'ouvrent trois absidioles tréflées.

POMPADOUR

Pompadour, dont le château fut donné, avec le titre de marquise, à la favorite du roi en 1745, doit ainsi à Louis XV d'être entré dans l'histoire. La création par le roi, en 1761, du fameux haras, qui devint au siècle dernier le berceau de la race anglo-arabe, a fait de Pompadour un important centre d'élevage. Un concours hippique, des courses et un concours complet d'équitation ont lieu chaque année en été, soit dans la journée, soit en nocturne.

Château ⓥ – Habité aujourd'hui par les officiers du haras, c'est une imposante construction du 15e s. dont la majestueuse façade s'inscrit dans un beau cadre de verdure.
Des tours rondes et des pavillons carrés sont reliés par des courtines surmontées de hauts toits reposant sur une ligne de mâchicoulis. Une terrasse, entourée de fossés et flanquée de tours basses, précède le château.

Haras national ⓥ – Le dépôt des étalons du Puy-Marmont, situé dans un parc en face du château, abrite dans ses écuries une cinquantaine d'étalons de race : pur-sang anglais, arabes et en majorité anglo-arabes, recherchés en France et à l'étranger comme reproducteurs et chevaux de sport. On y voit également plusieurs beaux spécimens de chevaux de trait ardennais, bretons, comtois, percherons.

N. Thibaut/EXPLORER

Château de Pompadour

ENVIRONS

Jumenterie nationale de Beyssac – *4 km au Sud-Est par la D 7, puis la D 7E3.*
Le domaine de la Rivière s'étend sur 88 ha dans un cadre verdoyant. Créée au 18e s. sur les ruines d'un château du 15e s. dont subsistent les tours et une chapelle gothique, la jumenterie est devenue nationale au 19e s. Elle héberge une quarantaine de juments appartenant à l'État et accueille (en saison) quelques juments des environs, tant pour les saillies que pour les naissances ; en mai et en juin, celles-ci gambadent dans la prairie auprès de leurs poulains.
Également station de monte, la jumenterie possède une écurie d'une dizaine d'étalons.

Chartreuse de Glandier – *9 km au Sud-Est par la D 7, puis la D 148.*
C'est au cœur de la vallée de Loyre que fut édifiée au 13e s. l'ancienne chartreuse Notre-Dame. Détruite à la Révolution, elle est rachetée en 1860 par l'ordre **Cartusien** *(Voir le guide Vert Michelin Alpes du Nord)*, qui la fait rebâtir dix ans plus tard. En 1840, l'ancien monastère fut le théâtre de l'**affaire Lafarge** dont le procès prit une ampleur nationale ; selon la légende, Marie Capelle aurait dissimulé le poison destiné à son mari dans une ancienne cellule de religieux.
Devenu un centre médico-social, le Glandier abrite cependant des expositions sur son histoire (une maquette présente l'ensemble des bâtiments). L'un des **pavillons des moines**, qui a été réaménagé, comprend deux parties distinctes : l'atelier (travail manuel) au rez-de-chaussée, la chambre et la bibliothèque (méditation et recherche spirituelle) à l'étage.

Créez vos propres itinéraires
à l'aide de la carte des principales curiosités et régions touristiques.

AUBAZINE★

788 habitants

Cartes Michelin n° 75 pli 9 ou 239 pli 26 – Schémas p. 101 et p. 121

Aubazine occupe un site agréable entre la Corrèze et le Coiroux, un promontoire allongé à l'écart des grands axes de circulation.

Un monastère double – Dans le premier tiers du 12e s. s'assemblent en forêt d'Aubazine, autour de l'ermite Étienne venu de la Xaintrie voisine, des hommes et des femmes désireux d'une vie austère consacrée à la prière. La petite communauté, ayant adopté la règle de St-Benoît, érige un monastère d'hommes à Aubazine, puis un monastère de femmes à seulement 600 mètres du premier, dans le vallon du Coiroux. En 1147, malgré le handicap constitué par l'existence de la communauté féminine, Étienne obtient l'intégration de ses fondations dans l'ordre cistercien. Cette spécificité de monastère double sera conservée jusqu'à la Révolution. Les femmes ayant été soumises par le fondateur à la clôture absolue vivront sous la totale dépendance, tant au plan spirituel que matériel, du monastère masculin, situation sans doute à l'origine du facétieux dicton : « Qui a fille à Coiroux a gendre à Aubazine. »

Le monastère d'hommes – L'**abbatiale**★ fut édifiée dans la seconde moitié du 12e s., et vouée à la Vierge comme presque toutes les églises cisterciennes. Au 18e s., elle fut amputée de 6 de ses 9 travées, précision qui renseigne sur ses imposantes proportions d'origine. La façade occidentale a été élevée à cette époque. Le **clocher**★ coiffant la croisée du transept est d'une conception très originale : on y passe du plan carré au plan octogonal par un système de gradins de pierre réalisant une figure géométrique dite « surface réglée », réussite technique unique à ce jour. A l'intérieur, le vaisseau central est voûté en berceau légèrement brisé, et le vaste carré du transept doté d'une élégante coupole sur pendentifs. Trois chapelles orientées, à chevet plat, s'ouvrent de chaque côté du chœur terminé par une abside à cinq pans. Les vitraux en grisaille éclairant l'édifice étaient les seuls admis dans les églises cisterciennes.

★ **Mobilier** – Dans le croisillon sud du transept, remarquable **tombeau de St Étienne**★★ exécuté en calcaire dans les années 1250-1260, probablement par des artistes d'un atelier de la région parisienne. Le gisant, dont le visage a été mutilé par les fidèles (ils prêtaient à la poussière obtenue en râclant la pierre des vertus miraculeuses), repose dans une châsse dont l'élévation est ajourée par une arcature ; le toit à deux versants est orné de scènes sculptées : sur le côté visible la Vierge à l'enfant accueille Étienne et ses communautés pendant leur vie terrestre. En face est exposée **la mise au tombeau** du Coiroux, œuvre en calcaire à l'origine polychromée, retrouvée en 1985 lors de la fouille de l'église du monastère féminin.
Dans la première chapelle du bras Nord du transept, une Pietà du 15e s., en calcaire avec traces de polychromie, frappe par la grade expression spirituelle qui s'en dégage.
Au pied du grand escalier qui conduisait au dortoir, on découvre la plus ancienne **armoire liturgique**★ conservée en France. Fabriquée au 12e s. en madriers de chêne, elle est décorée d'arcatures sur ses faces latérales.
Les stalles furent confectionnées au 18e s., lors du choix de l'abbaye comme noviciat pour toute l'Aquitaine occidentale. Aujourd'hui dispersées dans l'ensemble de l'édifice, elles possèdent des miséricordes sculptées de visages très expressifs.

Bâtiments conventuels ⓥ – Ils sont occupés par une communauté de moniales catholiques de rite oriental. On visite la petite bibliothèque, la salle capitulaire avec ses voûtes d'arêtes retombant sur deux colonnes, la salle de travail des moines, la cuisine et le grand vivier à poissons, alimenté par le « **canal des moines** » ; ce dernier, réalisé au 12e s. à partir d'une capture sur le Coiroux, tantôt creusé dans la roche en place, tantôt construit en encorbellement au-dessus d'un abrupt de plus de 50 m, est un ouvrage d'art d'une qualité technique rare qui peut être suivi de bout en bout *(itinéraire fléché prenant à droite sur la route du plan d'eau du Coiroux ; distance 1,5 km).*

Le monastère de femmes – *Accès : à 600 m du bourg ; prendre la route en direction de Palazinges.*
Abandonné en 1791, il ne conserve plus en élévation que les murs de l'église, mais des fouilles récentes ont restitué les dispositifs d'alimentation en eau potable, et retrouvé sous le talus de la route actuelle la poterie voûtée par laquelle communiquaient moines et moniales ; celle-ci était aménagée à la manière d'un sas, chacune des deux communautés disposant, l'une de la clef de la porte extérieure, l'autre de la clef de la porte intérieure.

AUBIGNY-SUR-NÈRE★

5 803 habitants (les Albiniens)
Cartes Michelin n° 65 pli 11 ou 238 plis 18, 19.

Aubigny, étape de la route Jacques-Cœur, située aux confins de la Sologne et du Berry, est une petite ville pittoresque et animée au riche passé, traversée par la Nère au cours en partie souterrain. Ses foires, ses fabriques de moteurs électriques, de mécanique de précision, son parc des sports témoignent de son activité.

La cité des Stuarts – En 1423, Charles VII donne Aubigny à un Écossais, Jean Stuart, son allié contre les Anglais, auquel succèdent Beraud Stuart, qui réconcilia Louis XI avec son cousin, le futur Louis XII et Robert Stuart, maréchal d'Aubigny, qui guerroya en Italie sous François Ier. Venus d'Écosse, des gentilshommes et des artisans font souche. Ils installent verreries et tissages, utilisant la laine blanche de Sologne : jusqu'au 19e s., la draperie est une source d'activité telle que la ville sera surnommée Aubigny-les-Cardeux ; la rue des Foulons rappelle que ces artisans apprêtaient le drap en le foulant dans les eaux de la Nère.

CURIOSITÉS

★ **Maisons anciennes** – Nombre de maisons à pans de bois du début du 16e s. ont subsisté. Elles furent bâties avec les chênes de la forêt d'Ivoy, donnés par Robert Stuart. On en verra quelques-unes le long de la rue du Prieuré, prolongée par la rue des Dames, artères pittoresques et commerçantes qui alignent leurs enseignes de l'hôtel de ville à l'église, rue du Charbon et place Adrien-Arnoux.

Remarquer, au n° 10 de la rue du Pont-aux-Foulons, la seule maison du 15e s. qui ait survécu à l'incendie de 1512, puis, dans la rue du Bourg-Coutant, la **maison du Bailli★** aux poteaux sculptés, et presqu'en face, la maison St-Jean, enfin, à l'angle de la rue du Bourg-Coutant et de la rue de l'Église, la jolie **maison François Ier**.

Église St-Martin ⓥ – De style gothique, elle traduit les influences d'Ile-de-France arrivées en Berry. A l'entrée du chœur, on remarque deux statues polychromes du 17e s., une charmante Vierge à l'Enfant et un dramatique Christ aux outrages ; au chœur, vitrail du 16e s. contant la vie de saint Martin. Dans la 3e chapelle à droite, belle Pietà en bois du 17e s.

Ancien château des Stuarts ⓥ – Entrepris au 16e s. par Robert Stuart et remanié par Louise de Kéroualle, duchesse de Portsmouth, il abrite aujourd'hui l'hôtel de ville. Le châtelet d'entrée est encadré de gracieuses échauguettes de brique, et la clef de voûte est timbrée du blason des Stuarts. Passer le portail pour voir la cour intérieure, charmante par son irrégularité, avec ses fenêtres à meneaux et ses tourelles d'escalier rondes ou polygonales.

Musée Marguerite-Audoux – Il évoque le souvenir de cet écrivain régional (1863-1937), qui relate dans son ouvrage *Marie-Claire*, son enfance de bergère.

Remparts – De la vieille enceinte élevée à l'origine sous Philippe Auguste, il reste le tracé des rues qui délimitent le centre-ville, et deux tours rondes près du mail.

ENVIRONS

★**Château de la Verrerie** – *11 km au Sud-Est par la D 89. Voir p. 219.*

AUBUSSON

5 097 habitants

Cartes Michelin n° 73 pli 1 ou 239 pli 4

Schéma p. 64

Écartelée entre plusieurs vallées encaissées, Aubusson doit ses activités à la Creuse dont les tanneurs puis les tapissiers ont, de tout temps, utilisé l'eau pure. Capitale de la tapisserie, elle ne cesse d'enrichir et de renouveler cet art.

LES TAPISSERIES

Une longue tradition – La tapisserie paraît avoir été ici importée des Flandres au 14e s. par Marie de Hainaut devenue comtesse de la Marche. Dès le siècle suivant les artistes d'Aubusson accèdent à la renommée ; la Dame à la Licorne, ce chef-d'œuvre conservé au musée de Cluny à Paris, est, dit-on, sortie des mains d'artisans aubussonnais. L'apogée est atteinte aux 16e et 17e s. tant pour les « verdures » que pour les sujets religieux, mythologiques ou historiques ; Colbert accorde même aux ateliers le titre de Manufacture royale.
Ruinée par le départ à l'étranger de nombreux ouvriers, touchés par la révocation de l'édit de Nantes, l'industrie se relève au 18e s. et travaille d'après les peintres du temps : Watteau, Lancret, Boucher... Avec les suites de la Révolution et la concurrence des papiers peints, Aubusson connaît une période de décadence. Pourtant la ville s'enorgueillit de plusieurs ateliers tissant suivant les procédés séculaires ; sa grande spécialité est la tapisserie « de basse lisse » (métiers horizontaux comme à Beauvais ; les Gobelins tissant sur de la « haute lisse »).

J. M. Voge/PIX

Aubusson – Tapisserie de Jean Lurçat

Un nouveau départ – Au début de notre siècle l'inspiration s'essoufflait quelque peu : la tapisserie, avec une technique demeurée impeccable, se perdait dans des nuances infinies, ne faisant plus guère que copier la peinture.
Une renaissance s'esquissa dans les années 30 grâce à une collectionneuse, Mme Cuttoli, qui fit appel aux plus grands peintres de l'époque. A partir de 1937, avec la collaboration de Gromaire, **Jean Lurçat** (1892-1966) joua un rôle décisif dans le renouveau de l'art de la tapisserie. Autour d'eux une nouvelle génération de peintres cartonniers s'affirma avec Prassinos, Tourlière, Saint-Saëns, Picart le Doux, Dom Robert, Wogensky et tant d'autres. Sans négliger les sujets traditionnels, Aubusson avait retrouvé l'autonomie de sa création et acquis une nouvelle notoriété internationale.

La technique de la tapisserie – La réalisation d'une tapisserie se déroule en deux temps.
On confectionne tout d'abord un modèle peint sur carton, œuvre d'un peintre cartonnier, adaptée aux exigences spécifiques de la tapisserie. Ensuite, un relevé graphique, le **calque**, en est tiré. Pour une lecture plus rapide de ce dernier, les couleurs sont numérotées : chaque nuance du carton porte un numéro qui renvoie à une gamme de couleurs précises, propre à chaque peintre. Le tissage peut commencer, c'est le deuxième temps.
La tapisserie résulte de l'entrecroisement manuel de la **chaîne**, qui est une nappe de fils de coton ou de laine tendue, et de la **trame**, qui se compose de fils de laine enroulés sur de petites navettes appelées **flûtes**. Des bouclettes de coton entourent chaque fil de chaîne et permettent de séparer les fils pairs et impairs, afin d'ouvrir le passage aux flûtes. Ces bouclettes portent le nom de **lisses**. Le lissier (ouvrier tapissier) dispose de deux sortes de métiers : le métier de haute lisse se distingue du métier de basse lisse par la position de la chaîne (verticale dans le premier cas, horizontale dans le second). Ce dernier est le plus couramment utilisé à Aubusson : avec ses pieds le lissier actionne un système de pédales pour commander les lisses et ouvrir la chaîne, avec ses mains il conduit la flûte à travers les fils en effectuant des passées.
Un petit grattoir métallique permet de mettre en place le tissu obtenu qui est fortement serré par un peigne en bois. Le tissage est réalisé à l'envers, dans le sens opposé à la vision : un miroir placé sous la chaîne aide à vérifier le bon déroulement du travail. Il faut compter environ un mois par mètre carré.
Le tapis au point noué, appelé **savonnerie**, est réalisé sur un métier de haute lisse.

AUBUSSON

Chapitre (R. du)	2
Chateaufavier (R.)	4
Dayras (Pl. M.)	5
Déportés (R. des)	7
Espagne (Pl. Gén.)	8
Fusillés (R. des)	10
Iles (Quai des)	12
Libération (Pl. de la)	15
Lissiers (Av. des)	16
Lurçat (Pl. J.)	18
Marché (Pl. du)	20
République (Av.)	23
St-Jean (R.)	24
Terrade (Pont de la)	27
Vaveix (R.)	29
Vieille (R.)	30

B Maison des Vallenet
E Maison du Tapissier
H Exposition de tapisseries et de tapis (Hôtel de ville)

DÉCOUVRIR LA TAPISSERIE

Centre culturel et artistique Jean-Lurçat – Situé sur les bords de la Creuse, avenue des Lissiers, ce bâtiment de 2 500 m², à l'architecture dépouillée et fonctionnelle, est au service de la tapisserie depuis 1981. Outre la Scène nationale, qui présente des spectacles variés (théâtre, cinéma, concerts, danse), et la médiathèque, il abrite un musée.

★ **Musée départemental de la Tapisserie** – Il présente des collections comprenant un ensemble de tapisseries et tapis des 17ᵉ, 18ᵉ et 19ᵉ s. Le 20ᵉ s. est illustré, en alternance, par les pièces de son fonds permanent de tapisseries contemporaines : Lurçat, Gromaire, Saint-Saëns, Picart le Doux, Tourlière, Jullien. Ces œuvres illustrent la brillante période de rénovation dont Lurçat fut l'âme. La visite s'achève par une exposition illustrant l'histoire de la tapisserie et le travail du tapissier.
Parallèlement se déroule, chaque année, une exposition dont les thèmes sont directement liés à l'histoire ou à l'actualité de la tapisserie et des arts textiles. En saison, un atelier de démonstration permet de suivre les différentes phases de la fabrication d'une tapisserie.

École Nationale d'Art Décoratif d'Aubusson ⓥ – Cette école, qui assure la formation au « diplôme National d'Arts et Techniques en Design de produit textile » organise de fréquentes expositions.

Forum de la tapisserie (**H**) ⓥ – Installée dans l'hôtel de ville, elle rassemble, en été, un très grand nombre de productions classiques et modernes.
Dans la Grande-Rue et ses abords, plusieurs galeries privées exposent les productions des ateliers locaux.

Manufacture de Tapis et Tapisseries St-Jean ⓥ – Les ateliers de cette ancienne Manufacture Royale honorent essentiellement les commandes de particuliers.
La visite commence par un aperçu d'œuvres aux styles et techniques variés. Sur les créations contemporaines, on remarque : à droite, la signature de l'artiste, à gauche, la marque de fabrique. Au dos de la tapisserie, apparaît le **bolduc** (pièce d'identification).
La réalisation de l'ouvrage débute dans l'atelier des cartonniers. L'artiste crée une maquette au 1/10e ; après acceptation du client, un carton est peint grandeur nature. Le magasin de laines dispose d'une réserve de matières considérable. Par rapport aux couleurs du carton original, un chapelet est confectionné pour regrouper toutes les nuances désirées (échantillons).
L'atelier des tapis de **savonnerie** est très spectaculaire. Œuvrant sur des métiers de haute lisse, les **velouteuses** exécutent avec habileté les opérations nécessaires à la fabrication. Pour un tapis de 36 m^2 de chaîne (toujours en lin), il faut 2 semaines de montage et 11 mois de travail à 4 velouteuses.
Le tapis **ras** (plus rude au toucher) se réalise sur un métier de basse lisse, avec une chaîne en coton. Le **lissier** progresse dans son ouvrage par zones distinctes.
L'atelier de restauration traite les tapis marqués par l'usure du temps. Scrupuleusement, les tapissières essayent de retrouver le ton juste des couleurs d'origine, avant de reconstituer la chaîne et la trame.

Maison du Tapissier (**E**) ⓥ – Dans cette belle maison du 16e s., qui était celle d'une famille de tapissiers, les Corneille, sont exposés de nombreux meubles et objets ayant trait à la vie aubussonnaise des siècles passés. Au deuxième étage, un atelier de tapisserie a été reconstitué tel qu'il se présentait autrefois. Il y a là un métier de basse lisse, dit métier à barre, des dévidoirs anciens, un rouet pour préparer les flûtes et un présentoir à bobines. On remarque en outre plusieurs tapisseries ainsi que des cartons et des broderies.

AUTRES CURIOSITÉS

Ville ancienne – Elle s'étend de part et d'autre de la Grande-Rue. Parcourir la **rue Vieille** (**30**), piétonne, dont les antiques demeures, entièrement rénovées, abritent des galeries, des boutiques d'artisanat ou d'antiquités. Place de la Libération une jolie fontaine armoriée de 1718 forme avec une maison à tourelle du 16e s., dite **maison des Vallenet** (**B**), un tableau pittoresque. Du vieux pont de la Terrade, intéressant ouvrage du 16e s. avec ses avant-becs aigus, on découvre une vue agréable sur les maisons étagées de la rive gauche de la Creuse, au pied de rochers imposants.

Église Ste-Croix – D'allure trapue, édifiée au 13e s. mais très remaniée au 19e s., elle se compose d'une nef voûtée d'arêtes et de deux bas-côtés de largeur inégale. Une seule tapisserie, « le retour de Tobie », subsiste sur les quatre qui ornaient autrefois ces murs.
L'orgue, de style allemand, serait une copie de l'orgue de Bach.

Le coup d'œil – De la terrasse de l'église Ste-Croix, un sentier en forte montée conduit rapidement à l'Esplanade du Chapitre (vue d'ensemble de la ville), où subsistent les ruines (11e-13e s.) du château des vicomtes d'Aubusson. Au-delà, par un chemin difficile, en montant sur la colline vers la ferme de Marchedieu, un vaste **panorama** s'étend sur les cinq vallées au confluent desquelles la cité a pris naissance.

ENVIRONS

St-Maixant – *A 5 km. Quitter Aubusson par* ① du plan.
Sur la place du village, charmante petite église et puissant château de la fin du 14e s.

HAUTE VALLÉE DE LA CREUSE

Circuit de 90 km – environ 4 h

Aubusson – *Voir ci-avant.*
Prendre la D 942^{A} en direction de Guéret.

Église de Chénérailles – Construite au 13e s., elle renferme dans la troisième travée, à droite, un très intéressant **haut-relief★** du début du 14e s., apposé en souvenir de Barthélemy de La Place, fondateur de l'église. Sculpté dans un calcaire blanc très dur, ce « tombeau », d'une facture fine et expressive, comprend trois registres superposés : celui du bas représente la scène des funérailles, le registre central la Vierge et l'Enfant avec, à leur droite, saint Aignan et saint Barthélemy, et le registre supérieur la Crucifixion. La Vierge est une reproduction de la statue de pierre polychrome du 13e s. qui se trouve dans la chapelle latérale. Les boiseries, les stalles et l'autel doré du chœur datent du 17e s.

Prendre la D 55 en direction d'Ahun.

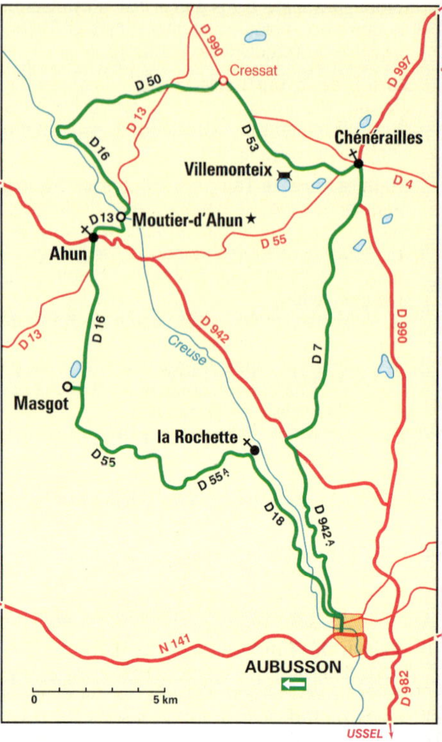

Château de Villemonteix

– De la route, cette ancienne seigneurie de la fin du 15e s. offre au regard une composition harmonieuse.

La cour d'entrée est devancée par deux tours d'angle, dont l'une, à droite, fut aménagée en pigeonnier au 17e s. Édifiée sur un site stratégique, cette construction possédait jadis un pont-levis et des fossés précédant l'austère façade. Au centre de celle-ci, une tour carrée engagée abrite un escalier à vis. Le chemin de ronde, supporté par des corbeaux et orné de deux gargouilles, se termine à chaque extrémité par une échauguette. Côté Ouest, deux imposantes tours parachèvent la mission défensive du château, encadrant la partie arrière du bâtiment central.

L'intérieur révèle l'évolution des pièces, de la forteresse au manoir résidentiel. Au rez-de-chaussée : cuisine, salon (porcelaines du Berry et faïences) et grande pièce, avec mobilier et boiseries du 18e s., ouvrant sur une petite chapelle gothique. L'accès aux étages s'effectue en empruntant la tour-escalier de granit. La salle principale regroupe trois tapisseries d'Aubusson du 17e s. relatant l'histoire d'Achille. Les autres pièces rassemblent divers meubles d'époque (salon Napoléon III, bureau à cylindre Restauration).

En sortant du château, prendre à gauche et rejoindre la D 53, direction Cressat.

★ **Moutier-d'Ahun.** – *Voir p. 176.*

Prendre la D 13.

Ahun – Dominant la Creuse, ce bourg connut un passé brillant sous le nom d'Acitodunum. Importante cité gallo-romaine, ville d'étape, ce fut probablement l'une des premières localités évangélisées par saint Martial.

Église St-Sylvain – Extérieurement, on remarque, entre les baies en plein cintre du chevet, de beaux chapiteaux ornés d'animaux, d'oiseaux et de palmettes. A l'intérieur, de remarquables **boiseries★** de la fin du 17e s. décorent le chœur sous forme de panneaux et de colonnes ; l'une des statues représente saint Sylvain tenant un livre et une palme. Un retable en bois doré, une cuve baptismale du 12e s. taillée dans le granit et une Pietà en pierre polychrome du 15e s. complètent ce mobilier.

Une **crypte** *(accès par un escalier extérieur situé à gauche de l'église)* s'étend sous le chevet et l'absidiole Sud ; elle se termine par deux salles en hémicycle : la première est divisée en trois nefs dont les voûtes d'arêtes sont supportées par deux rangées de colonnes monolithes, la seconde est une crypte pré-romane qui abrite un tombeau-reliquaire.

Prendre la D 13 en direction de Pontarion.

Masgot – La femme nue par François Michaud

Village de Masgot – A l'écart de la route, ce hameau semble un îlot perdu dans le paysage creusois. Accroché sur une éminence, Masgot peut se prévaloir de conserver des habitations typiques aux finitions remarquables (chaînages d'angle, bandeaux, arcs...). Celles-ci sont dues à la dextérité des hommes du village qui étaient tous, au 19e s., tailleurs de pierre et maçons.
L'un d'entre eux, François Michaud (1810-1890), développa une conception nouvelle du cadre d'habitation paysan. Perfectionniste dans son métier, il s'essaya à la sculpture en travaillant le granit (pierre locale). Les œuvres de Michaud, aux formes généreuses et variées, suivent l'évolution des connaissances et des influences de l'artiste. Ces sculptures naïves sont réparties dans Masgot, principalement posées sur des murs. De la buse à la chimère, de l'homme assis à la femme nue... ces personnages, tels des gardiens, semblent protéger le mystère de ce monde perdu.
Un petit **musée** ⓥ consacré à François Michaud a été ouvert dans sa première maison. Durant l'été, il est possible de s'initier à la taille et à la sculpture de la pierre.

A la sortie du chemin menant au village, prendre sur la droite la D 16.

Chapelle de la Rochette – Construite en 1569 dans le style roman, restaurée, elle est dotée d'un clocher couvert d'écailles de bois. Cet édifice s'élève dans un **site** enchanteur composé de riches prairies vallonnées, que parcourt la Creuse dont on entend monter le murmure.

Vallée de l'AUVÉZÈRE

Cartes Michelin n° 75 plis 6, 7 ou 233 plis 33, 44

Jalonnée de sites tour à tour argentés ou sauvages, la vallée de l'Auvézère relie le bocage limousin aux vallées du Périgord.
Née sur le plateau du Limousin, l'Auvézère traverse d'abord une région de granites et de schistes. Les routes tracées à proximité de la vallée de l'Auvézère ne ménagent le plus souvent sur celle-ci que des vues intermittentes. C'est toutefois en empruntant l'itinéraire de Savignac-Lédrier à Tourtoirac *(guide Vert Michelin Périgord Quercy)* que l'on découvre le mieux la rivière.

DE SAVIGNAC-LÉDRIER A TOURTOIRAC

25 km – environ 1 h 1/2

Dominée par un château possédé au 16e s. par Jeanne d'Albret, la **Forge de Savignac-Lédrier** témoigne de l'ancienneté de la métallurgie périgourdine. Elle fonctionna en ces lieux dès la fin du 15e s., et la dernière fusion fut effectuée en 1930. La forge fait actuellement l'objet d'une campagne de sauvetage.
Jusqu'à St-Mesmin la route domine constamment, à droite, les gorges profondes creusées entre des versants boisés parsemés de rochers.
Après St-Mesmin, la D 72^{E5} et la D 72^{E4}, pittoresques, offrent de remarquables échappées sur les gorges, avant de descendre jusqu'aux moulins de St-Mesmin et de Pervendoux ; utilisant la vigueur du courant, ils occupent un site pittoresque au pied des escarpements.
Les villages sont perchés sur les versants couverts de taillis de chênes et de châtaigniers. En aval de Génis, les eaux de l'Auvézère se teintent de rouge en temps de crues, après son confluent avec le Dalon.
A partir de Génis, la D 5, tracée entre les collines boisées et la rivière, serpente au milieu des prairies avant de gagner Cherveix-Cubas ; puis la vallée s'élargit : cultures et plantations de noyers tapissent le fond alluvial jusqu'à Tourtoirac.

AUZANCES

1 633 habitants (les Auzançais)

Cartes Michelin n° 73 pli 2 ou 239 Sud du pli 5

Le passé gallo-romain de ce bourg est évoqué dans l'ancienne **chapelle Ste-Marguerite** ⓥ qui expose le résultat des fouilles de Coux, où la villa découverte comportait un système de chauffage par hypocaustes *(voir les thermes de Chassenon pour la description de cette technique)*.
Rattaché à l'Auvergne au Moyen Âge, Auzances formait avec Crocq *(voir à ce nom)* une ligne de défense face à la frontière du Limousin. En 1357, cette place forte tomba aux mains des Anglais ; le château ruiné fut totalement rasé en 1830.

Église St-Jacques – Cet édifice roman remanié au 15e s. renferme une *Descente de Croix* par Daniel Volterra, cadeau du pape Innocent X au chanoine Brousse en 1640. Remarquer, derrière l'autel, une Pietà polychrome du 16e s. ; la décoration picturale moderne de l'église est de Nicolas Greschny.

ENVIRONS

Rougnat – *3 km au Nord par la D 996.* Au Nord du village, les fouilles de Cujasseix ont permis de mettre à jour une villa gallo-romaine dont on peut voir les peintures murales à la chapelle Ste-Marguerite d'Auzances *(voir ci-dessus).*

Église St-Laurent – Élevée aux 12e et 13e s., elle abrite de belles boiseries de style Louis XV et les 21 toiles du peintre italien Giovanni Lombardi (1682-1752).

Sermur – *10 km au Sud-Ouest par la D 996, puis la D 25.* Ce charmant petit village domine le pays de Combraille, verdoyant et vallonné. De l'église, on emprunte un sentier qui, après avoir traversé un sous-bois, grimpe fortement jusqu'aux ruines d'une tour (alt. 712 m), seul vestige d'une forteresse féodale détruite au début de la guerre de Cent Ans. Au pied de cette tour carrée on découvre un fabuleux **panorama★★** qui s'étend du plateau de Millevaches aux volcans d'Auvergne.

AZAY-LE-FERRON★

1 036 habitants

Cartes Michelin n° 68 pli 6 ou 238 pli 26 – 12 km à l'Ouest de Mézières-en-Brenne

Aux confins de la Touraine et du Berry, en bordure de la Brenne et de la forêt de Preuilly, Azay-le-Ferron est dominé par la haute silhouette de son château.

★**Château** ⌚ – Des jardins à la française ornés d'ifs et de buis taillés qu'entourent les arbres magnifiques du parc, on embrasse la façade principale. Ces bâtiments offrent une juxtaposition de styles allant du 15e au 18e s. : une grosse tour à mâchicoulis, de la fin du 15e s., est rattachée par une construction du 17e s. dite aile d'Humières à un élégant corps de logis Renaissance appelé pavillon FrançoisIer ; à l'extrême droite s'élève le pavillon de Breteuil, achevé en 1714.

Appartements – Ils abritent un **mobilier★** de valeur, surtout de style Empire. Au 1er étage, trois pièces sont consacrées aux styles Empire et Restauration : un salon renfermant un mobilier style « Retour d'Égypte » et orné d'un tapis d'Aubusson et de dessins de Carle Vernet ; une chambre à coucher Empire avec son lit en bateau à cols de cygne et un mobilier très clair en loupe d'érable ; un salon Restauration au splendide parquet marqueté en rosace.
La bibliothèque abrite une très belle tapisserie des Flandres du 16e s., tandis que le grand salon et la grande salle à manger réunissent des œuvres de valeur, notamment quatre grandes peintures de l'école de Gênes, du 17e s., provenant du château de Richelieu.
De la grosse tour, où une promenade circulaire court au niveau des mâchicoulis, on découvre une belle vue sur les jardins et la cour d'honneur.

ENVIRONS

Parc zoologique de la Haute-Touche ⌚ – *5 km au Nord par la D 14.*
Le massif forestier de Preuilly constitue un cadre idéal pour cette réserve du Muséum National d'Histoire Naturelle qui comprend 80 espèces totalisant quelque 1 000 animaux, qui évoluent en semi-liberté dans de vastes enclos boisés. Plusieurs parcours fléchés permettent de découvrir des espèces rares (cerfs d'Eld, cerfs du Père David, etc.), ainsi que de nombreuses espèces exotiques tel le tigre de Sumatra.

Paulnay – *6 km à l'Est par la D 925.* *Voir p. 96.*

Azay-le-Ferron – Le château

BEAULIEU-SUR-DORDOGNE★★

1 263 habitants (les Bellocois)
Cartes Michelin n° 75 pli 19 ou 239 pli 39
Schéma p. 134.

Bâtie sur la rive droite de la Dordogne, Beaulieu doit son renom à la belle église romane de son ancien monastère bénédictin.

Naissance et développement de l'abbaye – En 855, Raoul, archevêque de Bourges, visitant la région, est séduit par l'agrément du site qu'il baptise Bellus locus (beau lieu) et décide d'y fonder une abbaye. En dépit des luttes meurtrières des seigneurs de Turenne et de Castelnau qui se disputent sa suzeraineté, le monastère prend très vite une grande importance. Les abbés doivent ensuite compter avec les bourgeois de la cité qui, obtenant privilège sur privilège, acquièrent bientôt une indépendance presque totale.

La réforme bénédictine – L'abbaye, ayant eu à souffrir des guerres de Religion, est désertée par les moines qui prennent des libertés avec la discipline. En 1663, l'abbé de La Tour d'Auvergne fait appel aux austères bénédictins de St-Maur qui entreprennent les réformes nécessaires, réparent les bâtiments conventuels et permettent à l'abbaye de vivre des heures sereines jusqu'à la Révolution qui chasse les pères pour toujours.

★★ÉGLISE ST-PIERRE

Placée au carrefour d'influences architecturales se rattachant au Limousin comme au Sud-Ouest, cette église abbatiale a été construite pour l'essentiel au 12e s.

Extérieur – Bâtie en grès, elle présente un plan bénédictin que l'on retrouve dans les églises de pèlerinage de ce type. Le chœur, le transept et la travée orientale de la nef furent édifiés les premiers, de 1100 à 1140 environ. Au milieu du 12e s., on poursuivit les travaux par le côté Sud de la nef et le mur du collatéral Nord ; la campagne s'acheva au 13e s. par la travée occidentale de la nef et la façade.
Le **portail méridional**, exécuté en 1125, est l'un des premiers chefs-d'œuvre de la sculpture romane. Il a été exécuté par les tailleurs d'images toulousains qui travaillèrent à Moissac, Collonges, Souillac et Carennac.
Précédé d'un porche ouvert, il présente un ensemble sculpté d'une composition et d'une exécution remarquables. Le thème reproduit est celui du « retour du Seigneur », de son triomphe à la fin des temps, annonce du Jugement dernier.

(1) Au centre de la composition, le Christ en majesté, étendant les bras pour accueillir les élus, domine tous les personnages de sa haute taille.
(2) A ses côtés, deux anges sonnent de la trompette, tandis qu'au-dessus de lui, quatre anges (3) supportent les instruments de la Passion. A droite et à gauche sont groupés les apôtres (4) tandis qu'au-dessous d'eux, (5) les morts surgissent de leurs tombeaux.
Le registre supérieur du linteau (6) présente des monstres. Le registre inférieur (7) est décoré de rosaces sur lesquelles se détachent des chimères, des serpents et des monstres.
(8) Au trumeau sont sculptés quatre prophètes, vêtus d'une robe collante.
En avant et de chaque côté du porche, sous deux arcades en plein cintre, très mutilées, soutenues par des colonnettes : à gauche (9), épisode de Daniel dans la fosses aux lions ; à droite (10), scènes de la Tentation du Christ.

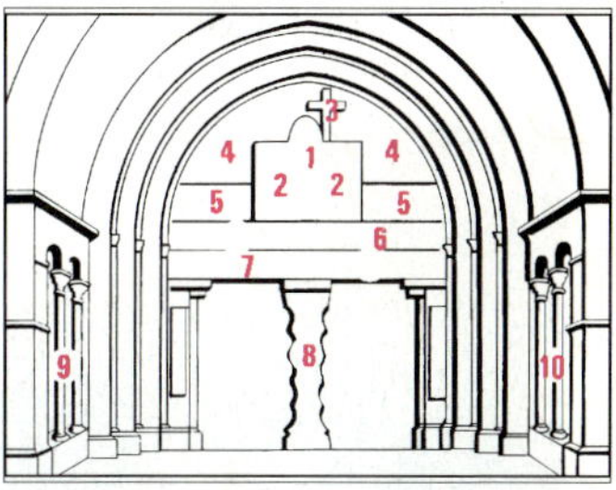

Chevet – *Voir illustration au chapitre de l'Art – Éléments d'architecture.* Ses proportions harmonieuses donnent une impression d'unité, renforcée par l'homogénéité du style décoratif : moulurations limousines des fenêtres, corniches sur modillons sculptés, cordons de billettes. L'abside est encadrée par les deux chapelles des croisillons. Les parties élevées gagnent en simplicité : l'étage des tribunes est nu ; à la croisée, entre deux tourelles, un massif carré enferme la coupole.
Le clocher central présente un seul étage octogonal percé de huit baies en arc brisé à voussure limousine. En contournant le chevet, dans le prolongement du croisillon Nord, on remarque les restes de la partie du cloître bordant la salle capitulaire (sacristie).

Façade occidentale – Elle s'ouvre par un large portail sans tympan. Le clocher qui la surmonte à l'angle Sud fut rajouté au 14e s., au moment de la guerre de Cent Ans. Surélevé en 1556, il servit plus tard de beffroi à la commune.

Intérieur – Type de sanctuaires à pèlerinages, l'église est conçue pour faciliter la circulation des foules : larges bas-côtés et déambulatoire.

Architecture – La voûte en berceau sur doubleaux de la nef repose sur des piles cruciformes. Des tribunes obscures s'ouvrent par des baies géminées dont les arcs s'appuient sur deux colonnettes trapues, disposition qui se retrouve dans les croisillons et le chœur.
A la croisée du transept s'élève une coupole irrégulière sur pendentifs plats. Le chœur, voûté en cul-de-four, est éclairé par cinq baies en plein cintre. Dans chacun des croisillons (celui du Nord a été voûté d'ogives à liernes et tiercerons au 16e s.) s'ouvre une chapelle.

Décoration – La décoration intérieure est assez fruste en comparaison de la beauté du portail Sud. Les chapiteaux sculptés sont rares : on les trouve aux entrées du déambulatoire et aux chapelles du transept ; ils portent un décor de feuillages ou de personnages formant cariatides.
Les autres chapiteaux appartiennent au type « géométrique » répandu dans le Quercy. Dans le croisillon Nord, au-dessus de la porte de l'escalier des tribunes, un linteau de facture maladroite représente deux lions encadrant un arbre. Toujours au Nord, dans la quatrième travée de la nef, l'ancienne porte du cloître est surmontée d'un linteau un peu semblable au précédent, mais figurant un personnage assis entre deux arbustes entourés par deux lions.

Trésor ⓥ – Placé dans une armoire forte, dans le transept gauche, le trésor renferme une remarquable **Vierge★** assise du 12e s., en bois revêtu d'argent, un reliquaire en argent du 10e s., une châsse du 13e s. en émail champlevé, deux bras reliquaires du 14e s. et diverses pièces en vermeil et en étain.

AUTRES CURIOSITÉS

★**Vieille ville** – Elle enserre l'église de très près. Un dédale d'étroites ruelles bordées de demeures anciennes y convergent. Une belle tour à coquille (16e s.) se dresse rue Ste-Catherine ; place de la Bridolle, face au portail occidental, s'élève une jolie maison Renaissance – appelée « maison d'Adam et Ève » – ornée de statues et de médaillons.

Chapelle des Pénitents ⓥ – En descendant la Dordogne, dont les rives sont très animées en été, l'on découvre, se mirant gracieusement dans la rivière, une chapelle romane au haut clocher-mur à quatre arcades. Transformée en musée d'histoire locale, cette chapelle du 12e s. a été restaurée.

ENVIRONS

Reygade – *14 km au Nord-Est par la D 41.*
Après avoir traversé la Dordogne, la route s'élève offrant de belles vues sur la vallée. Dans le cimetière près de l'église, un petit bâtiment abrite une remarquable **Mise au tombeau★** ⓥ de la fin du 15e s. Ce chef-d'œuvre en pierre polychrome pourrait avoir été réalisé par le même sculpteur que celui de Carennac dans le Lot *(voir guide Vert Michelin Périgord Quercy)*. Un montage audiovisuel souligne les particularités de chaque personnage.

Beaulieu-sur-Dordogne – La chapelle des Pénitents

Le Christ est étendu sur un linceul que portent ses disciples Joseph d'Arimathie et Nicomède. Derrière, Marie Salomé, Marie Cléophas et Marie Madeleine entourent la Vierge Marie et saint Jean.
Les couleurs, qui ont gardé presque toute leur vivacité, accentuent l'expression des visages et donnent du relief aux costumes.

ENTRE PALSOU ET SOURDOIRE

Circuit de 35 km – environ 2 h

Quitter Beaulieu par le Sud en empruntant la D 41, puis à droite la D 12.

Queyssac – Dans un décor de vignes, de bois et de prairies, ce village est bâti sur un promontoire. Le sommet de la tour de l'ancien château, à laquelle on accède par la cour de l'hôtel « Au vin Paillé », est muni d'une table d'orientation.
De là se développe un vaste **panorama★** : de l'Est au Sud-Ouest se détache la vallée de la Dordogne jalonnée par le château de Castelnau-Bretenoux, Carennac et le cirque de Montvalent ; au Sud-Est apparaissent les tours de St-Laurent qui dominent St-Céré *(curiosités décrites dans le guide Vert Michelin Périgord Quercy)*, tandis qu'au Nord et au Nord-Ouest on distingue la roche de Vic et le château de Turenne *(voir à ces noms)*.

Continuer la D 12, puis prendre à droite la D 15^E^.

Curemonte – *Voir p. 128.*
La D 15 offre de belles vues sur Curemonte et son site.

Revenir sur la D 15, puis prendre à droite la D 106.

Puy-d'Arnac – Puy-d'Arnac se blottit au pied d'une butte que couronne une église. Du village, une route en très forte montée permet d'accéder en voiture à la plate-forme entourant l'église (site de la Cafoulière).
Celle-ci est aménagée en aire d'accueil et donne accès à des chemins pédestres entretenus. Trois tables d'orientation avec descriptif aident à découvrir le vaste **panorama★** : de tous côtés apparaît ce paysage si caractéristique de la Dordogne, fait de vallons et de collines avec des prairies coupées d'élégants rideaux de peupliers ; à l'Est et au Sud, la vue se porte sur la vallée de la Dordogne, tandis qu'au Nord-Ouest se dessinent les reliefs plus accentués de la région de Meyssac et de Turenne.

BELLAC

4924 habitants (les Bellachons)
Cartes Michelin n° 72 pli 7 ou 233 pli 22

Étagée sur un éperon dominant la vallée du Vincou qui va se jeter, non loin de là, dans la Gartempe, Bellac occupe un site pittoresque dans un paysage vallonné et verdoyant, à la limite des plateaux du Limousin et des plaines du Poitou.

La patrie de Giraudoux – Si Châteauroux revendique la gloire d'avoir accueilli le brillant lycéen que fut Jean Giraudoux, Bellac l'a vu naître en 1882. Une partie de son œuvre reflète les paysages qu'il a connus enfant et qu'il évoque dans *Suzanne et le Pacifique.* Sa description de Bellac en témoigne : « J'habitais, avec mon tuteur, une maison toute en longueur, dont chaque porte-fenêtre donnait sur la ville, chaque fenêtre sur un pays à ruisseaux et à collines, avec des champs et des châtaigneraies comme des rapiéçages..., car c'était une terre qui avait beaucoup servi déjà, c'était le Limousin. »
Giraudoux a créé au théâtre un genre nouveau, où se mêlent l'ironie, la poésie et la magie. *Siegfried, Amphitryon 38, Intermezzo, La Guerre de Troie n'aura pas lieu, Électre, Ondine, La Folle de Chaillot* font de lui l'un des grands dramaturges contemporains. Son style est étincelant, plein d'ingéniosités et de raccourcis imprévus.
Chaque année en juillet se déroule à Bellac, en souvenir de Giraudoux, un festival de théâtre, de musique et de danse. *(Voir le chapitre des Renseignements pratiques en fin de guide.)*

LIPNITZKI-VIOLLET

Jean Giraudoux

CURIOSITÉS

Le site – Laisser la voiture place de la République, près de l'hôtel de ville, demeure du 16e s., et prendre la rue Lafayette, en face de la mairie. A 100 m, d'une terrasse, beau point de vue sur l'église, le Vincou au loin, encaissé entre des versants rocheux, le vieux pont de pierre et le viaduc.
Non loin, au 29, rue Thiers, une plaque évoque le séjour que fit La Fontaine, en 1663, dans une hostellerie où il écrivit « le coche et la mouche ».

BELLAC

Coq (R. du)
Palais (Pl. du) 15
Thiers (R.)

Barbès (R. A.) 2
Denfert-Rochereau (R.) 3
Église (Pl. de l') 5
Faure (R. Félix) 6
La Fontaine (Pl. J. de) 7
Lamartine (R.) 8
Ledru-Rollin (R.) 9
Libération (Av. de la) 10
Liberté (Av. de la) 12
Moulin (Av. Jean) 14
Révolution (R. de la) 19
Tanneries (Rte des) 20
Vetelay (R.) 23
138e R.-I. (Pl. du) 25

D Monument à la mémoire de Jean Giraudoux

Église Notre-Dame – Elle rappelle que le bourg de Bellac se développa autour d'un château, érigé au 10e s. par le comte Boson de la Marche, dont elle était la chapelle. Bâtie au 12e s., on ajouta au 14e s., à la nef romane primitive, une nef ogivale à chevet plat et un clocher carré. Le portail Sud possède de petits chapiteaux en serpentine.

★**Châsse** – A gauche de l'entrée, dans un coffre mural, est conservée la plus ancienne châsse du Limousin. Probablement exécutée à Conques dans les premières décennies du 12e s., elle rassemble sur ses panneaux de cuivre doré, semés de cabochons et de remplois de bijoux antiques, de beaux médaillons champlevés de diamètres différents selon la hiérarchie des symboles qu'ils proposent.
Sur la face principale apparaît le Christ (en haut : Agneau nimbé portant la Croix, en bas : Jésus écartant le mal de sa main droite) entouré des symboles des quatre Évangélistes.

Souvenirs de Giraudoux

Un **monument** (**D**) à la mémoire de Jean Giraudoux, sculpté par Chauvenet, a été élevé en 1951 dans le jardin aux arbres magnifiques attenant à l'hôtel de ville ; de chaque côté de son portrait en médaillon ont été représentées six héroïnes de ses œuvres : Ondine, Alcmène, Judit et Bella, Isabelle, Suzanne.

Maison natale de Jean Giraudoux ⓥ – Les amateurs du poète de Bellac trouveront ici une foule de documents sur l'auteur et sa famille : lettres, photos, maquettes et affiches de théâtre (signées Paul Colin). On visite notamment la chambre occupée par Giraudoux et sa bibliothèque qui comporte une précieuse collection de ses livres et manuscrits.

★LA BASSE-MARCHE

Circuit de 55 km – environ 2 h 1/2

Quitter Bellac par l'Est en empruntant la D 1, direction Châteauponsac.

Rancon – Cette paisible cité de la vallée de la Gartempe est construite à flanc de coteau. Sur une petite place se dresse une lanterne des morts (12e s.) surmontée d'une croix à cinq lobes.

Église – De transition romano-gothique et fortifiée au 14e s., elle faisait partie de la ligne de défense du bourg. Au chevet, remarquer les mâchicoulis avec ouvertures pour le tir à l'arc. Le clocher, tour carrée du 16e s., se termine en bulbe couvert en bardeaux. Dans le chœur, beau christ en bois du 13e s.

Châteauponsac – *Voir p. 110.*

Prendre la D 45 très sinueuse, qui se déroule dans un agréable paysage de bocage.

Magnac-Laval – Cette bourgade limousine est connue pour sa célèbre procession de Saint-Maximin qui, chaque année le lundi de la Pentecôte, se déroule dans la campagne sur plus de 50 km. Les pèlerins, une couronne de fleurs au cou, partent après la messe de minuit et ne rentrent qu'à la tombée du jour suivant.

Église - Elle possède un chevet plat du 12e s. et est coiffée d'un beau clocher hexagonal en pierre de taille. Elle abrite les reliques de saint Maximin.

★**Le Dorat** – *Voir p. 130.*

Rentrer à Bellac par la D 675.

Cette route traverse la vallée de la Gartempe.

LES MONTS DE BLOND

Circuit de 60 km – environ 2 h 1/2

Quitter Bellac par le Sud en empruntant la D 3.

J. P. Sudres/DIAF

Monts de Blond – Roche de Boscartus

Les monts de Blond sont les premières hauteurs que l'on rencontre en venant de l'Atlantique. Ils présentent l'aspect d'une succession de collines dont le point culminant (515 m d'alt.) est aux rochers de Puychaud.
Terre de mystères et de légendes *(voir Introduction)*, cette « montagne » forme une entité à part, avec ses mégalithes, ses croix de pierre et ses chapelles isolées, dans un paysage très vert, parsemé d'étangs.

Blond – L'église date de la fin du 12e s. Des traces de fortifications – mâchicoulis – ajoutées au 16e s. apparaissent au-dessus du portail encadré de deux contreforts massifs.

Place de l'Église, suivre la signalisation Rochers de Puychaud.

La route pénètre au cœur des monts de Blond.

Rochers de Puychaud – A gauche de la route, ils présentent de curieux amoncellements de blocs de granit ayant subi une érosion en boule : certains ont cru reconnaître à cet endroit l'existence de pierres sacrificielles. Une plaque dédiée au poète occitan Frédéric Mistral rappelle que la frontière entre les pays de langue d'oc et de langue d'oil passait ici.

Juste après Boscartus, prendre à gauche le chemin carrossable signalé.

Pierre Branlante – *Laisser la voiture et faire 50 m à pied.* Un chaos de pierres en équilibre instable se dissimule dans les bois.

Peyrelade – A l'entrée de ce hameau un chemin carrossable, à gauche, mène à une plate-forme rocheuse d'où l'on a un bon **point de vue** sur les monts du Limousin et le Nontronnais.

Mortemart – Ce village est le berceau de la famille des Mortemart, à laquelle appartenait Madame de Montespan, favorite de Louis XIV.
De vieilles halles en bois, deux anciens couvents, de curieuses maisons anciennes et les vestiges du château dont ne subsistent que quelques tours forment un ensemble pittoresque. La chapelle de l'ancien couvent des augustins sert aujourd'hui d'**église** paroissiale. Couronnée d'un curieux clocher à bulbe, en ardoises, elle abrite d'intéressantes stalles sculptées du 15e s. et un retable baroque dans lequel est encastré un tableau de l'Assomption.

Château du Fraisse – Cet élégant édifice Renaissance possède de beaux communs en retour d'angle.

BÉNÉVENT-L'ABBAYE

837 habitants (les Bénévents)

Cartes Michelin n° 72 plis 8, 9 ou 239 pli 2 – 25 km à l'Ouest de Guéret

La D 912, au Nord, offre la meilleure vue sur Bénévent-l'Abbaye, que domine au Sud-Est la masse du puy de Goth. Le monastère fut fondé au 11e s. sur la route de St-Jacques-de-Compostelle. Mais son nom vient d'Italie, de Bénévent, d'où il reçut une relique de saint Barthélemy à l'origine de son rapide essor.

Église – A gauche d'une esplanade plantée de tilleuls, le massif clocher-porche à deux étages d'arcatures aveugles, la nef et la tour octogonale, surmontée d'une flèche conique et d'un lanternon (invention d'Abadie, architecte du Sacré-Cœur à Paris et restaurateur de l'abbaye au 19e s.), forment un bel ensemble. L'église a été construite d'un seul jet au 12e s. dans un style roman de transition. Ne pas hésiter à en faire le tour pour observer les très nombreux modillons à têtes grimaçantes ; à hauteur du chevet, un des bâtiments de l'ancienne abbaye a conservé une porte sculptée de style Renaissance. La façade s'ouvre par un portail polylobé à cinq voussures retombant sur des colonnettes à chapiteaux sculptés ; parmi ceux-ci, l'on reconnaît l'Annonciation et la Visitation.

Intérieur – Il est remarquable pour la série de 38 chapiteaux sculptés d'images symboliques qui courent le long de la nef et du chœur. La nef, voûtée en berceau brisé et flanquée de bas-côtés étroits, est supportée par d'énormes piliers. La coupole, à la croisée du transept, masque l'emplacement de la tour octogonale.

★ **Puy de Goth** – *Au Sud-Est du bourg, prendre un chemin en forte montée. Laisser la voiture à un carrefour de trois sentiers et suivre celui de gauche (1/2 h à pied AR).*
Du sommet (altitude 541 m), on découvre une belle **vue**★ demi-circulaire, au Sud-Ouest sur les monts de la Marche et du Limousin, au Sud-Est sur les monts d'Auvergne où se distinguent, par temps clair, le puy de Dôme et le puy de Sancy.

ENVIRONS

Église de Grand-Bourg – *5 km au Nord par la D 912A.*
Elle fut bâtie au 13e s. par le chanoine Gérald dont le gisant est conservé dans le croisillon gauche du transept (dans celui de droite, bras reliquaire du 12e s. et plaque en cuivre de saint Léobon exposée dans le mur). Elle est précédée d'un clocher-tour, du 17e s., flanqué de puissants contreforts. Les chapiteaux du portail Nord sont ornés de petits personnages.
Dans le chœur, un haut-relief en granit, probablement du 12e s., représente une Vierge à l'Enfant dont l'attitude rappelle celle des Vierges auvergnates.

Le BLANC

7 361 habitants

Cartes Michelin n° 68 pli 16 ou 238 pli 38 – Schéma p. 95

Aux portes de la Brenne et du Poitou, Le Blanc occupe un site agréable sur les rives de la Creuse. Cette ville active est réputée pour ses foires.

La légende de saint Génitour – A la fin du 4e s., une noble femme nommée Maura, originaire du pays des Goths, décide, suivie de ses neuf enfants, de se convertir au christianisme en se rendant auprès de saint Martin à Tours. Agrippin, cruel chef païen, veut les punir pour cela et ordonne leur massacre. Maura et ses trois derniers fils (Génitour, Tridore, Principin), rescapés des embuscades qu'on leur avait tendues, sont finalement rejoints et décapités sur la rive gauche de la Creuse près du Blanc.
Génitour, prenant sa tête dans ses mains, traverse la rivière et se rend à l'église, dont le portier, Sébastien, est aveugle de naissance. « Qui frappe ? » interroge ce dernier. Le martyr passe alors son doigt ensanglanté à travers l'épaisseur de la porte et lui répond : « Regarde, je suis Génitour. » Sur-le-champ, Sébastien retrouve la vue et ouvre. Génitour s'avance dans l'enceinte du sanctuaire et s'étend, indiquant par là qu'il le choisit pour lieu de sépulture.
Un trou, pratiqué dans le vantail gauche de la porte de l'église actuelle qui lui est dédiée, commémore le prodige du martyr et possède la vertu miraculeuse de guérir les maladies des yeux.

Un cru réputé – Le vin du Blanc était célèbre au Moyen Âge. Introduit par Aliénor d'Aquitaine à la cour d'Angleterre, il y était si goûté qu'il s'y vendait exclusivement, de même qu'à la cour de France, un tiers plus cher que les autres vins. En 1241, l'adoubement d'Alphonse de Poitiers par son frère Saint Louis (Louis IX) entraîne une commande où prédomine le vin du Blanc. La culture de la vigne perdure jusqu'au 18e s., mais la guerre de Cent Ans avait entraîné le remplacement des cépages locaux par des vignes de Sancerre et d'Issoudun. D'intéressants vestiges, comme la belle cave des Charassons, témoignent de ce passé viticole.

CURIOSITÉS

« En 1530, tous les ponts de la Creuse allèrent à Nantes » ; ce dicton populaire rappelle la terrible crue qui emporta, entre autres ouvrages, le pont médiéval du Blanc. Il ne fut remplacé qu'en 1823. Dans l'intervalle, l'on traversait la Creuse à gué ou par bac, seul moyen de relier les deux parties de la cité : la **ville haute**, pittoresque et accidentée, et la **ville basse**, bâtie autour de l'église St-Génitour.

De la place de la Palisse, située à 100 m en amont du pont dans la ville haute, le visiteur remontera la Grande-Rue qui conserve de belles demeures du 15e s.

Maison des Amis du Blanc (n° 11) ⓥ – Elle expose coiffes, vêtements, vieux outils et mobilier. Par des escaliers pittoresques, l'on gagne une esplanade attenante à la petite église romane de St-Cyran. La vue s'y déploie sur la ville basse, les rives boisées de la rivière et le viaduc, à l'extrême gauche.

Château Naillac – Deux donjons féodaux réunis par un corps de bâtiment au 18e s. contrôlaient le gué sur la Creuse. De la fin du 12e s. au début du 16e, il fut la propriété des sires de Naillac, seigneurs du Blanc, qui lui laissèrent leur nom. Un autre château, les Hautes-Tours, se dressait en Poitou, à quelques centaines de mètres sur le même coteau, près de l'église St-Étienne.

Écomusée de la Brenne ⓥ – Le château Naillac est, depuis 1986, le siège d'un musée ethnographique qui abrite l'exposition permanente « des hommes, un pays, une histoire », évoquant le pays de Brenne : musée des oiseaux (800 volatiles naturalisés), les étangs (historique du pays des mille étangs), les premiers habitants, les émeutes de 1844, les forges (de l'époque gauloise au 19e s.), l'agriculture et l'architecture.

A la sortie du musée, monter la rue St-Étienne puis tourner à droite, à l'angle du boulevard. Prendre la rue du Donjon.

Église St-Étienne – Elle remplace depuis la Révolution l'ancien couvent des récollets, fondé en 1619, et conserve les reliques des saints Messaire, Tridore et Principin. Ces derniers, frères de saint Génitour et martyrs connus sous le nom de « Bons Saints du Blanc », sont invoqués comme protecteurs de l'enfance (pèlerinage le 1er dimanche de septembre).

Église St-Génitour – Construite à partir d'un prieuré, elle possède un beau clocher roman et une nef gothique (13e s.) dont les colonnes sont ornées de chapiteaux. Le chœur (12e s.) n'est pas dans l'axe de la nef. Plusieurs fois remaniée, notamment au 15e s., l'église échappa de justesse à un incendie pendant la Terreur.

ENVIRONS

★★ **La Brenne** – *Circuit au départ du Blanc, voir p. 95.*

★ **Abbaye de Fontgombault** – *8 km au Nord-Ouest par la D 950. Voir p. 138.*

Ingrandes – *9 km au Sud-Ouest par la N 151.*
L'écrivain-aventurier **Henry de Montfreid** (1879-1974) s'est éteint dans ce village, situé aux confins du Berry, du Limousin et du Poitou, à l'âge de 95 ans. Un **musée** ⓥ récemment ouvert lui est consacré et rassemble écrits, armes, peintures et photographies.

BLANCAFORT★

991 habitants (les Blancafortais)

Cartes Michelin n° 65 pli 11 ou 238 pli 19 – 9 km au Nord-Est d'Aubigny-s-Nère

Pittoresque village dont le clocher-porche de l'église présente une forme originale.

★**Château** – Le château de brique rose, à la façade unie et quelque peu austère, date du 15e s. La cour d'honneur, flanquée de deux pavillons, fut ajoutée au 17e s. On visite en particulier la bibliothèque, aux boiseries Régence, et la salle à manger, tendue de cuir des Flandres, repoussé, peint et doré, et garnie de beaux étains. On terminera par une promenade dans l'agréable parc : parterre à volutes à la française devant la façade, et sentier en sous-bois longeant la rivière.

ENVIRONS

Musée de la Sorcellerie – *A la Jonchère, 5 km au Sud-Est par la D 8.*

Il est installé dans une grange du 19e s. au Nord du Berry, terre de prédilection de la sorcellerie. Une vingtaine de scènes (certaines animées à l'aide de moyens vidéo et d'effets spéciaux) et de nombreux panneaux explicatifs présentent cet univers mystérieux né de l'imaginaire de l'homme : Merlin, le petit peuple des lutins, les dragons ou les procès de l'Inquisition. Au premier étage, dans un décor solognot, sont évoquées les histoires de sorcellerie telles qu'elles se racontaient, le soir, à la veillée avec leurs « meneus de loups » et leurs « birettes » (étranges formes blanches sans tête ni mains, typiques du Berry).

Musée de la Sorcellerie

Domaine de la Jonchère – Musée de la Sorcellerie

La BORNE

189 habitants (les Bornois)

Cartes Michelin n° 65 pli 11 ou 238 Sud du pli 19 – 4 km au Sud-Est d'Henrichemont

Schéma p. 204

La présence d'une terre, le grès, apprécié pour sa résistance, et l'abondance du bois de chauffage sont à l'origine de la poterie en Berry. Les premières traces se rencontrent à Achères, où des vestiges de poteries gallo-romaines ont été retrouvés. Les objets de grès traditionnels, essentiellement utilitaires (saloir, pot à lait, à huile, etc.), sont fabriqués à l'aide d'un tour à bâton et cuits au four à bois entre 1 280° et 1 350°. Principale ressource économique de la région, l'activité est en plein renouveau grâce à l'apport de techniques étrangères et à une nouvelle génération de potiers. L'Association des potiers de La Borne compte une cinquantaine de membres de huit nationalités différentes, souvent issus d'écoles artistiques.

Musée de la Poterie – Installé dans une chapelle, il présente le savoir-faire des potiers de La Borne ; servant d'annexe, l'ancienne école de filles accueille une exposition-vente. Pour mieux apprécier le travail du potier, des visites d'atelier sont possibles sur demande.

Musée Vassil Ivanoff – Ce céramiste, né en Bulgarie en 1897, se fixe en 1922 à Paris où il exerce ses nombreux talents artistiques (décoration, peinture sur tissu, photographe). A 48 ans, flânant sur les quais, il découvre chez un bouquiniste « L'Art de la Poterie ». Sa soif de techniques nouvelles l'incite à partir s'initier auprès de potiers de métier. Un an plus tard, il s'installe à La Borne dans une petite maison-atelier où, construisant son propre four, seul face à son art il ne cessera de créer (3000 pièces), jusqu'à sa mort en 1973.
Le musée abrite une gamme étendue de créations de l'artiste : Vases, pots, coupes, plaques gravées, pièces aux structures tubulées prennent souvent l'aspect de véritables sculptures figuratives ou abstraites. L'œil est particulièrement attiré par des émaux aux rouges « sang-de-bœuf ». Pour mieux comprendre l'œuvre du céramiste, on peut demander à visiter son atelier.

BORT-LES-ORGUES

4 950 habitants (les Bortois)

Cartes Michelin n° 76 pli 2 ou 239 pli 29 – Schéma p. 133

Bort, agréablement située dans la vallée de la Dordogne, doit sa renommée aux célèbres orgues qui la dominent et à son gigantesque barrage.
Site frontalier entre les territoires arverne et lémovice, Bort s'est développée au Moyen Âge et a reçu de Charles VII le droit de s'entourer d'une enceinte dont il subsiste quelques vestiges. L'académicien Marmontel y naquit en 1723.
Longtemps, le travail du cuir a été la grande spécialité de la ville. Aujourd'hui, les tanneries, après une période difficile, connaissent un regain d'activité, mais d'autres industries – confection, maroquinerie, injection plastique, menuiserie industrielle, produits traditionnels d'Auvergne, É.D.F. et tourisme – animent la vie économique locale.

★★ **Barrage de Bort** – Parkings sur la D 979 (rive droite) et la D 922 (rive gauche). De la route de crête du barrage, qui s'étire sur 390 m, on découvre, côté amont, le lac de retenue sillonné par les **vedettes d'excursions** Ⓥ et, côté aval, l'usine principale et l'évacuateur de crues. Le **point de vue** des Aubazines, à 300 m sur la D 979 (rive gauche), permet de mieux embrasser du regard les 1 400 ha de la retenue. Un **« circuit-visiteurs »** Ⓥ accessible depuis le pied du barrage sur la rive gauche (entre le hameau des Granges et les Tanneries et Maroquineries de Bort) fait découvrir, à l'aide d'une maquette animée et d'un film vidéo, l'aménagement hydro-électrique du bassin de la Dordogne et de ses affluents.
Le barrage de Bort est la pièce maîtresse de l'aménagement hydro-électrique de la Dordogne. Sa retenue est en partie alimentée par les eaux de la Rhue, affluent de la Dordogne en aval de Bort, refoulées en conduite forcée par une dérivation souterraine longue de 13,5 km. L'usine, construite au pied du barrage, est équipée de deux groupes de 115 000 kW et d'un groupe de 10 700 kW situé dans l'usine de la Rhue construite au niveau de la crête du barrage de Bort, rive gauche.

J. D. Sudres/SCOPE

Bort-les-Orgues – Le barrage

Église – Elle date des 12e et 15e s. Dans son cadre architectural très sobre, quelques œuvres d'art sont bien mises en valeur : une statue de sainte Anne tenant dans ses bras la Vierge et l'Enfant (15e s.), de beaux vitraux modernes, un christ en bronze du sculpteur Chavigner...
A l'extérieur, près du chevet, subsistent des traces de fortifications. A côté se trouve l'ancien prieuré du 17e s.

ENVIRONS

Saut de la Saule – *2,5 km, puis 1/2 h à pied AR.*

Quitter Bort par la D 922 (route de Mauriac) et prendre à gauche une route en montée vers l'Institut médico-pédagogique. Suivre l'allée (poteau indicateur) qui franchit la Rhue, puis tourner à gauche et longer la rivière.

On atteint bientôt de petites gorges où l'eau s'est frayée un passage en creusant dans le gneiss, sous l'action du tournoiement des galets entraînés par elle, des excavations régulières que l'on appelle « marmites de géants ».

Un peu plus loin, on arrive aux rochers qui surplombent le Saut de la Saule, où la Rhue franchit un seuil rocheux, haut de 5 à 6 m.

★ORGUES DE BORT

Circuit de 15 km – environ 2 h

Quitter Bort par la D 127 en montée qui se détache de la D 979 (route de Limoges) à la sortie de la ville, près du cimetière.

Au cours de la montée, beau panorama à gauche sur la vallée de la Rhue.

Quelques mètres après les dernières maisons de Chantery, prendre à droite un escalier qui conduit directement au pied des orgues (voir le Paysage dans l'Introduction). Suivre les écriteaux « Grottes des Orgues » et « site d'escalade des Orgues ».

Ces impressionnantes colonnes de phonolite, hautes de 80 à 100 m, se succèdent sur une longueur d'environ 2 km.

Revenir à la D 127 et, après 2 km, prendre à droite la route (signalée) qui, en 800 m, conduit à un vaste parking en sous-bois, près du relais de Télédiffusion, sur le plateau des Orgues, altitude 769 m.

Laisser la voiture et gagner à pied la table d'orientation et un deuxième point de vue, dit « des Orgues », sur la droite.

Le regard embrasse un immense **panorama**★★ sur la vallée de la Dordogne, l'Artense, le Cantal et les monts Dore. Au Sud-Ouest, on aperçoit le lac de Madic, témoin d'un ancien cours de la Dordogne. Du site aménagé, on peut emprunter, sur la droite, le chemin en corniche *(à parcourir prudemment à pied)*, immense tour d'horizon avec la ville de Bort au premier plan. Ce sentier sinueux donne accès au belvédère dit de « la Tête de l'homme » *(20 mn AR. Surveiller les enfants, le parapet est quasi inexistant).*

Revenir à la voiture et suivre à nouveau la D 127 sur 500 m. Un sentier se détache à gauche, qui conduit sur un mamelon rocheux (1/4 h à pied AR).

Panorama étendu sur le puy de Sancy et les monts du Cantal, la Dordogne et ses affluents, le massif des Monédières, le plateau de Millevaches.
Au col du puy de Bort (alt. 859 m), la route, en corniche, offre sur la gauche une vue. En regagnant Bort, par la D 979, on aperçoit sur la droite le joli château de Pierrefitte : belles vues sur la retenue et le barrage de Bort.

Château de BOUCARD

Cartes Michelin n° 65 pli 12 ou 238 pli 19 – 15 km à l'Ouest de Sancerre
Schéma, voir p. 204

Encore entouré de douves et précédé d'un bel ensemble de communs, le château date des 14e et 16e s.
L'aile Nord, construite en 1560, donnait jadis sur des jardins à la française encadrés de canaux qui seuls ont traversé les siècles.

VISITE ⊙

Dans l'aile Renaissance on découvre : la salle des gardes, le grand salon garni d'une cheminée importante, d'un bureau en loupe de citronnier et de mobilier Louis XIV, le petit salon, la salle à manger aux beaux étains, la chambre du maréchal de Navailles et la cuisine dont la cheminée rustique a gardé son tourne-broche mécanique.
Dans la partie la plus ancienne on voit la chapelle, percée au Premier Empire d'un orifice en biais permettant à la princesse de La Trémoille d'assister aux offices sans quitter sa chambre.

Château de BOUGES★★

Cartes Michelin n° 68 pli 8 ou 238 pli 28 – 9,5 km au Nord-Est de Levroux
Schéma p. 151

Au cœur de la Champagne berrichonne, cette demeure Louis XV, bâtie à l'emplacement d'une ancienne maison forte, évoque le petit Trianon par l'ordonnance de ses frontons et de ses façades (l'attribution à Jacques Ange Gabriel ou à son élève Fayette n'est pas établie). En 1759, le comte Charles Le Blanc de Marnaval, maître des forges de Clavières et propriétaire des filatures du Château du Parc à Châteauroux, acquiert la seigneurie et décide la construction d'un nouveau château ; Talleyrand en sera propriétaire de 1818 à 1826.

Voir illustration au chapitre de l'Art – Éléments d'architecture.

VISITE ⊙

Légué en 1970 à la Caisse nationale des monuments historiques, le château contient un intéressant **mobilier**★ du 18e s. aux estampilles célèbres, patiemment rassemblé par les derniers propriétaires, canapés et sièges surtout. Le petit salon Louis XV, la salle de jeux, le grand salon avec sa cheminée de marbre et sa pendule astronomique, la chambre Louis XVI retiennent particulièrement l'attention.

Pratt-Pries/DIAF

Intérieur du château

Les communs, vastes bâtiments surmontés de hauts toits à la Mansart, abritent de belles écuries et une **sellerie** (collection de selles, harnais, bottes). Dans l'aile en retour d'angle est conservée une série de voitures hippomobiles du début du siècle. Un jardin à la française aux buis et aux ifs taillés et un **parc**★ de 80 ha, planté de beaux arbres et agrémenté d'un étang et d'un jardin de fleurs, complètent la visite.

BOURGANEUF

3 385 habitants (les Bourganiauds)
Cartes Michelin n° 72 pli 9 ou 239 pli 3

Dans un riant paysage de collines boisées, Bourganeuf est bâtie sur un éperon dominant la vallée du Taurion. On en découvre une belle vue d'ensemble de la D 912 au Nord-Ouest.

Le prince Zizim – A l'histoire de Bourganeuf est liée celle de ce prince islamique qui séjourna dans la ville à la fin du Moyen Âge. A la mort de son père Mahomet II, le vainqueur de Constantinople, Zizim intrigue et cherche à s'emparer du trône de son frère aîné Bajazet. Vaincu, il se réfugie à Rhodes auprès de Pierre d'Aubusson, grand maître de l'ordre de St-Jean-de-Jérusalem. Ce dernier l'emprisonne, puis le transfère, en 1483, à Bourganeuf. Depuis 1313, la commanderie de Bourganeuf était le chef-lieu d'une des huit « langues » de l'ordre, la langue d'Auvergne, dont l'autorité s'étendait sur une grande partie du Massif Central, sur le Lyonnais et sur la Savoie. Dans une tour du château, le prince installe tous les raffinements de l'époque : bains à la turque, somptueuses tapisseries, harem. Bourganeuf prend une allure de cité des Mille et Une Nuits. Une légende rapporte même que les tapisseries de la Dame à la Licorne avaient été tissées pour réjouir son regard et lui rappeler les chaudes couleurs de son pays natal. Cette période de faste s'achève en 1485. Pierre d'Aubusson remet son hôte au pape. Bajazet, craignant le retour de son frère, offre une pension au chef de la chrétienté, Alexandre VI, pour qu'il le garde au château St-Ange. Quelques années après, le prisonnier pense réaliser son rêve avec l'appui de Charles VIII, vainqueur de l'Italie, mais il meurt à Naples en 1495, par un poison venu d'Orient et versé, dit-on, par les Borgia.

Tour Zizim ⓥ – Elle appartenait à l'ancien château, siège du Grand Prieuré d'Auvergne de l'ordre de St-Jean-de-Jérusalem, et servit de résidence forcée au prince Zizim. La **charpente**★ en châtaignier, à trois étages, est remarquable. Des objets provenant de fouilles gallo-romaines locales y sont exposés.
Du dernier étage de la tour, on a de jolies vues sur la ville et la campagne environnante.

Hôtel de ville ⓥ – Dans la salle du Conseil, très belle **tapisserie d'Aubusson**★ du 18e s. Les symboles de l'Ancien Régime – sceptre et main de justice – et ceux de la Liberté – faisceaux des licteurs, épée et balance de la justice – entourent un curieux motif central : un œil au milieu d'une couronne de feuilles de chêne.

Église – Construite par les Hospitaliers à côté de leur château, elle a été complètement remaniée au 15e s. En témoignent ses voûtes d'ogives ainsi que les chapelles latérales. Une coupole octogonale sur pendentifs supporte le clocher. Dans le chœur à chevet droit, jolie clé de voûte ornée d'un Christ en majesté ; main reliquaire en argent du 15e s.

BOURGES★★★

Agglomération 94731 habitants (les Berruyers)
Cartes Michelin n° 69 pli 1 ou 238 pli 31

Dominant le vaste horizon de la Champagne berrichonne, à des kilomètres à la ronde, surgit la haute silhouette de la cathédrale de Bourges : elle annonce au touriste un riche passé médiéval qu'il découvrira derrière les remparts de la cité ancienne, bâtie sur la pente d'une colline qu'encerclent l'Yèvre, l'Auron et un lacis de rivières. Bourges a gardé de ses heures de gloire d'éclatants témoignages : la noble parure des hôtels et des jardins, la grandiose simplicité des édifices religieux côtoient des habitations humbles, chargées de souvenirs. Centre commercial et industriel du Berry, ville de foires et de manifestations culturelles, dont le célèbre « Printemps », elle s'impose comme capitale régionale.

UN PEU D'HISTOIRE

« Une des plus belles villes de la Gaule » – Avaricum, « la ville riche en eaux », entre dans l'Histoire en 52 av. J.-C., dans le tumulte de la guerre des Gaules. Les Bituriges, puissante peuplade celtique qui donnera son nom au Berry, adhèrent au mouvement de révolte contre le conquérant romain. Pour contraindre ce dernier à se replier, Vercingétorix adopte la tactique de la terre brûlée : villes et campagnes flambent. Doit-on faire exception pour Avaricum ? Les Bituriges se jettent aux pieds de leurs alliés et les supplient d'épargner leur capitale qu'ils croient facile à défendre du fait de sa position sur une butte environnée « d'une rivière et d'un marais ». Vercingétorix cède, mais les légions de César ne tardent pas à attaquer, appuyées dans leur offensive par des ouvrages de siège. Malgré une défense acharnée, la ville tombe : la population, 40000 habitants d'après César, est massacrée tout entière. Les Romains s'arrêtent quelques jours sur place, le temps de reprendre des forces et de s'emparer des abondantes richesses d'Avaricum.
L'aspect de la ville antérieure à la conquête est mal connu. On sait seulement qu'elle avait l'allure d'une place forte entourée de murailles et qu'elle avait la réputation d'être belle, « une des plus belles villes de la Gaule », précise même César. Elle avait déjà une vocation industrielle si l'on en juge par les nombreuses trouvailles archéologiques attestant l'habileté de ses artisans à extraire et à travailler le fer, la spécialité des Bituriges.

Bourges à l'époque romaine – Très vite, Avaricum pansa ses plaies et oublia la tragédie de 52. Ville d'étape, marché agricole, capitale de la province d'Aquitaine, elle devient une cité prospère. Elle s'embellit, au cours des deux premiers siècles, de nombreux monuments. La cité déborde largement les limites du vieil oppidum en gagnant les pentes de la colline. Un ensemble monumental du 2e s., comprenant un portique et une fontaine, a été récemment fouillé dans les sous-sols du palais ducal (préfecture). Le grand portique s'étendait au pied de la colline sur près de 75 m, il bordait sans doute une voie commerçante ; une fontaine, dont la fonction reste obscure, le jouxtait. Un vaste amphithéâtre occupait l'actuelle place de la Nation. Un petit port, avec quai et bassin, avait été aménagé au Sud de la ville en bordure de l'Auron : il s'intégrait dans un ensemble commercial spécialisé dans le trafic des pondéreux. Les nécropoles se situaient à la périphérie de la ville ; elles ont livré un abondant matériel (stèles) qui constitue un magnifique témoignage sur la vie à Bourges à cette époque *(voir ci-après le Musée du Berry)*.
Comme toutes les villes, Avaricum s'entoura, dès la fin du 3e s., d'une enceinte fortifiée épousant les limites de l'oppidum : couronnée de 45 à 50 tours, elle était percée de quatre portes qui s'ouvraient sur la campagne. Sa présence séculaire a fortement influencé l'urbanisme médiéval en lui imposant des contraintes architecturales, comme ce fut le cas lors de la construction de la cathédrale. Le rempart gallo-romain est encore très visible en plusieurs endroits. A la fin du 12e s. une nouvelle enceinte fut édifiée, complétant et agrandissant ainsi le dispositif défensif de Bourges.

Une métropole religieuse – Le premier évêque de Bourges, saint Ursin, ne comptait qu'un petit nombre de fidèles à la fin du 3e s. Cherchant un lieu pour abriter les reliques de saint Étienne, il reçut la protection du sénateur Léocade qui mit une maison à sa disposition. Celle-ci fut sans doute, avec l'église Ste-Croix extra-muros, le premier lieu de culte.
Plus tard, au cours du 4e s., saint Pallais, successeur d'Ursin, fit bâtir une première cathédrale. Dès lors, le rôle des évêques ne cessa de grandir tandis que les sanctuaires se multipliaient.
Durant le haut Moyen Âge, Bourges est un centre religieux de premier plan. Le diocèse s'étend sur les départements actuels du Cher, de l'Indre et la moitié occidentale de l'Allier. Le métropolitain – évêque puis archevêque – porte le titre prestigieux de primat des Aquitaines, il n'a pas moins de sept suffragants (Clermont, Limoges, Le Puy, Mende, Albi, Cahors, Rodez).
La vie religieuse berruyère connaît un formidable essor après l'an mille : monastères et églises fleurissent ; la cathédrale, plusieurs fois reconstruite, domine, de sa masse écrasante, la ville. Bourges rivalise même avec Reims et Chartres pour le sacre des rois : en 1137, son archevêque n'a-t-il pas sacré Louis VII ?

Un mécène : Jean de Berry – Prince capétien né à Vincennes en 1340 et grand seigneur fastueux, frère de Charles V, Jean de Berry *(voir Introduction)* a laissé le souvenir d'un mécène qui fit de Bourges une capitale artistique de premier ordre à la fin du 14e s. et au début du 15e s.
Sa folle prodigalité et ses goûts d'un raffinement extrême attirèrent les meilleurs artistes de son temps : peintres, enlumineurs (Pol de Limbourg réalisa les célèbres *Très Riches Heures* conservées au musée de Chantilly, et Jacquemart de Hesdin les *Très Belles Heures*), orfèvres, céramistes, maîtres verriers, sculpteurs (André Beauneveu décora la Sainte-Chapelle et le château de Mehun) et architectes (Guy de Dammartin était le plus réputé).

« A vaillans cœurs, riens impossible » – Telle était la devise de **Jacques Cœur**, grand argentier du roi de France Charles VII à une époque où le royaume, en grande partie occupé par les Anglais, connaissait l'une des périodes les plus tragiques de son histoire *(se reporter à l'Introduction)*.
Extraordinaire destin que celui de cet homme d'origine modeste (son père était marchand de fourrures) qui, par son mariage avec Macée de Léodepart en 1418, fait son entrée dans le monde des monnayeurs. Étonnamment doué pour le commerce et les affaires, il réalise en peu de temps une colossale fortune. Il arme des vaisseaux pour s'approprier les marchés de l'Orient méditerranéen aux dépens des armateurs de Gênes et de Venise ; il installe des comptoirs à Marseille et à Montpellier, achète des maisons, des terres et des mines. Comme maître de la monnaie de Paris, Jacques Cœur gagne la confiance de Charles VII qui en fait son argentier en 1439 et son conseiller en 1442. Principal pourvoyeur des caisses de l'État, artisan de nombreuses réformes financières, diplomate habile, il réalise à Bourges un palais à la mesure de sa fulgurante réussite. Détesté par des courtisans jaloux de sa position – qu'il n'hésite pas à poursuivre pour dettes et dont il rachète parfois les seigneuries –, il tombe en disgrâce peu après la mort d'Agnès Sorel (février 1450), sa fidèle alliée. Charles VII se débarrasse de lui par un procès inique qui se termine par une lourde condamnation en 1453.
Mais le destin de Jacques Cœur ne s'arrête pas là. Au cours de l'été 1454, comprenant qu'on ne le libérerait jamais, il s'évade de sa prison de Poitiers et s'enfuit de couvent en couvent, de Limoges à Beaucaire où il faillit être assassiné. Il se réfugie ensuite à Rome auprès du pape qui lui confie le commandement d'une flotte ; c'est lors de cette croisade pour secourir les îles chrétiennes de l'archipel grec que meurt de maladie, à Chio le 25 novembre 1456, cet homme dont le chroniqueur Chastelain disait qu'il était « plein d'industrie..., subtil d'entendement et hault comprendre en toutes choses... ». Malgré les déboires de Jacques Cœur, sa famille continua à jouer un rôle de premier plan, notamment dans la vie religieuse – un de ses fils, Jean, fut archevêque de Bourges de 1446 à 1483 – ; Charles VII décédé, elle put compter sur la bienveillance de Louis XI.

L'université, ferment des idées nouvelles – C'est à Charles de Berry, frère de Louis XI, que la ville doit, en 1463, la création d'une université. Cette mesure est à l'origine d'une grande renommée intellectuelle dont le rayonnement a dépassé pendant plus d'un siècle le cadre du duché.
L'enseignement du Droit par des maîtres réputés, tels Alciat (1529-1533) et Cujas (1559-1566), attire de nombreux élèves, même étrangers. C'est ainsi que des étudiants allemands, venus d'Heidelberg, apportent avec eux la doctrine nouvelle de Luther : Calvin, alors étudiant à Bourges, ébauche à leur contact les grands principes qu'il publie dans son « Institution chrétienne ». Ces idées de réforme font de nombreux adeptes et, malgré les persécutions, gagnent rapidement du terrain à Bourges et dans tout le Berry.
Ainsi divisé, le duché est transformé en champ de bataille durant les guerres de Religion qui mettent un terme à une prospérité déjà bien ébranlée depuis le terrible incendie qui, en 1487, avait détruit les deux tiers de la ville.

La capitale d'une province pauvre – Au milieu du 17e s., le Berry entre dans une période de repli dont il ne sortira pas avant deux siècles. Situé à l'écart des grandes routes, Bourges est incapable de jouer un rôle d'entraînement économique comparable à celui de Tours et d'Orléans, qui profitent de leur position sur la Loire et s'enrichissent par la batellerie. Les privilèges de l'échevinage détournent la bourgeoisie de l'industrie et du commerce ; la prolifération des églises et des couvents, l'appauvrissement de l'aristocratie accentuent le marasme que déplorent des intendants comme Dey de Séraucourt, en charge à Bourges de 1683 à 1695.

Bourges, aujourd'hui – Le percement du canal de Berry (1819-1842), l'arrivée du chemin de fer et le choix de Bourges comme centre de l'armement sous le Second Empire redonnent à la ville un certain essor économique.
Depuis la fin de la Seconde Guerre mondiale, Bourges a connu une extension rapide. De nombreuses industries s'y sont installées, employant des milliers de personnes, comme l'usine de pneumatiques Michelin, la SNIAS (Société nationale industrielle aérospatiale), qui fabrique des pièces d'avion, et Rosière (électroménager).
La position centrale de Bourges favorise les échanges et les rencontres : dotée d'un palais des congrès et d'un pavillon des expositions, la ville accueille de nombreuses manifestations comme le SIRITT (Salon de l'Innovation et des Transferts de Technologies) ou la Foire-Exposition nationale. Renouant avec son passé universitaire, la

capitale du Haut-Berry s'est spécialisée dans l'enseignement des technologies de pointe. Avec le Centre de formation des armements terrestres et un arsenal d'entretien, elle demeure le principal centre des industries et des établissements universitaires de l'Armée. Le camp d'Avord (9 500 ha), au Sud-Est de la ville, sert de terrain d'essais.

Bourges, cité de la musique – Le rayonnement culturel de Bourges est sans commune mesure avec son rang de ville moyenne. La capitale berrichonne possède une Maison de la Culture, la première de France, une École nationale de musique, un groupe de musique expérimentale et une École nationale des beaux-arts connue pour ses réalisations de poteries de grès. Le fameux **Printemps de Bourges** *(voir encadré ci-après et dans les Renseignements pratiques à la fin du guide)* précède les concerts du grand orgue de la cathédrale et le festival de musique électro-acoustique **Synthèse**.

***CATHÉDRALE ST-ÉTIENNE (Z)

La vigueur de son architecture, l'harmonie de ses proportions, la richesse de sa décoration sont admirables.

La construction – La « cathédrale » du 4e s. aurait été reconstruite au 9e s. par l'archevêque Raoul de Turenne ; elle n'a pas laissé de traces. Par contre, de l'édifice élevé par l'archevêque Gauzlin au début du 11e s. subsiste la petite crypte.
L'initiative d'une nouvelle construction, plus grandiose, revint à **Henri de Sully** (archevêque de 1183 à 1199) et au puissant chapitre cathédral qui avait la responsabilité de l'exécution des travaux.
Le maître d'œuvre, dont le nom ne nous est pas parvenu, venait de la France du Nord, où l'art gothique triomphait sur les chantiers de Soissons, de Sens, de Chartres et de Notre-Dame de Paris. L'influence de cette dernière se fit certainement sentir à travers les liens unissant les deux archevêques et frères Sully. Eudes de Sully choisit du reste lui-même le successeur d'Henri, saint Guillaume.
La construction se déroula en deux campagnes. De 1195 à 1215, on édifia le chevet et le chœur. Le manque de place obligea à construire l'église basse hors du mur d'enceinte.
De même, furent « accrochées » à l'abside cinq chapelles rayonnantes, qui donnent l'impression d'être suspendues au-dessus du vide car elles n'étaient initialement pas prévues.
La seconde campagne, qui dura trente-cinq ans (1225 à 1260), porta sur la nef et la façade. L'ancienne nef romane était progressivement réduite au fur et à mesure de l'avance des travaux. Toute trace de la période romane n'allait pas disparaître puisqu'on décida le remploi de sculptures du siècle précédent dans les portails latéraux. C'est aussi pendant cette seconde phase que l'essentiel de l'impressionnant programme iconographique se mit en place : vitraux historiés et sculptures des portails et du jubé. Les matériaux utilisés pour le gros œuvre étaient tirés de différents calcaires régionaux (calcaires lacustres et « calcaire de Vallenay »). Pour la sculpture on se servit de la pierre de Charly. Chaque ouvrier faisait une marque sur les pierres qu'il avait taillées, certaines se voient encore très bien dans la crypte.
La cathédrale était suffisamment achevée pour que le 13 mai 1324 elle soit solennellement consacrée par l'archevêque Guillaume de Brosse.

Adjonctions et restaurations – Au cours du 14e s., il fallut étayer la tour Sud par une puissante arcade que l'on appelle le « pilier-butant ». La façade Ouest fut remaniée et le duc Jean de Berry offrit la grande verrière ou « grand housteau » dessinée par son architecte Guy de Dammartin.
Au 15e s., s'ajoutèrent des chapelles latérales et la sacristie du chapitre, due à la magnanimité de Jacques Cœur.
Au 16e s. commencent les malheurs : en 1506, la tour Nord s'écroule et doit être reconstruite *(voir ci-dessous)* ; en 1562, une armée protestante commandée par le comte de Montgomery, celui-là même qui avait blessé mortellement le roi Henri II dans un tournoi, pille la cathédrale et détruit les statues de la façade ; deux cents ans plus tard, les chanoines suppriment le jubé et les 18 verrières autour du chœur. Au siècle dernier, des travaux effectués dans des matériaux fragiles empêchent la ruine de l'édifice. Patrimoine considérable et exposé, St-Étienne de Bourges subit aujourd'hui, comme tant d'autres cathédrales, les attaques de la pollution : l'eau chargée de souffre décompose la pierre par formation de sulfate de chaux, ou corrode la face externe des vitraux. Une campagne de sauvegarde a déjà permis le nettoyage des verrières du chevet et de la crypte, la restauration de la tour Nord et du grand orgue.

Extérieur

La façade occidentale – Une impression de majesté et de puissance se dégage de cet ensemble, qu'encadrent deux tours d'inégale hauteur. A droite, la tour Sourd (car privée de cloche) est restée inachevée ; d'une architecture sobre, elle diffère de sa sœur de gauche, dite « tour de Beurre » (allusion, croit-on, aux dispenses perçues sur les fidèles autorisés à consommer du beurre et du lait en carême), qui s'élève à 65 m et présente une décoration flamboyante. Sous la verrière du « gran

housteau » apparaissent, abrité par des gâbles, cinq portails de dimensions très différentes. Cette dissymétrie, recherchée par le maître d'œuvre, donne une impression d'originalité et de variété.
Entre les deux étages de niches court une frise (**1**) de 62 bas-reliefs racontant, de gauche à droite, la vie du Christ : Annonciation, Nativité, Adoration des Mages, Fuite en Égypte, scènes de la Passion, et des épisodes de la Genèse : Création, Paradis Terrestre, Histoire de Noé.

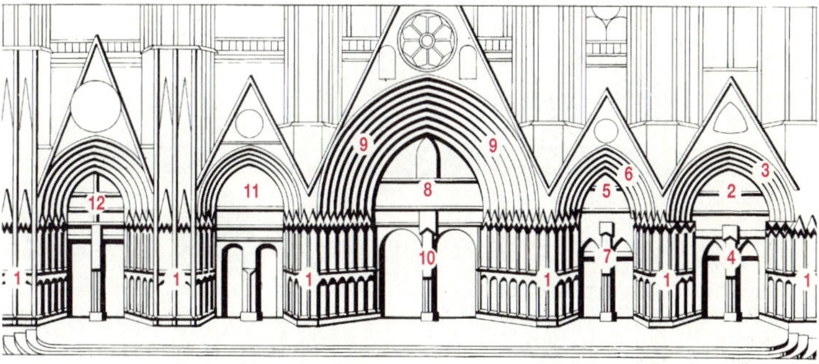

Cathédrale St-Étienne – Portails de la façade occidentale

Voici comment se présentent, de droite à gauche, les cinq portails de la façade :

Portail de saint Ursin – Au tympan (**2**) est représentée l'histoire de saint Ursin, qui fut le premier évêque de Bourges, et celle de saint Just : ayant reçu leur mission du pape saint Clément, les deux saints partent pour le Berry.
Saint Just meurt en cours de route, saint Ursin prêche à Bourges, y consacre une église, convertit et baptise Léocade, gouverneur d'Aquitaine, et son fils. Dans les voussures (**3**) : anges, confesseurs et prophètes ; au trumeau (**4**), statue moderne de saint Ursin.

Portail de saint Étienne – Le tympan (**5**) est consacré à divers épisodes de la vie et du martyre de saint Étienne, patron de la cathédrale. Dans les voussures (**6**) : anges, prophètes ; au trumeau (**7**), statue moderne du diacre saint Étienne.

Portail central – Il a pour thème le Jugement dernier. Plein de vie et de réalisme, il est considéré comme l'un des chefs-d'œuvre de la sculpture gothique du 13e s. Dans le registre inférieur du tympan (**8**) est représentée la Résurrection : les morts, nus, soulèvent la pierre de leur tombeau, le regard tourné vers le ciel, certains dans l'attitude de la prière ; au-dessus, l'archange saint Michel, tenant sa balance, procède au jugement et pèse les âmes : à sa droite, les élus se dirigent joyeusement vers le sein d'Abraham qui symbolise le ciel ; à sa gauche, les damnés sont précipités par les démons dans la chaudière de l'enfer. Dans le registre supérieur, le Christ est entouré d'anges portant les instruments de la Passion ; à droite et à gauche, la Vierge et saint Jean, à genoux, implorent sa bénédiction, tandis qu'au-dessus de lui deux anges tiennent la lune et le soleil, marquant ainsi la fuite des temps.
Dans les voussures (**9**) : chérubins, anges, saints, martyrs, patriarches et prophètes ; au trumeau (**10**), statue moderne du Christ.

Portail de la Vierge – Il a été en partie reconstruit après l'écroulement de la tour Nord au début du 16e s. Au tympan (**11**) sont figurés la Mort, l'Assomption et le Couronnement de la Vierge.

Portail de saint Guillaume – Le tympan (**12**) relate divers épisodes de l'histoire de cet archevêque de Bourges au début du 13e s. : le saint reçoit des offrandes pour la construction de la cathédrale, protège les malheureux, opère des guérisons miraculeuses, exorcice un homme, le diable s'enfuyant sous la forme d'un loup.
Le **portail Nord**, du 12e s., est dédié à la Vierge ; il a été mutilé en 1562. Au centre du tympan, la Vierge trône assise de face, l'Enfant Jésus sur ses genoux. Aux parties latérales sont représentées plusieurs scènes : Annonciation et Visitation à droite, Rois Mages à gauche ; au-dessus, des anges s'envolent et balancent des encensoirs. Le style est alerte, souple. Le linteau est décoré d'une frise de rosaces et de feuillages d'inspiration antique...
Le **chevet** est une magnifique composition pyramidale. Vu dans l'axe du boulevard de Strasbourg, l'édifice paraît circulaire. Comme pour la nef, la pente aiguë des arcs-boutants, superposés et à double volée, atténue la saillie des collatéraux et transforme les trois étages courbes de l'abside en une structure unitaire avec, en contrepoint, les silhouettes originales des chapelles rayonnantes coiffées de tourelles.

Cathédrale de Bourges – Portail central

Le **flanc Sud**, comme le flanc Nord, est orné d'un portail du 13e s. Au tympan, le Christ en majesté est entouré des symboles des évangélistes ; dans les voussures se pressent des anges, des prophètes et des rois de l'Ancien Testament. Au-dessus des statues-colonnes représentant des rois et des prophètes de l'Ancien Testament les chapiteaux sont ornés de scènes bibliques ; au trumeau, beau Christ bénissant du 13e s. Le vantail droit de la porte, don de Jacques Cœur, est décoré de son monogramme. Sur le mur oriental, bâti au 16e s., porte de la 1re Renaissance, avec entablement à grotesques et fronton en forme de coquille.

Pénétrer par le portail Sud.

Intérieur

Voir illustration au chapitre de l'Art – Éléments d'architecture.

Avec 124 m de longueur, 41 m de largeur et une hauteur sous voûte de 37,15 m St-Étienne est la plus large cathédrale gothique de France, et l'une des plus grandes. L'absence de transept accroît l'unité et la cohérence du vaisseau principal. Les voûtes sexpartites, couvrant chacune deux travées, retombent élégamment sur des faisceaux de colonnettes, dont certaines se prolongent jusqu'au sol. L'élévation d'un seul jet des grandes arcades (piliers de 17 m 21,30 m sous clef) anticipe l'envolée de la voûte : « J'ai éprouvé une sensation singulière, dira Stendhal ; j'étais chrétien. »

Pour atténuer l'effet de perspective, les piliers du chœur sont légèrement plus espacés que ceux de la nef.

Des cinq nefs correspondant aux cinq portails se dégage une impression d'ampleur L'originalité de l'édifice est de présenter des doubles bas-côtés d'une différence d'élévation telle qu'il a été possible de percer dans le premier, très élevé, des fenêtres s'ouvrant au-dessus du second : ainsi alternent, de haut en bas de la cathédrale, cinq étages d'ombre et de lumière qui contribuent à créer d'incomparables perspectives *(voir coupe)*.

Un double déambulatoire fait suite aux doubles bas-côtés du chœur. Cinq petites chapelles rayonnantes, de plan semi-circulaire, s'ouvrent dans l'abside.

Du mobilier de la cathédrale, dispersé pendant la Révolution, ne subsistent que les deux statues orantes du duc de Berry et de sa seconde femme, Jeanne de Boulogne (chapelle de la Vierge – les têtes, décapitées à la Révolution, ont été refaites d'après un dessin de Holbein –, les statues des l'Aubespine, famille parlementaire (chapelle Jacques-Cœur), deux tableaux : l'Adoration des Bergers (chapelle des Le Roy) et saint Jean-Baptiste (chapelle du même nom) de Jean Boucher (1568 1633) et le Grand Orgue de 1663.

★★★ **Les vitraux** – Malgré un certain nombre de mutilations, la cathédrale peut s'enorgueillir d'un remarquable ensemble de vitraux anciens du 12e au 17e s. constituant l'une des plus riches collections de France.

Les cinq chapelles absidiales sont ornées de verrières à découpage orthogonal, et les fenêtres intercalaires de vitraux à médaillons, exécutés pour la plupart de 1215 à 1225. Le choix des thèmes, qui établit un parallèle entre l'Ancien et le Nouveau Testament, les paraboles du Christ et l'enseignement tiré de la vie des prophètes et des saints, a peut-être été inspiré par saint Guillaume, archevêque de Bourges de 1199 à 1209. Les œuvres données par des corps de métier (qui n'hésitent pas à se faire représenter : voir les deux médaillons en bas du vitrail de l'histoire de Joseph, offerts par les charpentiers, tonneliers et charrons) sont traditionnellement attribuées à trois ateliers dirigés par trois maîtres anonymes : **Le maître du « Jugement dernier » et de la « Nouvelle Alliance »** adopte un dessin ample et majestueux, qui met en valeur les vêtements et les corps. L'usage du blanc, qui souligne l'élégance des poses et la clarté de la composition, rattache ce maître au « style 1200 » (1160-70 – 1220) né en Champagne et dans le Nord-Est de la France.

Le maître du « Bon Samaritain » : également auteur des vitraux de la Passion et de l'Apocalypse (fenêtres intercalaires), de sainte Marie l'Égyptienne, de saint Nicolas et du martyre de saint Étienne (chapelles rayonnantes), probablement originaire d'Angers, grand centre d'art roman, il manifeste un tempérament inventif, introduisant dans les verrières de nombreux détails fantastiques.

Le maître des « Reliques de saint Étienne » illustre les difficultés du renouvellement gothique : corps trop longs sur des jambes grèles, disproportion des têtes, figures contrariées ; mais la vie anime ces verrières. La composition reste lisible en dépit d'une grande attention accordée au réel : spontanéité des gestes, liberté des attitudes, peintures du costume, des objets et du bestiaire entourant l'homme médiéval.

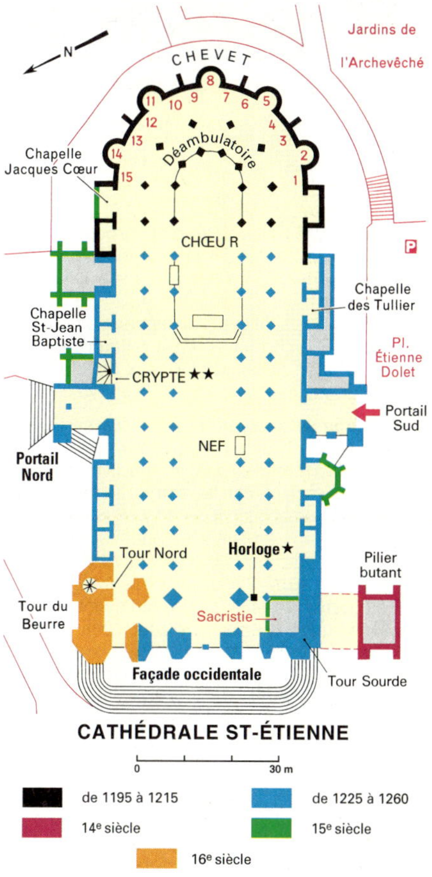

CATHÉDRALE ST-ÉTIENNE

En abordant le chœur par le deuxième bas-côté droit, on voit successivement :

1) Verrière de l'histoire de Joseph : on distingue entre autres scènes le songe de Joseph, premier médaillon en bas, Joseph en Égypte, deuxième médaillon, le songe du Pharaon et Joseph reconnu par ses frères, médaillon supérieur.

2) Chapelle de saint François de Sales : on reconnaît divers épisodes de la vie de trois parents du Christ : à gauche, saint Jacques le Majeur, au centre, saint Jean-Baptiste, à droite, saint Jean l'Évangéliste. On y trouve aussi la châsse reliquaire de Saint-Ursin, premier évêque de Bourges.

3) Verrière de saint Thomas : habile architecte, il est appelé par Gondofore, roi des Indes : Apostolat et martyre de Thomas.

4) Verrière de l'Apocalypse : dans le médaillon central apparaît le Christ, assis sur l'arc-en-ciel et entouré de 24 vieillards.

5) Chapelle de saint Philomène : vie et martyre des trois principaux diacres de l'Église primitive, saint Laurent, saint Étienne, saint Vincent.

6) Verrière de la Passion.

7) Verrière du Jugement dernier.

8) Chapelle de la Vierge : vitrail du 16e s. et, à l'entrée, statue du duc Jean de Berry et de Jeanne de Boulogne, son épouse.

PIX

Bourges – Le songe de Joseph

9) Verrière de la Nouvelle Alliance : on y reconnaît Abraham, Isaac, Moïse, David, Jonas.
10) Verrière de l'Enfant Prodigue.
11) Chapelle de N.-D. de Lourdes : scènes relatives à saint Denis, saint Pierre, saint Paul et saint Martin.
12) Verrière du Bon Samaritain.
13) Verrière de l'histoire des reliques de saint Étienne.
14) Chapelle de la Sainte-Croix : histoire de sainte Marie l'Égyptienne, de saint Nicolas et de sainte Marie-Madeleine.
15) Verrière du mauvais riche : histoire de Lazare, pauvre lépreux que le mauvais riche refuse de secourir. Dans l'au-delà, triomphe de Lazare.

Quatre petits panneaux du 12e s. sont situés de chaque côté de la porte latérale Sud.
D'intéressantes verrières des 15e et 16e s. décorent aussi les chapelles latérales. Elles se répartissent en trois groupes : le début du 15e s. dominé par l'influence des ateliers travaillant pour le duc de Berry, notamment celui d'André Beauneveu ; le milieu du 15e s. avec la chapelle Jacques-Cœur et sa splendide **verrière de l'Annonciation** (1451), considérée comme un chef-d'œuvre de cette époque ; la chapelle St-Jean-Baptiste vient de révéler deux belles **fresques** datant de la fin des années 1460 : *Crucifixion* et *Résurrection* ; la Renaissance avec les vitraux de Lescuyer (remarquer en particulier ceux de la chapelle des Tullier) que l'on retrouve également dans l'église de St-Bonnet *(voir ci-après)*.

★ **Horloge astronomique** – Conçue par le mathématicien et astronome Jean Fusoris en 1424, cette magnifique horloge de 6,20 m de haut est logée dans un bahut carré, surmonté d'un toit concave et d'une cloche. La décoration fut l'œuvre de Jean Grangier dont les restaurateurs ont restitué l'éclat des peintures.
Le plus remarquable se trouve dans l'ingénieuse réalisation du cadran inférieur, consacré aux données astronomiques. Cet ensemble complexe permet de révéler à l'initié 7 indications précises, dont 6 rien que par une seule aiguille. Le cadran extérieur (1 tour/24 h) donne l'heure équinoxiale. Celui du dessous (1 tour/1 mois) représente le cycle lunaire indiquant le nombre de jours passés depuis la dernière pleine lune et sa forme du moment. Le cadran central (1 tour/1 an) comporte les 12 signes du zodiaque divisés en jours ; on peut donc lire la date. Ce dernier disque supporte une partie composée d'un élément opaque symbolisant la nuit (en bas) et de tiges dorées convexes symbolisant le jour (en haut). Un soleil glissant de bas en haut sur l'aiguille, marque sa position par rapport à l'horizon suivant les solstices. Les 12 espaces du jour donnent l'heure temporaire.
Le vieux mécanisme, avec ses rouages complexes, est exposé à droite de l'horloge, celui placé à l'intérieur de celle-ci étant un fac-similé.

★★ **Crypte** ⓥ – Une galerie en pente donne accès à la crypte, construite à la fin du 12e s. pour combler le dénivelé du rempart et du fossé gallo-romains.
Douze grandes fenêtres éclairent l'admirable architecture de ce sanctuaire. Six énormes piliers (diamètre : 2,10 m), flanqués de colonnes à chapiteaux ornées de crochets, soutiennent une voûte d'ogives destinée à asseoir la cathédrale. Remarquable par l'élégance de ses proportions, elle présente des ogives fortes disposées en quinconce puis des croisées d'ogives en contre-courbe, solutions que l'on retrouve dans le double déambulatoire du chœur. Des marques au sol (esquisse de la verrière du « grand housteau ») et les culs-de-lampe de la galerie d'entrée indiquent que ce lieu servait de logement aux ouvriers bâtisseurs.
La crypte abrite le gisant en marbre blanc du duc de Berry, seul vestige d'un grandiose mausolée exécuté entre 1422 et 1438 par Jean de Cambrai. Ce mausolée était autrefois placé dans la Sainte-Chapelle de Bourges, détruite en 1757. Les vitraux, du 14e s., proviennent également de la Sainte-Chapelle et représentent des prophètes. On remarque aussi des fragments du jubé détruit au 17e s. Adossée au mur de l'enceinte gallo-romaine, ensemble de dix statues sous un baldaquin représentant une Mise au tombeau du 16e s.
Derrière cette sculpture, un escalier mène à une petite galerie voûtée en berceau, vestige d'un sanctuaire construit au 11e s.

Montée à la tour Nord ⓥ – La tentative d'achèvement de la tour Nord à la fin du 15e s. se solda par la catastrophe du 31 décembre 1506, qui affecta tout l'angle Nord-Ouest de la cathédrale.
La reconstruction dura jusqu'en 1540 et fut conduite par l'architecte Guillaume Pelvoysin ; elle permit d'introduire une ornementation nouvelle, de style Renaissance. Un escalier à vis conduit au sommet, d'où se révèle une **vue**★★ panoramique sur l'édifice et la ville.

★**Jardins de l'Archevêché** (Z) – Créés au 17e s., agrandis au siècle suivant, ces jardins, ornés de magnifiques parterres et de belles allées ombragées, offrent une vue remarquable sur la cathédrale St-Étienne et plus particulièrement sur l'immense nef et le chevet.

Grange aux Dîmes (Z F) – Face au portail Nord de la cathédrale, au coin de la rue Molière, ce puissant édifice à contreforts et escalier en forme de loggia à colombage servait à abriter les redevances perçues par le Chapitre.

★★PALAIS JACQUES-CŒUR (Y) ⓥ

C'est l'un des plus beaux et des plus somptueux édifices civils de l'époque gothique. Commencée en 1443 pour le célèbre argentier de Charles VII, cette splendide demeure – dont le maître d'œuvre est inconnu – était destinée sans doute à lui servir de dernière retraite. Pratiquement achevée en moins de dix ans, elle avait coûté 100 000 écus d'or. Jacques Cœur, tombé en disgrâce en 1451, n'en profita guère. Restitué à ses héritiers dès 1457, ce palais connut des fortunes diverses. Il fut propriété de Colbert en 1679 et fut acquis peu après par la ville de Bourges. Acheté par l'État en 1925, il a été depuis complètement restauré.

Extérieur – Le palais Jacques-Cœur forme un quadrilatère irrégulier de quatre corps de logis entourant une cour centrale.
La façade occidentale, élevée sur les restes de l'enceinte gallo-romaine, présente l'aspect d'une forteresse aux tours massives et aux murs sévères ; la façade orientale séduit par l'élégance et la richesse de sa décoration : fenêtres à croisillons, toit effilé de la chapelle flanquée d'une gracieuse tourelle d'escalier, balustrade placée à la base des combles, lucarnes ornées d'épis de faîtage.

N. Hautemanière/SCOPE

Bourges – Palais Jacques-Cœur

L'image du roi est intimement liée à celle de son argentier : au décor de cœurs et de coquilles, armes du propriétaire, répond la fenêtre de la chapelle dont le remplage arbore une fleur de lys ; de part et d'autre de la loge à festons (**1**) où se trouvait, jusqu'à la Révolution, une statue équestre de Charles VII, apparaissent, dans l'entrebâillement de fenêtres simulées, le maître et la maîtresse de maison, probablement intervertis, et le regard tourné, à l'origine, vers la figure royale.
A gauche du pavillon, à la base de la tourelle d'escalier (**2**), est inscrite la devise de Jacques Cœur : « A vaillans (deux cœurs) riens impossible. »
En pénétrant dans la cour, on découvre les galeries couvertes réservées au négoce et le grand corps de logis. Trois tours d'escalier en divisent la façade. La tourelle centrale (**3**), de forme hexagonale, est décorée d'arbres exotiques : palmiers, orangers, dattiers, évoquant les pays d'Orient où Jacques Cœur avait voyagé, et porte une autre devise du maître de maison : « Dire, Faire, Taire. » Le tympan de la tourelle d'angle, à droite, indique la destination de la pièce desservie, la cuisine, et représente plusieurs personnages s'affairant à préparer un repas. Dans la même verve réaliste, la préparation d'un office est traitée sur le portail de l'escalier menant à la chapelle, à l'entrée de la cour.

Intérieur – Cette architecture, encore gothique par ses traits généraux, annonce la Renaissance par sa fantaisie et sa grâce. L'immense fortune de Jacques Cœur lui a permis de satisfaire son goût du beau, du confort et du fonctionnel. L'agencement du palais témoigne d'une réussite exceptionnelle à cet égard. On visite successivement une quinzaine de pièces sur les quarante-trois que cette demeure comporte.
La salle des festins, salle d'apparat, est ornée d'une cheminée monumentale (restaurée au 19e) et, dans un angle, d'une loggia pour les musiciens. Rare vestige du décor initial, le magnifique portail à droite de la cheminée, au tympan fleurdelisé, est surmonté d'un cerf et d'une biche ailés, emblèmes de Charles VI et Charles VII.
La salle de chauffe et la salle des étuves prouvent une grande maîtrise des installations d'eau et un sens développé de l'hygiène... Un système d'escaliers permettait aux habitants du palais d'aller prendre leur bain sans avoir à traverser les communs.
On accède ensuite à la salle des échevins, décorée de peintures murales du 17e s. représentant des scènes de chasse et des scènes champêtres, puis à la salle du trésor. Cette chambre forte est fermée par une épaisse porte de fer munie d'une serrure à secret (remarquer aussi les coffres « blindés »).
Les combles abritaient des pièces de service. La voûte de bois en forme de carène de navire renversée déploie une suite magnifique de jambettes courbes.
Dans la salle dite du duc Jean, ou salle des fêtes a été reconstitué le tombeau ducal avec ses 40 pleurants. La salle dite du Conseil, en souvenir de l'époque où les échevins s'y installèrent (1683), contient une maquette du palais dans son état originel.
Jacques Cœur recevait les marchands dans la galerie qui mène à la chapelle. Au plafond des anges déploient des phylactères sur lesquels sont inscrites, en lettres gothiques, des citations du Gloria et du Cantique des Cantiques. Deux petits oratoires chauffables s'enfoncent dans les murs latéraux de part et d'autre de

PALAIS JACQUES-CŒUR

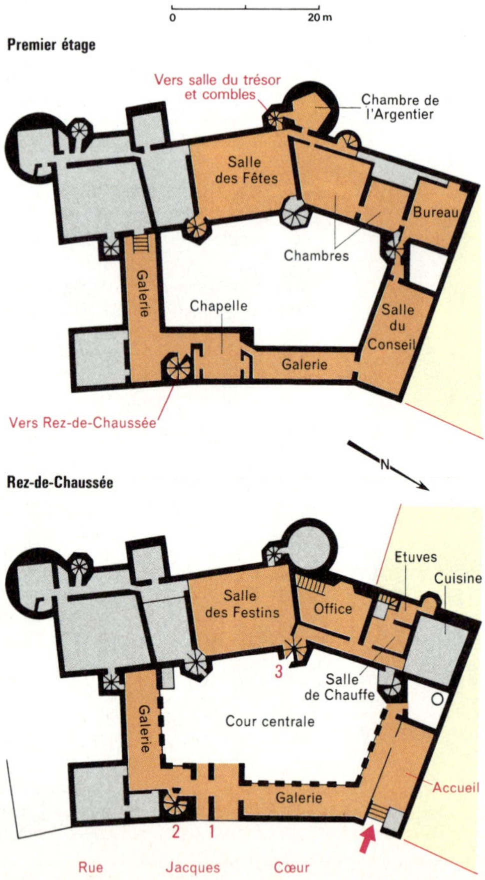

l'autel ; ils étaient réservés à Jacques Cœur et à sa femme. Dans le prolongement de la chapelle (remarquer le beau relief de l'Annonciation au revers du portail méridional) s'ouvre une seconde galerie, ornée de deux cheminées très ouvragées. Le dynamisme souple de la voûte en accolade confère à cet endroit de passage une grande élégance.
Partout apparaissent les emblèmes de la famille Cœur (cœurs et coquilles) et celui des Macé de Léodepart pour sa femme (étoile à cinq branches).

AUTRES CURIOSITÉS

★**Hôtel Cujas** (Y M[1]) – Cette élégante construction fut édifiée vers 1515 par Guillaume Pelvoysin pour Durand Salvi, riche marchand florentin établi à Bourges. Le célèbre jurisconsulte Cujas acheta l'hôtel en 1585 et y mourut cinq ans plus tard. Depuis 1891, l'édifice appartient à la ville qui y a installé le musée du Berry, ancien musée du Cher créé en 1834.

Musée du Berry ⓥ – Le rez-de-chaussée présente des pièces archéologiques de l'âge des métaux et surtout d'importantes **collections gallo-romaines**★ auxquelles il faut ajouter quelques objets mérovingiens.

Salle I. Période pré-romaine : armes de l'âge du bronze et du fer, civilisation de La Tène, sépultures « aristocratiques » celtes, armement gaulois, évocation du siège d'Avaricum. La paix romaine : aspects de la vie publique chez les Bituriges (religion) ; on remarque quelques fragments d'une statue de bronze représentant un personnage barbu avec cuirasse et baudrier ; un diptyque en ivoire, ancienne reliure de psautier (fin 3e s.-début 4e s.).

Salle II. L'économie : banque, commerce, artisanat, construction (fragments de peinture murale, céramiques sigillées, amphores, vaisselle de verre) ; une vitrine présente des instruments de médecine. Une petite salle adjacente est consacrée à la parure et aux costumes romains et mérovingiens.

Salle III. Rites funéraires et mobilier des sépultures chez les Romains, Francs, Wisigoths.

LES ÉCHOS DE BOURGES

Commerces – Principalement situés dans le secteur piétonnier du centre-ville, on peut y effectuer ses emplettes en toute tranquillité : rues Coursarlor et Mirebeau (secteur Palais Jacques-Cœur), rues Bourbonnoux et Moyenne (secteur cathédrale).

Divertissements – C'est en flânant à travers les quartiers du centre-ville que l'on découvre, au hasard des rues, les lieux d'animations :
Place Gordaine : restaurants, cafés-terrasses et café-théâtre.
Avenue Jean-Jaurès : les Pubs « Birdland » et « Diables rouges » où les bières et cocktails coulent au son des derniers succès.
Rue Moyenne : agréable terrasse au « Cujas » (à l'angle de la rue des Beaux-Arts : le « Pub des Jacobins » (face à la poste) propose une ambiance jazz (décor et musique), la brasserie « Victor Hugo » ses soirées karaoké.
Rue du Prinal/Halle aux Blés : les amateurs de houblon trouveront leur bonheur au « Palais de la bière » ; en face, le Pub « Eden » accueille les chanteurs d'un soir (karaoké).

Presse – Deux quotidiens régionaux, le Berry Républicain et La Nouvelle République, se partagent l'information de la vie locale.

Radios FM – RCF en Berry (91.0), Résonnance Centre Bourges (96.9), Birette (97.6), Recto Verso (98.2), Vibration (98.6), R.F.Berry Sud (103.2), alternent musique et informations pratiques.

Spécialités – La Forestine est une confiserie, créée par Georges Forest en 1878, se présentant sous la forme d'un bonbon de sucre fourré d'un praliné au chocolat. La fabrication artisanale est toujours assurée par la Maison des Forestines, 3, place Cujas. De nombreux restaurants *(voir guide Rouge Michelin)* proposent les spécialités locales.

Spectacles – La musique est partout présente dans la capitale berrichonne. Outre l'incontournable Printemps de Bourges, on peut écouter tous les genres musicaux au Palais des Congrès, le jazz et le rock à la salle Germinal et le classique à la Maison de la Culture. Ce lieu, cher à André Malraux, donne également des représentations théâtrales.

Sport – Les amateurs d'efforts peuvent aller se dépenser à la base nautique du lac du Val d'Auron (85 ha). Ce centre permet de pratiquer la natation, l'aviron, la planche à voile ou le golf.

BOURGES

Auron (R. d')	Z	
Bourbonnoux (R.)	YZ	
Coursarlon (R.)	Y	
Jaurès (Av. Jean)	Z	22
Mirebeau (R.)	Y	46
Moyenne (R.)	YZ	
Armuriers (R. des)	Z	2
Barbès (R.)	Z	4
Beaux-Arts (R. des)	Y	5
Calvin (R.)	Y	7
Cambournac (R.)	Y	8
Casse-cou (Passage)	Y	10
Champ de Foire (R. du)	Z	12
Commerce (R. du)	Y	13
Cujas (Place)	Y	15
Dr-Témoin (R. du)	Y	17
Dormoy (Av. Marx)	Y	19
Hémerettes (R. des)	Z	29
Jacobins (Cour des)	Z	31
Jacques-Cœur (R.)	Y	32
J.-J. Rousseau (R.)	Z	33
Joyeuse (R.)	Y	35
Juranville (Pl.)	Z	36
Leblanc (R. N.)	YZ	41
Louis XI (Av.)	Z	43
Mallet (R. L.)	Z	44
Marceau (Rampe)	Z	45
Orléans (Av. d')	Y	48
Pelvoysin (R.)	Y	50
Poissonnerie (R. de la)	Y	52
Prinal (R. du)	Y	55
Rimbault (R. J.)	Z	61
Strasbourg (Bd de)	Z	71
Thaumassière (R. de la)	Y	72
Tory (R. G.)	Y	73
Victor-Hugo (R.)	Z	74
95e-de-Ligne (R. du)	Z	75

F	Grange aux Dîmes
L	Maison de Pelvoysin
M¹	Hôtel Cujas – Musée du Berry
M²	Musée de l'École
M³	Hôtel des Échevins Musée Estève
M⁴	Hôtel Lallemant – Musée des Arts décoratifs
N	Maison de la reine Blanche
P	Préfecture
Q	Maison de Jacques-Cœur
S	Porte St-Ursin
V	Rempart gallo-romain

Salle IV. Étonnante exposition de plus de 200 stèles, véritable galerie de portraits figés dans les attitudes familières de la vie quotidienne (nombreux visages d'enfants) ; fragments architecturaux, sarcophages ; la mosaïque de Lunery, découverte en 1863, retient l'attention.

(Revenir sur ses pas et repasser par l'entrée ; une petite pièce s'ouvre devant l'escalier menant au 1er étage) : la statuaire de la Sainte-Chapelle de Bourges est représentée par des œuvres de prestige : les **Prophètes★**, exécutés par Jean de Cambrai et André Beauneveu entre 1382 et 1405, les **pleurants du tombeau du duc de Berry★** également de Jean de Cambrai, mais achevés par Étienne Bobillet et Paul Mosselman.

Après avoir traversé la cour, on entre dans une salle où sont présentées en alternance soit des expositions temporaires, soit des peintures, sculptures et tapisseries du fonds ancien du musée.

La civilisation rurale en Berry aux 18e et 19e s. occupe le premier étage : costumes, cuisine, hygiène, vie domestique, confréries et dévotions, travaux des champs, artisanat. Une autre salle présente des objets de piété, dont quatre bâtons de procession e une croix de carrefour en grès de 1821 ; enfin, une collection de grès anciens de La Borne (120 pièces historiées et 40 pièces de fonction) offre un panorama complet de cet art original, illustré au 19e s. par la famille Talbot. A l'étage également, deux nouvelles sections ont été aménagées : archéologie égyptienne (sarcophage, momie, rites funéraires) et archéologie médiévale (céramique du 14e au 16e s.).

★**Jardin des Prés-Fichaux** (Y) – A l'emplacement d'un marais s'étendant entre les rivières et l'enclos de l'abbaye de St-Ambroix, où les Réformés, au 16e s., avaient coutume de se réunir pour chanter les psaumes de Marot, a été créé un très beau jardin.
Tout en conservant une imposante allée de platanes, l'architecte a aménagé une roseraie, des parterres à la française, des bassins, réalisant un ensemble où l'harmonie qui se dégage des perspectives – ifs taillés en arceaux – se mêle à la beauté de la décoration florale.

★**Hôtel Lallemant** (**Y M**[4]) – Cette magnifique demeure Renaissance, restaurée en 1996, a gardé le nom de son constructeur, Jean Lallemant, riche négociant en draps. Remaniée au 17e s., elle a été transformée en musée. A cheval sur l'enceinte romaine de la ville, les différentes parties de l'édifice ne se trouvent pas toutes au même niveau.

Musée des Arts décoratifs ⓥ – Une rampe inclinée, couverte d'une voûte en berceau et utilisée pour le passage des chevaux, donne accès à la **cour d'honneur**. Le grand corps de logis fait apparaître les apports des diverses époques : les fenêtres, à meneaux et les arcades datent de la fin du 15e s., les portes des couloirs d'accès, l'encadrement des baies au-dessus du passage, du 16e s., l'entablement et le fronton circulaire portant les armes des Dorsanne, propriétaires de l'hôtel à partir de 1656, du 17e s. A hauteur du premier étage, trois médaillons de terre cuite incrustés dans le mur subsistent d'une série réunissant des personnages de l'Antiquité. Une loggia à l'italienne, ancienne salle à manger d'été, conserve des fresques du 17e s. représentant des scènes de chasse et un bas-relief polychrome dédié à saint Christophe.
Au dernier étage, une salle abrite une remarquable **collection de meubles miniatures**★ : jouets, meubles de maîtrise, modèles de présentation au client ou simple délassement d'ébéniste, ces œuvres, d'une exécution parfaite, constituent un raccourci saisissant de l'histoire du meuble du style Louis XV à l'Art Nouveau. On remarquera un paravent (20e s.) en laque figurant un lion et des biches au milieu d'une forêt de bambous, une armoire 1900 du maître de Nancy Majorelle, une commode-secrétaire du 18e s., ravissant jouet d'origine flamande, plusieurs bureaux à cylindre, un lit provençal du début du 19e s., enfin une commode, un secrétaire et un buffet de l'époque Charles X, précieux témoignages de ce style si bref.

(Le visiteur revient dans le corps de logis, et emprunte l'escalier à vis situé en face de l'accueil.)
A l'étage, des salles, aux plafonds à caissons soigneusement restaurés, renferment des collections d'émaux, de faïences et d'ivoires, de belles tapisseries flamandes et françaises de la Renaissance et du 17e s., des tableaux (Nature morte aux instruments de musique par le Hollandais Vermeulen ; *Hommage au dieu Pan* de l'école napolitaine ; *portrait d'Homme* de Philippe de Champaigne) et surtout un ensemble de meubles du 16e au 18e s. parmi lesquels on remarque un bahut en noyer d'époque Henri II, un bureau de style « Mazarin » à décor floral marqueté, et un important cabinet à placage d'ébène de 1650, ayant appartenu à la famille du prince de Condé.
L'**oratoire** présente un curieux plafond à caissons orné de symboles alchimiques et philosophiques (que l'on retrouve sur la petite crédence du mur de droite) et d'emblèmes héraldiques (dont ceux des Lallemant) réalisés par des « imagiers » travaillant sur le chantier de la cathédrale. Au-dessus de la porte d'entrée, un bas-relief polychrome représente la quête de la Toison d'Or. La présence des Évangélistes aux angles du plafond contribue à faire de la décoration de cet oratoire une énigme de l'art français du 16e s. Devant les vitraux, coffre de mariage de la Renaissance lyonnaise.
Des jeux et des jouets anciens sont exposés dans la dernière salle, consacrée au 19e s.

Musée de l'École (**Y M**[2]) ⓥ – Ancienne salle d'asile construite en 1857 puis école maternelle, il abrite une classe de type « Jules Ferry » avec blouses et sabots, tables, encre violette, bouliers, tableau noir et pupitre.

Bourges classique – Élevés aux 17e et 18e s., transformés en administrations, de nombreux édifices classiques embellissent le centre de Bourges. La paix consécutive aux guerres de Religion est l'occasion pour les autorités civiles et religieuses de restaurer hôtels, couvents et abbayes. **Jean Le Juge** (1589-1650) est l'architecte de cette période, qui voit s'élever la galerie de l'hôtel des Échevins et le Bureau des Finances (hôtel de Méloizes – 18, rue Jacques-Cœur).

Sous le règne de Louis XIV, l'élan se poursuit grâce aux projets grandioses de Phélypeaux de la Vrillière, archevêque de Bourges de 1677 à 1694. **Pierre Bullet** (1639-1716), qui vient de s'illustrer en construisant la porte St-Martin à Paris, est son architecte attitré. De cette collaboration fructueuse subsistent l'aile de l'ancien Archevêché (Hôtel de Ville), seul élément réalisé d'un ensemble beaucoup plus vaste, et le Grand Séminaire (1682, caserne de Condé). Sur les chantiers inachevés travaillent d'autres architectes comme François Franque ou Joseph Lingré, auteur de l'élégante chapelle (1699-1700) du couvent des Ursulines (Palais de justice).
Le 18e s. construit peu : l'hôtel Témoin (1744-1747), actuelle Bibliothèque municipale, l'hôtel de Veauce (26, av. de Branly), l'hôtel de la Préfecture (**Z P**), agrandi et restauré au 19e s. A son emplacement s'élevait le palais du duc Jean de Berry dont il reste deux « salles à parer » très mutilées. Dans les caves fut retrouvé le grand portique romain *(fouilles non ouvertes au public).*

★**Maisons anciennes** (**Y**) – Tout le centre de la ville a été sauvegardé et restauré avec goût. Les maisons à colombage (beaucoup datent des 15e et 16e s.) sont bien mises en valeur et ont retrouvé leur éclat d'autrefois. La promenade dans le quartier ancien au nord de la cathédrale est particulièrement agréable.
On descendra la rue Bourbonnoux pour rejoindre la charmante **place Gordaine** et les rues piétonnes qui l'environnent.

Maison de Pelvoysin (**Y L**) – A l'angle des rues Pelvoysin et Cambournac subsistent encore d'intéressantes maisons anciennes à colombage. A côté d'elles il faut remarquer la maison de Pelvoysin, architecte de la cathédrale. Bâtie en pierre, elle est occupée actuellement par la Caisse d'Épargne. L'étroitesse de la rue à l'époque de la construction et la largeur très réduite de la façade ont amené l'architecte à construire celle-ci de biais afin de la mettre en valeur. A l'intérieur, on voit encore une belle cheminée. De la rue Cambournac, on peut apercevoir la cour de la maison.

Maison de la reine Blanche (**Y N**) – Située rue Gambon aux nos 17 et 19, c'est la plus intéressante des maisons anciennes de cette artère. Au rez-de-chaussée, les chapiteaux placés sous les consoles sont ornés de scènes religieuses ; de gauche à droite on reconnaît : saint Martin partageant son manteau, le Christ, l'Annonciation et la Visitation. Au premier étage, chaque colonne est décorée d'un couple de danseurs, petits personnages en partie mutilés. Chaque baie du rez-de-chaussée est surmontée d'une arcade en accolade, portant crochets sculptés et fleurons saillants.

Le Printemps de Bourges

Créée en avril 1977, cette manifestation musicale avait pour vocation initiale, de rassembler des musiciens dont les chansons étaient occultées par les ondes nationales, 15000 personnes se succédèrent pour écouter, entre autres non conformistes, Béranger, Font et Val, Lavilliers. Deux ans plus tard, soutenu par un public toujours plus nombreux, le Printemps étend sa durée à sept jours tout en élargissant ses genres musicaux (rock, folk, jazz). Essentiellement composé de jeunes (75% de 15-25 ans), le public plébiscite de nouveaux talents dont la musique correspond à leur attente. Bashung, Renaud, Souchon, Téléphone sont les chefs de file de cette génération montante, dont les spectacles sont toujours encadrés par de « vieux routiers de la scène » (Montand, Nougaro, Reggiani, Trenet). Dans les années 80, relayé par l'éclosion des radios libres, Bourges devient le tremplin de la « nouvelle chanson française », tout en laissant une large place aux artistes anglo-saxons (Murray Head), africains (Touré Kunda), sud-américains (Daniel Viglietti), popularisant le concept de « musique du monde » ou « world music ». Dix ans après ses débuts, le Printemps de Bourges dépasse allégrement le cap des 100000 entrées. Consacré par les médias, ce rassemblement musical attire de plus en plus des « pointures » nationales (Barbara, Cabrel, Patricia Kass, Hallyday, Jonasz, Véronique Sanson) et internationales (Joe Cocker, Miles Davis, Nina Simone, The Cure, U 2, Zappa). Les années 90 révèlent d'autres aspects : musicaux par le raï (Khaled) et le rap (I am), l'humour (Bedos, Lemercier, Palmade, Robin). Les groupes français toutes tendances confondues (la Mano Negra, Niagara, Noir Désir, Pigalle, Rita Mitsouko) rencontrent de vifs succès. Le festival compte aujourd'hui sur ses 24 antennes régionales (plus de 12 internationales) pour débusquer les nouveaux talents qui se produisent lors de spectacles « Découvertes ». Le Printemps se concentre sur une dizaine de lieux, de la place Séraucourt le long de la rampe Marceau et du Muséum, jusqu'au Palais des Congrès. En dehors des spectacles, l'animation de rue est constante et variée (chansonniers, groupes amateurs, expositions). Il est bon de flâner autour de la scène ouverte, dans certains cafés, tout en étant informé par le journal, la radio, la télé propre à cette manifestation.

S. Sauvignier/MICHELIN

Bourges – Place Gordaine

Maison de Jacques Cœur (**Z Q**) – Cette maison à colombage et à encorbellement est qualifiée de maison natale de Jacques Cœur (inscription). Elle ne date, en réalité, que du début du 16e s. Elle fut élevée à l'emplacement d'une maison qui ne vint à Jacques Cœur que par son mariage.

Rempart gallo-romain (**YZ V**) – Visible en plusieurs endroits de la ville, il est toutefois intéressant de suivre le promenade fléchée à partir de la rue Bourbonnoux *(nouvel accès par la rue des Trois-Maillets)*. La muraille, construite en petit appareil à la fin du 3e s. pour se protéger des incursions barbares, a été en partie arasée. Elle était jalonnée de tours rondes dont peu ont subsisté. Au 8e s., le rempart eut à subir les assauts de Pépin le Bref, et en 1181 Philippe Auguste autorisa les habitants à s'établir dessus. Aussi peut-on découvrir des façades d'édifices privés du 12e au 15e s. : remarquer à l'entrée de la promenade la façade de la demeure d'un chanoine (fin 12e s.), et, plus loin, à l'angle du passage Casse-Cou, un hôtel particulier du 15e s.

Église St-Pierre-le-Guillard (**Z**) – Édifiée au 13e s. (narthex du 12e s.) puis remaniée aux 15e et 16e s., elle a fait l'objet d'une restauration complète.

Une légende rapporte qu'elle fut bâtie aux frais du juif Zacharie Guillard dont la mule s'agenouilla devant le saint-sacrement porté par saint Antoine de Padoue, lors de son passage à Bourges vers 1225.

Un massif clocher-porche donne accès à la nef, flanquée de bas-côtés sur lesquels s'ouvrent des chapelles latérales ajoutées au 15e s. Les voûtes sexpartites reposent sur des colonnettes couronnées de chapiteaux vides, à crochets ou ornés de personnages. La nef à deux étages est d'un style gothique un peu primitif. La décoration intérieure est intéressante : bas-reliefs, fresques, jolis culs-de-lampe, peintures...

Le jurisconsulte Cujas (1520-1590) a été inhumé dans une chapelle latérale au Nord.

★**Hôtel des Échevins** (**Y M3**) – Ancien Hôtel de Ville, il abrite le musée Estève. Cet édifice, siège des quatre échevins et du maire élus qui représentaient les intérêts de la cité, se divise en deux parties au style architectural contrasté :

– le corps de logis au fond de la cour, bâti à partir de 1489 dans le style gothique flamboyant, possède en saillie sur la façade une belle **tour octogonale**★ *(illustration : se reporter à l'Introduction)*, qui n'est pas sans rappeler celle du palais Jacques-Cœur et qui annonce la tour du Lion du château de Meillant *(voir à ce nom)*. A l'intérieur, un escalier à vis donne accès aux trois étages. Des arcs en accolade rassemblent des fenêtres et des baies aveugles, animées par la présence de personnages armés montant la garde. La décoration de crochets de feuillages aux motifs variés : chardon, chêne, houx, érable, est d'une remarquable finesse.

– La galerie de gauche fut construite de 1629 à 1633 par l'architecte Jean **Le Juge**. L'ordonnance classique, fortement rythmée, accuse encore les influences du maniérisme italien : arcades ouvertes à clefs pendantes et séparées par des pilastres corinthiens, fenêtres à croisillons alternant avec des niches, frontons variés : rectilignes et curvilignes pour les baies, brisés et à volutes pour les niches.

Maurice Estève – Skibet, 1979

★★ **Musée Estève** – Depuis 1987, il abrite une donation unique en France, comprenant 130 œuvres, des huiles et des créations sur papier.

Né à Culan en 1904, **Maurice Estève** est un peintre autodidacte. La variété de ses techniques et l'évolution de son art rendent l'approche de son œuvre difficile. Du Berry de sa jeunesse, Estève retient le cadre intime de la maison (rideaux, fenêtre, table, objets domestiques) et le visage de sa grand-mère (*Paysanne endormie aux rideaux verts*, 1924), qui sut très tôt reconnaître le talent du jeune garçon. Ces motifs reviendront souvent sur ses toiles. La nature le séduit par la variété de ses volumes, qu'il traite avec force et simplicité (*Châtaigneraie*, 1927).

Installé à Paris, travaillant dans des conditions difficiles, Estève subit l'influence des surréalistes et plus tard de Cézanne. Jusqu'en 1947, son art oscille entre le figuratif (*La Toilette verte*, 1934) et l'art abstrait (*Embarquement pour Cythère*, 1929), avant de s'engager définitivement dans cette voie. La plupart de ses tableaux (*Terre Adélie*, 1955 ; *Samsâra*, 1977 ; *Toril noir*, 1977 et le magnifique *Skibet*, 1979) présentent une combinaison subtile ou une opposition plastique de masses colorées. Libérées de la référence unique au sujet, servies par une palette somptueuse, les toiles d'Estève font appel à l'imaginaire ; elles exercent sur le visiteur une étrange fascination.

Les salles, bien restaurées, exposent huiles, tapisseries et, par roulement tous les trois mois, aquarelles, dessins et collages, montrant l'évolution de l'artiste de 1919 à 1989. Un audiovisuel (« Estève commente son travail dans son atelier ») et un département éducatif complètent l'information du public. Les deux premières salles contiennent de belles cheminées au manteau finement sculpté.

Église Notre-Dame (Y) – Presque entièrement ruinée lors de l'incendie de 1487, l'église St-Pierre-et-St-Paul-le-Marché, dédiée au début du 19e s. à Notre-Dame, subit, lors de sa reconstruction, de multiples modifications de son plan initial : allongement de la nef, adjonction de bas-côtés, construction du clocher par Guillaume Pelvoysin. Cette variété de styles se confirme au 17e s., lorsque la porte Sud, entièrement refaite, reçoit un attique d'ordre corinthien (belle statue de la Vierge).

L'intérieur est recouvert d'une belle voûte d'ogives à clefs armoriées. Dans le bas-côté droit, à hauteur du portail Sud, le bénitier de marbre blanc fleurdelisé est du 16e s. Sur le bord de la coupe, on lit de gauche à droite l'inscription tirée du Roman de la Rose : « Tout se passe et rien ne dure ne ferme chose tant sois dure » (1507), rappelant aux fidèles la fragilité humaine.

Église St-Bonnet (Y) – Elle remplace un édifice incendié en 1487. Elle fut bâtie à partir de 1510 sur un plan de l'architecte Pelvoysin. Par mesure d'économie, l'on employa la pierre tendre de Bourges, moins onéreuse mais de moindre qualité ; les chapiteaux furent supprimés : les piliers plus gros, reçoivent directement les nervures de la voûte, ce qui accroît l'unité du volume intérieur. L'adjonction, au 20e s., de deux travées à la partie occidentale et d'une façade de style néo-flamboyant altère un peu la simplicité de l'œuvre du 16e s.

A l'intérieur, on remarque surtout de beaux vitraux de Jean Lescuyer garnissant les fenêtres de trois des chapelles (l'un d'eux, *la Résurrection*, représente les Saintes Femmes coiffées d'un bonnet berrichon), un retable en pierre du 15e s. représentant les Apôtres (chapelle St-Jean), et un tableau de Jean Boucher (peintre berruyer, fin 16e-début 17e s.).

A côté de l'église, sur la place St-Bonnet, joli presbytère, ancien hôtel (1674) des abbesses de l'abbaye de St-Laurent.

Porte St-Ursin (**Z S**) – En longeant la préfecture, rue du 95e-de-Ligne, on découvre l'ultime vestige d'une collégiale romane fondée au 6e s. et détruite en 1799. Cette porte (fin 11e s.-début 12e s.) fut transportée au début du 19e s. Son tympan, abrité par deux cintres à claveaux, dont l'un est torique, est remarquable. Signé « Girardus fecit istas portas », il s'orne de reliefs en méplat d'inspiration profane : le registre supérieur illustre des fables : « l'Ane maître d'école », « le Loup et la Cigogne », « le Renard ressuscité » ; le registre médian montre une scène de chasse très mouvementée, probablement copiée d'après un antique ; le registre inférieur, l'une des premières représentations de ce genre en France, se compose d'une suite de petits personnages laborieux symbolisant les différents mois de l'année. Le linteau et les piédroits sont couverts de rinceaux d'une grande délicatesse.

Le visiteur continue par la rue du 95e-de-Ligne ; à sa droite, la Maison de la Culture ; l'escalier de cette dernière offre une vue inattendue sur le mélange architectural que forment la cathédrale, le jardin de l'Évêché, le nouvel hôtel de ville et la caserne de Condé. En face, la place de Séraucourt est l'esplanade aménagée au 17e s. par l'intendant du même nom ; terminant la perspective, le château d'eau fut construit de 1865 à 1867. Après avoir descendu la rampe Marceau, prendre la rue René-Ménard jusqu'à l'entrée du Muséum.

★**Muséum d'Histoire naturelle** (**Z**) ⓥ – La visite de ce musée, créé en 1927 par Monseigneur Foucher et rénové en 1989, est aussi agréable qu'instructive. Les manipulations et les jeux éducatifs animent les différents départements : présentation de la faune et notion d'espèce (belle collection d'animaux naturalisés), l'iconographie animalière et scientifique, l'univers du vivant (aquariums et vivariums), le cosmos et la géographie naturelle du Berry. Chaque section met en valeur le rôle de scientifiques originaires de la région, comme l'abbé Théophile Moreux (1857-1954), astronome, le naturaliste Raymond Rollinat ou le radiologue Robert Herdner (1886-1976).

★**Les marais** – *Au Sud-Est du boulevard G.-Clemenceau, prendre la rue Charlet, puis, tournant à gauche, franchir un pont et prendre le chemin des Prébendes.* Une promenade fléchée parcourt les marais formés par la Voiselle, petit affluent de l'Yèvre, qui arrose vergers et jardins. En s'éloignant dans ce lacis de rivières, au détour d'un coude ou en longeant les rives bordées de saules et de peupliers, se révèlent des **vues**★ inattendues sur la cathédrale, dont la haute silhouette se reflète dans l'eau et se détache seule au-dessus de la végétation qui dissimule l'ensemble de la ville.

ENVIRONS

Fussy – *8 km au Nord par la D 940.*
Dès juin 1940, le département du Cher se trouve scindé en deux par la ligne de démarcation. Pour évoquer l'Occupation et les drames de la Résistance dans le Berry, le centre culturel de Fussy abrite un conservatoire de la mémoire.

Musée de la Résistance ⓥ – De nombreux documents (photographies, affiches) et matériels (armes, drapeaux, tenues de combat) retracent l'histoire de la Résistance locale. Malgré des réseaux décimés en été 1943 et au printemps 1944, les patriotes berrichons luttèrent avec acharnement jusqu'à la Libération et la reddition de la colonne du général Elster.

Ancienne abbaye de Plaimpied – *12 km au Sud par la D 106. Voir p. 185.*

BOUSSAC

1 652 habitants (les Boussaquins)

Cartes Michelin n° 68 Sud du pli 20 ou 238 pli 42 – 40 km au Nord-Est de Guéret

Aux confins de la Champagne berrichonne et de la Marche, l'ancienne ville fortifiée de Boussac occupe, au-dessus de la Petite Creuse, un promontoire à l'extrémité duquel se dresse le château.

Château ⓥ – C'est du pont sur la Petite Creuse que l'on a la meilleure vue sur le château qui occupe un **site**★ remarquable. Il présente de ce côté une façade sévère, faite de pierres brunes, cantonnée de tours rectangulaires coiffées de tuiles. L'ancien pont-levis a été dégagé.
Gagner la vaste esplanade ombragée précédant la façade principale du château. L'austère corps de logis a été égayée aux 15e s. et 16e s. par des fenêtres à meneaux et des tourelles ornées de blasons et d'écussons.
Au-dessus du portail figurent les armes de Jean Ier de Brosse, seigneur de Boussac et compagnon de Jeanne d'Arc.
La salle des Gardes, à l'imposante cheminée, a conservé de 1660 à 1882 les six tapisseries de la Dame à la Licorne ; on voit ensuite les cuisines, au premier étage la chambre de George Sand (l'action de son premier roman champêtre, *Jeanne*, se

déroule dans ce château) et au deuxième étage le salon « du prince Zizim » *(voir à Bourganeuf).* Ces pièces et le salon du 18ᵉ s. possèdent des meubles anciens et sont ornés de tapisseries. En complément de la visite normale, des expositions de tapisseries contemporaines d'Aubusson se déroulent chaque été.

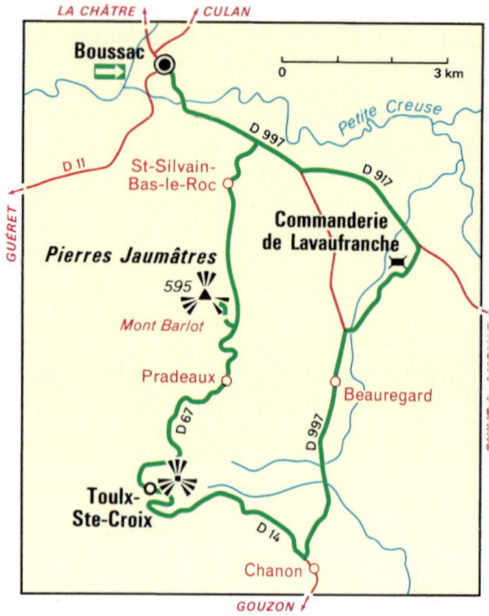

PARMI LANDES ET ROCHERS

Circuit de 25 km – environ 1 h – schéma ci-après

Quitter Boussac par le Sud, direction Aubusson.

Pierres Jaumâtres – *1/2 h à pied AR.* Au sommet du mont Barlot qu'entoure une lande couverte de bruyères, se dresse à 595 m d'altitude un curieux amoncellement de blocs de granit, « tables monstrueuses... autels effroyables », que George Sand a décrit dans son roman *Jeanne.* De là se dégage une belle **vue★** au Nord sur le Berry et le Bourbonnais, au Sud sur les monts de la Marche et du Limousin.

Toulx-Ste-Croix – Bâti sur une colline granitique à 655 m d'altitude, le village occupe le site d'un oppidum gaulois qui était entouré d'une triple muraille. La cité gallo-romaine qui lui succéda, Tullum, a laissé quelques traces dans le secteur du cimetière où des fouilles sont en cours.

Église – Cette curieuse construction romane en granit des 11ᵉ et 12ᵉ s. était reliée à l'origine à son clocher par trois travées aujourd'hui disparues. Dans ce clocher (très remanié) sont exposés quelques sarcophages ainsi que des vases funéraires paléochrétiens ; dans le mur Sud on remarque un bas-relief gallo-romain. Devant l'église, des lions de pierre, utilisés jadis pour marquer les limites d'une juridiction ou d'un cimetière, semblent garder les lieux.
De l'église, une route conduit en 200 m à une tour d'observation. De la plate-forme (74 marches), on embrasse un vaste **panorama★★** : au premier plan, des blocs de granit sont disséminés au milieu des fougères et des bruyères, tandis que le boisement le dispute au morcellement des prés et des champs coupés de petits murs de pierres sèches ; au loin, la vue se porte sur le Berry et le Bourbonnais au Nord, sur les monts de la Marche et du Limousin à l'Ouest et au Sud et, vers le Sud et le Sud-Est, sur les monts de la Madeleine, du Forez, des Dôme et des Dore.

Commanderie de Lavaufranche ⏲ – Cet ancien établissement de l'ordre de Malte subit une restauration progressive afin de lui redonner son aspect primitif. A l'origine se dressaient un château et une chapelle, édifiés sans doute au 12ᵉ s. Les Hospitaliers procédèrent ensuite à de nombreux agrandissements et aménagements, les plus récents remontant au 18ᵉ s.
On visite les communs où est présenté un musée des Arts et Traditions populaires (objets de la vie agricole et domestique).
La chapelle renferme des fresques du 13ᵉ s. où l'on reconnaît notamment une Crucifixion, la danse de Salomé. Dans un angle, on remarque la loggia d'où le Commandeur assistait à l'office. La visite se poursuit par le rez-de-chaussée et les deux étages : cuisine (four à pain, four à pâtisserie), salles hospitalières, appartements du Commandeur.

La BRENNE★★

Cartes Michelin n° 68 plis 6, 7 et 16, 17 ou 238 plis 26, 38

Limitée au Nord par la Claise, à l'Est par la forêt de Lancosme, à l'Ouest et au Sud par la vallée de la Creuse, la Brenne dispose de quelque 7 500 ha d'étangs.
A la fin de l'année 1989, le **Parc naturel régional de la Brenne** a vu le jour. Couvrant 1660 km², regroupant 47 communes et 32 000 habitants, il offre au visiteur divers centres d'intérêt touristique et manifestations culturelles. Se renseigner auprès de la **Maison du Parc** *(voir la rubrique des Renseignements pratiques en fin de guide).*

Le « pays aux mille étangs » – La Brenne est une terre de légendes : inspiratrice des peintres et des poètes, elle est aussi le pays des fées et des lutins, des jeteurs de sorts. Elle doit son nom à Geoffroy de Brenne, seigneur de Mézières au 13ᵉ s. Couverte à l'origine de bois et de landes, sa mise en valeur remonte aux grands

défrichements monastiques : les moines de St-Cyran, de Méobecq et de Fontgombault assainirent les terrains marécageux et créèrent des étangs pour disposer de réserves de nourriture maigre lors des périodes de Carême. Plus tard, au 19e s., la région, domaine du paludisme, fut assainie. Des routes furent tracées et on draina les marécages. Les landes défrichées purent alors être cultivées.
La Brenne ressemble aujourd'hui à une mosaïque de prairies, de cultures, de landes et d'étangs.
Nés d'une conjonction étroite entre la nature géologique du terrain (dépôts sableux consolidés en grès) et l'action de l'homme, les étangs sont l'élément marquant du paysage. Ils confèrent à la région une étonnante richesse biologique et un aspect physique particulier. Ils revêtent de plus un intérêt économique non négligeable avec la pratique de la pisciculture, qui donne lieu à une vidange annuelle des eaux (grâce à une bonde) et nécessite des interventions ponctuelles de la part des pisciculteurs. La production annuelle dépasse les 1 000 tonnes et comprend des carpes, des gardons, des tanches, des brochets, des perches et des anguilles.

La faune et la flore – La richesse faunistique, la diversité de la flore de la lande et des étangs brennous sont incomparables. Une simple traversée en voiture permet d'apercevoir nombre d'oiseaux *(illustrations et descriptions dans l'Introduction du guide)*. Pour découvrir à loisir cette nature préservée, la **Réserve naturelle de Chérine** ⓥ dispose d'un observatoire public.

CIRCUIT AU DÉPART DU BLANC

80 km – environ 2 h 1/2 – schéma ci-dessous

Le Blanc – *Voir p. 72.*

Quitter Le Blanc par le Nord en empruntant la D 975, puis après avoir passé la voie ferrée, tourner à droite.

Étang de la Mer Rouge – Il devrait son nom au seigneur du Bouchet, Aimery Sénébaud, qui s'était rendu en Terre sainte, à la septième croisade, et avait été retenu prisonnier au bord de la mer Rouge. C'est, avec ses 180 ha, l'étang le plus vaste de toute la Brenne. Sur une presqu'île se dessinant au Sud, la petite chapelle « N.-D.-de-la-Mer-Rouge », reconstruite en 1854, fait l'objet chaque année d'un pèlerinage suivi *(voir la rubrique des Renseignements pratiques en fin de guide)*. La Vierge miraculeuse découverte au 13e s. par Aimery, dans le creux d'un chêne, a été brûlée pendant les guerres de Religion ; remplacée en 1650, volée par la suite, elle a été remplacée par une copie conservée à l'église de Rosnay d'où on la sort le jour du pèlerinage. En raison des difficultés d'accès de la chapelle, les cérémonies ont lieu dans la forêt qui borde l'étang, au lieu dit Croix de l'Ermitage.
Toutes les routes jusqu'à Mézières-en-Brenne traversent une région parsemée d'étangs et de marais.

Continuer la D 17A.

Château du Bouchet ⓥ – Bâtie sur une assise de rochers rouges, cette imposante forteresse médiévale, occupée par les Anglais pendant la guerre de Cent Ans, a été restaurée aux 15e et 17e s. Propriété, durant trois siècles, de la famille de Rochechouart-Mortemart, elle reçut la visite de la marquise de Montespan, née Rochechouart-Mortemart, fille et sœur des seigneurs du Bouchet.
On peut extérieurement faire le tour du château pour se rendre compte de la solide assise du château à même le roc. L'intérieur renferme : meubles berrichons et portraits de famille dans la salle à manger, un portrait de la marquise de Montespan, des coffres Louis XIII et des trophées de chasse dans la salle de chasse. Au 1er étage, animaux naturalisés de la Brenne.

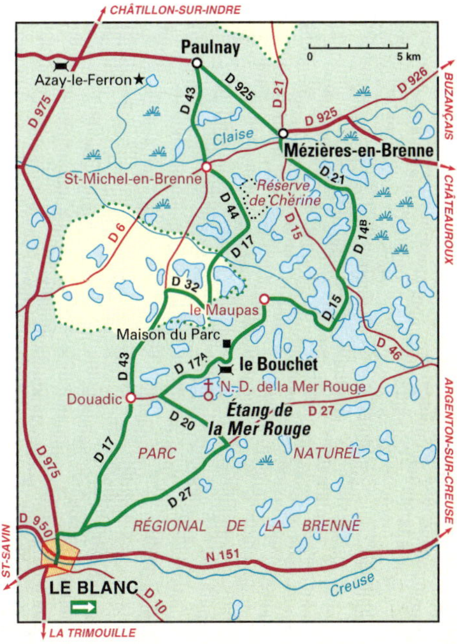

La Brenne – Étang de la Mer Rouge

Du donjon et de la terrasse, on découvre une vue étendue sur la Brenne et l'étang de la Mer Rouge en particulier.

Poursuivre la D 17^{A}, puis au carrefour avec la D 32, continuer tout droit.

Mézières-en-Brenne – Bâtie sur les bords de la Claise, dont le cours est souligné par une haie de peupliers, Mézières (de « Maceriae », « vieilles murailles » en latin, nom du village gallo-romain qui a précédé le bourg actuel) est la localité la plus importante de la Brenne.

Église – Flanqué de deux clochetons en pierre, le clocher arbore un porche orné de sculptures dont la plupart ont été martelées à la Révolution. *Entrer par le bas-côté droit.* La nef est voûtée de bois avec des traverses et des montants peints. Entre 1543 et 1559, Nicolas d'Anjou, seigneur de Mézières, fit édifier à droite du chœur une chapelle de style Renaissance ornée de beaux vitraux ; lui-même et sa femme Gabrielle y sont représentés (à droite). Remarquer les stalles provenant de l'abbaye de St-Cyran et les autres vitraux de l'église, datant pour la plupart du 14e s., parfois restaurés au 19e s.

Maison de la Pisciculture de Brenne ⏲ – Installée dans l'un des derniers vestiges d'une place forte du 11e s., elle est l'une des « antennes » de l'écomusée du Blanc. Cette maison présente, au rez-de-chaussée, des aquariums où évoluent les espèces de poissons qui peuplent les étangs ; le 1er étage décrit les techniques de pêche et d'élevage ; l'histoire du village est retracée dans les tours.

Église de Paulnay – Cet édifice, des 12e et 13e s., s'ouvre par un intéressant **portail★** roman. Une triple rangée de voussures finement sculptées est supportée par d'élégants chapiteaux ; les arcades encadrant le portail comportent de semblables ornements. A l'intérieur, le cul-de-four du chœur et l'étroite travée qui le précède portent de belles fresques. Le chemin de croix, moderne, sculpté et peint sur bois, est l'œuvre d'un moine de Fontgombault.

BRINAY

546 habitants

Cartes Michelin n° 64 pli 20 ou 238 pli 17 – 8 km au Sud-Est de Vierzon

Charmant petit village, calme et ombragé, Brinay repose sur la rive gauche du Cher en amont de Vierzon.

Église St-Aignan – Le chœur rectangulaire de ce modeste édifice roman recèle une intéressante série de **fresques★** du 12e s. Inspirées de la miniature, elles font preuve d'un sens affirmé de la décoration.

L'arc faisant communiquer la nef et le chœur évoque les travaux des mois, le chœur lui-même, l'enfance et les débuts de la vie publique du christ. Lire les scènes de gauche à droite :

– **Paroi Nord** (à gauche). En haut, la Visitation, la Nativité, l'Annonce aux bergers, le Voyage des Rois mages ; en bas, les Mages devant Hérode et retour des Mages dans leur pays.

– **Paroi Est**. En haut, le Massacre des Innocents ; en bas, la Présentation au Temple, le Songe de Joseph et la Fuite en Égypte, cette dernière scène est complétée à la partie inférieure de la paroi Sud par la Chute des idoles d'Hermopolis sur le passage de la Sainte Famille.
– **Paroi Sud**. En haut, le Baptême du Christ et les Noces de Cana ; en bas la Tentation au désert, le Christ éloignant Satan, le Christ servi par les anges.
– **Paroi Ouest**. On distingue le prophète Jérémie et, dans un écoinçon, une curieuse figure illustrant un verset des Lamentations : « Il m'a placé comme but à sa flèche. »

BRIVE-LA-GAILLARDE

49 714 habitants

Cartes Michelin n° 75 pli 8 ou 239 pli 26 – Schéma p. 101

Brive, qui doit son surnom de « la Gaillarde » au courage qu'elle déploya lors des nombreux sièges qu'elle eut à soutenir, est une ville active dans la plaine alluviale de la Corrèze, au centre d'un riche et lumineux bassin où prospèrent les cultures maraîchères et fruitières. Située au carrefour du Bas-Limousin, du Périgord et des causses du Quercy, Brive est un important nœud ferroviaire et tend à devenir la capitale économique de la région.
Ses principales industries sont les conserveries de produits alimentaires qui collectent les fruits et légumes dans un vaste périmètre à la ronde.
Depuis 1982, une Foire du livre renommée a lieu au début de novembre sous la halle Georges Brassens. Les prix décernés récompensent notamment des ouvrages consacrés au tourisme.
Le plan de Brive offre un exemple privilégié de l'extension concentrique d'une ville à partir d'un petit noyau ancien dont le cœur est l'église St-Martin.

Le « Roi de Brive » – Avec l'assassinat de Chilperic en 584, la France mérovingienne est plongée dans l'anarchie. Une assemblée des villes et villages d'Aquitaine tenue à Brive proclame roi Gondowald, petit-fils de Clovis. Selon la coutume française, il est élevé sur le pavois et promené trois fois autour de l'enceinte. Mais le règne du « Roi de Brive » sera éphémère : presque aussitôt ses détracteurs l'assassinent, et incendient la basilique St-Martin.

Une brillante carrière – Fils d'un apothicaire de Brive, **Guillaume Dubois** (1656-1723) entre dans les ordres, devient précepteur de Philippe d'Orléans et Premier ministre lorsque celui-ci est nommé Régent pendant la minorité de Louis XV. Il cumule alors les charges et les dignités, est nommé archevêque de Cambrai et reçoit le chapeau de cardinal. Recherchant l'alliance de l'Angleterre, il assure à la France une longue période de paix.

Un glorieux soldat – Engagé volontaire en 1791, le grenadier **Brune** devient en 1798 général en chef de l'Armée d'Italie, puis remporte en Hollande, l'année suivante, les victoires de Bergen et du Helder. Nommé Maréchal de France en 1804, il est disgracié peu après par Napoléon pour « esprit républicain ». Symbole de la France révolutionnaire, il meurt assassiné en Avignon en 1815, victime de la Terreur blanche : son corps profané est jeté dans le Rhône.

LA VIEILLE VILLE

Occupant le noyau central délimité par la première ceinture de boulevards, le quartier ancien a fait l'objet d'une importante rénovation mariant, souvent avec bonheur, bâtiments anciens et modernes uniformisés par la chaude couleur du grès beige et la teinte bleutée des toitures.

Collégiale St-Martin (**ABZ**) – Seuls le transept, les absides et quelques chapiteaux sont d'époque romane, vestiges d'un établissement monastique du 12e s. A l'intérieur, une coupole octogonale sur pendentifs plats de type limousin couvre le carré du transept.
La nef et les collatéraux datent du 14e s. ; le chœur a été fidèlement reconstruit par le cardinal Dubois au 18e s. On remarquera une cuve baptismale du 12e s. ornée des attributs des évangélistes. A l'extérieur, admirer les beaux chapiteaux historiés et la corniche à modillons des absidioles.

« Crypte archéologique » – Sous le chœur ont été mis à jour les vestiges d'églises antérieures, dont l'édifice primitif, édifié à la fin du 5e s. sur le tombeau de saint Martin l'Espagnol, évangélisateur de la ville massacré par ses habitants.

Tour des Échevins (**BZ**) – Dans la rue des Échevins, un hôtel s'orne d'une tour Renaissance en encorbellement percée de fenêtres à croisillons de pierre.

Place Latreille – Autrefois cœur spirituel et commercial de la cité, elle est bordée de maisons anciennes. Celle dite des Tours St-Martin date des 15e et 16e s.
Au coin des rues Raynal et du Salan se trouve l'hôtel des Bruslys (**BZ B**), du 18e s.

Musée de Labenche, Brive

Musée de Labenche – La tenture de Mortlake

★ **Musée de Labenche** (**BZ**) ⌚ – Bâti vers 1540 par Jean II de Calvimont, seigneur de Labenche, garde du sceau et greffier du roi pour le Bas-Limousin, l'hôtel de Labenche, magnifique spécimen de la Renaissance toulousaine, est le plus remarquable édifice de la ville. De la cour intérieure on découvre les deux corps de logis en équerre qui soutiennent les grandes arcades. La coloration rosée de la pierre met en valeur la beauté de la décoration : fenêtres à meneaux ornées de festons, de fines colonnettes et surmontées de bustes d'hommes et de femmes sortant de fausses baies.

A l'intérieur, aménagé en musée, la même exubérance se retrouve sur le **grand escalier** « à la romaine », aux culs-de-lampe sculptés de bustes de femmes et de guerriers.

Musée – La salle des comtes de Cosnac est décorée d'un superbe ensemble de **tapisseries**, la « tenture de Mortlake », exécutée au 17e s. dans la plus célèbre manufacture de haute lisse anglaise. Dans

BRIVE-LA-GAILLARDE

Faro (R. du Lt-Col.) ..... BZ 7
Gambetta (R.) .... BZ
Gaulle (Pl. Ch.-de-) ...... BYZ 8
Hôtel-de-Ville (R.) .... AZ 12
Paris (Av. de) .... ABY
République (R. de la) .... AZ
Toulzac (R.) .... BY

Anatole-France (Bd) .... BY 2
Dalton (R. Gén.) .... BY 4
Dauzier (Pl. J.-M.-) ...... BY 5
Delessert (R. B.-) .... BY 6
Halle (Pl. de la) .... BY 10
Hôtel-de-Ville (Pl. de l') . BY 13
Lyautey (Bd Mar.-) ...... AZ 14
Salan (R. du) .... BZ 16
Teyssier (R.) .... BY 19

B Hôtel des Bruslys
D Maison Treilhard
E Logis de l'abbesse des Clarisses
H Ancien collège des Doctrinaires (Hôtel de ville)

la salle du Cardinal Dubois, on remarquera la tombe de pèlerin de St-Jacques-de-Compostelle et l'exceptionnelle **colombe eucharistique** en bronze argenté, du 11e s. ; suspendue au-dessus de l'autel, elle renfermait les hosties consacrées.
Un des attraits de ce musée réside dans la réussite des reconstitutions de séquences de fouilles.

Logis de l'abbesse des Clarisses (**BZ E**) – De style Louis XIII, il se signale par des lucarnes à frontons en plein cintre ornées de boules quillées.

Ancien collège des Doctrinaires (**BY H**) – Aujourd'hui occupés par les services de l'hôtel de ville, ces bâtiments du 17e s. présentent sur la rue Teyssier une façade classique donnant sur une cour fermée par un mur décoré d'une colonnade.
Ce collège, tenu par les pères de la Doctrine chrétienne, humanistes à l'esprit ouvert autant qu'hommes de foi, eut un rayonnement croissant jusqu'à la Révolution.

Place de l'Hôtel-de-Ville (**BY 13**) – Sur ce vaste espace dégagé s'imbriquent les bâtiments modernes du Crédit Agricole et d'anciens hôtels à tourelles dont la **maison Treilhard** (**D**) qui date du 16e s. Elle présente deux corps de logis reliés par une tour ronde s'ornant elle-même d'une échauguette.

AUTRE CURIOSITÉ

Musée de la Résistance et de la Déportation Edmond-Michelet (**AZ**) ⓥ – Il retrace l'histoire de la Résistance et de la déportation à travers des peintures, photos, affiches, documents originaux ayant trait aux camps, spécialement à Dachau où fut interné Edmond Michelet, député de la Corrèze de 1945 à 1951 et ancien ministre du général de Gaulle.

★1 BASSE VALLÉE DE LA CORRÈZE

Circuit de 45 km – environ 3 h – schéma ci-après

Brive-la-Gaillarde – *Voir ci-avant.*

Quitter Brive par le Nord-Est en empruntant la N 89, en direction de Tulle.

★**Aubazine** – *Voir p. 59.*

Quitter Aubazine par l'Est en empruntant la D 48.

★**Puy de Pauliac** – 1/2 h à pied AR. Altitude 520 m. Un sentier, tracé à travers les bruyères et les bois de châtaigniers, amène au sommet d'où l'on découvre une large **vue**★. Une **table d'orientation** permet de situer : au Sud-Est la Roche de Vic, et au Nord, le massif des Monédières *(voir à ces noms)*.

Parc du Coiroux – Aménagé autour d'un vaste plan d'eau (baignade, voile), il comprend aussi un important complexe sportif (golf, tennis).

Revenir à Aubazine.

La N 121, qui ramène à Brive, devient pittoresque après Lanteuil.

★2 SUR LES TERRES DE MONSIEUR DE TURENNE

Circuit de 55 km – environ 4 h – schéma ci-après

Cet itinéraire traverse la partie centrale de l'ancienne vicomté de Turenne, unie à la couronne de France seulement en 1738. Après Turenne, les collines boisées du Limousin font place aux premiers plateaux du Causse quercynois.

Brive-la-Gaillarde – *Voir ci-avant.*

Quitter Brive par le Sud-Est en empruntant la D 38, en direction de Meyssac.

Château de Lacoste – Cette ancienne place forte, bâtie en grès de la région, se compose d'un corps de logis flanqué de trois tours rondes du 13e s. et complété au 15e s. par une élégante tourelle d'escalier ploygonale.

A Noailhac on pénètre dans le pays du grès rouge, matériau qui servit à construire ces villages aux si belles tonalités. On aperçoit bientôt le plus fameux, Collonges-la-Rouge, émergeant de son écrin de verdure.

★★**Collonges-la-Rouge** – *Voir p. 119.*

Meyssac – Au centre de cette région vallonnée où abondent noyers, peupliers, vignes et arbres fruitiers, Meyssac, comme Collonges, est bâtie en grès rouge.
L'**église** est un curieux assemblage : l'intérieur gothique s'accompagne d'un clocher-porche fortifié par des hourds et d'un portail en calcaire roman limousin s'ornant de petits chapiteaux décorés d'animaux et de feuillages.
A côté de l'église, la **halle** du 18e s., dont la charpente repose sur des piliers et des colonnes intercalés, s'élève au milieu d'une place bordée de belles demeures, certaines ornées de tours.
Quelques maisons à encorbellements, à auvents et à pans de bois achèvent de conférer à ce village son cachet pittoresque. La terre rouge, dite « terre de Collonges », a donné naissance à un artisanat de la poterie qui s'est particulièrement développé à Meyssac.

Quitter Meyssac par le Sud en empruntant la D 14, en direction de Martel. Après 2 km, prendre sur la droite la D 28.

Saillac – Le village apparaît au milieu des noyers et des champs de maïs.
La petite église romane présente un portail précédé d'un narthex surmonté d'un très beau **tympan★** en pierre polychrome, relativement rare au 12e s. Ce tympan figure l'Adoration des Rois mages, le registre supérieur montre la Vierge et l'Enfant Jésus entourés de saint Joseph et des Rois mages ; au registre inférieur apparaissent le léopard ailé et un ange maîtrisant le Léviathan. Le tympan repose sur un trumeau composé de quatre colonnes torsadées, ornées de feuillages perlés et de scènes de chasse, qui provient probablement d'un monument païen.
Dans le chœur, surmonté d'une coupole sur pendentifs, beaux chapiteaux historiés.

Quitter Saillac par le Nord-Ouest pour rejoindre la D 19, puis, vers le Sud, la D 8.

★**Turenne** – *Voir p. 211.*

Poursuivre sur la D 8. Après 3 km, prendre sur la gauche vers Lagleygeolles.

R. Delon/CASTELLET

Gouffre de la Fage – Grotte des chauves-souris

★**Gouffre de la Fage** ⌚ – Les galeries aménagées se divisent en deux ensembles que l'on parcourt successivement ; l'escalier d'accès emprunte le grand aven qui résulte d'un effondrement de la voûte.
La première partie, à gauche, contient de très belles draperies en forme de méduses, d'une grande richesse de coloris. Dans la salle des orgues, les concrétions sont utilisées comme xylophones. La seconde partie, riche en stalactites et stalagmites, présente une forêt d'aiguilles pendant au plafond.
Dans la dernière salle visitée, des fouilles sont en cours afin de dégager des ossements préhistoriques.
La grotte est habitée par une très importante colonie de chauves-souris, comprenant dix espèces différentes.

Revenir à Lagleygeolles pour prendre, sur la gauche, la route qui rejoint la D 73.

Jugeals-Nazareth – Le village de Nazareth fut fondé par Raymond Ier de Turenne au retour de la première croisade. Celui-ci y installa une maladrerie confiée à l'ordre des Templiers. Sous la mairie subsistent quelques salles voûtées, équipées chacune d'un puits et fermant par une grille, où séjournaient les lépreux.

A la sortie Nord du village, sur la D 8, un point de vue se dégage sur la droite. Au carrefour de Montplaisir, prendre la D 38 qui ramène à Brive.

★3 LE CAUSSE CORRÉZIEN

Circuit de 45 km – environ 3 h – schéma ci-contre

Brive-la-Gaillarde – *Voir ci-avant.*

Quitter Brive par le Sud en empruntant la D 920, en direction de Cahors.
La route s'élève aussitôt au-dessus du bassin de Brive.

Grottes de St-Antoine – Creusées dans le grès, les grottes où Saint-Antoine de Padoue se retirait lorsqu'il séjournait à Brive forment un sanctuaire de plein air. Les franciscains assurent l'accueil du pèlerinage. En suivant le chemin de croix on arrive au sommet de la colline d'où l'on découvre une belle vue sur Brive.

Grottes de Lamouroux – Utilisées par l'homme aux périodes d'insécurité, elles comptent un grand nombre de cavités superposées sur cinq étages et forment un ensemble pittoresque.

Noailles – Noailles occupe un site agréable dans un paysage de collines verdoyantes. Le village est dominé par le château et l'église perchés sur un coteau.

Église – Coiffée d'un clocher à peigne de style limousin, elle présente une abside et un chœur romans avec des colonnettes ornées de chapiteaux historiés très réalistes (estropiés soutenus par des béquilles). Dans la nef voûtée d'ogives, des plaques rappellent le souvenir de membres de la famille de Noailles. On remarquera un tableau de Claude Gillot, maître de Watteau, les Apprêts de la crucifixion.

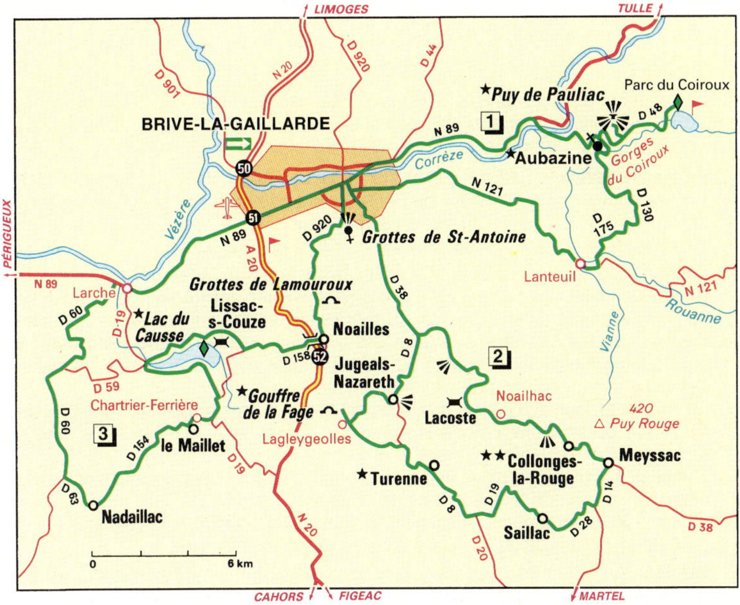

Château – Cet édifice Renaissance, berceau de l'illustre famille de Noailles, est décoré de fenêtres surmontées de pinacles dont le fronton s'orne de médaillons et d'anges portant les armes de la famille.

Quitter Noailles par l'Ouest en empruntant la D 158.

La route s'élève vers le causse corrézien, pays de calcaire blanc percé de cloups tapissés d'argile rouge, couvert de genévriers et de chênes malingres.

Lissac-sur-Couze – Dominant le lac du Causse *(voir ci-dessous)*, le village possède un beau manoir massif flanqué d'échauguettes, ancienne tour militaire des 13e et 14e s. A côté, l'église est surmontée d'un clocher à peigne.

★**Lac du Causse** – Appelé aussi lac de Chasteaux, cette superbe étendue d'eau de 90 ha, enchâssée dans la riante vallée de la Couze, a été aménagée en **base de loisirs** Ⓥ avec baignade, voile, ski nautique, planche à voile, aviron...

Quitter Lissac par le Sud-Ouest en empruntant la D 59.

L'itinéraire proposé longe en grande partie les berges du lac, permettant au visiteur d'apprécier la beauté du site.

Quitter la D 19 pour emprunter, sur la droite, la D 154 vers Chartrier-Ferrière.

Le Maillet – Les moellons calcaires des maisons de ce hameau sont traditionnellement assemblés au mortier d' « hirondelle », simple motte d'argile pressée dont la couleur rouge vif donne à l'ensemble beaucoup de caractère.

Poursuivre sur la D 154.

Nadaillac – Beau village rustique, renommé pour la qualité de ses truffes. Ses maisons médiévales portent parfois des toits de lauzes. L'église fortifiée s'ouvre par un porche profond précédé d'un passage voûté. L'avant-chœur est couvert d'une coupole sur pendentifs.

Quitter Nadaillac par le Nord-Ouest en empruntant la D 63.

Plus loin, la pittoresque D 60 serpente entre les limites des départements de la Dordogne et de la Corrèze. A Larche, la N 89 ramène à Brive.

Église de BUSSIÈRE-BADIL

Cartes Michelin n° 72 pli 15 ou 233 pli 31 – 18 km au Nord de Nontron

De construction romane, elle rappelle, par son aspect à la fois sobre et imposant, l'église cistercienne de Cadouin dans le Périgord *(voir guide Vert Michelin Périgord Quercy)*.

Sa façade, dont le ton rose de la pierre égaie l'aspect sévère, s'ouvre par un portail à triple voussure sculptée. Les colonnettes supportant ces voussures sont ornées de beaux chapiteaux. A gauche de ce portail, une arcature présente un tympan sculpté. Cet édifice roman reçut au 15e s. des dispositifs de défense. Ainsi de la chambre de défense, au-dessus des voûtes, subsistent deux échauguettes.

La coupole surmontant la croisée du transept repose sur des pendentifs soutenus par de petites trompes. Des chapiteaux, dont certains sont historiés, constituent la seule décoration de cet édifice aux proportions harmonieuses. Statue de la Vierge à l'Enfant et Christ polychrome du 16e s.

La CELLE

291 habitants

Cartes Michelin n° 69 pli 1 ou 238 pli 31 – 9 km au Nord-Ouest de St-Amand-Montrond

Schéma p. 189

Cette localité, qui dépendait jadis de la petite ville de Bruère, occupe un territoire gagné sur le bois de Meillant. Elle possède une remarquable église romane dont la décoration retient l'attention.

Église St-Blaise – Elle fut construite en deux étapes dans le courant du 12e s. Prieuré dépendant de l'abbaye de Déols *(voir à ce nom)*, son plan est d'inspiration bénédictine. L'édifice a subi quelques modifications : la voûte a été refaite et des arcs-boutants ont été ajoutés aux 15e et 17e s. pour la soutenir.

Extérieur – La façade présente un curieux décor sculpté de facture archaïque. Deux reliefs montrent des personnages grossiers qui semblent lutter l'un contre l'autre. Sous le relief de gauche, on voit un taureau marchant sur une boule. De part et d'autre, apparaissent en haut relief des têtes de bovidés qui se retrouvent aussi sur certains modillons. L'origine de ces sculptures est obscure : elles proviennent sans doute d'un édifice pré-roman antérieur.
En faisant le tour de l'église, on découvre ainsi d'autres remplois : une stèle mérovingienne portant une croix à six branches (après le 2e contrefort) et une stèle gallo-romaine très abîmée (avant le 4e arc-boutant).
L'imposant clocher carré de la croisée contient quatre cloches dont l'une date du début du 14e s. En prenant du recul depuis le terrain de jeu, ancien jardin du prieuré, on peut admirer l'élégance du chevet. Des contreforts-colonnes épaulent l'abside et les absidioles ; chapiteaux à feuillages et historiés.

Intérieur – Les chapiteaux du sanctuaire, de style corinthien, proviennent sans doute du même atelier que ceux de l'église de La Berthenoux *(voir circuit George – Sand à La Châtre)*. Leur décor est varié : monstres affrontés ou adossés se mordant la queue, oiseaux aux longs cous, têtes barbues, faces monstrueuses aux oreilles pointues, lions, masques... Outre des restes de fresques et de statues (Vierges en bois, saint Sylvestre décapité), on admire le **mausolée** (15e s.) de saint Sylvain. Les reliques de l'apôtre de Levroux avaient été obtenues par Isabeau de Boulogne et déposées en la chapelle St-Sylvain (située à 1,5 km de La Celle sur la route de Meillant) d'où elles furent transférées en 1897.

Gorges de la CÈRE

Cartes Michelin n° 75 Nord du pli 20 ou 239 pli 39

Née dans les monts du Cantal, la Cère appartient au Quercy pour la dernière partie de son cours. Mais avant de confondre ses eaux avec celles de la Dordogne en aval de Bretenoux, au pied du promontoire où se dresse le célèbre château de Castelnau *(voir le guide Vert Michelin Périgord Quercy)*, la Cère a dû se frayer un chemin, entre Laroquebrou et Laval-de-Cère, en creusant des gorges pittoresques et sauvages.
Alors que la voie ferrée emprunte de bout en bout les gorges de la Cère, aucune route n'a été tracée permettant de longer la rivière des environs de Laroquebrou à Laval-de-Cère.

Il est toutefois possible d'admirer la vallée des points suivants :
– de la D 81, à l'Est de Camps : cette route serpente en descendant au fond de la vallée que coupe un barrage.
– du **Rocher du Peintre★** (terre-plein aménagé au Sud de Camps) : de là se révèle une belle **vue★** d'enfilade sur les gorges boisées de la Cère.
– de la D 14, entre Port-de-Gagnac et Laval-de-Cère : la route sinueuse s'élève au-dessus de la vallée dans un décor de prairies et de collines, et surplombe le barrage de Brugale.

Le CHALARD

234 habitants (les Peyrouliers)

Cartes Michelin n° 72 pli 17 ou 233 pli 33 – 8 km au Nord-Ouest de St-Yrieix

Fondé par saint Geoffroi (vers 1060-1125) au milieu d'un paysage de collines et de vallons, Le Chalard possède une intéressante église, édifiée sur une butte, et les vestiges d'un monastère. En aval du bourg, les « Gorges de l'Isle » cachent un décor pittoresque de rochers et de rapides. Appartenant au district aurifère de Saint-Yrieix-la-Perche, le village accueille le siège social de la Société des mines de Bourneix.

Église ⓥ – La rude silhouette de cet édifice roman, épaulé de nombreux contreforts, est dominée par un massif clocher carré. Sans doute jamais achevée, elle fut fortifiée par les Anglais pendant la guerre de Cent Ans.
Dans le chœur polygonal, on remarque les belles arcatures romanes à baies limousines et, supportés par quatre colonnes engagées, les rudes chapiteaux de granit ornés de têtes grimaçantes.

Dans le bras droit du transept, un imposant **bahut** historié en chêne du 15e s., sculpté de motifs flamboyants, retient l'attention. Dans le mur à proximité, une niche contient une belle châsse émaillée du 13e s. et le crâne de saint Geoffroi, fondateur du prieuré. L'église abrite également deux expositions : l'une sur les monuments et l'histoire locale, l'autre sur les mines d'or gauloises et actuelles.

Cimetière des moines – Il renferme un ensemble unique de 40 tombes du 12e s. La plupart sont en forme d'église avec un toit recouvert de tuiles ou de chevrons, des arcades romanes sur les côtés et des croix aux extrémités. D'autres sont plates et entourées de « boudins ». Certaines portent des outils d'artisans gravés : tisserand, forgeron, bûcheron ; la « tombe du prieur » est ornée d'une crosse et d'une étole. Au bout de l'allée principale, un autel, construit au 19e s. à partir d'éléments anciens, conserve deux statuettes en serpentine qui ornaient peut-être le porche de la nef romane. Le regard embrasse le chevet aux trois absides parallèles.

L'or en Limousin

Ce n'est qu'en 1866 que l'ingénieur des mines Mallard restitua leur vraie nature d'exploitations aurifères aux fosses antiques prises pour des fortifications. L'épithète « aurifera » avait été donnée à la Gaule par les Romains. L'extraction s'étendait à un vaste croissant, dont le centre était Bénévent-l'Abbaye, et qui s'étirait de Bridiers (bourgade à 3 km de la Souterraine) à St-Dizier-Leyrenne. Une petite ruée vers l'or se produisit au 20e s. lors de l'ouverture de la mine de la Petite Faye, en aval des travaux gallo-romains. Plusieurs centaines de kilos de métal précieux en furent extraits jusqu'en 1962. De 1907 à 1955, le gisement du Châtelet, près d'Évaux-les-Bains, fournit 10 tonnes d'or. En activité depuis plus d'un siècle. Le Bourneix, dans la région de St-Yrieix-la-Perche, est la dernière mine en exploitation dans la CEE. Contrôlé par la Cogéma (Compagnie générale des matières nucléaires), le site emploie 85 personnes et produit autour de 2 t d'or par an.

CHÂLUS

1 907 habitants

Cartes Michelin n° 72 pli 16 ou 233 pli 32

Au centre des monts de Châlus, dont les lourdes masses granitiques et boisées forment les derniers contreforts du Massif Central, la vieille cité de Châlus, dominée par ses donjons, garde le souvenir de la fin tragique de **Richard Cœur de Lion**.

Un siège fatal – Les causes de la venue à Châlus de Richard Cœur de Lion, roi d'Angleterre (1189-1199) et maître de tout l'Ouest de la France, ne sont pas connues avec certitude.
Pour certains chroniqueurs, c'est la cupidité qui attira le roi : au début de l'année 1199, selon leurs dires, un paysan découvrit sur la terre de Châlus un fabuleux trésor (« un empereur de fin or, sa femme, ses fils et ses filles, et tous séant à une table d'or pur ») que le vicomte de Limoges refusa de remettre en totalité à son suzerain, d'où l'expédition de Richard pour recouvrer, au besoin par la force, son dû. D'autres chroniqueurs ont avancé une version plus proche de la réalité. L'épisode s'inscrirait ainsi dans le cadre de la lutte entre Capétiens et Plantagenêts.

ROGER-VIOLLET

Richard Cœur de Lion

Pendant la captivité de Richard en Allemagne, plusieurs de ses vassaux, dont le vicomte de Limoges Adhémar V, avaient pris parti pour Philippe Auguste, au mépris de leur serment de fidélité au souverain anglais.
De retour en 1194, ce dernier, bien décidé à prendre sa revanche sur son rival, entreprit de châtier ceux qui lui avaient manqué en détruisant leurs châteaux. Survenant peu après la trêve de Vernon, l'affaire du trésor ne fut sans doute qu'un prétexte.
Richard, accompagné de Mercadier et de ses routiers, arriva sous les murs de Châlus en mars 1199. Son intransigeance provoqua une résistance acharnée des assiégés qui, réfugiés dans le donjon, faisaient face aux assaillants sous le commandement de Pierre Brun. Le 26 mars, le roi s'approcha de la tour d'où partit un carreau d'arbalète qui l'atteignit à l'épaule. Quelques jours plus tard, la gangrène s'installa dans sa vilaine plaie. Voyant sa vie se dérober, Richard appela la reine Aliénor, sa mère, à son chevet. Exprimant ses dernières volontés, le roi fit venir Pierre Basile, l'archer responsable du tir mortel, pour le grâcier et lui donner une bourse. Richard Cœur de lion s'éteignit le 6 avril. Sitôt après la mort de son seigneur, Mercadier lacha ses hommes à la poursuite de l'arbalétrier qui, ramené au château, fut écorché vif et pendu.

★★ CHÂTEAU ⏲

Le château du Haut-Châlus, dit **Châlus-Chabrol**, se dresse sur une éminence dominant la ville. Il fut sans doute précédé par une motte féodale. Il se compose d'un donjon isolé et d'un corps de logis agrandi au 17ᵉ s.

Donjon – Ce beau donjon cylindrique (25 m de hauteur et 10 m de diamètre) témoigne de l'architecture militaire à l'âge d'or de la féodalité ; il remonte sans doute au 11ᵉ s. A l'origine, il possédait quatre niveaux, mais le dernier, couronné de mâchicoulis, s'est effondré en 1870. On accède au rez-de-chaussée par un escalier en fer, l'unique ouverture se situant à 6 m au-dessus du sol.
Cette ouverture donne sur un étroit passage de 85 cm de large et de 3 m de long qui débouche dans une salle voûtée en coupole (hauteur de voûte : 8,56 m) ; par un oculus au sol, on aperçoit la salle basse qui servait de magasin. Les étages, qui abritaient les chevaliers et la garnison, étaient reliés par un escalier creusé dans l'épaisseur de la muraille et placé à 4 m de hauteur par mesure de sécurité. De la plate-forme supérieure, la vue se porte très loin : sur la vallée de la Tardoire, le Puyconnieux et le bocage limousin.
Une telle construction, en gros moellons de gneiss formant des murs épais de 2,50 m à 3 m, opposait à l'adversaire une maçonnerie aux parois verticales et lisses qui offrait peu de prise au bélier et à la pioche, encore moins à l'incendie.
A quelques mètres du donjon subsistent des vestiges de la **chapelle castrale** où furent déposées les entrailles du roi. Cette chapelle se présentait sous l'aspect d'un édifice roman (à nef de trois travées et abside à cinq pans) auquel le chanoine Chouly fit ajouter, au 15ᵉ s., une chapelle latérale dont il reste un arc.

Corps de logis – On pénètre dans le château par l'aile construite au 17ᵉ s. par la comtesse de Bermondet, qui fit détruire sans vergogne les anciennes fondations. Ce bâtiment abrite un petit musée consacré aux feuillardiers : ces artisans typiques de la région travaillaient le bois de châtaignier sous leur « loge », qu'ils fabriquaient dans les taillis à l'aide de copeaux. Une autre salle est consacrée à l'histoire du château et à la vie de Richard Cœur de Lion ; suit le salon Bourbon qui est la seule pièce meublée du domaine. Cependant, le plus spectaculaire réside dans la découverte des parties architecturales des 11ᵉ et 13ᵉ s.
Le corps de logis s'ouvre sur une salle du 13ᵉ s. Conservant une colonne romane enserrée dans un mur dressé postérieurement. La salle contiguë permet de découvrir l'autre face de la colonne ; deux fenêtres sont disposées dans de grands arcs romans. Aux murs, les armoiries des différents propriétaires du château.
Un petit couloir conduit dans la partie la plus ancienne datée du 11ᵉ s. Passé un réduit d'où l'on peut voir un puits atteindre une porte d'escapade, on arrive dans une salle hexagonale formant la base de la tour d'angle, munie d'une voûte remarquable et percée de deux fenêtres à meurtrières. Un escalier à vis permet d'accéder au sommet de la tour qui offre un joli panorama des alentours.
A côté, une petite pièce dissimule un puits de 16 m de haut et l'entrée (murée) du chemin de ronde. Le niveau inférieur, donnant jadis à l'air libre, formait le rez-de-chaussée. On remarque dans les deux salles : une cheminée du 11ᵉ s., une porte en arc brisé donnant sur les restes d'un escalier et sur un mur primitif. Dehors, servant d'exutoire à des puits, s'ouvrent deux portes jumelles en plein cintre.

Château de Châlus-Maulmont *(Ne se visite pas)* - Situé en pleine ville, le pan droit de sa tour donjon du 13ᵉ s. s'est effondré le 20 mars 1994.

QUELQUES PAS SUR LA ROUTE RICHARD-CŒUR-DE-LION

Circuit de 45 km – environ 2 h

Une « route Richard-Cœur-de-Lion », dont Châlus peut constituer un excellent point de départ, joint différents châteaux de la région.

Châlus – *Voir ci-avant.*

Quitter Châlus par le Nord-Est en empruntant la D 15.

Château des Cars ⓥ – Ancienne demeure des gouverneurs du Limousin, cette forteresse du 13e s., retouchée aux 15e et 16e s., fut, pendant la guerre de Cent Ans, occupée par les Anglais puis reprise par Bertrand Du Guesclin. Elle n'offre plus aujourd'hui que l'aspect d'une ruine (travaux de dégagement et de restauration en cours) conservant une tour du 13e s. et deux grosses tours du 15e s. Une salle lapidaire présente le mobilier (pierres sculptées, monnaies, poteries, etc.) trouvé lors des fouilles. En face du château, en contrebas, on aperçoit les magnifiques écuries mansardées qu'un seigneur des Cars avait fait construire avant la Révolution.

Quitter les Cars par le Sud-Ouest en empruntant la D 229.

La route, pittoresque, sépare la forêt des Cars (à droite) de la forêt de Lastours (à gauche).

En sortie de forêt, prendre sur la gauche la D 59A.

Château de Lastours ⓥ – Ces belles ruines féodales (donjon du 12e s. et restes des tours et du logis du 13e au 16e s.) sont en cours de dégagement et de restauration depuis une vingtaine d'années. Le nom de Lastours est associé à une puissante famille limousine du Moyen Âge, fondatrice des châteaux de Pompadour *(voir à ce nom)* et d'Hautefort *(voir le guide Vert Michelin Périgord Quercy).* Gouffier de Lastours figurait parmi les preux qui entrèrent à Jérusalem aux côtés de Godefroy de Bouillon en 1099. Mais ce seigneur fut aussi le héros d'un épisode chanté par les troubadours : ayant sauvé un lion de la mort dans le désert, celui-ci s'attacha indéfectiblement à lui comme un chien fidèle et se noya en suivant à la nage le bateau qui ramenait son maître vers la France.

Église de St-Hilaire – Cette petite église romane (12e s.) possède un joli clocher octogonal ajouré de fenêtres en plein cintre.

Nexon – Ce bourg paisible, l'un des berceaux de la célèbre race de chevaux anglo-arabe, s'ouvre tous les étés aux métiers du cirque.

Château ⓥ – Construit aux 15e et 17e s. et détérioré pendant la Révolution, il a été entièrement restauré au siècle dernier. Entouré d'un beau parc municipal, face à l'ancien haras, il accueille en juillet et août environ 250 stagiaires venus de France et de l'étranger pour s'initier au trapèze, au fil de fer ou à l'acrobatie dans le cadre de l'École du cirque Fratellini. Les visiteurs peuvent assister à l'apprentissage des élèves. Les **Rencontres cinématographiques des films du cirque** *(voir à rubrique des Renseignements pratiques en fin de guide)* proposent un éventail de films et de documentaires ayant trait à cet univers.

Église ⓥ – Cet édifice composite possède des parties romanes (sanctuaire, transept et clocher) et une nef du 15e s., voûtée d'ogives avec formerets et liernes. A l'intérieur, intéressant mobilier : châsse en cuivre émaillé à personnages d'applique du 13e s., buste reliquaire de saint Ferréol (14e s.) dû à l'orfèvre limousin Aymeric Chrétien, statues en bois de sainte Catherine (15e s.) et de saint Roch (16e s.).

MONTS DE CHÂLUS

Circuit de 20 km – environ 2 h

Châlus – *Voir ci-avant.*

Quitter Châlus par le Sud-Ouest en empruntant la D 6bis, direction Nontron.

Dournazac – L'**église St-Sulpice** du 12e s., remaniée au 14e s., conserve dans le chœur les absidioles et sous la coupole de la croisée d'intéressants chapiteaux sculptés de figures expressives et des culs-de-lampe romans.

Quitter Dournazac par le Nord-Ouest en empruntant la D 64.

★**Château de Montbrun** – *Voir illustration au chapitre de l'Art – Éléments d'architecture. Ne se visite pas.* Niché dans le fond d'une vallée, il apparaît soudain dans un **site**★ agréable, dressant son imposant donjon et ses tours au-dessus d'un joli plan d'eau bordé d'arbres et de pelouses.

La forme incurvée de la route bordant le château et une vue dégagée permettent au visiteur d'en apprécier l'architecture : les douves et les hautes murailles témoignent de l'importance de la forteresse qui défendait les confins du duché d'Aquitaine. Édifiée au 12e s., elle n'a conservé de cette époque que le donjon carré au bel appareillage de pierres, couronné de mâchicoulis et percé d'une fenêtre géminée. Le corps de logis et les murs de défense, réunis par des tours rondes dont l'une cerne la base du donjon, datent du 15e s.

Continuer tout droit sur la D 213.

La route passe à proximité du **Puyconnieux** (alt. 496 m).

Peu après, prendre, sur la droite, la D 100 qui ramène à Châlus.

Château de Brie ⓥ – Les salons de cette maison forte bâtie vers 1500 abritent un très beau mobilier Louis XVI. Le donjon carré comporte un **escalier** gothique en granit du Limousin qui se termine par une voûte. Un petit escalier dérobé, dans l'épaisseur des murs, monte au-dessus de cette voûte dans une petite pièce appelée la « chambre des pucelles ». Dans le parc du château se dresse un ancien refuge du Moyen Âge, grand bâtiment rectangulaire muni de meurtrières et de poivrières.

CHAMBON-SUR-VOUEIZE

1 105 habitants

Cartes Michelin n° 73 pli 2 ou 349 pli 5

Au confluent de la Voueize et de la Tardes, dans le pays de Combraille vallonné et verdoyant, Chambon occupe un site agréable à proximité des gorges pittoresques de la Voueize, que l'on domine en suivant la D 917, au Nord de la ville.
Ses maisons aux toits de tuiles se regroupent autour de l'église dominée par deux clochers.

★**Église Ste-Valérie** ⓥ – C'est l'une des plus importantes et intéressantes églises de style roman limousin. Après la fondation par l'abbaye de St-Martial de Limoges *(voir à ce nom)* d'un prieuré destiné à conserver les reliques de sainte Valérie, la construction de l'église est entreprise à la fin du 11ᵉ s. ou au début du 12ᵉ. Pillée et mutilée aux 15ᵉ et 16ᵉ s., elle a été remaniée vers 1850. Sa nef fut alors couverte d'une voûte d'arêtes masquant la charpente du 15ᵉ s. qui existe toujours.

Extérieur – Bâtie en granit, elle a des dimensions imposantes : sa longueur totale atteint 87 m, sa largeur au transept 38 m. Le porche est surmonté d'un clocher quadrangulaire du 13ᵉ s., appelé « tour des Bourgeois ». Voûté d'ogives, ce porche abrite un portail de type limousin, garni de boudins et de colonnettes à chapiteaux formant frise. Le grand clocher oriental est posé sur les voûtes et la grosse tour d'angle servait de lieu de rangement des chartes et des manuscrits du monastère, d'où son nom de « tour du chartrier ».
Le chevet, bien dégagé, élégamment étagé, présente cinq absidioles aux baies ornées de torsades.

Chambon-sur-Voueize –
Le reliquaire de sainte Valérie

Intérieur – Il frappe par l'harmonie de ses proportions. Le chœur, avec son arc triomphal à chapiteaux ornés de rinceaux et d'entrelacs, en est la partie la plus intéressante. Les boiseries, décapées, sont d'une grande finesse. Remarquer un retable du 17ᵉ s. dédié à sainte Valérie. Un oratoire a été aménagé dans la seconde absidiole du croisillon Sud (à droite du chœur) : on peut y voir une Pietà du début du 16ᵉ s., dont le style rappelle celui du Maître de Moulins *(voir guide Vert Michelin Auvergne Bourbonnais).* De là on accède à la salle du trésor.

Trésor – Au centre de la pièce, dans une vitrine, sont enfermés une pyxide du 13ᵉ s. et le buste reliquaire (15ᵉ s.) de sainte Valérie. Ce buste en argent doré est entouré d'un collier à six blasons en émaux limousins. On remarque aussi : une « Mort de la Vierge » de l'école de Rubens, un « David et Goliath » par Ribera (18ᵉ s.) et surtout un élément d'un triptyque du 15ᵉ s. : la « Décollation de sainte Valérie », dû au Maître de Moulins.

ENVIRONS

Évaux-les-Bains – *5 km au sud-Est par la D 915. Voir p. 137.*

Église de Gouzon – *16 km à l'Ouest par la D 915.* Coiffé d'un curieux petit clocher couvert de tavaillons (écailles de bois), cet édifice s'ouvre par deux jolis portails ornés de boudins et de colonnettes à chapiteaux formant frise.

La CHAPELLE-D'ANGILLON

687 habitants

Cartes Michelin n° 65 pli 11 ou 238 plis 18, 19 – 14 km au Sud d'Aubigny-s-Nère

Le 5 octobre 1886, La Chapelle-d'Angillon vit naître Henri Alban Fournier dit **Alain-Fournier**, l'auteur du *Grand Meaulnes (voir aussi à Épineuil-le-Fleuriel).* Sa maison, autrefois sans étage, ouvre ses volets blancs, au numéro 35, sur l'avenue qui porte son nom (la D 940), à gauche en direction de Gien. Au Sud (6 km) s'étend la belle **forêt de St-Palais**, futaie de chênes et de hêtres, où aimait se promener l'écrivain.

CHÂTEAU ⓥ

Ce château féodal de plan carré, bordé de douves, cantonné de tours rondes et d'un donjon, se dresse en bordure d'un étang que domine sa terrasse. Ses seigneurs furent, au 12ᵉ s., les maîtres de la principauté de Boisbelle. Au 17ᵉ s. Maximilien de Béthune, duc de Sully, l'acquiert et lui donne son nom. Ses descendants le cédèrent à Louis XV.

Passé la poterne on découvre la cour intérieure dominée par le donjon carré du 11e s. et bordée d'un logis remanié aux 15e et 16e s. par l'ouverture de mansardes, de fenêtres à meneaux et par l'apport de tourelles d'escaliers de briques à chaînage de pierres. Près du puits subsiste une belle galerie Renaissance dite « jeu de paume » à sept arcades, supportée par des colonnes à deux galbes resserrées au centre et surmontées de chapiteaux décorés de feuillages.
Deux montages audiovisuels de grande qualité sont offerts aux visiteurs : l'un sur l'histoire du château *(durée : 20 mn)*, l'autre sur Alain-Fournier *(durée : 10 mn)*. La visite permet de faire le tour des pièces du château : l'**escalier à vis** du 15e s. (photos d'Alain-Fournier) ; la **salle de Pomone** (joli tableau du 17e s. représentant la déesse des Fruits, cabinet d'ébène incrusté d'ivoire, cartel en corne verte et bronze doré) ; la **chambre du Roi**, dénommée ainsi en souvenir du passage de Louis XIV en 1651 (tableau de Murillo représentant saint Étienne) ; la **salle des gardes** aux voûtes d'arêtes (les boiseries sont copiées sur celles du palais Jacques-Cœur de Bourges, remarquer le motif central dit à plis de serviette) ; la **terrasse** du 17e s., qui offre une belle vue sur l'étang ; la **chapelle** du 15e s. qui contient une belle céramique émaillée du 15e s., la *Madone à l'Enfant* de Luca Della Robbia.

Musée Alain-Fournier – Il retrace la vie et l'œuvre de l'écrivain à travers de nombreux documents (livres, lettres, photographies, mannequins, maquettes, reconstitutions et hologrammes, photos du film *Le Grand Meaulnes*).

Fondation royale albanaise : musée Frasheri – Il présente des souvenirs albanais des 18e et 19e s. rapportés par le bey Frasheri : costumes en velours brodés d'or, armes anciennes, documents et photographies concernant la famille royale albanaise. On notera également l'étrange ressemblance du contenu de l'album *Tintin et le sceptre d'Ottokar* avec les souvenirs exposés. Deux belles tentures de Felletin du 17e s. sont accrochées aux murs.

Église St-Jacques-l'Ermite ⌚ – Façade à grande baie flamboyante. Derrière l'autel, un vitrail du 16e s. représente la Crucifixion avec des anges recueillant le sang du Christ. Sur le mur de droite, une console porte le buste reliquaire (17e s.) de saint Jacques de Saxeau, ermite du 9e s. venu de Constantinople et dont le culte est à l'origine du village. Le marbre des combattants tués en 1914 porte le nom de Henri Alban Fournier, dont les parents (M. Seurel et Millie du *Grand Meaulnes*) sont inhumés dans le cimetière voisin.

Thermes de CHASSENON*

Cartes Michelin n° 72 pli 16 ou 233 pli 21 – 5,5 km au Nord-Ouest de Rochechouart

Aux confins de la Charente et du Limousin, un remarquable ensemble gallo-romain est mis au jour depuis 1958.

Cassanomagus ou Cassinomagus – L'explication étymologique de ce terme reste discutable. Dans son ouvrage sur les noms de lieux de la France, Auguste Longnon cite Cassanomagus, composé du celte cassanos, chêne, et de magos, marché. Une autre interprétation donne Cassinomagus (de Cassinus, nom d'homme, et de magos, marché), terme mentionné sur la Table de Peutinger (schéma routier du Bas-Empire). De toute façon, l'un ou l'autre de ces deux noms évoque la civilisation gauloise. Si on ignore quel rôle ce site a pu jouer avant la conquête romaine, il est sûr que les Romains ont tout de suite compris l'intérêt d'un lieu qui se trouvait idéalement placé à un carrefour routier (auquel appartenait notamment la voie Lyon-Saintes, dite Agrippa) et possédait peut-être des eaux thermales. Longtemps, on a même cru qu'une ville s'était établie ici et que l'immense édifice que l'on visite aujourd'hui était le palais d'un gouverneur romain. En fait, le toponyme se rattache à la catégorie des sanctuaires ruraux, à savoir des lieux de rassemblement à vocations multiples : religieuse, curative et économique. Les ruraux, en effet, y accouraient en grand nombre dans l'espoir de plaire aux dieux, de recouvrer la santé, de se divertir et de vendre les produits de leur ferme ou de leur artisanat.
A Chassenon, comme à Drevant *(voir à ce nom)*, on rencontre : un ou plusieurs temples, un théâtre, un forum et des thermes. Un grand mur, dont on voit des traces, ceinturait l'ensemble. Du grand temple et du théâtre, il ne reste plus grand-chose, le forum est encore enfoui, seuls les thermes ont subsisté.

Les thermes – Ils ont la particularité d'être doubles et d'avoir une fonction curative. La clientèle qui les fréquentait se composait essentiellement de pèlerins-curistes observant tout un rituel religieux (le temple était distant de 230 m). L'édifice, dont les murs ont encore une hauteur de 5 m, comprend trois niveaux ; la partie Sud, la mieux conservée, faisait pendant à la partie Nord. Il était desservi par deux aqueducs qui assuraient l'approvisionnement et l'évacuation des eaux.

Apogée et décadence – Le sanctuaire atteignit son apogée au 2e s. On imagine alors l'allure grandiose de ses thermes, richement ornés de revêtements de marbre et d'œuvres d'art multiples.

La décadence commença à la fin du 3e s. et s'accéléra au rythme des progrès du christianisme. Les statues mutilées retrouvées dans le caniveau et les égouts prouvent que l'on s'acharna à détruire ces symboles païens. Les invasions barbares contribuèrent aussi à la ruine de l'édifice. Celui-ci se transforma d'ailleurs partiellement en atelier métallurgique, les fours subissant des modifications à cet effet. Un centre de fabrication de sarcophages en « brèche de Chassenon » fit même son apparition. Pourtant, il semblerait que certaines activités médicales liées à la persistance du paganisme local se soient prolongées jusqu'au 6e s., époque à laquelle saint Junien opéra des guérisons miraculeuses qui ôtèrent toute raison d'être à l'ancien sanctuaire gallo-romain.

VISITE ⏲

Les curistes franchissaient d'abord les portes de la façade orientale de l'établissement (situées de l'autre côté du chemin actuel) et entraient dans le vestiaire où ils se changeaient. Ils passaient alors dans une autre salle (**2**), chauffée, dont la destination reste énigmatique (contrôle ? lieu de paiement ?). Ils s'avançaient ensuite dans la vaste salle centrale (**1**), puis, dans le « tepidarium » (salle tiède) où l'on se raclait longuement la peau à l'aide de « strigiles » (spatules métalliques, le « caldarium » (**3**) (salle chaude) où l'étuve et les bains très chauds provoquaient une abondante sudation, et le « frigidarium » (salle froide) où, après avoir repassé au « tepidarium », on se plongeait dans un bain d'eau froide.
La palestre jouxtait le « frigidarium » Sud : on s'y livrait à toutes sortes d'exercices physiques dont la natation. Ces thermes avait certainement, en plus, des salles thérapeutiques spécialement adaptées aux cas des malades.

Circuit de visite – Il débute par la partie Nord : on parcourt l'esplanade charretière (où était déchargé le combustible) au pied des hautes murailles, puis on pénètre dans les salles souterraines voûtées et obscures (1). Elles paraissent avoir été construites pour la circulation des eaux : les passages en chicane qui les font communiquer permettaient une décantation optimale, la rupture du flot contraignant l'eau à déposer un maximum d'impuretés. Dans l'un de ces couloirs sont exposées des pièces recueillies au cours des fouilles, notamment deux statues mutilées (« torse d'homme nu » et « tête barbue aux quatre prunelles »).
On découvre ensuite, à l'étage intermédiaire, les chaufferies ou salles de service. On y admire l'ingénieuse organisation du système de chauffage par hypocaustes. Les fours, dont la température pouvait être portée à plus de 300°, étaient alimentés au charbon de bois. La chaleur dégagée circulait jusqu'à l'hypocauste, fait d'un empilement de briques liées à l'argile et de conduits rayonnants qui diffusaient la chaleur dans le sol de la pièce supérieure par un système de double plancher. La température obtenue dans les salles sur hypocaustes avoisinait 20 à 25°.
Le rez-de-chaussée Sud est resté relativement complet et permet d'imaginer l'aspect de ces salles dans lesquelles affluaient les usagers. On passe par la salle froide Sud et d'autres salles avant de pénétrer dans la plus vaste au cœur de l'établissement. En ce qui concerne la fonction de cette grande salle (**1**), percée de six fenêtres et de six portes, d'une superficie de 235 m², plusieurs hypothèses ont été émises : salle des ex-voto, salle des pas perdus, salle de consultation médicale ou salle consacrée à la divinité guérisseuse.
L'itinéraire se termine par la visite des salles tiède et froide de la partie Nord.

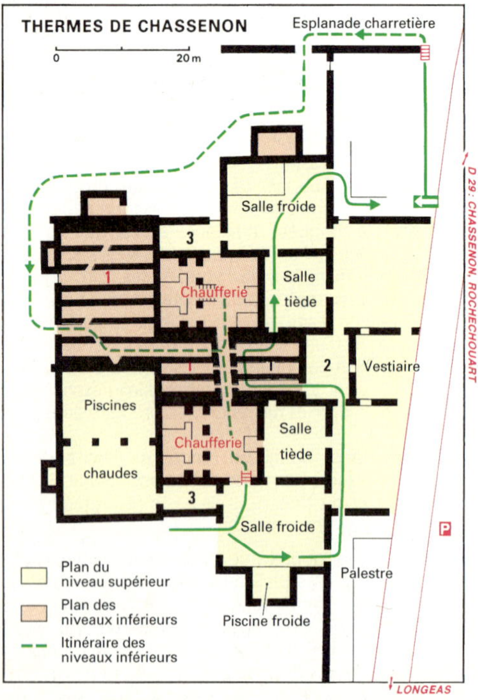

CHÂTEAU-GUILLAUME

Cartes Michelin n° 68 pli 16 ou 238 pli 38 – 23 km au Sud-Est du Blanc

Ce vieux village pittoresque aux toits de tuiles plates, bien situé dans le vallon de l'Allemette, possède un château à l'architecture composite.

★**Château** – Un imposant donjon roman couronné de mâchicoulis, entouré de quatre tours et de remparts, témoigne du passé défensif de cet édifice qui porte le nom de Guillaume X, duc d'Aquitaine, comte de Poitou. Celui-ci fit édifier la forteresse au 11e s. en un point stratégique de son territoire. Fief de la famille de La Trémoille du 13e au 16e s., elle perdit progressivement son rôle militaire et subit les assauts du temps. Maintes fois modifiée, elle fut restaurée au 19e s. et frappe quelque peu par l'adjonction d'un bâtiment néo-gothique dont l'intérieur révèle quelques meubles et décorations (cathèdre aux armes du Berry, médaillons brodés de la fin du 16e s. représentant saint Ignace de Loyola et saint François Xavier, souvenirs de la famille de Beauchamp, propriétaire du château). Dans la partie du 15e s., on visite la salle des gardes, immense pièce de 23 m de longueur, dédiée principalement aux de Beauchamp et exposant de nombreux souvenirs. On peut y voir notamment la tasse dans laquelle Marie-Antoinette a bu avant de monter sur l'échafaud.

La visite se termine par une agréable promenade dans le parc.

S. Chirol

Château-Guillaume – Le château

CHÂTEAUMEILLANT

2081 habitants (les Castelmeillantais)

Cartes Michelin n° 68 pli 20 ou 238 pli 42 – Schéma, voir p. 189

Cette cité, dont les coteaux voisins produisent des vins gris réputés, a joué à l'époque gallo-romaine un grand rôle comme marché et centre de voies de communication. Au 3e s., saint Genès aurait été son évangélisateur et martyr. Siège d'un atelier monétaire au Moyen Âge, la terre de Châteaumeillant fut souvent disputée.

De son passé, la ville a conservé des monuments, comme l'église du Chapitre (tour centrale et abside romanes) devenue mairie, le château du 16e s. (gendarmerie), et surtout la remarquable église St-Genès.

Église St-Genès – Placée dès sa fondation sous la dépendance de la puissante abbaye de Déols *(voir à ce nom)*, l'église St-Genès a subi des modifications à la suite d'incendies et de destructions dus aux guerres. Bâtie en belles pierres grises et roses provenant des carrières de Saulzais-le-Potier *(16 km au Sud de St-Amand-Montrond)*, elle s'ouvre par une façade très harmonieuse, de type berrichon, dont les colonnettes sont surmontées d'intéressants chapiteaux sculptés. En pénétrant dans l'église, on est frappé par la hauteur de la nef romane dont une voûte de bois a remplacé la voûte en berceau ainsi que la coupole de la croisée du transept. Précédant le chevet en cul-de-four, le **chœur**★ est – fait extrêmement rare – encadré par six absidioles, dont quatre communiquent avec lui par des arcades jumelées en plein cintre.

En se plaçant dans l'une des absidioles, on découvre une véritable forêt de colonnes dont beaucoup supportent des chapiteaux historiés : la création d'Adam, la Tentation, l'abandon du Paradis, Caïn tuant Abel, etc.

Musée archéologique Émile-Chénon ⓥ – Installé dans l'hôtel de Marcillac (14e s.-16e s.), il présente une importante collection gallo-romaine (reconstitution d'une cave à amphores) et médiévale provenant des fouilles effectuées dans la localité : silex taillés, poteries, amphores, monnaies.

CHÂTEAUNEUF-SUR-CHER

1 645 habitants (les Castelneuviens)
Cartes Michelin n° 68 pli 10 ou 238 pli 30

Situé entre Bourges et St-Amand-Montrond, Châteauneuf étage ses maisons sur les rives du Cher, au pied de son château.

Château ⓥ – Bâtie sur un replat dominant la vallée, cette puissante forteresse du 11e s., propriété de la famille de Culan jusqu'au 15e s., passa ensuite de main en main jusqu'à son acquisition au siècle dernier par la famille de Maillé ; elle a été reconstruite en 1581 et remaniée aux 17e et 18e s.
Ce qui frappe lorsqu'on pénètre à l'intérieur du château, c'est le caractère d'intimité et de vie qu'on a réussi à y maintenir par l'agencement de la décoration et du **mobilier**, qui sont par ailleurs d'une qualité remarquable.
L'ancienne salle des gardes par laquelle on entre dans les appartements abrite un beau Mignard représentant Claire Clémence de Maillé, épouse du Grand Condé. Les salons et la salle à manger, aux lambris d'époque Louis XIV, renferment des meubles précieux (surtout 18e s.), des horloges rares, de belles porcelaines de Chine et du Japon ; aux murs, des tapisseries flamandes et des Gobelins, et plusieurs toiles d'Isabey.
On visite également l'immense cuisine, généreusement éclairée, qui aligne une étonnante collection d'ustensiles de toutes sortes (200 pièces de cuivre rutilant).
La cour intérieure, de la Renaissance finissante, est entourée de bâtiments d'aspect plus sévère flanqués de tours rondes.
De la terrasse, on a une vue plongeante sur Châteauneuf et la vallée du Cher.

Parc animalier – Un petit train permet de parcourir le vaste parc du château. Des volières sont peuplées d'oiseaux exotiques tandis que des enclos abritent des animaux sauvages : tigres, pumas, ours, lamas, daims, etc.

Basilique Notre-Dame des Enfants – Cet édifice de la fin du 19e s. fut érigé à l'aide d'une souscription originale. En 1865, l'abbé Ducros demande en effet aux enfants de France de lui envoyer « deux sous » en échange d'une prière à la Vierge Marie.
Deux mille ex-voto de marbre ornent les murs de la blanche basilique.

CHÂTEAUPONSAC

2 409 habitants (les Châtelauds)
Cartes Michelin n° 72 pli 7 ou 239 pli 1 – 21 km à l'Est de Bellac

La partie ancienne de la ville, qui se presse autour de l'église St-Thyrse, est perchée sur un promontoire dominant un méandre encaissé de la Gartempe.

CURIOSITÉS

Église St-Thyrse – Cette église fut un prieuré de Déols *(voir à ce nom)* fondé au 10e s. Son architecture l'apparente aux églises berrichonnes.
Le chœur et le transept remonteraient au début du 12e s. ; la nef et les bas-côtés furent voûtés d'ogives au 15e s. La croisée, très élevée, porte une coupole sur pendentifs. Sous le croisillon Sud, une petite crypte rectangulaire possède une abside flanquée d'une absidiole. Le chœur s'orne de belles colonnes cylindriques aux chapiteaux sculptés de volutes, d'animaux, de masques, de personnages archaïsants. Remarquer une chaire de pierre de 1642, un grand lutrin du 18e s., des statuettes de bois polychrome des 16e et 17e s.

Vues sur la Gartempe – Après avoir contourné l'église Saint-Thyrse, il faut traverser le quartier appelé « Sous-le-Moustier », intéressant faubourg où se pressent de pittoresques maisons du 15e s. flanquées d'escaliers extérieurs en pierre. A l'extrémité unique de cette rue, le visiteur découvre la vallée encaissée de la Gartempe et la vieille ville entourée par des jardins en terrasses. Cette première vue peut être complétée par l'ascension de la colline Saint-Martial. Suivre la route en direction de Saint-Pardoux et tourner à droite après le pont dit « romain » ; de cette colline, un immense panorama embrasse le site original de Châteauponsac.

J. D. Sudres/DIAF

Châteauponsac – Musée René-Baubérot

Musée René-Baubérot ⓥ – Installé dans un ancien prieuré bénédictin (1318), ce musée compte 12 reconstitutions de scènes avec décors (mannequins en habits d'époque) et un son et lumière dans la forge. Les collections archéologiques (préhistoire, Gaule romaine, Moyen Âge) sont très riches : **polissoir** de quartzite à 15 rainures (pour les haches de silex et de grès), coffres funéraires, urnes cinéraires, poteries, monnaies, bijoux, statuettes (un Mercure en bronze) ; la plupart viennent des fouilles de la région.
Dans la section ethnographique, l'on remarque les très belles reconstitutions d'un **intérieur limousin**, d'une chambre de petites filles, d'ateliers (couturière, vannier, cordonnier, menuisier...), d'une forge avec son travail où est entravée une vache.
D'autres salles exposent des documents d'histoire locale du 16e s. à nos jours, des minéraux et des fossiles, des chefs-d'œuvre de compagnons du Tour de France.
La visite se poursuit par la Maison du Terroir, où sont oganisées des expositions annuelles.

Chapelle N.-D.-de-Toute-Bonté – Située route de Bellac, cette construction romane à chevet plat possède des bas-côtés gothiques. A l'intérieur : retable du 17e s., statues des 15e et 17e s.

CHÂTEAUROUX

Agglomération 67 090 habitants (les Castelroussins)
Cartes Michelin n° 68 pli 8 ou 238 pli 28

Capitale du Bas-Berry, Châteauroux est l'active métropole d'une région de grande culture. Bien desservie par les transports routiers, aériens et ferroviaires, la ville dispose de nombreuses industries (agro-alimentaire, confection, mécanique légère) et reste un centre de fabrication de cigarettes (SEITA, marque Gitane). Le centre-ville, bordé de vastes jardins, conserve le tracé des rues médiévales.

Une fidélité à toute épreuve – « Le nom de Bertrand est attaché au mien, aimait à dire Napoléon, tant que je vivrai, il vivra. » Jamais Bertrand ne trahit cette confiance que l'Empereur plaçait en lui et sa fidélité, même dans l'adversité, fut exemplaire.
Né en 1773 à Châteauroux, **Henri Bertrand** embrasse à 19 ans la carrière militaire. Entré premier à l'école du Génie, il participe à l'expédition d'Égypte, devient aide de camp de l'Empereur en 1805 et s'illustre à Austerlitz et à Iéna ; en 1809, il réussit à établir sur le Danube trois ponts de bateaux qui permettent à la Grande Armée de se concentrer dans l'île Lobau, prélude à la victoire de Wagram. En 1813, il remplace Duroc comme Grand Maréchal du palais. Désormais, son sort est lié à celui de Napoléon. Il le suit à l'île d'Elbe et, après Waterloo, fait partie, avec sa famille, de la petite cohorte de fidèles qui s'exile à Ste-Hélène. Il assiste à l'agonie et à la mort de l'Empereur. En 1840, Bertrand prend part à l'expédition qui ramène les cendres de Napoléon aux Invalides où, en 1847, trois ans après sa mort, sa propre dépouille mortelle sera transportée.
Sa statue en bronze, érigée en 1854, œuvre de Rude, se dresse dans sa ville natale, place Ste-Hélène.

Un centre de l'industrie textile – Une faille dans le plateau calcaire jurassique explique, par l'abondance des sources (la **Font-Charles** ou **Fontaine des Religieuses**, la **source des Cordeliers**, dans le jardin du même nom), la permanence du travail de la laine.

Après les troubles des guerres de Religion, la production reprend dans la seconde moitié du 17e s., lorsque Colbert fonde, en 1663, une importante manufacture, suivie, en 1751, par la « Manufacture royale », près du château du Parc. 120 fabriques emploient alors, dans la rue de l'Indre, un peu moins de 3000 ouvriers. Modernisée par Balsan en 1850, la Manufacture perdure en fournissant le tissu des uniformes de l'administration française ; mais la vieille industrie textile est supplantée par les activités de la confection à la fin du siècle : les premières chemiseries s'installent en 1892. Ce secteur, aujourd'hui en pleine restructuration, regroupe des marques renommées (Cent Mille Chemises), la lingerie (Spatz), les vêtements d'enfants (Danjean, Baby confection) et la confection féminine.

Châteauroux, ville verte – Première ville fleurie d'Europe en 1986, classée hors concours, Châteauroux agence ses nombreux jardins et espaces verts d'une manière presque continue le long de l'Indre : le parc de Balsan, le mail St-Gildas, le jardin des Cordeliers et le jardin public, le centre des loisirs de Belle-Isle réservent d'agréables promenades près de la rivière, aux abords des lacs, sous les massifs de frênes, d'aulnes et de saules.
Le jardin public, paré d'espèces rares et de massifs fleuris, témoigne de la tradition horticole de Châteauroux, qui donne lieu, chaque année, à des salons floraux de dimension internationale.

CURIOSITÉS

Hôtel Bertrand (**BY M**) – Cette demeure fut construite en 1769 par Martin Boucher, Premier Ingénieur du Roi et grand-père du Grand Maréchal Bertrand (statue dans la cour par Marochetti). Celui-ci s'éteignit en ce lieu, le 31 janvier 1844.

Musée de Châteauroux ⓥ – L'hôtel contient de remarquables collections réparties par thèmes.
– **Napoléon et son époque** *(rez-de-chaussée)* – Nombreux objets personnels ayant appartenu à Bertrand, à l'Empereur et à son entourage : sabre de Bonaparte à la bataille d'Aboukir, nécessaire de campagne en vermeil, armes, uniformes, décorations, souvenirs de Sainte-Hélène... Beaux portraits peints par Girodet *(Napoléon à St-Cloud, 1812)*, Horace Vernet et Gérard.
– **Peintures du 15e au 19e s.** – Les écoles flamande et hollandaise des 16e, 17e et 18e s. sont représentées par Brueghel de Velours, Adrian Brouwer, Van Goyen (très beau *Paysage rhénan* de 1632), etc. La peinture française rassemble des œuvres de l'école de Jean Fouquet (*Portrait de Zacaria Contarini*, ambassadeur vénitien auprès de Charles VIII), Larguillière, Watteau et Joseph Vernet *(Pêcheurs au clair de lune)*, le 17e s. italien, des toiles du Bassan *(Annonce aux Bergers)* et Salvatore Rosa *(Saint Pierre payant son passage, Homme à cheval)*. Dans la salle 11, l'on remarquera un portrait de Marie-Anne d'Autriche d'après Vélasquez et une miniature représentant la duchesse de Lavallière par Petitot.
– **Le Berry traditionnel** – Cuisine reconstituée au rez-de-chaussée et salles du second étage, où le visiteur, après avoir contemplé sur le palier une volière chinoise construite à Ste-Hélène sur ordre de Napoléon, découvre la vie rurale en Berry à travers des sculptures, des tableaux, l'outillage, le mobilier (métier à tisser) et quelques costumes. Des poteries gallo-romaines et médiévales, et des objets provenant d'Antinoë (Égypte) complètent la visite.
– **Sculptures et arts décoratifs** – Collection de meubles et d'objets d'art : remarquer la chaire dite « de Rabelais » (15e et 16e s.). A l'étage : buffet Renaissance ; commodes Louis XV ; très beau brûle-parfum provenant du Palais d'Été à Pékin (salle des souvenirs de Ferdinand de Lesseps) ; cristaux de Bohême, dont un drageoir représentant Bertrand. Un buste de Paul Claudel enfant, par sa sœur Camille, accompagne les sculptures de Coustou.
– **Art du 20e s.** – Une vaste salle accueille la production artistique des débuts du siècle à la période la plus récente. Les peintures de Boutet, Detroy, Guillaumin et les sculptures de Nivet illustrent la première moitié du siècle. La seconde moitié est représentée par les toiles de A. Caillaud *(Orphée)*, Maurice Estève *(Chabagnot 1977)*, Hans Hartung, et les sculptures de J. Carrasco *(Okklo, l'Homme)*.
– **Archéologie** – Époques gauloise et gallo-romaine : dieu gaulois au torque (collier), tête d'homme provenant d'Argentomagus *(voir à St-Marcel)*, importante collection d'urnes et de coffres funéraires, fragments de statue d'empereur romain ; sur les gradins, stèles funéraires découvertes à St-Ambroix-sur-Arnon (Cher).
Époque romane : les belles sculptures proviennent de l'abbaye de Déols et de l'ancienne église du Tranger aujourd'hui disparue. Remarquer les **éléments du portail Nord de Déols** : le Christ en majesté, du 12e s., est assis sur un lion et un dragon, symboles de l'Antéchrist et du diable, représentation unique dans l'iconographie romane ; grand linteau figurant la Cène...
De l'époque romane à la Renaissance : chapiteaux, sculptures, statues (15e-16e s.), gisant d'un abbé (14e s.), cheminée du château de Mazières, etc.

CHÂTEAUROUX

Gare (Av. de la) .... BY
J.-J. Rousseau (R.) .... AY 26
St-Luc (R.) .... BY 46
Victor Hugo (R.) .... ABY 53

Château-Raoul (R. du) .... AY 13
Châtre (Av. de la) .... BZ 14
Croix-Normand (Bd) .... BZ 17
États-Unis (R. des) .... BY 20
Fournier (R. A.) .... BY 23
Gambetta (Pl.) .... BY 24
Grande (R.) .... BY 25
Jeux Marins (Av. des) .... AY 27
Kennedy (Av. J.-F.) .... AZ 28
Lafayette (Pl.) .... BY 30
Ledru-Rollin (R.) .... BY 32
Manufacture (Av. de la) ... AY 33
Marins (Av. des) .... AY 34
Palais de Justice (R. du) . ABZ 37
Paris (Av. de) .... BY 38
Pont-Neuf (Av. du) .... AY 40
République (Pl. de la) .... AY 44
Ste-Hélène (Pl.) .... BY 48
Vrille (Bd de la) .... AZ 54

B Porte Saint-Martin — **M** Hôtel Bertrand – Musée de Châteauroux

Ancien couvent des Cordeliers (**BY**) ⓥ – Ce couvent aurait été fondé sous l'autorité d'un compagnon de saint François d'Assise, le frère Bonencontre, mort en 1230. Les initiateurs du projet : Guillaume Ier de Chauvigny et son frère Jean revenaient de Terre sainte, après s'être arrêtés près d'Assise où il rencontrèrent saint François. L'église servit de cathédrale à l'évêque constitutionnel sous la Révolution, avant d'abriter le club local des Jacobins, une gendarmerie, une prison puis une école. Entièrement restaurée en 1976, elle possède un plan rectangulaire très dépouillé (nef sans collatéraux flanquée de chapelles), caractéristique des églises des ordres mendiants. A l'intérieur, parties de vitraux du 13e s. (scène de l'Évangile et grande rose du Jugement dernier) et peinture murale de la même époque dans la salle capitulaire. Depuis 1979, le couvent des Cordeliers est un centre culturel actif. Siège de l'école municipale des Beaux-Arts, il prête son cadre à des expositions et à des concerts réputés.

Continuer par la rue A.-Fournier.

Des jardins en terrasses réservent une agréable vue sur la vallée de l'Indre. En contrebas, lavoir restauré de la Fontaine des Cordeliers et ruisseau des Religieuses, issu de la Font-Charles.

Église St-Martial (**BY**) ⓥ – Mentionnée dans une bulle du pape Innocent III de 1212, c'est la seule église ancienne de la ville avec le couvent des Cordeliers. L'élément le plus intéressant reste le **clocher-porche** (35 m), élevé à la fin du 15e s. Les contreforts d'angle, les cordons séparant chaque étage garni de colonnettes engagées, le portail aux voussures prismatiques, la large fenêtre centrale à meneaux et les ouvertures doubles munies de colonnes torsadées forment une composition harmonieuse.
Quelques rues historiques possèdent encore des demeures anciennes : rue Grande, ancienne rue commerçante au Moyen Âge (au n° 35, la plus ancienne maison de Châteauroux, du 13e s.) ; la rue des Pavillons, de la Vieille Prison, des Notaires (grenier à sel du 15e s. au n° 4).

Rue de l'Indre (**AY**) – Ancienne rue des tisserands, des artisans drapiers et des tanneurs. Maisons comportant les lucarnes à poulie des « cardeux ».

Château Raoul (**AY**) – Il a été édifié au 15e s. par Guillaume III de Chauvigny, à l'emplacement d'une forteresse des 12e et 13e s. Restauré à partir de 1880, il évoque plus un élégant hôtel seigneurial qu'un ouvrage défensif. La tourelle octogonale, au

centre, avec sa porte gothique finement sculptée, ses fenêtres à meneaux et à balustrade, donne de l'unité au monument. Du pont sur l'Indre, l'on découvre une vue agréable sur la rivière, la prairie St-Gildas, le château et la vieille ville.
Rue de la Vieille Prison *(à gauche, en sortant de la préfecture)*. La Porte St-Martin (**AY B**) (12e-15e s.) est un vestige des anciens remparts qui enserraient le coteau calcaire sur lequel est bâti le château Raoul.

Église Notre-Dame (**AY**) – Néo-romane, achevée en 1882. Le clocher s'élève à 50 m et le dôme porte une statue de la Vierge en cuivre doré.

Église St-André (**BY**) – De style néo-gothique (1869-1876), flanquée de deux clochers de 60 m, elle a les dimensions d'une cathédrale qu'elle n'est pas, l'Indre faisant partie du diocèse de Bourges. Elle remplace la vieille église St-André, démolie sous la Révolution.

Lycée Jean-Giraudoux – *Sur la route de Déols (avenue de Paris)*. L'écrivain y fit toutes ses études secondaires. La restauration a préservé les vestiges d'un couvent du 18e s.

★FORÊT DE CHÂTEAUROUX

Circuit de 60 km – environ 3 h

D'une superficie de 5207 ha, elle marque la frontière entre les plaines céréalières de Champagne et le bocage du Boischaut. Son histoire est liée à celle des princes de Déols *(voir à ce nom)* et de la seigneurie de Châteauroux : c'est en chassant dans la forêt que les deux fils de Raoul VII, dernier prince de Déols, périrent noyés en 1174 (la chapelle et le prieuré, érigés sur les lieux mêmes du drame, ont disparu au siècle dernier). Propriété des Chauvigny, des Bourbon-Condé, du roi Louis XV, apanage du comte d'Artois, futur Charles X, elle est conservée et agrandie comme bien national à la Révolution.

Châteauroux – *Voir ci-avant.*

Quitter Châteauroux par le Sud en empruntant la D 990. A la sortie de Poinçonnet, prendre sur la droite la D 67.

La route suit la limite Nord de la forêt, où dominent les chênes rouvres. Au carrefour de l'Orangeons, une route forestière *(sans issue)* donne accès au **sentier botanique**, au parcours sportif et à l'aire de pique-nique du carrefour Bertrand.

Revenir au carrefour et prendre sur la gauche la D 40.

Forêt de Châteauroux

Après avoir traversé un sous-bois, la route descend vers les frais bocages annonçant le Boischaut du Sud, puis s'engage dans la riante **vallée de la Bouzanne** dont le tortueux cours d'eau est parsemé d'anciens moulins.

Église d'Arthon – Dédiée à St-Martin, elle fut édifiée au 12e s. Les fresques modernes (1945) décorant les murs ont été inspirées par celles de Vic *(voir à ce nom)*.

A la sortie d'Arthon, prendre sur la gauche la D 45. Au calvaire du Pont au Chat, prendre la direction des Audichons, puis emprunter la route des Bordas.

Par cette jolie petite route, on pénètre enfin dans l'une des plus belles futaies du centre de la France.

Au rond-point du Pin, poursuivre sur la route de Beauregard.

Chapelle Notre-Dame-du-Chêne – Isolée au milieu d'une clairière, d'origine très ancienne et reconstruite en 1862, elle accueille encore de nombreux pèlerinages (lundi de la Pentecôte) et des cérémonies insolites (chasse à courre).

Au carrefour des Druides, prendre sur la droite la route d'Artois.

La route traverse le cœur de la forêt domaniale d'où s'échappent de voluptueux parfums produits par les essences de charmes, de chênes et de hêtres. Au printemps, le sol humide est parsemé d'anémones, de muguets et de violettes.

Au carrefour Picard, prendre vers le Nord-Est la route de Clavières.

Cette route donne accès à l'**étang de Berthommiers** *(carrefour Chandaire)* ; un parcours pédestre permet d'en faire le tour (1 km).

Après avoir franchi l'Indre, prendre la petite route à droite.

Clavières – Les forges, renommées dès le 16e s., se sont éteintes en 1875. En remontant la rive droite de l'Indre, on découvre un petit château au bout d'un agréable lieu de promenade.

Rejoindre la D 943 en direction de La Châtre.

Ardentes – « Alerta » ou « Alerea » sur la table de Peutinger *(voir à St-Marcel)*.

Église St-Martin – Elle remonte à 1117, date à laquelle sa possession fut confirmée à l'abbaye de Déols. De plan crucial ou « bénédictin », fréquent dans tout le Berry, la couverture en berceau brisé de la nef a masqué la croisée d'origine. Le chœur possède d'intéressants chapiteaux (personnages et végétaux formant volutes d'angle). A l'extérieur, beaux portails occidental et surtout Nord : la clef de la voussure supérieure porte la signature, sous forme d'alexandrin entourant un agneau nimbé, d'un certain Hernaud, auteur du portail. Sur l'un des chapiteaux figurant des animaux fantastiques, une femme nue, entourée de crapauds et de serpents, symbolise la luxure.
L'église St-Vincent, du 12e s., a été remaniée au 15e s. Le clocher-porche est une adjonction du siècle dernier.

Quitter Ardente par le Nord-Est en empruntant la D 19.

Église de Sassierges-St-Germain – Cet édifice roman à nef unique (12e s.) possède une abside polygonale du 13e s. et un clocher carré couvert de tavaillons. Les quatre chapiteaux sculptés du portail principal, à l'Ouest, sont apparentés au style de l'abbaye de Déols.

La D 102 jusqu'à Étrechet puis la D 943 ramènent à Châteauroux.

CHÂTILLON-SUR-INDRE

3 262 habitants

Cartes Michelin n° 68 pli 6 ou 238 pli 26

Étagée sur une butte dominant la vallée de l'Indre, Châtillon entremêle ses rues tortueuses, ses ruelles et ses escaliers, bordés de maisons anciennes aux vieux toits. La ville s'anime les jours de marché : sur le vaste champ de foire se tiennent alors des transactions actives portant principalement sur les bestiaux, les produits du terroir et le matériel agricole.

★**Église Notre-Dame (ancienne collégiale St-Outrille)** – Son histoire remonte à Guy, seigneur de Châtillon, qui, à la fin du 11e s., la fonde pour accueillir les reliques de saint Outrille, originaire de la même ville et archevêque de Bourges au 7e s. Dès avant 1112, des chanoines séculiers en assurent le service. La construction paraît avoir commencé au début du 12e s. par le chevet, et se termine par la façade en 1182. Celle-ci est percée d'un portail à quatre voussures, dont l'une est ornée de palmettes et les autres de fleurons. Les chapiteaux des colonnes constituent un ensemble remarquable : animaux fantastiques (harpie, sphinx), colombe se nourrissant de raisins, homme luttant avec des monstres (les vices), Adam et Ève au Paradis, baladin faisant danser un âne et punition de l'usurier. Le pignon Sud est orné de trois reliefs encastrés.
A l'intérieur, l'on admire l'élévation de la nef et le formidable élan des piliers romans soutenant la voûte en berceau. Les chapiteaux de la nef sont ornés de motifs végétaux et de masques (l'un d'eux, à la 1re travée, garni d'oiseaux aux cous entrelacés,

porte une inscription sur le tailloir : « Petrus ianatoris capitellum istud fecit primum » : « Pierre du Portier a fait ce premier chapiteau ») ; ceux du transept sont historiés. L'on reconnaît, de droite à gauche en partant de la nef :

– L'avare tenant une énorme bourse au milieu des flammes de l'enfer.

– Un épisode de la vie de saint Outrille : le saint triomphe du faussaire Bethelenus, piétiné par son cheval avant même le duel («le jugement de Dieu ») ordonné par le roi Gontran.

– Daniel dans la fosse aux lions en compagnie du prophète Habacus.

– Saintes femmes au tombeau.

La croisée du transept, en forme de quadrilatère irrégulier, est couverte d'une voûte angevine du 13e s., remplaçant probablement la coupole primitive. Dans le croisillon Sud, Christ mutilé du 15e s. et Vierge à l'Enfant du 17e s. exposés dans une vitrine. Les chapiteaux du chœur (remarquer les stalles) mêlent les feuillages superposés aux masques humains et aux monstres affrontés. La chapelle des fonts baptismaux date du 15e s.

Château *(l'intérieur ne se visite pas)* – Construit par Pierre de la Brosse au 13e s., il s'appuie sur une terrasse achevée en 1285. La chapelle seigneuriale, avec son abside à cinq pans, remonte elle aussi au 13e s.

Au centre de la ville, la masse imposante de la **« Tour de César »** ⓥ (12e s.), cerclée d'une seconde enceinte de la même époque, cache désormais un château d'eau ; du sommet, agréable panorama sur la ville et la vallée de l'Indre.

La CHÂTRE

4 622 habitants (les Castrais)

Cartes Michelin n° 68 pli 19 ou 238 pli 41 – Schéma p. 117

La capitale du Boischaut Sud est bâtie sur un coteau dominant la vallée de l'Indre, au centre de la « Vallée Noire », pays bocager vert sombre que la « bonne dame de Nohant » *(voir à ce nom)* a illustré dans ses romans. A l'époque gallo-romaine, le bourg principal était Montgivray, déserté lors des invasions barbares. Le coteau, plus facile à défendre, se transforma en camp retranché (« castra »), qui devint La Châtre

CURIOSITÉS

Donjon – « Cette prison de La Châtre, ancienne forteresse des seigneurs de la province, ne consistait plus alors qu'en une formidable tour carrée, noircie par les siècles et plantée sur le roc au revers d'un ravin d'où l'Indre forme un vallon étroit sinueux, riche de la plus belle végétation... » (George Sand, *Les Maupras*). Érigé au 15e s. par Guillaume III de Chauvigny, transformé en prison de 1734 à 1934 il abrite maintenant un musée.

Musée George-Sand et de la Vallée Noire ⓥ – Un bâtiment moderne expose une collection de 3000 oiseaux naturalisés, constituée à la fin du 18e s. et au début du 19e s. par des savants originaires de la Somme. Cette collection inclut des représentants d'espèces éteintes (canard du Labrador, perruche de Caroline, pic à bec d'ivoire) ou menacées d'extinction (nombreux oiseaux aquatiques insulaires ou des forêts tropicales) ; de belles séries de rapaces, d'échassiers, d'oiseaux marins y côtoient une multitude de passereaux. Le 1er étage est consacré à George Sand et rassemble, à travers portraits, caricatures, éditions originales, autographes et de nombreux souvenirs des personnalités qui furent ses amis, une documentation précieuse et très vivante sur l'écrivain. Les autres étages abordent l'art et le folklore dans la « Vallée Noire ».

Église St-Germain – C'est une église moderne. Le porche et la tour se sont écroulés en 1896, emportant avec eux la nef du 12e s. A l'intérieur, les piliers et les chapiteaux romans ont été reconstitués. Une Pietà du 14e s., provenant du couvent des Carmes, repose dans la chapelle de la Vierge, à gauche du chevet ; le tableau de la Pentecôte est de Jean Boucher.

Promenade dans le vieux quartier – Le site de La Châtre, agréablement perché tout en montées et en descentes, invite à découvrir la vieille cité à pied. Parti du square George-Sand, le visiteur longe la mairie, ancienne église du couvent des Carmes (porte sculptée en ogive du 14e s.), et le bel hôtel de Villaines (bibliothèque municipale). A partir de ce point, plusieurs rues sont intéressantes à parcourir : l

place Laisnel-de-La-Salle est bordée par la **« maison rouge »**, décrite dans le roman *André*, belle demeure à pans de bois du 16e s. ; dans son prolongement, la **rue de Bellefond** aligne les portails classiques de ses hôtels particuliers ; sur la place Notre-Dame, une belle **statue** gothique représente la Vierge : elle provient d'une ancienne porte fortifiée qui s'élevait à cet endroit.
Depuis la place de l'abbaye, qui forme une terrasse-belvédère au-dessus de l'Indre, le visiteur descend par les escaliers agrémentés de parterres et atteint le **Pont-aux-Laies**. Ce vieux pont en dos d'âne jeté sur l'Indre offre une vue charmante sur le paysage d'eaux courantes entourant des îles et les anciennes tanneries à auvents et à balcons de bois bordant les rives. L'origine de la dénomination de ce pont est incertaine, comme son orthographe, qui a beaucoup varié : « lais » au sens de moine convert (un prieuré s'étendait à proximité du pont au 18e s.), de route, de dépôt de rivière (ancien français) ; « laie », femelle du sanglier ayant passé avec ses petits...

1 CIRCUIT GEORGE-SAND

75 km – environ 3 h – schéma ci-dessous

Ce circuit permet d'évoquer les paysages qu'elle connut et qui servirent de toiles de fond à ses romans inspirés du folklore berrichon. Si l'on ne sait plus guère aujourd'hui où se cache la Mare au Diable, si le moulin d'Angibault a perdu beaucoup de son caractère, d'autres lieux ont conservé l'aspect qu'ils avaient au siècle dernier. Les paysages aux « teintes vigoureuses et sombres..., les horizons mélancoliques et profonds » que la romancière s'est plu à dépeindre n'ont pas changé.

Quitter La Châtre par le Nord-Est en empruntant la D 940, direction Lignières.

Église du Berthenoux ⓥ – C'est un vaste édifice du 12e s. dominé par un puissant clocher carré surmontant une belle coupole sur trompes. A la croisée du transept, remarquer les chapiteaux ornés de personnages, d'animaux ou de feuillages.

St-Chartier – Intéressante petite église et château (restauré au 19e s.) que l'on peut admirer en parcourant le **parc** ⓥ.

★**Nohant** – *Voir p. 179.*

Vic – *Voir p. 222.*

La D 69 et la D 38 suivent ensuite la verdoyante vallée de l'Indre. C'est dans une clairière, sur le bord de la D 38, que se situerait la Mare au Diable, dont l'un des romans de George Sand porte le nom.

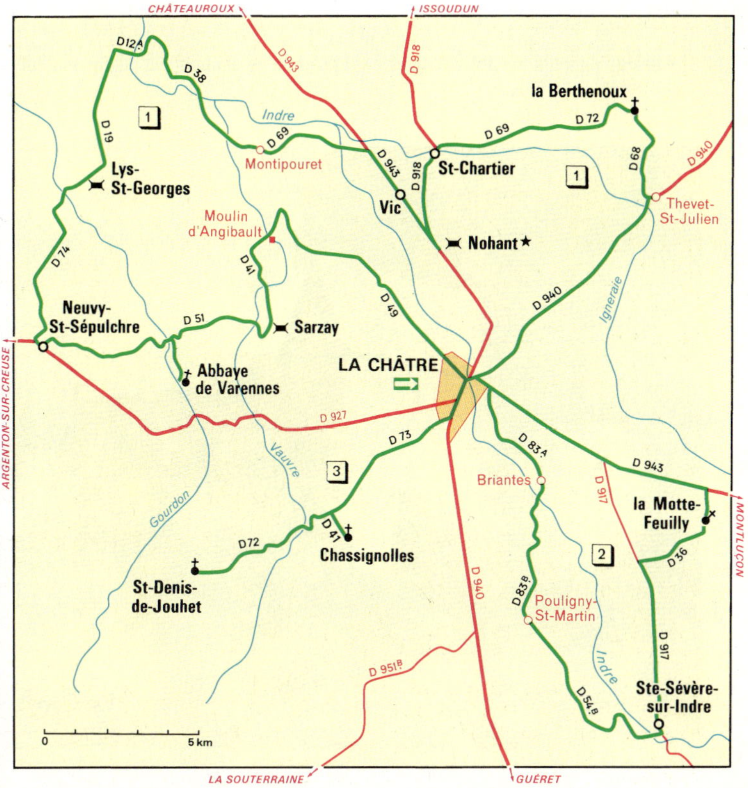

Château de Lys-St-Georges – L'édifice, dont les tours baignent dans des douves, joint à l'aspect sévère d'une forteresse médiévale le charme de la Renaissance. De la terrasse (on peut pénétrer seulement jusqu'à hauteur de la poterne), la vue se porte sur la façade du 15e s. et la vallée du Gourdon.
Après Lys-St-Georges, la D 74 traverse une région de bocage, assez vallonnée.

Neuvy-St-Sépulchre – *Voir p. 178.*

Abbaye de Varennes ⓥ – L'abbaye, fondée en 1148, se situe au bord de la route au milieu d'une dépression bocagère. On peut visiter les bâtiments conventuels du 13e s. L'église (12e s.) est remarquable pour la pureté de son architecture cistercienne. George Sand situe à Varennes quelques épisodes de son roman *Les Beaux Messieurs de Bois-Doré* (1857).

Château de Sarzay – *Voir p. 206.*

Au-delà du **moulin d'Angibault** (en cours de restauration) et qui est établi sur la Vauvre, affluent de l'Indre, emprunter la D 49 qui ramène à La Châtre.

2 HAUTE VALLÉE DE L'INDRE

Circuit de 25 km – environ 1 h 1/4 – schéma ci-avant

Quitter La Châtre par le Sud-Est en empruntant la D 83^A vers Briantes.

Ste-Sévère-sur-Indre – Joliment installée dans un site dominant la vallée de l'Indre, Ste-Sévère a conservé des vestiges de son passé. Sur la place du Marché, on remarque : une porte fortifiée du 15e s., une croix de pierre du 16e s. et une halle du 17e s. Non loin, quelques maisons anciennes portent des tourelles.
Le **parc du château** offre d'agréables promenades autour d'un château du 18e s. (dont la porte est surmontée de deux trophées d'armes) et des restes d'un donjon du 12e s. qui fut repris aux Anglais par Du Guesclin en 1372 ; de la terrasse, belle vue sur les environs, notamment sur la vallée de l'Indre.

La Motte-Feuilly – L'**église** ⓥ abrite le tombeau mutilé de Charlotte d'Albret, épouse de César Borgia. Près de l'église, le château (15e s.), de même que celui de Briantes, est décrit par George Sand dans son roman : *Les Beaux Messieurs de Bois-Doré.*

3 ENTRE COUARDE ET GOURDON

Circuit de 15 km – environ 1/2 h – schéma ci-avant

Quitter La Châtre par le Sud-Ouest en empruntant la D 73 vers le Magny.

Église de Chassignolles ⓥ – Elle est coiffée d'un important clocher-tour ; sur le bras gauche du transept s'ouvre un petit portail Renaissance à fronton armorié.

Église de St-Denis-de-Jouhet – Cet édifice gothique est coiffé d'un clocher couvert de tavaillons. Vitraux des 12e et 13e s.

Lys-St-Georges – Poterne du château

COLLONGES-LA-ROUGE★★

379 habitants

Cartes Michelin n° 75 Sud pli 9 ou 239 Sud pli 26 – 20 km au Sud-Est de Brive

Schéma p. 101

Collonges-la-Rouge, bâtie en grès pourpre, dresse ses gentilhommières, ses vieux logis et son église romane dans un paysage déjà quercynois de garennes parsemées de genévriers, de noyeraies et vignobles. Le village s'est développé au 8e s. autour de son église et de son prieuré qui dépendait de la puissante abbaye poitevine de Charroux. Au 13e s., elle obtient les franchises et les libertés de la vicomté de Turenne dont elle fait partie *(voir à ce nom)*, puis devient au 16e s. le lieu de villégiature privilégié des grands fonctionnaires de la vicomté qui font construire les charmants manoirs et logis, flanqués de tours et de tourelles, qui contribuent à l'originalité de Collonges.

Une indéniable harmonie émane de la cité, sans doute liée à l'utilisation exclusive de matériaux traditionnels dans la construction et au jeu des proportions et correspondances entre les différentes catégories d'édifices.

Circulation automobile interdite dans le village en été. Utiliser le parking de l'ancienne gare.

VISITE

Partir de l'ancienne gare.

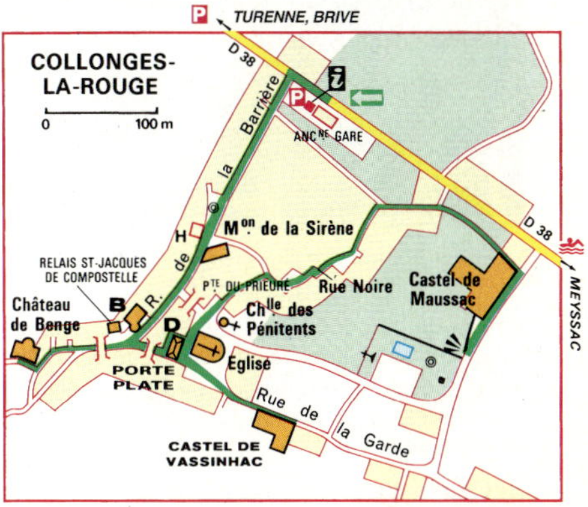

B Hôtel des Ramades de Friac **D** La halle

Maison de la sirène – Coiffée d'un joli toit de lauzes, cette maison du 16e s. à encorbellement, précédée d'un porche, est ornée d'une sirène qui tient un miroir d'une main et un peigne de l'autre. Un intérieur collongeais d'autrefois y a été reconstitué. Plus loin, une porte de style ogival marque l'accès du prieuré bénédictin qui fut détruit à la Révolution.

Hôtel des Ramades de Friac (**B**) – Cette gentilhommière, surmontée de deux tourelles, était l'ancienne maison de ville de la puissante famille dont elle porte le nom. Au-delà du Relais de St-Jacques-de-Compostelle – dont le nom rappelle que Collonges fut une étape du fameux pèlerinage , on franchit un passage couvert peu après lequel, dans une ruelle, se dresse à droite, une vieille demeure à tourelle.

Château de Benge – Se détachant sur un fond de peupliers et de noyers, ce fier manoir dresse ses tours et tourelles et s'orne d'une gracieuse fenêtre Renaissance. Les seigneurs de Benge régnèrent sur le vignoble réputé de Collonges, jusqu'à sa destruction par le phylloxera.

Porte Plate – Appelée ainsi parce qu'elle a perdu ses tours, cette porte faisait partie de l'enceinte fortifiée qui protégeait l'église, le cloître et les bâtiments du prieuré.

La halle (**D**) – Présentant une charpente supportée par de robustes piliers, la halle aux grains abrite aussi le four banal.

Église – Elle date des 11e et 12e s., mais elle a été fortifiée au cours des guerres de Religion au 16e s. Le grand donjon carré fut alors pourvu d'une salle de défense communiquant avec un chemin de ronde et le tympan mis hors d'atteinte dans le nouveau pignon de la façade. Il retrouva sa place d'origine en 1923.

★ **Le tympan** – Sculpté au 12e s. dans le calcaire blanc de Turenne, il surprend au milieu de tout ce grès rouge. C'est probablement une œuvre des sculpteurs de l'école toulousaine qui ont voulu représenter ici l'Ascension (ou peut-être la parousie, le retour du Christ à la fin des temps). Au registre supérieur, le Christ parmi les anges apparaît nimbé, tenant d'une main l'Évangile et bénissant de l'autre ; au registre inférieur, la Vierge attristée est entourée des 11 apôtres commentant ce prodige. Ce tympan est bordé par un arc brisé décoré d'un fin cordon d'animaux.

★ **Le clocher** – Avec ses deux étages carrés ajourés de baies en plein cintre, surmontés de deux étages octogonaux flanqués de gâbles, ce clocher du 12e s. est un bon exemple de style roman limousin.

Intérieur – Au 12e s., l'église présentait un plan cruciforme autour de la croisée du transept surmontée d'une coupole elle-même emboîtée dans le clocher. Celui-ci repose sur des piliers du 11e s. Des chapelles latérales ont été ajoutées aux 14e et 15e s. ainsi qu'une seconde nef de style flamboyant.

Collonges-la-Rouge – L'église

★**Castel de Vassinhac** – Cette élégante demeure appartenait à Gédéon de Vassinhac, seigneur de Collonges, capitaine gouverneur de la vicomté de Turenne. Construit en 1583, ce castel, hérissé de grosses tours et de tourelles à poivrières, est percé de fenêtres à meneaux, mais ses échauguettes et ses meurtrières témoignent de sa fonction défensive.

Ancienne chapelle des Pénitents – Élevée au 13e s., elle a été aménagée au 17e s. lors de la contre-Réforme, par la famille de Maussac.

Rue Noire – Elle traverse le quartier le plus ancien de Collonges dont les maisons construites en retrait les unes des autres, s'ornent de tourelles et de tours et s'habillent de glycines et de treilles.

Castel de Maussac – Cet édifice à tourelle est précédé par un portail à auvent ; une échauguette fait saillie sur une tour carrée dominée par une lucarne. Ce petit castel abrita avant la Révolution le dernier membre de la famille des Maussac qui, émigré en Italie, devint l'aumônier de la princesse Pauline Borghèse.
En poursuivant un peu plus au Sud dans la rue, on a une jolie **vue**★ sur Collonges, le castel de Vassinhac et le clocher.

Vallée de la CORRÈZE★

Cartes Michelin n° 75 plis 8, 9 ou 239 plis 26, 27

Née à l'Ouest de Meymac, dans les landes de Bonnefond à presque 900 m d'altitude, la Corrèze traverse le massif des Monédières et creuse une profonde vallée dans les granits. Artère principale du département auquel elle a donné son nom, elle arrose Tulle et Brive avant de grossir les eaux de la Vézère.

LA HAUTE VALLÉE

Circuit de 110 km – environ 4 h

Tulle – *Voir p. 209.*

La route suit la rive droite de la Corrèze, et dès la sortie Sud de la ville passe auprès du « champ des Martyrs », monument commémorant le massacre par pendaison de 99 jeunes hommes à Tulle les 8 et 9 juin 1944.
Bientôt, la vallée se resserre entre de hauts versants boisés parsemés de rochers. Sur la rive droite sont exploitées de nombreuses carrières de gneiss.

Continuer la N 89, direction Brive.

Cornil – Une tour carrée de quatre étages érigée au-dessus du village, seul vestige d'un château, jouxte l'église romane. Une jolie vue permet de voir en contrebas un méandre de la Corrèze épouser la partie escarpée de l'éminence.

Au village prendre la D 48E.

Parc du Coiroux – *Voir p. 99.*

A la sortie du Coiroux, prendre à gauche la D 48.

Ste-Fortunade – Un agréable petit parc avec pièce d'eau encadre un château du 15e s., très restauré, qui accueille sous son toit la Mairie. A côté, l'église romane de St-Martial abrite (à gauche en entrant) le **chef reliquaire**★ de Ste-Fortunade. Œuvre du 15e s. en bronze, ce charmant visage au front bombé, aux yeux baissés, frappe par l'originalité de son expression, la finesse de ses traits et la grâce de son attitude.

Reprendre la D 940 sur 1 km, puis tourner à gauche pour emprunter la D 1.

★**Gimel-les-Cascades** – *Voir p. 139.*

Prendre la D 53 vers Touzac.

La route longe sur 800 m la partie méridionale de l'**Étang de Ruffaud.** Dans un cadre reposant où les pins, les bouleaux et les chênes apportent une note romantique, un lieu de baignade est aménagé.

3,5 km plus au Nord, l'**Étang de Brach** dispose d'une base Nautique.

Continuer la D 26 jusqu'à la Gare de Corrèze, puis prendre à droite la N 89 direction Égletons.

Puy de Sarran – Une route étroite et cahotante, bordée de sapins, grimpe sur 1,5 km jusqu'à ce mont de 820 m. Au sommet, deux croix encadrent un imposant calvaire. A leur pied, on peut découvrir une vue surprenante sur les monts pelés avoisinants.

Du village de Sarran, reprendre la D 135 sur 1 km, puis emprunter à droite la D 142 en direction de St-Augustin.

Le Tourondel – Ce charmant petit village possède un coquet petit château, ainsi qu'un four à pain. Celui-ci est logé dans un abri au toit de chaume qui accueille également divers instruments liés à la vie paysanne locale.

Au bout de la D 142, prendre à gauche la D 26.

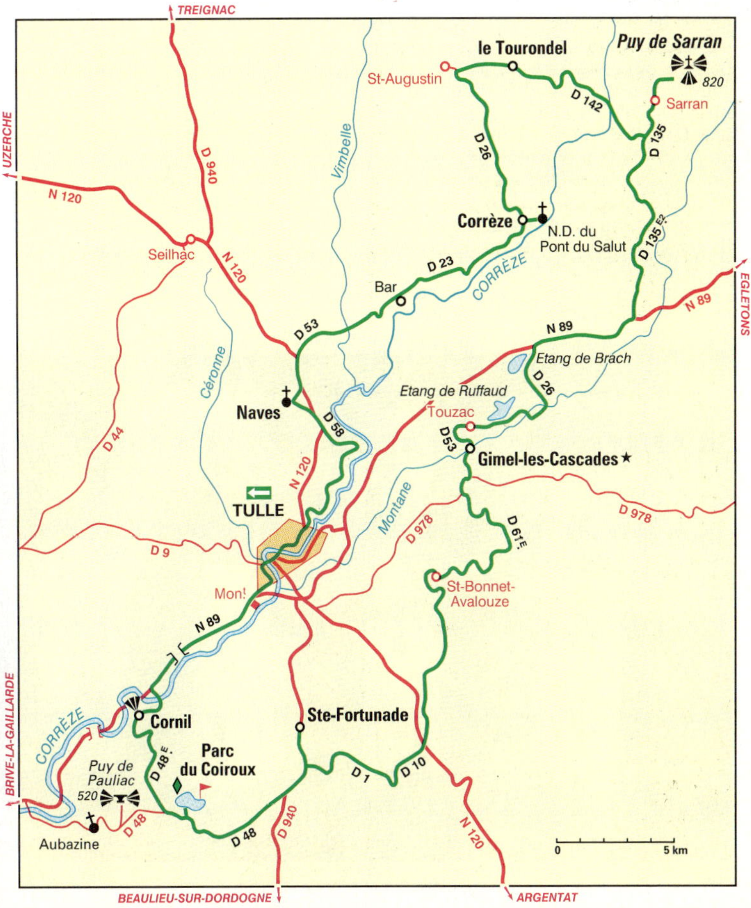

Corrèze – Ce vieux bourg accole ses pittoresques maisons de granit aux toits de fines ardoises, autour de son église massive (15e s.) que précède la porte Magot, vestige des fortifications qui entouraient jadis le village.

A quelques centaines de mètres, le site de la **chapelle N.-D. du Pont du Salut** est particulièrement agréable : le petit édifice se blottit entre les rochers et la Corrèze qu'enjambe un vieux pont.

Prendre la D 23 vers Bar.

La route sinueuse dégringole à travers bois et prairies. Le village de **Bar**, juché sur un promontoire, domine les vallées de la Vimbelle et de la Corrèze.

Église de Naves – Cet édifice du 15e s., flanqué d'une tourelle fortifiée, abrite un **retable**★ monumental en noyer sculpté. Deux lectures s'éclairent mutuellement : l'une verticale, centrée sur le Christ ; l'autre, horizontale, sur l'église, fondée sur l'apôtre Pierre auquel elle est dédiée.

Prendre la D 58, puis à droite la N 120. Après avoir parcouru 750 m, tourner à gauche pour retrouver la D 58.

La route plonge en virages successifs vers la Corrèze que l'on suit à main gauche jusqu'à Tulle.

COUSSAC-BONNEVAL★

1 447 habitants

Cartes Michelin n° 72 plis 17, 18 ou 239 pli 13 – 11 km à l'Est de St-Yrieix

Dans un paysage typiquement limousin, où les prairies coupées de petits ruisseaux alternent avec les haies vives et les taillis de châtaigniers, le château de Bonneval dresse, sur une hauteur dominant le village de Coussac, ses tours à mâchicoulis.
C'est le berceau d'une famille dont plusieurs membres ont joué un rôle éminent dans l'histoire : mais, de tous, Claude-Alexandre de Bonneval connut le destin le plus extraordinaire.

Achmet-Pacha – Né en 1675 au château de Bonneval, Claude-Alexandre manifeste très tôt son goût pour le métier des armes. D'abord marin, il se distingue sous les ordres de son parent, le maréchal de Tourville ; à la tête d'un régiment d'infanterie, il prend part, de 1701 à 1706, aux campagnes d'Italie. Son tempérament bouillant le porte à offrir ses services à l'empereur d'Autriche. Promu général autrichien, il se couvre de gloire aux côtés du prince Eugène dont il devient l'ami et le confident.
Absous, il revient en France en 1717 et se marie avec Judith de Biron ; huit jours plus tard, il quitte sa femme et sa patrie pour guerroyer de nouveau pour le compte de l'Autriche. Un différend avec le prince Eugène le rejette dans une demi-disgrâce. Une équipée le conduit à Corfou et de là en Dalmatie, partie intégrante de l'Empire ottoman. Pour faire carrière à Constantinople, il lui faut se convertir à l'islamisme ; il met ses talents au service du sultan, réorganise l'armée turque avec laquelle il obtient d'éclatantes victoires sur les Autrichiens.
Général d'artillerie, il devient Achmet-Pacha et son titre de « pacha à trois queues » lui donne la préséance sur les pachas ordinaires. Mais malgré toutes ses tentatives, il ne revoit jamais la France et meurt à Constantinople.

Coussac-Bonneval – Le château

CURIOSITÉS

★**Château** ⓥ – Construit au milieu du 14e s., le château a subi quelques remaniements intérieurs aux 18e et 19e s. Il présente un plan quadrangulaire, avec une cour intérieure.
Les tours d'angle sont couronnées de mâchicoulis et coiffées de toits en poivrière ; le donjon et la « tour du Diable » sont accolés à une tour.
L'intérieur renferme un ameublement d'époque allant de la Renaissance au Directoire, des tapisseries remarquables, des boiseries Louis XVI.
Des portraits, des gravures et d'intéressants documents rappellent le souvenir de Bonneval-Pacha.

★**Lanterne des morts** – Cette imposante lanterne des morts date du 12e s., elle a été restaurée au 14e s. Elle marquait jadis l'entrée du cimetière. La petite porte permettait d'introduire une lampe qu'on hissait jusqu'au lanternon ajouré et surmonté d'une croix. La lumière qui brillait symbolisait l'hommage rendu aux morts autant que l'avertissement donné aux vivants ; de plus elle servait de point de repère au voyageur égaré la nuit.

Église – Petit édifice du 12e s., remanié au 15e s., l'église possède des restes de fresques (dans le croisillon à droite), un bas-relief en bois polychrome du 16e s., une Pietà et une toile de Lebrun, *Dieu le Père* (17e s.).

Vallée de la CREUSE★

Cartes Michelin n° 68 pli 18 ou 238 plis 39, 40

En quittant les granites du Massif Central, la Creuse se taille, entre Fresselines et Argenton, une pittoresque vallée. La succession de ses perspectives agrestes ou sauvages, les ruines grandioses qui jalonnent ses rives, les souvenirs artistiques et littéraires qui lui sont attachés contribuent à l'attrait de sa visite.
La Creuse coule presque toujours au fond d'un ravin, justifiant ainsi son nom. De nombreux ruisseaux du plateau de Millevaches la forment à 900 m d'altitude ; en une succession de gorges rocheuses et d'étroits bassins, elle trace alors un vaste arc de cercle, arrosant les vieilles cités de Felletin, d'Aubusson et de Moutier-d'Ahun.
A Fresselines, elle reçoit l'appoint de la Petite Creuse et commence son cours héroïque. La retenue du barrage d'Éguzon s'allonge sur 17 km, puis les gorges reprennent jusqu'à Argenton. En aval de cette ville, la vallée de la Creuse s'élargit et la rivière assagie rejoint la Vienne après un voyage de 240 km.

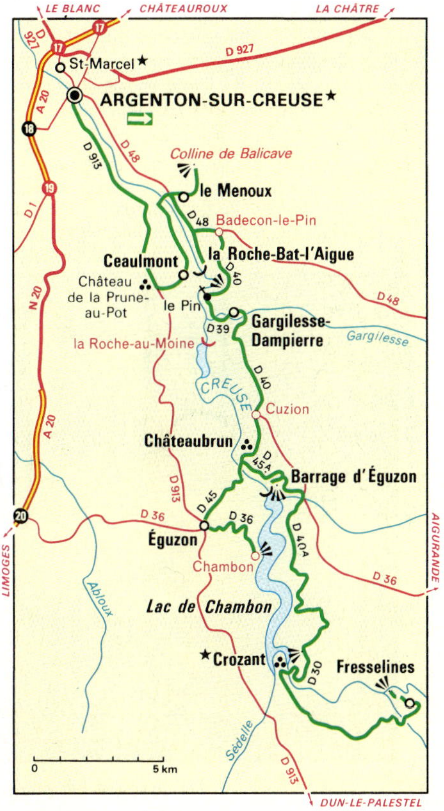

Les premiers hommes – L'occupation de la vallée est ancienne : les premiers vestiges de peuplement humain remontent à un million d'années (campement de chasseur de Lavaud à Éguzon-Chantôme, *voir à St-Marcel*). La présence de nombreux mégalithes, le rôle considérable de la vallée pour la diffusion du silex du Grand-Pressigny (Indre-et-Loire, *voir guide Vert Michelin Châteaux de la Loire*) et l'existence, aux âges des métaux, d'éperons barrés par des remparts de pierres sèches (Crozant, Le Pin) confirment l'importance de cette voie d'échange pour les populations préhistoriques. Les conditions climatiques favorables dont elle a toujours bénéficié par rapport aux plateaux environnants en ont fait un refuge pour de nombreuses espèces animales, et un lieu de passage obligé pour les troupeaux de chevaux et de rennes, que les chasseurs du Magdalénien guettaient du haut de leurs cavernes, remarquables affûts de chasse.

Les peintres – Les rochers accrochés aux flancs de la vallée de la Creuse, les villages pittoresques et les ruines romantiques qui surplombent ses rives ont exercé un puissant attrait sur les artistes. Crozant, Fresselines et Gargilesse ont été les lieux de prédilection de toute une colonie de peintres : Théodore Rousseau, Dupré, Osterlind, Troyon, Claude Monet, Léon Detroy, Didier Pouget, Henri Jamet, Fernand Maillaud, Armand Guillaumin ont tous été séduits par la beauté des sites et les tons changeants des coteaux qui bordent la rivière.

Les écrivains – C'est à **George Sand** que revient l'honneur d'avoir fait connaître la Creuse, qui a servi de cadre à nombre de ses romans. « C'est peut-être la plus belle rivière du monde que la Creuse au mois d'avril », dit-elle dans *Laura*. Dans les *Promenades autour d'un village*, George Sand retrouve au bord de la Creuse les beautés de la montagne : « Elles y sont discrètement cachées et petites de proportions, il est vrai, mais vastes de courbes et de perspectives et infiniment heureuses dans leurs mouvements souples et fuyants... »
Le poète Maurice Rollinat et Gabriel Nigond – écrivain du terroir – ont chanté le charme de la Creuse, ses manoirs et ses brandes mélancoliques, égayées à l'automne de leur changeante parure de genêts et de bruyères.

D'ARGENTON-SUR-CREUSE A FRESSELINES

75 km – environ 3 h – schéma ci-avant

★**Argenton-sur-Creuse** – *Voir p. 56.*

Quitter Argenton par ③ du plan.

Dès la sortie de la ville, la route longe la rivière et suit la vallée de la Creuse, région vallonnée où les fermes sont isolées au milieu de cultures et de pâturages.

Ceaulmont – Doit son nom à sa position dominante. Ruines du **château de la Prune-au-Pot** ⓥ, où Henri IV séjourna lors du siège d'Argenton (1589). A droite de la route, dans un pré, la belle petite église romane St-Saturnin est construite au bord d'un éperon. En la contournant par la droite, on a une belle **vue**★ sur une boucle de la Creuse et, au loin, sur les plateaux de la Marche et de Combraille.

Le Menoux – Village dominant la Creuse (beaux points de vue depuis la colline de Balicave), jadis fameux pour ses vins ; demeures de vignerons et entrées de caves. L'église, du 19e s., est décorée de fresques du peintre bolivien G. Carasco.

Poursuivre la petite route qui descend vers la Creuse que l'on franchit au premier pont vers Le Menoux.

Au cours d'une montée sinueuse, prendre à droite une très agréable route étroite qui conduit au petit barrage de La Roche-Bat-l'Aigue, en suivant de très près la Creuse.

La Roche-Bat-l'Aigue – Un barrage, un déversoir et un plan d'eau s'inscrivent dans la vallée, à cet endroit encaissée entre des rochers et de hauts versants boisés.

Faire demi-tour jusqu'à Badecon-le-Pin.

A la sortie des Chocats, on découvre une très belle **vue**★ sur la **« Boucle » du Pin**, large méandre décrit par la Creuse dans un cirque de collines et de rochers ; à l'intérieur de la boucle, en contrebas de la route, s'inscrivent des bois, tandis qu'en face, perchée sur un promontoire, se dresse l'église romane de Ceaulmont, dominant le village, ses prairies soulignées de haies vives et ses champs.

Boucle de la Creuse

Après **le Pin** (église des 12e et 13e s.), la route, très pittoresque, descend dans les gorges de la Creuse et s'engage dans la riante vallée de la Gargilesse avant d'atteindre Gargilesse-Dampierre.

Gargilesse-Dampierre – *Voir p. 139.*

Châteaubrun – Dans un site pittoresque dominant la vallée se dressent les puissantes tours de Châteaubrun, forteresse construite au 12e s. par Hugues de Lusignan, dit le Brun. Convertie en carrière de pierre en 1817, une restauration abusive, à la fin du siècle dernier, ajouta des mâchicoulis ; le donjon, du 13e s., atteint une hauteur de 30 m. George Sand s'est inspirée de ce cadre farouche pour écrire deux de ses romans : *Le Péché de Monsieur Antoine* et *Les Maupras.*

Franchir la Creuse à Pont-des-Piles.

Éguzon – Ancienne petite ville fortifiée. Rue Athanase-Bassinet, les vieux métiers de la région, la vie quotidienne et la construction du barrage sont évoqués dans le **musée de la Vallée de la Creuse** ⓥ.

Lac de Chambon – Dans un joli site, ce large plan d'eau de la retenue du barrage d'Éguzon est un cadre agréable pour la pratique des sports nautiques.

Revenir à Pont-des-Piles, franchir la Creuse et prendre la D 45A à droite.

Il conduit, au-delà de l'usine électrique, à proximité du belvédère aménagé au-dessus de la retenue d'Éguzon.

Barrage d'Éguzon – Mis en service en 1926, c'est l'un des premiers grands barrages construits en Europe. Sa hauteur est de 61 m, la longueur de la crête de 255 m, pour une capacité moyenne de 120 millions de kWh. La présence de la retenue, qui se développe sur 17 km jusqu'au confluent de la Sédelle et de la Creuse, où elle enserre les ruines du château de Crozant, a profondément modifié l'aspect de la vallée.
Du belvédère aménagé en amont – auquel on accède de la D 45A sur la rive droite –, on découvre une très jolie vue sur le **site★** du barrage, sur la retenue ou lac de Chambon qui s'inscrit dans un cadre de collines et de rochers, tandis qu'en aval resurgit la vallée de la Creuse.
La Creuse apparaît encore du lac de Chambon et tout au long de la montée pittoresque sur Crozant.

★**Ruines de Crozant** – *Voir p. 127.*

Fresselines – C'est là que travailla le poète Maurice Rollinat *(se reporter à l'Introduction).* De l'église, un sentier rocailleux mène au confluent des deux Creuses *(1/2 h à pied AR)*, dans un site pittoresque.

CROCQ

674 habitants (les Crocquants)

Cartes Michelin n° 73 Nord-Est du pli 11 ou 239 pli 17 – 20 km à l'Est de Felletin

Bien groupée sur une butte que dominent les silhouettes de deux robustes tours et d'une église, cette petite cité médiévale aux rues pavées, jadis cernée de remparts, est située au cœur d'une agréable région de bois, de prairies et d'étangs.
Ancienne dépendance de l'Auvergne, Crocq formait avec Auzances *(voir à ce nom)* au Nord-Est et Herment au Sud-Est un redoutable triangle de fortifications chargées de contrôler la route Clermont-Limoges. Face à la haute cité de St-Georges-de-Nigremont *(voir ci-après)*, elle serait la première place forte à pouvoir repousser une attaque venue du Limousin.
C'est de cette bourgade que serait partie, au 17e s., la révolte paysanne des **« Croquants »**.

Chapelle Notre-Dame-de-la-Visitation – Fondé à la fin du 12e s., ce petit édifice roman a été profondément remanié aux 15e et 16e s., puis restauré au 19e s. Outre son clocher-mur, il est coiffé d'une lanterne des morts du 12e s., utilisée en remploi. A l'intérieur, un remarquable **triptyque★** de bois peint a été installé en 1995 sur le mur Nord. Cette œuvre, conçue vers 1530, relate en sept panneaux la vie de saint Éloi. Au revers des volets, on peut remarquer, dans la composition de la Cène, la présence insolite d'une fourchette (l'emploi de ce couvert ne fut généralisé qu'au 17e s.).

Tours de l'ancien château ⓥ – Reliées par une courtine, elles sont les seuls vestiges d'un château fort construit dans la deuxième moitié du 12e s. et qui tomba en 1356 sous les assauts des troupes du Prince Noir. Récemment restaurées, les tours ont été aménagées d'escaliers permettant l'accès à la **table d'orientation** de la tour Est. Disposée en boucle, celle-ci seconde parfaitement un remarquable **panorama★★** : la Combraille au Nord, les monts Dômes d'où émerge le Puy de Dôme à l'Est, les monts Dore et leur sommet du Sancy au Sud-Est, le plateau de Millevaches au Sud-Ouest.

Crocq – Vue générale

★LE SUD DU PAYS DE FRANC-ALLEU

Durement éprouvée par la guerre de Cent Ans, la région reçut à partir de 1426, en guise de compensation, le droit d'être exemptée de toute charge et de redevance (l'alleu).

Circuit de 45 km – environ 2 h 1/2

Crocq – *Voir ci-avant.*

Quitter Crocq par le Sud en empruntant la D 966. Après avoir longé le stade, prendre sur la gauche en direction des Dimpoux et garer la voiture à Laval.

Un agréable sentier bordé de hêtres et de sapins débouche sur une lande jonchée de fougères. Après 1 km, on découvre, sous un petit bois, le **dolmen d'Urbe**.
On peut revenir à Laval en poursuivant le chemin qui, au bout de 250 m, ramène sur la route.

En revenant vers la D 966, la route offre une belle vue sur Crocq.

Au carrefour, tourner à gauche sur la D 966.

Après 2 km au cœur de la forêt d'Urbe, une petite route donne accès, sur la droite, à l'**église de Montel-Guillaume** qui renferme de curieuses statuettes polychromes.

Revenir sur la D 966 puis après 1 km, prendre sur la droite la D 29.

A St-Agnant-près-Crocq, suivre la D 31 qui rapidement serpente entre des étangs dont celui de la Motte, niché dans un site bucolique. A proximité, on aperçoit le **château du Theil** *(ne se visite pas)*, édifice du 15e s. bien abrité derrière le mur du parc.

A Magnat-l'Étrange, prendre au Nord sur la D 90.

St-Georges-Nigremont – Aux confins de la Montagne limousine et du plateau de Millevaches, St-Georges-Nigremont occupe le sommet d'une butte (le « Nigers Mons » des textes latins), en face de laquelle un oppidum gaulois a été découvert. La cité fut un important centre administratif et religieux sous les dynasties mérovingienne et carolingienne. De la terrasse proche de l'église, un vaste **panorama** (table d'orientation) s'étend au Nord-Est sur Crocq et au-delà sur les collines de Combraille ; au Sud-Est en direction des monts d'Auvergne.

Poursuivre sur la D 90 puis prendre, sur la droite, la D 10. A Pontcharraud, emprunter au Sud-Est la D 21 sur 7 km, puis prendre sur la gauche la D 28.

La route ramène à Crocq en passant près du hameau de Naberon qui abrita jadis une commanderie de Malte.

Vous prendrez plus d'intérêt à la visite des monuments si vous avez lu en introduction le chapitre sur l'art.

Ruines de CROZANT*

Cartes Michelin n° 68 pli 18 ou 239 pli 40 – Schéma p. 123

Le **site** de Crozant, au confluent de la Creuse et de la Sédelle, sur un éperon long et étroit à l'arête aiguë et déchiquetée, offre un impressionnant tableau défensif qui lui a valu le surnom de « clef du Limousin ».

C'est en arrivant par la D 30, à l'Est, que se révèle brusquement la vue la plus spectaculaire sur Crozant, les ruines du château et la vallée de la Creuse qui se fraie un chemin au fond des gorges. La vue se développe au cours de la descente jusqu'à hauteur du pont.

L'origine de la fondation de cette place forte remonte vraisemblablement au haut Moyen Âge. Un document des alentours de l'an mille mentionne un certain Gérald de Crozant, seigneur de Bridiers. A cette époque, le château n'était encore qu'une construction de bois. C'est au 13e s. que le comte de La Marche, Hugues X de Lusignan, époux d'Isabelle d'Angoulême, le renforça et qu'il prit alors l'allure d'une énorme forteresse. Celle-ci s'étendait sur une longueur de 450 m et ses remparts, le long desquels s'échelonnaient dix énormes tours (six du côté de la Creuse et quatre du côté de la Sédelle), se développaient sur plus d'un kilomètre.

Fort de sa position, Hugues X se révolta contre Blanche de Castille puis contre Saint Louis. Crozant tomba finalement aux mains des troupes royales, tandis que le comte et son beau-père et allié Henri III d'Angleterre étaient vaincus à Saintes en 1242. Le roi de France prenait possession du château pour huit ans, à charge pour Hugues X d'en assumer les frais de garde et d'entretien. Plusieurs milliers d'hommes pouvaient tenir garnison dans cette citadelle qui, un siècle plus tard, en 1356, résista victorieusement aux assauts du Prince Noir.

En 1436, le château passa des Bourbons aux Armagnacs. Charles VII le fit réparer mais Louis XI le confisqua avec tout le comté, pour le céder à nouveau aux Bourbons. La trahison du Connétable entraîna, en 1527, une confiscation définitive. La violence des guerres de Religion et le tremblement de terre de 1606 ébranlèrent sérieusement la forteresse, si bien qu'en 1640, lorsque Louis XIII la vendit à Henri de St-Germain, il ne restait que des ruines.

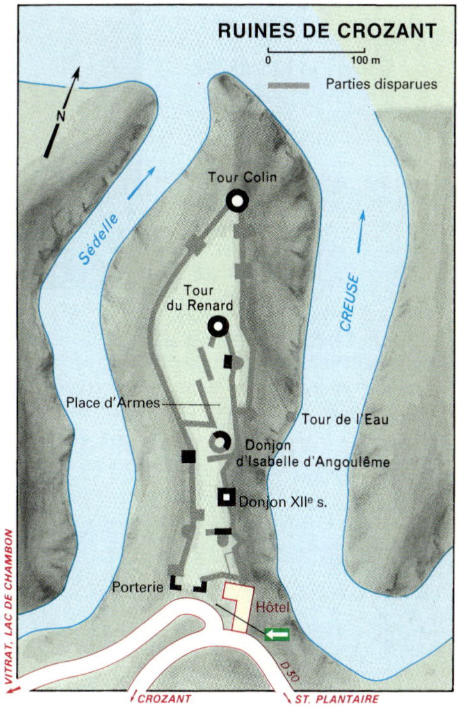

VISITE ⊙

Autrefois, après avoir franchi la porterie datant de Charles VII, on pénétrait dans une première cour. Le donjon carré, situé dans la seconde cour, représente le château du 12e s. : il mesure 13 m de côté et n'a pas de contreforts.

Transformé aux 13e et 15e s., il avait trois étages et servait de logis seigneurial ; il était entouré d'une enceinte de courtines. Une pente rapide mène à la troisième cour : c'est la partie à deux enceintes, édifiée par Hugues X.

Sur l'arête rocheuse, on aménagea une plate-forme de 18 m sur 120, qui devint la place d'armes.

Le donjon d'Isabelle d'Angoulême se dressait sur une éminence de 5 m de haut, il n'en reste que la base. D'autres tours s'avancent jusqu'à l'extrémité du promontoire où s'élève la tour Colin dont seul le rez-de-chaussée subsiste.

PROMENADES EN VEDETTE ⊙

Excursions sur la retenue du barrage d'Éguzon *(voir la rubrique des Renseignements pratiques en fin de guide).*

CULAN★

932 habitants

Cartes Michelin n° 69 pli 11 ou 238 pli 42 – Schéma p. 189

Étape de la Route Jacques-Cœur, la puissante forteresse féodale de Culan domine les gorges de l'Arnon de ses hautes tours rondes surmontées de hourds de bois.
C'est de la D 943, route de Montluçon, à hauteur du pont enjambant la rivière, que l'on découvre la meilleure vue du **site★** du château : émergeant d'une végétation touffue, l'austère façade, égayée seulement par de nombreuses fenêtres à meneaux, s'accroche au roc dominant le ravin et la route.

Château ⏲ – Prise par Philippe Auguste en 1188, la forteresse a été reconstruite et, au 15e s., transformée. A cette époque, elle devait avoir 300 m de murailles enfermant un espace de 3 000 m². L'amiral de Culant, vaillant serviteur de Jeanne d'Arc, eut le bonheur de l'accueillir en sa demeure en novembre 1429. Le roi Louis XI y séjourna en mai 1465. Acheté par Sully qui le revendit au prince de Condé, le château passa ensuite aux mains de Michel Le Tellier, père du ministre Louvois.

Culan – Le château

Intérieur – Sa visite révèle plusieurs pièces de différentes époques : la chambre de l'amiral de Culant (coffre gothique à décor en plis de serviette) ; le cabinet des archives (coffre de guerre à sept pênes) ; quatre salles de guet permettant de découvrir les hourds ainsi qu'une belle charpente à trois niveaux en étoile, dans l'une des salles : diorama sur la Fronde et le siège du château ; le salon rouge (tapisserie d'Aubusson du 18e s.) ; la chambre de George Sand ; la salle des intendants de Sully, grande salle pourvue d'une cheminée.
Après la visite, on se rendra à l'extrémité de la terrasse, d'où l'on découvre une vue agréable sur la vallée de l'Arnon.

Église ⏲ – Ancienne chapelle castrale, l'église au massif clocher-porche a gardé de la période romane un portail et une crypte, le reste date du 15e s.

CUREMONTE

203 habitants

Cartes Michelin n° 75 Nord du pli 19 ou 239 pli 38 – 15 km à l'Ouest de Beaulieu

Curemonte impose au loin la silhouette de ses remparts, de ses fiers châteaux et de ses nobles maisons aux toits de tuiles plates, grâce au **site★** dominant qu'il occupe. Son existence est attestée dès 860. C'est au 11e s. qu'il prend son essor, passant bientôt dans la mouvance des vicomtes de Turenne.
Colette séjourna dans ce paisible village pendant la Seconde Guerre mondiale et y écrivit le *Journal à rebours.*

Le tour des remparts – *Partir de la halle, près de l'église, où se trouve exposé un plan.* Sous la halle, au-dessus d'un socle, remarquer le fût de calvaire sculpté de 12 bas-reliefs du 16e s. ayant pour thème la vie de Jésus. Au-delà, sur la droite, petit château de La Johannie, du 15e s., et belle maison à tourelle bâtie un siècle plus tard.

Église ⏲ – Elle a gardé son clocher à peigne protégé par un auvent et renferme un maître-autel avec un retable peint daté de 1672, ainsi que deux autres autels des 17e et 18e s.

Prendre à droite derrière l'église.

L'enceinte aux tons chauds flanquée de bastions à poivrières protège le **château de Plas** (tours rondes – 16e s.) et le **château St-Hilaire** (tours carrées à mâchicoulis – 14e s.) qu'on longe successivement, tandis que de l'autre côté de la rue s'élèvent plusieurs « maisons nobles » à tourelles, des 16e et 17e s.
Place du Château où se voient encore plusieurs maisons anciennes, tourner à gauche en suivant les remparts ; cet itinéraire de retour dégage de belles vues vers le causse de Martel et le Périgord Noir.
Au-delà de la halle, sur la droite, petit **château de La Johannie**, demeure du 15e s.
A 1,5 km du bourg, la chapelle romane de La Combe (11e s.) abrite des expositions.

DÉOLS

7 875 habitants
Cartes Michelin n° 68 pli 8 ou 238 pli 28

Cette ville très ancienne conserve les vestiges d'une fameuse abbaye.

Déols, berceau de Châteauroux – Actuellement faubourg de Châteauroux, la ville de Déols lui est cependant très antérieure. Cité gallo-romaine, elle fut au 4e s. un des premiers foyers chrétiens du Berry. Une personnalité la dominait alors : le sénateur Léocade, protecteur de l'église de Bourges *(voir à ce nom)*. Avec son fils Ludre, décédé peu après son baptême, ils furent canonisés et leurs tombeaux, que l'on voit encore *(voir ci-après)*, devinrent l'objet d'une grande vénération. En 470, une terrible bataille livrée devant Déols assura la possession du Berry aux Wisigoths d'Euric.
Aux 9e et 10e s., une puissante dynastie féodale, alliée au duc d'Aquitaine, émergea. Un des princes de Déols, Ebbes le Noble, fonda, en 917, une abbaye bénédictine affiliée à l'ordre de Cluny. Consacrée par le pape Pascal II en 1107, elle vit ses privilèges confirmés à maintes reprises par les papes du Moyen Âge ; sa richesse était telle qu'on la surnomma « la mamelle de St-Pierre ». Son rayonnement dura jusqu'au 16e s. : ravagée en 1567 par les huguenots, sécularisée en 1622, elle fut transformée en carrière de pierres et peu à peu démantelée jusqu'au 19e s.
L'implantation du monastère aurait eu pour conséquence le déplacement de la résidence des princes de Déols sur l'autre rive de l'Indre. Raoul-le-Large y construisit en un lieu escarpé un château qui donnera son nom à Châteauroux (« Chastel Raoul » ou « Chasteau Raoulx »).

Ancienne abbaye – De l'église abbatiale romane, qui comptait sept clochers et mesurait 113 m de long (Cluny, 130 m), il ne reste que le magnifique **clocher★** en pierre grise, déclaré « utile pour l'alignement des routes ». Décoré de trois étages d'arcatures, la flèche accostée de quatre clochetons, il se rattache à l'école romane d'Aquitaine. A sa base, le mur Sud du narthex conserve quelques chapiteaux historiés, parmi lesquels un remarquable *Daniel dans la fosse aux lions.*
Une maquette du site de l'abbaye a été réalisée d'après des documents anciens ; pour découvrir cette réalisation, demander à l'office de tourisme.

Restauration de l'ensemble monastique – Des bâtiments du monastère, l'on peut encore voir quelques arcades gothiques du cloître, une tourelle, ancienne prison de moines, et des salles voûtées *(renseignements à la mairie, Association « Les amis du vieux Déols »)*.
Les travaux actuellement en cours, qui rendront visible la crypte du 12e s. de l'abbatiale, avec ses sept chapelles rayonnantes, englobent également la restauration du collatéral Nord et la création d'un musée lapidaire.

S. Sauvignier/MICHELIN

Déols –
Clocher de l'ancienne abbaye

Église St-Étienne de Déols – *2 km au Nord par la rue de l'Horloge.*
C'est l'un des plus anciens sanctuaires chrétiens du Berry, construit au 12e s. à l'emplacement d'une basilique pré-romane dont les cryptes abritaient les tombeaux de saint Léocade *(voir à Bourges)*, et de son fils, saint Ludre, objets d'un important pèlerinage.
Dans l'ébrasement de l'une des fenêtres hautes, dissimulées sous le berceau de bois, ont été découvertes deux figures d'ange peintes sur fresque, dont la mieux conservée est reproduite à droite de l'entrée. Des deux sarcophages du 4e s. (celui de saint Léocade a été reconstitué au 19e s.), œuvres des ateliers du Midi de la Gaule, le plus beau est le **sarcophage★** de saint Ludre *(à droite sous le chœur)*, qui représente une chasse au sanglier, aux loups et au cerf ainsi qu'un repas de funérailles. Au 6e s., Grégoire de Tours mentionnait ce tombeau « en marbre de Paros, merveilleusement sculpté ».
En sortant de l'église, le visiteur remarquera, dans la première chapelle à droite, quatre panneaux (17e s.) illustrant de façon naïve le **miracle de Déols**. En 1187, alors que Philippe Auguste assiège Châteauroux, des mercenaires employés par Richard Cœur de Lion campent sous les murs de l'abbaye. L'un d'eux, perdant au jeu, insulte une statue de la Vierge et lui lance une pierre : du bras cassé de l'Enfant Jésus jaillit du sang, qui, recueilli sous forme de relique, sera conservé dans la chapelle des Miracles. Le soldat mourut sur le coup, et un pèlerinage s'instaura autour de la statue (Notre-Dame des Miracles).

Contourner l'église.

Le chevet montre des arases de briques pré-romanes. Le clocher, du 16e s., possède un bourdon de 1576.

Déols médiéval – D'agréables surprises attendent le promeneur redescendant la rue de l'Horloge et la rue du Pont-Perrin. Flanquée de deux tours rondes à mâchicoulis, la **porte de l'Horloge** est un reste de l'enceinte du 15e s. et accueillait les pèlerins en route pour St-Jacques-de-Compostelle. Elle est surmontée d'une cloche de 600 kg qui rythme la vie des Déolois depuis 1523. De la même époque, la **porte Pont-Perrin** a perdu son aspect défensif. Elle s'ouvrait sur l'Indre et le Pont Perrin, qui subsista jusqu'à son remplacement par le pont actuel, qui date de 1750. La rue du Pont-Perrin est bordée d'intéressantes maisons anciennes : l'une d'elles, à droite en partant de la place de la République, possède un linteau gallo-romain ; non loin de là, la rue Victor-Hugo conserve les restes de l'église St-Germain.

Le DORAT★

2 203 habitants (les Dorachons)
Cartes Michelin n° 72 pli 7 ou 233 pli 22 – 12 km au Nord de Bellac

Siège de la sénéchaussée principale de la Basse-Marche du 16e s. à la Révolution, Le Dorat s'enorgueillit de posséder l'un des monuments les plus remarquables du Limousin, la collégiale St-Pierre. Des fortifications élevées vers 1420 subsiste surtout la Porte Bergère, qui a conservé ses mâchicoulis.
Tous les 7 ans, les « ostensions » *(voir ce chapitre dans l'Introduction)* du Dorat sont l'occasion de cérémonies originales auxquelles participent des gardes d'honneur : sapeurs et tambours, en uniformes du Premier Empire.
Le Dorat est aussi une terre d'élevage : dans les pâturages naturels entourés de haies vives, on rencontre de nombreux troupeaux de bovins et d'ovins ; foires et marchés sont toujours actifs.

★★COLLÉGIALE ST-PIERRE

C'est à l'emplacement d'un monastère élevé au 10e s. et probablement détruit au siècle suivant que commencèrent vers 1100, simultanément à l'Est et à l'Ouest, les travaux qui aboutirent, cinquante ans plus tard, à donner à l'édifice, dans ses grandes lignes, son aspect actuel.

Extérieur – *Voir illustration au chapitre de l'Art – Éléments d'architecture.* En forme de croix latine, bâtie en beau granit gris, la collégiale impressionne par ses dimensions imposantes (77 m de longueur et 39 m au transept) et ses proportions harmonieuses. La façade Ouest s'ouvre par un très large **portail polylobé** témoignant d'une influence mozarabe qui pourrait être attribuée aux pèlerins de St-Jacques-de-Compostelle. Les voussures à mouluration limousine apportent une note gaie et originale qui atténue la sévérité de la façade.
A la croisée du transept se dresse un élégant clocher octogonal à trois étages d'inégale hauteur, percés de fenêtres à trois voussures limousines au premier, d'arcatures trilobées au second, de fines baies géminées au troisième. Il est surmonté d'une flèche élancée que domine un ange de cuivre doré du 13e s.
En contrebas de la place de l'Église, au croisement des routes de Guéret et de Bellac, un ancien cimetière offre une vue intéressante sur l'étagement des clochetons et des tours qui forment la partie haute du chevet : l'absidiole centrale

supporte une tour semi-circulaire qui appartient au système de défense établi au 15e s. Deux contreforts rectangulaires soutiennent chaque absidiole ; toutes les baies sont à une seule voussure limousine.
A l'entrée de l'église, dans l'axe de la nef, une grande cuve baptismale préromane en granit est décorée sur ses faces de lions aux queues fleuronnées.

Intérieur – La première travée, couverte par une coupole circulaire, surplombe le reste de l'édifice par un escalier monumental de douze marches. Les quatre travées suivantes sont voûtées en berceau brisé sur doubleaux. Des bas-côtés étroits contiennent la poussée de la voûte principale et fournissent seuls l'éclairage. A la croisée du transept s'élève une haute coupole sur pendentifs dont le tambour est ajouré de huit fenêtres.
Les arcades du chevet reposent sur quatre colonnes ornées de chapiteaux à feuillages. Deux des chapelles contiennent les châsses de saint Israël et de saint Théobald.

Crypte ⓥ – On y accède par le bras droit du transept. Elle s'étend sous le chœur dont elle reproduit le plan et les proportions. Ce beau sanctuaire, du 11e s., à colonnes et chapiteaux primitifs, dont un seul sculpté, est placé sous le vocable de sainte Anne. La chapelle absidiale abrite des fragments de statues du 13e s.

Sacristie – Elle renferme un petit musée religieux ; on remarque une statue polychrome de sainte Anne et une Pietà du 15e s., ainsi qu'une croix reliquaire à double traverse, du 13e s., provenant du trésor de la collégiale.

Panorama – Sur la place de la Libération, l'ancien rempart a été aménagé en belvédère dominant le jardin public Santillana del Mar et les collines du Limousin.

Haute vallée de la DORDOGNE*

Cartes Michelin nos 76 plis 1, 2 et 75 plis 9, 10 et 19 ou 239 plis 27, 28, 29, 39

La Dordogne, l'une des plus longues rivières de France, passe pour en être la plus belle. La variété et la beauté des paysages qu'elle traverse, les merveilles architecturales échelonnées sur ses rives font de sa vallée une voie touristique de premier ordre.

Un beau voyage – Au pied du Sancy, le plus haut sommet du Massif Central, la Dordogne naît de la réunion de la Dore et de la Dogne. Rapide et écumante, elle traverse les bassins du Mont-Dore et de La Bourboule et quitte bientôt les roches volcaniques d'Auvergne pour des granits du Limousin.
De Bort à Argentat, là où la rivière coulait naguère au fond de gorges étroites, se succèdent les retenues de grands barrages. Après Beaulieu, elle s'apaise un instant dans la riche plaine où la Cère cantalienne vient la rejoindre. C'est désormais une rivière majestueuse bien que rapide et fantasque, qui poursuit son cours à travers le Quercy, le Périgord où elle reçoit la Vézère à Limeuil, puis les plaines de Guyenne.
Son voyage de plus de 500 km se termine au Bec d'Ambès où elle s'unit à la Garonne pour former la Gironde.

G. Sully

Le pont de Vernejoux sur la Dordogne

Les caprices de la Dordogne – En montagne comme en plaine, la Dordogne garde une allure rapide, mais son débit est très inégal. La fréquence des pluies en hiver, puis au printemps, la fonte des neiges du plateau de Millevaches et des monts d'Auvergne provoquent, presque chaque année, des crues brusques et violentes, parfois catastrophiques.
L'aménagement de la haute vallée, par la construction de barrages, a permis de régulariser son cours en la canalisant.

Au temps des gabares – La navigation fut longtemps active sur la Dordogne. En dépit de ses dangers et de ses irrégularités, elle fit vivre jusqu'au siècle dernier tout un peuple de mariniers. Les bateliers se servaient d'embarcations à fond plat appelées « gabares » ou « argentats », du nom de la ville où se trouvaient les principaux chantiers de construction. Ces grosses barques, employées surtout à la descente, transportaient voyageurs et marchandises, notamment des « merrains » de chêne pour la tonnellerie bordelaise. Le voyage était plein d'imprévu et il fallait aux gabariers une technique consommée pour diriger leurs bateaux. Parvenues à destination, les gabares étaient débitées en planches et vendues.
Aujourd'hui, seule la Dordogne maritime a conservé un trafic notable. La belle rivière, lors de son parcours à travers le Limousin et le Périgord, ne porte plus que les barques des pêcheurs et les canoës.

La houille blanche – L'utilisation de la houille blanche donne à la Dordogne une importance économique considérable. La construction des barrages avec leurs lacs artificiels, la création de routes donnant accès aux usines hydro-électriques ont transformé la haute vallée et ont fait de cette contrée une pittoresque région touristique.
L'équipement hydro-électrique de la haute vallée de la Dordogne, favorisé par le débit de la rivière, abondant en année normale, ainsi que par l'imperméabilité des roches granitiques dans lesquelles elle a creusé profondément son lit, a été mené à bien.
Les barrages de Bort, de Marèges, de l'Aigle, du Chastang et d'Argentat alimentent de puissantes usines. Sur les principaux affluents – Rhue, Diège, Triouzoune, Doustre, Maronne, Cère – des installations analogues ont été réalisées.
L'ensemble du bassin de la Haute-Dordogne comprend 23 aménagements pouvant produire au total plus de 3 milliards de kWh en année moyenne, soit plus de 4 % de l'énergie électrique productible par l'ensemble des centrales hydrauliques de France.

★★LES GRANDS BARRAGES

De Bort-les-Orgues à Spontour

Itinéraire de 95 km – environ 4 h – voir schéma ci-après

La Dordogne coulait naguère au fond de gorges étroites. Les lacs-réservoirs, qui s'allongent aujourd'hui dans la vallée et forment comme un gigantesque escalier d'eau de plus de 100 km, ont transformé le paysage sans lui ôter de son intérêt touristique. Toutefois, les périodes de basses eaux qui mettent à nu les pentes inférieures décapées par l'érosion sont à éviter.

Bort-les-Orgues – *Voir p. 75.*

Quitter Bort-les-Orgues au Nord-Ouest.

A 2 km, un belvédère a été aménagé à droite de la route. La vue s'étend sur le barrage et sa retenue et le château de Val *(voir guide Vert Michelin Auvergne Bourbonnais)*.

PROFIL EN LONG DE LA DORDOGNE ET CARACTÉRISTIQUES DES GRANDS BARRAGES

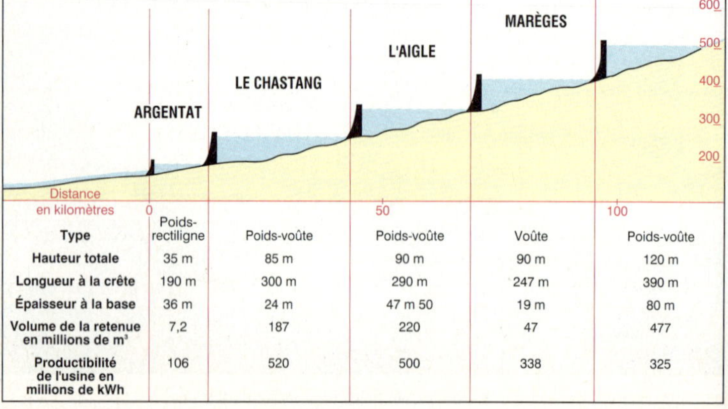

	ARGENTAT	LE CHASTANG	L'AIGLE	MARÈGES	BORT
Type	Poids-rectiligne	Poids-voûte	Poids-voûte	Voûte	Poids-voûte
Hauteur totale	35 m	85 m	90 m	90 m	120 m
Longueur à la crête	190 m	300 m	290 m	247 m	390 m
Épaisseur à la base	36 m	24 m	47 m 50	19 m	80 m
Volume de la retenue en millions de m³	7,2	187	220	47	477
Productibilité de l'usine en millions de kWh	106	520	500	338	325

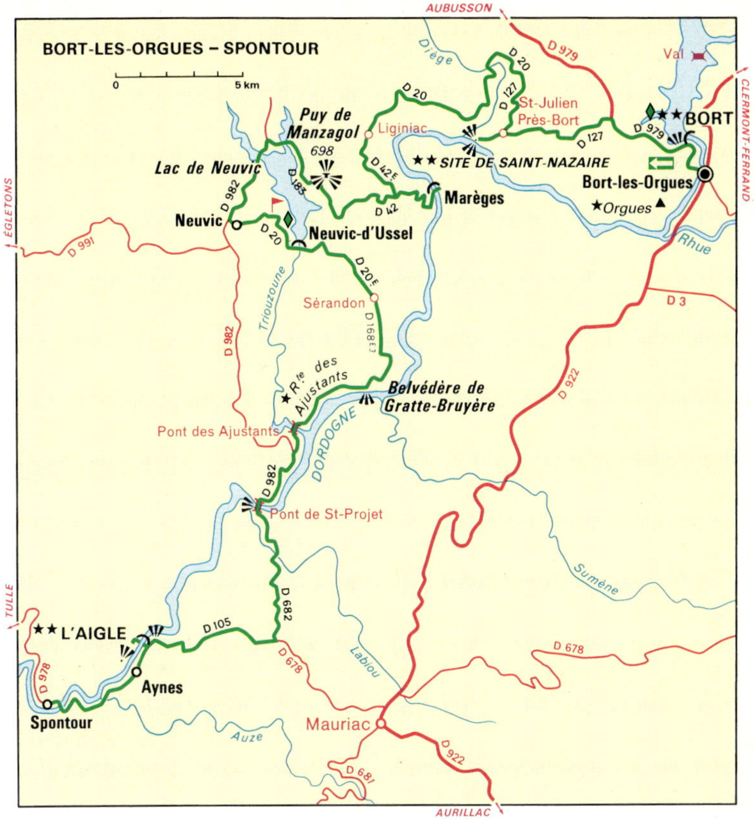

★★Site de Saint-Nazaire – *1/2 h à pied AR*

Laisser la voiture et prendre à droite en restant au sommet du versant, puis suivre un chemin de croix. Dépasser une statue de saint Nazaire et gagner, à travers les bruyères, l'extrémité du promontoire surmonté d'un calvaire. De là se dégage une **vue★★** magnifique sur les gorges de la Dordogne et de la Diège.

Au fond de la vallée s'allonge le lac retenu par le barrage de Marèges.

La route, après avoir franchi la Diège, s'élève sur des pentes boisées et offre jusqu'à Roche-les-Peyroux des vues sur les gorges de cette rivière.

Au-delà de Liginiac, une terrasse offre une vue plongeante sur le **barrage de Marèges** *(voir ci-après).*

La route descend en lacet vers le barrage.

Après 500 m, on atteint un petit belvédère d'où l'on domine le barrage et sa retenue qui s'étale dans un site sauvage et très encaissé.

Barrage de Marèges – Il est impressionnant de force et de simplicité. La route, en très forte pente, aboutit à l'usine.

Puy de Manzagol – Alt. 698 m. Table d'orientation. Du sommet se développe un beau **panorama** sur le barrage de Neuvic-d'Ussel, la retenue avec ses îlots boisés et son cadre de collines, sur le Massif Central.

Lac de Neuvic – La D 183 puis, à gauche, la D 982 contournent le beau lac alimenté par les eaux de la Triouzoune, affluent de droite de la Dordogne, retenues par le barrage de Neuvic-d'Ussel.

Neuvic – *Voir p. 177.*

Barrage de Neuvic-d'Ussel – Cet ouvrage est un barrage-voûte, haut de 27 m et long de 145 m. Le lac-réservoir, d'un volume de 24 millions de m^3, alimente par galerie et conduite forcée une usine située à 5 km de là, au Sud de Sérandon, dans la vallée de la Dordogne, juste au-dessus de la cote maximale de la retenue de l'Aigle. Ainsi, après avoir été utilisées par cette usine dont la productibilité annuelle est d'environ 46,5 millions de kWh, les eaux de la Triouzoune sont réemployées par celles de l'Aigle.

A Charlane, où commence la **route touristique des Ajustants★**, on atteint la vallée de la Dordogne aux versants rocheux et boisés.

Belvédère de Gratte-Bruyère – *En contrebas, à gauche de la route.* Vue sur le confluent de la Dordogne et de la Sumène.

La route, taillée à flanc de rocher, offre de belles échappées sur la retenue de l'Aigle. On franchit le pont des Ajustants, en béton armé, puis on atteint la D 982 que l'on suit à gauche. La route, qui domine d'abord de très haut la retenue de l'Aigle, ne réserve sur celle-ci que des vues intermittentes. Passant sur l'autre rive par le beau pont suspendu de St-Projet, qui offre une jolie vue sur la retenue, la D 682 remonte le vallon du Labiou. Prendre à droite la D 678 puis à droite encore la D 105 qui offre, après Chalvignac, de très jolies vues sur la retenue de l'Aigle, aux contours irréguliers.

★★ **Barrage de l'Aigle** ⓥ – Laisser la voiture à hauteur du barrage et gagner à pied par la D 16, sur la rive droite de la Dordogne, le belvédère aménagé en aval de l'ouvrage *(accès entre deux tunnels de la route)*. Très belle vue d'ensemble sur le barrage et sur la vallée en aval.
Le barrage s'impose par l'ampleur de ses dimensions, la hardiesse de sa conception et la puissance de ses installations *(voir le tableau ci-avant)*. Sa retenue s'étend sur 25 km. Deux évacuateurs de crue en « saut de ski » permettent l'écoulement de 4 000 m³ d'eau par seconde.
Revenir sur la rive gauche et reprendre la D 105 qui, tracée en corniche, offre d'intéressantes perspectives sur le barrage de l'Aigle.

Aynes – Ses maisons de granit aux toits d'ardoises se dispersent autour d'une chapelle.

Spontour – Du pont, on peut admirer ce village. Naguère, ce joli site rassemblait de nombreux gabariers ; on peut revivre aujourd'hui un peu de leur histoire, en embarquant sur une **gabare** ⓥ.

DE SPONTOUR A BEAULIEU-SUR-DORDOGNE

Itinéraire de 95 km – environ 3 h – schéma ci-dessous

De Spontour, on repasse le pont pour emprunter la rive gauche de la Dordogne. La route s'éloigne légèrement de la rivière qu'elle borde à nouveau vers le Pont de Chambon. Peu avant Bassignac-le-Haut, un joli belvédère permet d'admirer un méandre de la Dordogne ; d'autres belles vues agrémentent le trajet jusqu'à la Chapeloune.

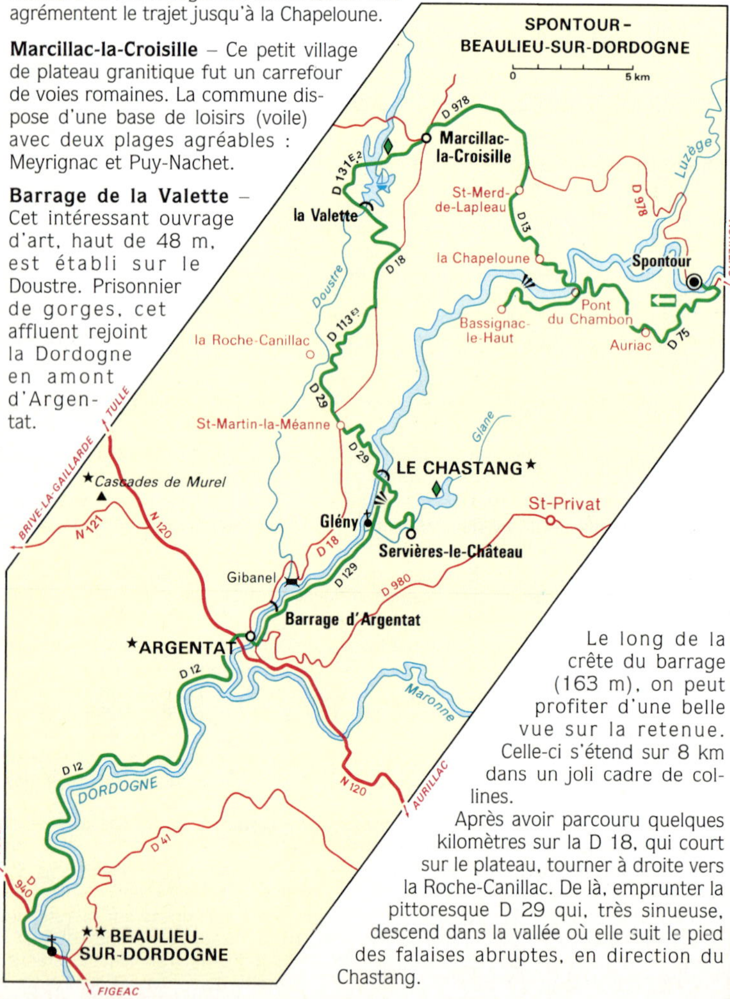

Marcillac-la-Croisille – Ce petit village de plateau granitique fut un carrefour de voies romaines. La commune dispose d'une base de loisirs (voile) avec deux plages agréables : Meyrignac et Puy-Nachet.

Barrage de la Valette – Cet intéressant ouvrage d'art, haut de 48 m, est établi sur le Doustre. Prisonnier de gorges, cet affluent rejoint la Dordogne en amont d'Argentat. Le long de la crête du barrage (163 m), on peut profiter d'une belle vue sur la retenue. Celle-ci s'étend sur 8 km dans un joli cadre de collines.
Après avoir parcouru quelques kilomètres sur la D 18, qui court sur le plateau, tourner à droite vers la Roche-Canillac. De là, emprunter la pittoresque D 29 qui, très sinueuse, descend dans la vallée où elle suit le pied des falaises abruptes, en direction du Chastang.

★**Barrage du Chastang** ⏲ – *Voir ci-avant le tableau des caractéristiques des grands barrages de la Dordogne.*
A 1 500 m au-delà de la crête du barrage, se détache de la D 29, à droite, un petit sentier en lacet conduisant à un belvédère aménagé sur la rive gauche de la Dordogne. De là, la vue se porte sur le barrage – côté aval – et sur sa retenue. La productibilité de son usine électrique est la plus importante de toutes celles de la Dordogne.

Servières-le-Château – *Voir p. 55.*
Après un lacet à droite, la route offre une bonne vue de l'ensemble de l'ouvrage. Bordée par endroits de hauts rochers, elle longe la rive gauche de la Dordogne.

Glény – *Voir p. 55.*

Au-delà de Glény, le petit **château du Gibanel** reflète sa silhouette élégante dans la retenue du barrage d'Argentat.

Barrage d'Argentat – *Voir p. 54.*

★**Argentat** – *Voir p. 53.*
A la sortie d'Argentat, la D 12 rejoint la rive droite. Quand la vallée s'élargit, les prairies et les cultures apparaissent, les noyers abondent ; lorsque la vallée se rétrécit, la rivière, bordée de peupliers, coule au pied de rochers dans un cadre pittoresque.

★★**Beaulieu-sur-Dordogne** – *Voir p. 67.*
La suite de la description de la vallée de la Dordogne dans les départements du Lot et de la Dordogne se trouve dans le guide Vert Michelin Périgord Quercy.

DREVANT

533 habitants

Cartes Michelin n° 69 pli 11 ou 238 pli 43 – 4 km au Sud de St-Amand-Montrond

Ce village a conservé d'intéressants vestiges gallo-romains. Aux alentours, le tertre du Colombier et le camp de la Groutte témoignent d'une occupation humaine encore plus ancienne.
Drevant ne fut pas une ville mais plutôt un centre de rassemblement à vocations multiples (commerciale, religieuse, civique) et rayonnant sur les populations rurales environnantes. Sa destruction a pu avoir lieu à la fin du 5e s.

Théâtre – Monument original qui tient à la fois du théâtre et de l'amphithéâtre, il pouvait contenir environ 1 500 personnes dans un périmètre de 285 m (hauteur : 16 m). La « cavea » (les gradins) et surtout l' « orchestra » (où prenait place le chœur) affectent la forme d'un arc outrepassé tandis que la scène se réduit à une petite plate-forme rectangulaire surélevée qui ne dépasse pas 17 m de longueur. Plusieurs styles de spectacles semblent avoir été donnés : des pièces de théâtre, mais aussi des jeux comme le suggèrent la présence de trois réduits carrés, établis à la base de la « cavea » et destinés à recevoir des animaux, ainsi que d'un mur de podium haut de près de 3 m servant à la protection des spectateurs.
Des gradins, un promenoir et une porte voûtée sont encore bien conservés. Après sa destruction, l'édifice fut utilisé comme atelier par des artisans mérovingiens.

Les thermes et le forum – Les thermes, qui sont enfouis, étaient alimentés par deux aqueducs.
Le forum *(à 200 m du théâtre)* était entouré d'une enceinte constituée de galeries de boutiques. Un temple s'élevait dont la « cella » formait un carré de 7 m de côté. Les murs principaux étaient construits en petit appareil de grès.

DUN-SUR-AURON

4 261 habitants

Cartes Michelin n° 69 plis 1, 2 ou 238 pli 31 – 25 km au Sud-Est de Bourges

Bordée par l'Auron et le canal du Berry, l'ancienne ville fortifiée de Dun a perdu son caractère militaire. Le château lui-même a disparu : c'est de l'une de ses fenêtres que le connétable de Richemont et le sire de La Trémoille firent précipiter dans l'Auron Pierre de Giac, favori de Charles VII.
Toutefois, un beau beffroi du 16e s., des restes de remparts et de vieilles maisons contribuent à remémorer ce riche passé.

Église St-Étienne – Cette ancienne collégiale, bâtie aux 12e et 13e s., remaniée au 15e s., s'élève à proximité d'une jolie place plantée d'arbres. Le chevet roman dénote une influence poitevine ; ses deux chapelles rayonnantes sont épaulées par des faisceaux de colonnettes surmontées de chapiteaux décorés d'entrelacs, de feuillages ou de rinceaux.
L'emploi de calcaire berrichon et de roussard (grès rouge ferrugineux) apporte à l'édifice un élément décoratif supplémentaire.

Musée du canal de Berry ⓥ – Installé dans l'ancienne prison royale (Office de tourisme), il retrace l'historique de cette voie navigable de 261 km qui relie Montluçon à Vierzon. Inauguré en 1843 après 21 ans d'efforts, le canal de Berry demeura un vecteur important pour l'économie locale jusqu'à son déclassement en 1955. Des salles évoquent le tracé du canal, les écluses, les bourricots des chemins de halage, la vie des mariniers ainsi que les étroites péniches « berrichonnes » dont on peut apprécier l'agencement intérieur (reconstitution d'une cabine).

ENVIRONS

Château de Bois-Sir-Amé – *10 km au Nord-Ouest par la D 34.*
A l'époque où Charles VII n'était encore que roi de Bourges s'élevait, entre les vallées du Cher et de l'Auron, l'imposant château fort de Bois-Sir-Amé où vivait Agnès Sorel, sa favorite.
On rapporte que, dans cette région sans relief, des feux permettaient à la nuit tombante de communiquer rapidement avec le château de Mehun-sur-Yèvre, résidence de Charles VII, distant de 30 km.
Du château fort de Bois-Sir-Amé, autrefois cantonné de tours massives et entouré de douves, ne subsistent guère que des ruines.

Château de Jussy-Champagne ⓥ – *13 km au Nord-Est par la D 36.*
Au détour d'un bras du Craon, dans un décor champêtre aux arbres séculaires, l'élégant château de Jussy-Champagne – étape de la Route Jacques-Cœur – associe harmonieusement la brique et la pierre. Construit durant la première moitié du 17e s., il s'ouvre par une cour d'honneur bordée de deux galeries à arceaux attribuées à l'architecte berrichon Claude Lejuge.
On visite d'abord la boulangerie, voûtée en anse de panier et la chapelle. On admire ensuite, dans le corps de logis central, dont les appartements furent remaniés au 18e s., une belle salle à manger meublée Louis XIV et ornée d'une cheminée de pierre (17e s.) finement sculptée et incrustée de marbre.
Un important mobilier Louis XIII, Louis XIV et Régence occupe les salons décorés de tapisseries et de tableaux anciens. On remarque une toile, *Le Magicien*, de Michel Gobain (élève de Georges de La Tour) et quatre dessus-de-porte peints d'après des cartons de Carle Van Loo, *Les Beaux-Arts*.

ÉPINEUIL-LE-FLEURIEL

478 habitants
Cartes Michelin n° 69 pli 11 ou 238 pli 43 – 20 km à l'Est de Culan

Situé à la limite du Bourbonnais, c'est le village où Alain-Fournier (Henri Alban Fournier) a passé son enfance (1891-1898). Il le décrit sous le nom de Sainte-Agathe dans son livre *Le Grand Meaulnes*.

L'École du Grand Meaulnes ⓥ – Elle est située à proximité de la moderne maison d'accueil (diaporama). La visite s'effectue à l'aide d'un casque relié par infrarouge à un système d'audioguidage.
« Tous ce que j'écris se passe quelque part » disait l'auteur. L'école, reconstituée dans ses moindres détails, plonge le visiteur au cœur du roman, qui semble s'animer grâce aux bruits scolaires diffusés par la bande son.
L'univers d'Alain-Fournier se découvre au travers de la mairie (attenante à l'école), des deux classes et du logement de fonction de ses parents. A l'étage, on imagine le jeune Alain, âgé de 7 ans, frapper de son bâton le parquet de sa chambre lors d'angoisses nocturnes. Un des greniers est aménagé en salle d'exposition retraçant la vie de l'écrivain.

A.G.I.L.E.

Épineuil-le-Fleuriel – Classe d'Alain-Fournier

ÉVAUX-LES-BAINS

1 716 habitants (les Évahoniens)
Cartes Michelin n° 73 pli 2 ou 239 pli 5

Au centre du pays de Combraille, Évaux, seule station thermale du Limousin, est située à plus de 450 m d'altitude sur un promontoire qui s'avance entre le Cher et la Tardes.

La station – Utilisées par les Romains – comme en témoignent des vestiges de thermes –, les eaux d'Évaux, hyperthermales faiblement minéralisées de type sulfaté sodique, possèdent des propriétés radio-actives. Trois sources sont actuellement exploitées : la source de Ste-Marie, la source du Rocher et la source de César (61°C) ; elles sont efficaces contre les affections rhumatismales (principale spécialité de la station), veineuses et gynécologiques.

Église St-Pierre-et-St-Paul ⓥ – Ce bel édifice roman a conservé un intéressant clocher-porche, dont le dernier étage octogonal, construit au 13e s., est surmonté d'une flèche élancée, couverte de bardeaux.
Incendiée au 16e s., l'église fut rebâtie dans le style gothique, sauf les trois arcs de l'entrée du chœur qui avaient tenu bon. Endommagée en 1942, elle a été restaurée. Du petit square attenant, on découvre une belle vue sur le chevet, l'étagement de la nef et des bas-côtés, et le clocher-porche. La simplicité architecturale met en valeur la beauté de la pierre, tirant sur l'ocre et le roux.

GORGES DE LA VOUEIZE

Circuit de 20 km – environ 2 h

Quitter Évaux par le Nord-Ouest en empruntant la D 996.

Cette route se déroule dans un joli décor de collines.

Chambon-sur-Voueize – *Voir p. 106.*

Gorges de la Voueize – La route, en corniche, domine la rivière qui court parmi les rochers escarpés, couverts d'arbres, de fougères et de bruyères.
Faire demi-tour lorsque la route commence à s'éloigner des gorges.
A Chambon, emprunter la D 993 à l'Est en direction de Budelière, qui domine la vallée de la Tardes sur 2 km, puis tourner à droite dans la D 996 qui ramène à Évaux-les-Bains.

EYMOUTIERS

2 441 habitants (les Pelauds)
Cartes Michelin n° 72 pli 19 ou 239 pli 25 – 15 km au Sud-Ouest du lac de Vassivière

Cette bourgade s'est développée sur une butte granitique dominant la Vienne à côté d'un monastère dont subsiste seule l'église collégiale, élevée du 11e au 15e s.

Église – La presque totalité de la nef et le clocher-porche sont de style roman. Le contraste entre la partie romane et la partie gothique, soit le chœur et les dernières travées de la nef, apparaît encore davantage à l'intérieur de l'édifice.
Le chœur, très élégant, est éclairé par quinze hautes fenêtres. Elles sont garnies de remarquables vitraux, exécutés au 15e s. par des maîtres verriers limousins. Face à la chaire, remarquer un grand Christ sculpté au couteau.
L'église conserve une belle pièce d'orfèvrerie limousine du 13e s., une **croix reliquaire**★ à double traverse : « un élégant filigrane d'argent doré court sur sa face principale, enserrant des pierres embâtées, des intailles représentant une victoire, un guerrier, Aristée donnant à manger aux abeilles ; huit reliquaires de formes variées occupent les extrémités et le centre de la croix à la jonction des traverses : tous sont relevés sur des cloisons filigranées très délicatement travaillées et possèdent un couvercle de même fabrication ».

Espace Paul Rebeyrolle ⓥ – *Route de Nedde (D 992).* Il rassemble 43 œuvres de ce peintre d'art figuratif né en 1926 à Eymoutiers. Obsédé par l'exclusion et la souffrance des êtres, Rebeyrolle s'acharne à peindre sa vision du monde par des mises en scènes dramatiques.
Amoureux de la nature, l'artiste sait aussi devenir bucolique en créant des compositions où il associe peinture et éléments naturels, puisant son inspiration dans les paysages de la région.

ENVIRONS

Cité des insectes ⓥ – *13 km au Sud-Est par la D 992. A Nedde, prendre sur la droite la D 81 puis, après avoir franchi la Vienne, emprunter sur la droite la D 81 A.*
Niché en lisière du plateau de Millevaches *(voir à ce nom)*, le hameau de Chaud accueille un centre de découverte du milieu naturel en Limousin. Une grange de type auvergnat abrite des expositions à thème, une fourmilière, une salle d'élevage d'insectes exotiques et une présentation du monde des abeilles.
Composé de plantes aromatiques et mellifères, le jardin permet de voir évoluer les insectes dans leur univers (mare, bois, etc.)..., attention à l'autoroute des fourmis !

FELLETIN

1 985 habitants

Cartes Michelin n° 73 pli 1 ou 239 pli 16 – Schéma p. 173

Petite ville industrielle qui doit son activité à la tapisserie, Felletin occupe un site agréable, dans une région de collines semées de boqueteaux et de prairies ; le quartier le plus ancien (nombreuses maisons du 18e s.) est perché sur un éperon. L'École des métiers du bâtiment, construite en 1954, domine en arc de cercle le cimetière.

Le berceau de la tapisserie – La première mention de la tapisserie marchoise remonte à 1456, et concerne précisément un tapissier de Felletin, nommé Jacques Bonnyn. D'autre part, en 1473, les consuls de Riom en Auvergne reçoivent un autre tapissier de Felletin, Jehan Beranhe. Ces noms, probablement d'origine flamande, confirment l'installation, un siècle plus tôt, du groupe de tapissiers flamands arrivés à la suite de Marie d'Avesnes, fille de Jean de Hainaut et épouse de Louis Ier de Bourbon, comte de La Marche.

En 1514, nouvelle mention, dans l'inventaire des biens de Charlotte d'Albret, veuve de Charles Borgia, de 75 pièces de Felletin « à champ doré, à feuillages et bêtes... à menus feuillages sur bandes rouges, blanches et vertes ».

En 1689, Felletin devient manufacture royale. La tapisserie s'organise et la concurrence est vive avec Aubusson. A chacune des deux villes est attribuée une couleur de lisière : brun pour Felletin et bleu pour Aubusson. Les rivales d'autrefois participent maintenant au renouveau de la tapisserie, entrepris sous la conduite de Lurçat, mais Felletin s'enorgueillit d'avoir tissé la plus grande pièce jamais réalisée (22 m sur 12) qui se trouve dans la cathédrale de Coventry en Angleterre.

Église du Moûtier – Construite au 12e s. par les moines de Chambon-sur-Voueize et consacrée à sainte Valérie, elle s'effondra presque entièrement au milieu du 15e s. et fut aussitôt reconstruite. Le clocher qui domine toute la ville date de cette époque : c'est une haute tour carrée, à trois étages, épaulée par des contreforts couronnés de toits à pignons. Au-dessus d'un portail gothique se superposent à chaque étage des baies flamboyantes ; le troisième étage, orné de gargouilles et de statues, est surmonté d'une balustrade ajourée et coiffé d'une toiture à lanternon.

Église N.-D.-du-Château ⓥ – Cette église date de la fin du 15e s. Le clocher est couvert de bardeaux et surmonté d'une statue de la Vierge.

Abbaye de FONTGOMBAULT★

Cartes Michelin n° 68 pli 16 ou 238 pli 26 – 8 km au Nord-Ouest du Blanc

Une fontaine d'une grande pureté près de laquelle, vers 1070, vint s'installer, pour vivre en ermite, un noble seigneur parent du roi de France, nommé Gombault, est à l'origine d'une colonie d'ermites qui habita les grottes de la rive gauche de la Creuse. Cette communauté, transférée sur la rive droite en 1091, adopta la règle de saint Benoît. Pierre de l'Étoile, qui en devint le premier abbé, entreprit dès la fin du 11e s. la construction du monastère dont subsiste l'église abbatiale.

Fontgombault – Chevet de l'abbatiale

Les vicissitudes de l'abbaye – Les religieux, qui ont adopté la règle bénédictine, se maintiennent à Fontgombault jusqu'au 18e s. Commencent alors les malheurs de l'abbaye qui ne compte plus que cinq membres : sa suppression est décrétée en 1741 et deux tentatives d'implantation faites par les lazaristes et les sulpiciens ne font que retarder la fatale échéance. Lors de la Révolution, les bâtiments sont vendus comme biens nationaux et utilisés comme carrières de pierres. Les ruines ne commencent à être relevées qu'au milieu du 19e s. Une communauté de trappistes s'y installe en 1849 ; aujourd'hui, la congrégation de Solesmes y fait revivre la règle bénédictine.

★**Église abbatiale N.-D.** ⓥ – C'est un remarquable édifice roman. Si la nef primitive, ruinée en 1569, a été restaurée à la fin du siècle dernier, le transept et le chœur à cinq chapelles rayonnantes sont parfaitement conservés.
Le vaisseau, de nobles proportions, est flanqué de collatéraux voûtés d'arêtes. Le chœur, très vaste et d'une grande majesté, est entouré d'un élégant triforium à colonnettes jumelées.
La croisée du transept est surmontée d'une vaste coupole sur trompes. Dans la nef, remarquer le gisant de Pierre de l'Étoile (1114) ; dans le bas-côté droit, statue de pierre de N.-D.-du-Bien-Mourir (12e s.).

GARGILESSE-DAMPIERRE

342 habitants

Cartes Michelin n° 68 pli18 ou 238 pli 40 – Schéma p. 123

Noyée dans la verdure, Gargilesse est l'une des bourgades les plus attrayantes de la vallée de la Creuse, à la fois par son site, l'intérêt de son église, ses rues pittoresques, ses maisons anciennes et aussi par les souvenirs littéraires et artistiques qui s'y attachent. George Sand s'y installa et la choisit pour cadre de plusieurs de ses romans : *Le Péché de Monsieur Antoine, Les Beaux Messieurs de Bois-Doré* ; elle y écrivit aussi *Les Légendes rustiques* et *Promenades autour d'un village.* De nombreux peintres tels Claude Monet, Théodore Rousseau, Osterlind, Henri Jamet, se fixèrent à Gargilesse.

Église ⓥ – Cette église romane des 11e et 12e s. est enclavée dans l'enceinte d'un château médiéval, dont subsistent un donjon et une porte flanquée de deux tours. De proportions harmonieuses, l'église possède d'intéressants chapiteaux historiés : l'on y voit le défilé des Rois Mages guidés par un ange, la tentation du Juge, personnage assis qu'une femme tente de corrompre, et les 24 vieillards de l'Apocalypse (croisée), trônant sous des arcades à colonnes torses et tenant une coupe et une vielle.
La vaste crypte est décorée de **fresques** du 12e au 15e s. où l'on reconnaît les Instruments de la Passion, saint Grégoire célébrant la messe et l'Apparition du Christ, la Mise en croix, l'Assomption, la Résurrection des morts, la Visitation, les Rois Mages. Une Vierge à l'Enfant, rapportée d'Orient au 12e s. par le seigneur de Gargilesse, est conservée dans la chapelle principale.

Refuge de George Sand « Algira » ⓥ – Dans cette petite maison ont été rassemblés des souvenirs de la romancière, de son fils Maurice et de sa petite-fille Aurore.

ENVIRONS

Château du Châtelier – *7 km au Nord-Est par la D 40, puis la D 48.*
Ce beau château des 15e et 16e s., dans lequel on ne pénètre pas, est entouré d'une enceinte et de douves profondes. On peut se promener dans le parc qui l'entoure.

GIMEL-LES-CASCADES★

655 habitants

Cartes Michelin n° 75 pli 9 ou 239 pli 27 – 12 km au Nord-Est de Tulle

A proximité de Tulle et de la vallée de la Corrèze, Gimel occupe un **site★** remarquable, l'un des plus pittoresques du Bas-Limousin. Dans une gorge sauvage, la Montane se fraie un chemin au milieu des rochers et se précipite d'une hauteur de 140 m en cascade.

★★**Les cascades** ⓥ – *1 h à pied AR ; parcours assez fatigant.* Un sentier fléché traverse le parc Vuillier *(entrée du parc située après le pont, en descendant de l'église et du centre du village)* et permet de découvrir les meilleurs points de vue sur les cascades.
La première, dite Grande Cascade ou Grand Saut, tombe de 45 m ; aussitôt après, la seconde, dite la Redole, offre une chute de 27 m. De là, on a une belle vue d'enfilade sur les deux cascades. La troisième, appelée la Queue de Cheval, apparaît tout à coup d'un petit promontoire perché dans un cadre de rochers ; elle plonge à 60 m dans les gorges, au nom évocateur de Gouffre de l'Inferno.

Église – Outre une chaire du 18e s. et une Pietà du 15e s., elle possède un trésor remarquable.

Nathan/CAMPAGNE CAMPAGNE

La Queue de cheval

★**Trésor** – La **châsse de St-Étienne**★★ en est la pièce principale : exécutée à la fin du 12e s., elle est ornée d'émaux de Limoges, les têtes des personnages sont en relief, leurs yeux formés de pierres précieuses. On reconnaît la scène de la lapidation de saint Étienne, trois anges aux ailes déployées, les saints Pierre, Matthieu, Marc et André. Le buste reliquaire en argent doré, du 14e s., de saint Dumine, soldat de Clovis qui se retira dans les gorges de la Montane pour y vivre en ermite, un très curieux « plat des âmes », du 18e s., une pyxide en émail champlevé du 14e s., une monstrance du 13e s. en cuivre doré complètent cet intéressant ensemble.

ENVIRONS

Château de Sédières ⓥ – Viollet-le-Duc (1814-1879), le restaurateur de Carcassonne et de Vézelay, étudia de très près cet élégant château Renaissance et le fit figurer sous forme de dessin dans son *Dictionnaire raisonné de l'architecture française du 11e au 16e s.* La demeure primitive fut érigée au 15e s. par la famille des Botier (ou Bouthier), seigneurs de Sédières et embellie au 16e s. Elle se compose d'un châtelet d'entrée, d'un corps de logis avec un haut donjon carré. Les mâchicoulis qui couronnent la façade principale contrastent avec les grandes fenêtres superposées et ornées de frontons à coquilles. Dans la cour intérieure s'ouvre une galerie. A l'intérieur : escalier du donjon, pièces d'apparat à cheminées sculptées, salle des gardes voûtée en compartiments avec clés pendantes.

GUÉRET

14 706 habitants

Cartes Michelin n° 72 pli 9 ou 239 pli 3 – Schéma p. 142

Guéret s'est développée non loin de la vallée de la Creuse, sur un plateau qui s'adosse au massif forestier de Chabrières. La ville est née autour d'un monastère fondé au début du 8e s. par un comte de Limoges, en un lieu appelé Garactus, au pied de la colline de Grandcheix. L'agglomération qui se développa autour de ce couvent fut appelée le Bourg aux Moines. Au 13e s., Guéret devint capitale du comté de La Marche ; depuis cette époque sa vocation administrative est restée primordiale.

CURIOSITÉS

Musée de la Sénatorerie (**Z M**[1]) ⓥ – Il est installé dans un édifice de style classique, élevé au 18e s. et entouré d'un vaste jardin fleuri.

Le rez-de-chaussée présente des découvertes archéologiques locales, des sculptures du 19e et du début du 20e s. (accompagnées d'une collection de poupées) et un ensemble d'animaux naturalisés. Puis on passe dans la salle d'armes où sabres et yatagans côtoient les pistolets et les tromblons.

Une section « civilisation et spiritualité » expose diverses représentations artistiques de divinités égyptiennes, indiennes (belles figures de Bouddha) et gréco-romaines.

L'escalier qui conduit au premier étage a été remarquablement utilisé : ses parois sont tendues de très belles tapisseries d'Aubusson du 17e s. que l'on peut aisément contempler du palier supérieur.

D'autres tapisseries ont été réparties dans les salles du premier étage. Parmi les pièces exposées, on remarque : une « verdure à feuillages et oiseaux » du 16e s., une « chasse au loup » de 1625 et un « jeu de colin-maillard » du 18e s.

A ce même niveau, deux salles l'emportent par l'intérêt, la rareté et la valeur des pièces qu'elles contiennent :

★**Salle du Trésor d'orfèvrerie** : un magnifique ensemble d'émaux champlevés illustre l'émaillerie limousine du 12e au 15e s. Distinguons une croix de procession, des pyxides et surtout la magnifique collection de châsses dont les tonalités vives s'har-

GUÉRET

Ancienne-Mairie (R. de l') .... Z 4
Grande-Rue .... Z 15
Piquerelle (Pl.) .... Y 22
Allende (R. Salvador) .. Y 2
Bonnyaud (Pl.) .... Z 5
Corneille (R. Pierre) ..... Y 7
Ducouret (R.) .... Z 9
Gare (Rond-Point de la) ... Y 12
Grand (R. Alfred) .... Y 13
Jaurès (R. Jean) .... Z 16
Londres (R. de) .... Y 17
Musset (R. Alfred-de) . Y 19
Pasteur (Av.) .... YZ 20
Poitou (Av. du) .... Y 23
Rollinat (R. Maurice) ... Y 25
Roosevelt (R. Franklin) Y 26
St-Pardoux (Bd) .... Y 28
Verdun (R. de) .... Z 29
Zola (Bd Émile) .... Y 30

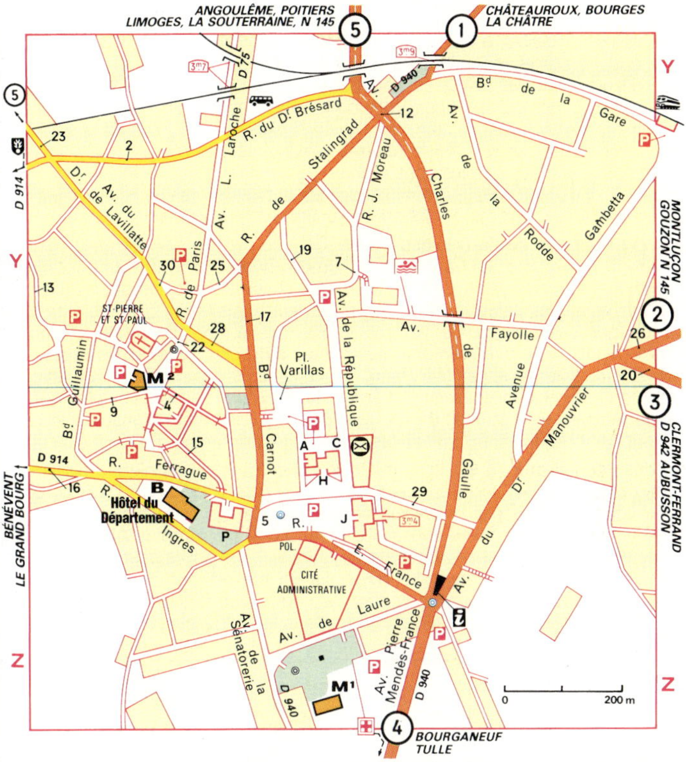

B Hôtel des Moneyroux **M^1** Musée de la Sénatorerie **M^1** Musée du Présidial Louis-Lacrocq

monisent avec les dorures et les cabochons souvent placés entre les figurines ; on peut admirer les scènes de la Crucifixion (début du 13e s.), l'Adoration des Mages (fin du 13e s.), la Lapidation de saint Étienne, appelée aussi châsse de Malval (fin du 12e s.), le martyre de saint Thomas Becket, archevêque de Canterbury (fin du 12e s.). Parmi les émaux peints (15e au 18e s.), plusieurs sont signés Laudin, Nouailher, Léonard Limosin. Enfin des objets de culte des 18e et 19e s., une châsse en argent repoussé du 12e s. complètent la richesse de cette salle.

Musée de la Sénatorerie, Guéret

Guéret – Musée de la Sénatorerie, chasse de Malval

Salle de céramique : elle abrite de remarquables faïences de Nevers, de Moustiers, de Rouen, de Strasbourg, de Delft ainsi que quelques majoliques (faïences) italiennes et des verreries. Une salle voisine expose des œuvres chinoises de différentes époques : de l'époque Han à l'époque Song (2e s. av. J.-C. au 13e s.), principalement des vases funéraires ; des époques Yuan et Ming (13e au 17e s.), coupes et bols à usage rituel, flacons, gourdes ; des époques Kang-Hi et Kien-Long (17e-18e s.), vases, coupelles, assiettes et statuettes.
La salle des sculptures renferme des œuvres du 15e au 18e s.
Dans le département des peintures, remarquer le beau portrait de Guillaume Albert par Le Sueur, *L'Incendie de Rome* d'Hubert Robert et les toiles plus récentes de Guillaumin, Suzanne Valadon, Marinot, exposées dans la salle Fernand-Maillaud. La grande salle présente des œuvres de peintres flamands et hollandais des 17e s. et 18e s. Enfin, dans la salle des dessins sont réunies des œuvres des 19e et 20e s.
Au sous-sol, dans trois salles, ont été déposées des sculptures monumentales évoquant les divinités gauloises et des stèles funéraires gallo-romaines.

Musée du Présidial Louis-Lacrocq (**Y M²**) ⏲ – Ce petit musée est un modèle de présentation didactique. La variété des thèmes abordés constitue une excellente introduction à un voyage en Creuse. Le rez-de-chaussée offre un aperçu complet sur les formations géologiques de la région et leur exploitation par l'homme. L'on remarque particulièrement les vitrines consacrées à l'or, connu et extrait en Limousin depuis l'antiquité celtique, l'étain, les différents types de granites. Une salle de peinture accueille par roulement des œuvres où domine l'école de Crozant. La faune et la flore se découvrent à l'étage, ainsi qu'une section ethnologique qui regroupe mobilier et costumes divers. Une dernière salle tente d'analyser le cadre de la vie paysanne, illustrée par les instruments des différents métiers.

Hôtel des Moneyroux (**Z B**) – Ce gracieux édifice de style gothique finissant est contemporain du palais Jacques-Cœur à Bourges *(voir à ce nom)*. Deux corps de logis en équerre, reliés par une élégante tourelle d'angle coiffée de tavaillons, le composent. L'aile droite a été construite après 1447 par Antoine Alard, seigneur de Moneyroux, trésorier des comtes de La Marche ; son successeur, Pierre Billon, fit élever l'autre aile au début du 16e s. La façade est percée de nombreuses fenêtres à meneaux et surmontée de lucarnes ornées de fleurons et de pinacles.

★ L'EST DE LA HAUTE-MARCHE

Circuit de 140 km – environ 5 h

Guéret – *Voir ci-avant.*
Quitter Guéret par le sud, en empruntant la D 940, direction Bourganeuf.

Forêt de Chabrières – Beau massif forestier où voisinent sapins, chênes, hêtres et bouleaux, sous lesquels la fougère s'étend en un épais tapis. De nombreux circuits pédestres y sont aménagés. Les installations d'un tailleur de pierre en bordure de la route témoignent de l'important passé de cette activité.

Sardent – 2 km avant le village, se dresse sur la droite la chapelle St-Pardoux. Agrémenté d'une jolie vue, ce lieu de pèlerinage (à la Pentecôte) détiendrait par l'eau de ses fontaines diverses vertus. Le bourg est plaisant et le visiteur peut essayer de retrouver les lieux de tournage de certaines séquences du film de Claude Chabrol, *Le Beau Serge*.

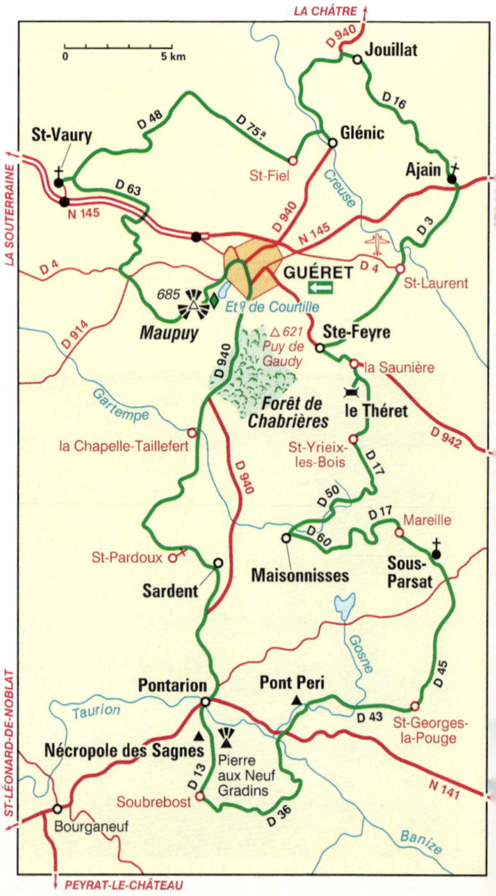

Pontarion – Installé au bord du Taurion, ce bourg est dominé par un **château** du 15e s. possédant des tours d'angle, un système de mâchicoulis et de créneaux. Du bord de la rivière, jolie vue sur la façade Sud de l'édifice.

Église – Édifiée au 13e s., elle s'ouvre par un portail limousin décoré de frises et de masques ; à l'intérieur : pierres tombales anciennes de maçons.

Après avoir franchi le Taurion, prendre sur la gauche la D 13.

Sous-Parsat –Fresques de l'église

S. Sauvignier/MICHELIN

Nécropole des Sagnes – Un sentier mène à travers bois (800 m) à ce site gallo-romain de tombes à incinération, où sont regroupées 300 sépultures constituées de coffres et de fosses simples ou avec urne.
Revenu au parking, prendre 1 km plus loin un chemin escarpé qui, sous les chênes, grimpe jusqu'à la **Pierre aux Neuf Gradins** *(un accès moins difficile est signalé au Sud du site)*. La découverte de ce mystère archéologique s'accompagne d'une vue intéressante.

Continuer la D 13 jusqu'à Soubrebost.

Pont Peri – Accessible à pied par un sentier, ce pont romain enjambe la Gosne dans un site pittoresque. On peut admirer la finition de la voûte de cette construction en pierres de taille de grandes dimensions (opus quadratum).

Continuer la D 43 jusqu'à St-Georges-la-Pouge.

Sous-Parsat – Ce charmant petit village offre au regard de nombreux balcons et murets fleuris. La petite église surprend par ses **fresques**, dues aux pinceaux de Gabriel Chabrat. Celui-ci joue sur le contraste de 2 couleurs symboles : le jaune (la joie) et le bleu (le songe). La vigueur de la composition s'exprime en un tournoiement de formes et de couleurs. Sur toutes les parois, l'artiste illustre à sa manière différentes scènes de la Bible. La Genèse représentée au fond du chœur fait face à une flamboyante Apocalypse. La lumière, qui filtre à travers les vitraux dessinés par l'artiste, accentue l'atmosphère singulière de ce lieu.

Continuer la D 45 jusqu'à Mareille.

Maisonnisses – Tout près de la Gartempe naissante, ce village fut le siège d'une commanderie du Temple. L'église abrite un magnifique **gisant★**, découvert en 1830 et rétabli dans son enfeu en 1955. Il s'agit sans doute d'un chevalier ou d'un commandeur du 13e s.

Prendre la D 50 jusqu'à St-Yrieix-les-Bois.

Château du Théret ⓥ – Cette belle bâtisse du 15e s. se découvre au bout du cahotant chemin d'accès. Passé les douves et le porche, la cour s'ouvre sur une fontaine à l'italienne en granit. L'édifice, bâti sur un plan rectangulaire, comporte une façade principale couronnée de mâchicoulis. Une tour carrée en saillie excentrée sur la gauche, logeant un escalier à vis, est coiffée d'un toit surmonté d'un clocheton. La muraille arrière est encadrée par deux tours d'angle, percées de fenêtres étroites et de meurtrières. Deux ailes viennent prolonger la partie centrale : la méridionale fut ajoutée au 16e s., la septentrionale au 17e s. L'agencement intérieur du corps de logis a été remanié au début du siècle. Aux étages, on peut découvrir une belle cheminée du 15e s. et des meubles du 17e s. (coffres, armoires, lits) de style creusois. La part de légende est symbolisée par « la chambre du Prince », ouvrant sur l'oratoire, où le Grand Condé aurait fait étape en 1652 lors de la Fronde.

En quittant le château prendre à gauche la D 17 jusqu'à la Saunière.

Ste-Feyre – Le bourg est dominé par un beau château classique édifié au 18e s.

Église St-Symphorien – Construite au 13e s. et fortifiée au 14e s., elle s'ouvre à l'Ouest par un élégant portail limousin. La nef unique de quatre travées, dont la dernière forme le chœur, est flanquée d'un bas-côté Sud (16e s.) et de trois chapelles au Nord (15e s.). Dans l'une d'elles, on remarque un groupe en pierre polychrome du 15e s. : sainte Anne, la Vierge et l'Enfant.

Prendre la D 3 vers St-Laurent.

Église d'Ajain – Cet édifice du 13e s. a été fortifié : chemin de ronde sur mâchicoulis, échauguettes soutenues par les contreforts. Dans la nef voûtée d'ogives, une corniche court le long des murs au-dessus de mascarons très expressifs.

Continuer la D 3 en direction de Châtelus-Malvaleix sur 1 km, puis prendre sur la gauche la D 16.

Jouillat – Ce petit bourg possède une **église** (12e-13e s.) à nef unique terminée par une belle abside à cinq arcades (chapiteaux sculptés). Une fresque du 13e s. représentant le Christ recouvre la voûte du chœur.
A l'extérieur, côté Sud, se trouvent un sarcophage carolingien orné d'un décor à damier et de rosaces, et un lion accroupi en granit.
Le château est une jolie bâtisse du 15e s. de forme carrée, flanquée d'une tour à chaque angle.

Prendre la D 940 en direction de Guéret.

Glénic – Ce village perché est bâti sur une falaise qui domine la Vallée de la Creuse. L'**église** romane a été fortifiée pendant la guerre de Cent Ans. Le chevet est flanqué de tours et les autres angles de tourelles en encorbellement ; la quatrième travée et le chœur furent surélevés. Au 15e s., la nef fut allongée et voûtée d'ogives. Le portail du 12e s., en tracé brisé à boudins et colonnettes, est surmonté d'une niche dans laquelle trône une Vierge romane. A l'intérieur, face à l'entrée, une fresque du 14e s. représente la chute d'Adam et Ève.

Descendre vers la D 940, puis franchi la Creuse tourner à droite jusqu'à St-Fiel en passant sous le viaduc.

Église de St-Vaury ⓥ – Ce monument abrite, derrière le maître-autel, un bas-relief en calcaire du 15e s. représentant des scènes de la Passion. On peut y voir aussi deux petites châsses reliquaires ornées d'émaux du 13e s.

Au carrefour du cimetière, prendre la D 63.

Le Maupuy – 685 m. Il constitue, avec le proche puy de Gaudy (621 m), un véritable écran naturel pour la ville de Guéret. Au sommet, le vaste panorama surprend par ses paysages contrastés (table d'orientation).

En bas de la descente, prendre à gauche. Cette route très pittoresque, ramenant à Guéret, serpente à travers bois puis longe l'étang de Courtille (base de loisirs).

Créez vos propres itinéraires
à l'aide de la carte des principales curiosités et régions touristiques.

ISSOUDUN

13 859 habitants (les Issoldunois)
Cartes Michelin n° 68 pli 9 ou 238 pli 29

D'origine gauloise (« Uxellodunum », de « dun », terme celtique désignant un lieu élevé, et, par extension, une place fortifiée), la pittoresque petite ville d'Issoudun a été une place forte convoitée au Moyen Âge et l'enjeu de conflits, tel celui qui opposa Philippe Auguste à Richard Cœur de Lion. Vendue en 1240 par Blanche de Castille à son fils Louis IX, Issoudun devient ville royale et siège d'un vaste baillage qui s'étendait sur plus de la moitié du Berry. Assiégée plusieurs fois par la suite, incendiée par les troupes du Prince Noir en 1356, elle reste attachée aux rois de France lors des guerres de Religion et pendant la Fronde. En 1685, la révocation de l'édit de Nantes précipite son déclin. Depuis le 19e s., la ville est connue pour son industrie du cuir.
Issoudun demeure fidèle au souvenir du pèlerinage que fit Louis XI à l'abbaye du château où l'attirait une dévotion toute particulière à Notre-Dame. L'église romane et les bâtiments conventuels ont malheureusement été démolis à partir de la Révolution. Cependant, chaque année, le 8 septembre, la basilique de N.-D.-du-Sacré-Cœur sert de cadre à un important pèlerinage, perpétuant ainsi la tradition.

Balzac à Issoudun – C'est au château de Frapesle, près d'Issoudun, qu'Honoré de Balzac séjourna à plusieurs reprises, invité par son ami Zulma Carraud. Il y composa presque entièrement *César Birotteau* et y rassembla la documentation qui lui permit d'écrire *La Rabouilleuse.*
Aujourd'hui encore, Issoudun conserve des rues aux noms curieux : la rue du Boucher-Gris, la rue à Chercher, la rue des Champs-d'Amour, la rue de l'Âne-Vert, évoquées par Balzac.

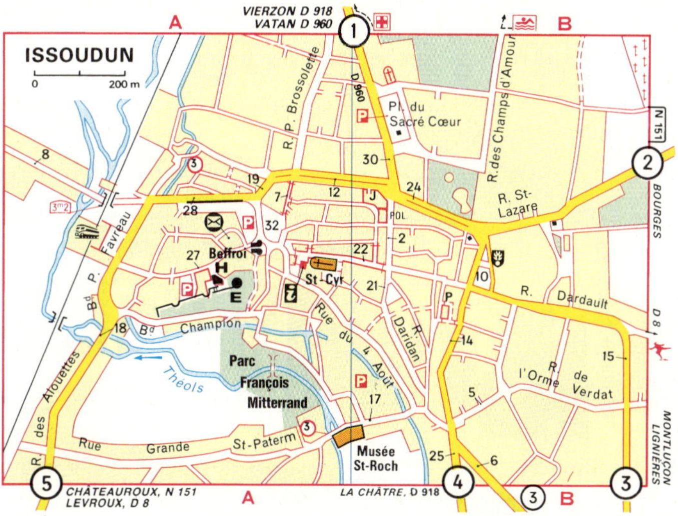

- Casanova (R.D.) .... A 7
- Dormoy (Bd M.) .... A 12
- République (R. de la) ... AB 22
- 10-Juin (Pl. du) .... A 32

- Avenier (R. de l') .... B 2
- Bons-Enfants (R. des) . B 5
- Capucins (R. des) .... B 6
- Chinault (Av. de) .... A 8
- Croix-de-Pierre (Pl. de la) .... B 10
- Fossés-de-Villatte (R. des) .... B 14
- Gaulle (Av. Ch. de) ...... B 15
- Hospices St-Roch (R.) B 17
- Ponts (R. des) .... A 18
- Poterie (R. de la) .... A 19
- Quatre-Vents (R. des) . B 21
- Roosevelt (Bd Prés.) ... B 24
- St-Martin (R.) .... B 25
- Sémard (R. P.) .... A 27
- Stalingrad (Bd de) .... A 28
- Trois-Places (R. des) ... B 30

E La Tour Blanche
H Hôtel de ville

CURIOSITÉS

Église St-Cyr (A) ⓥ – L'empereur Charlemagne, qui portait une dévotion particulière à saint Cyr, aurait fondé cette collégiale. Le vaisseau, long de 70 m, comprend deux parties : les six travées à partir du chevet, qui remontent à la reconstruction de l'église au 15e s., après l'incendie allumé par le Prince Noir, et les six autres travées du 19e s. A l'extérieur, les deux tours, dont une seule fut achevée, datent du siècle dernier. Une très belle **verrière**, des 14e et 15e s. (15 m de haut sur 6 m de large), divisée en cinq registres verticaux, illumine la nef, et illustre, de part et d'autre d'une Crucifixion, des épisodes de la vie de saint Cyr et de sainte Juliette. Le maître-autel en marbre, garni d'un grand tabernacle, est surmonté d'une croix rare, avec un Christ sur les deux faces, et de six chandeliers en bois doré, le tout offert par Louis XIV. De belles stalles en bois sculpté sont visibles dans le chœur et dans la chapelle N.-D.-du-Rosaire (5e travée Sud) ; le buffet d'orgue est du 18e s. Au-dessus de la porte principale, *Descente de croix* peinte en 1625 par Jean Boucher *(voir église St-Bonnet à Bourges)*.

Beffroi (A) – Flanqué de deux tours rondes inégales, le beffroi est une ancienne porte de ville (12e s.) qui appartenait à l'enceinte du château. Démantelée pendant les guerres de Religion, elle fut restaurée dans le style Renaissance et servit de prison jusqu'en 1914. L'horloge, appelée « L'Grous », sonne encore « à heure perfecte » ; la cloche porte le nom de « Bonne Aventure ».

La Tour Blanche (A E) – *Ne se visite pas.* Construite à la fin du 12e s. par Richard Cœur de Lion, cette tour de 29 m de haut symbolise l'affrontement entre les rois de France et d'Angleterre. Les murs atteignent 4 m d'épaisseur ; au Nord-Est, le côté le plus facile à attaquer a été renforcé d'un angle saillant qui donne à l'ensemble la forme d'un cœur. Les jardins de l'hôtel de ville offrent une vue dégagée sur la masse cylindrique de ce magnifique ouvrage.

Hôtel de Ville (A H) – Belle façade de 1731, accolée à un bâtiment moderne dont le parvis accueille **« La place des miroirs »** de Marin Kasimir. Cette œuvre contemporaine comporte 8 volumes vitrés entourés de nombreuses marches et de petites pièces d'eau. L'artiste a créé des signes anthropomorphiques pour composer les huit lettres formant le nom de la ville. On peut vainement chercher le « i », puisque le créateur a décidé que la stature du visiteur représentait cette lettre.
Un sentier mène à la Tour Blanche *(voir ci-avant)*, à travers le jardin longeant les anciens remparts du château. Panorama de la vallée de la Théols.

Parc François-Mitterrand (A) – Point de convergence des quartiers de la ville, cet espace aux multiples plantations est aménagé le long des berges de la Théols.

Musée de l'Hospice St-Roch (AB) ⓥ – Il occupe l'ancien Hôtel-Dieu (fondé au 12e s., reconstruit au 15e), bâti sur pilotis au-dessus de la Théols dans un cadre pittoresque. Originaire de Montpellier, saint Roch est le saint des pestiférés, très populaire en Italie, où des ports comme Venise propageaient la terrible maladie. Les marchands étendirent le culte du saint à toute l'Europe.

Issoudun – La place des miroirs

Chapelle – Construite vers 1500, elle communique avec la salle des hommes par une porte et une fenêtre dont le volet de bois s'ouvrait lors de la messe, pour que les malades puissent suivre le service. Deux importantes sculptures en forme d'**arbre de Jessé★** la décorent ; exécutées à la fin du 15e s., elles représentent la double généalogie du Christ : royale et religieuse. L'on admire la précision des détails vestimentaires, la diversité des attitudes et des expressions. Délicatement taillées dans une pierre de la région qui durcit à l'air, ces sculptures étaient polychromes, comme toute la chapelle. A remarquer également : deux vitraux flamboyants représentant Louis IX et Charlemagne ; un ensemble de bâtons de corporation, que les confréries portaient en tête de leurs processions ; des émaux de Limoges dont un de Léonard Limosin (16e s.) et des statuettes anciennes (Vierges des 15e et 16e s.).

Salles des Malades – Elles sont au nombre de deux. La **salle des hommes** (accès par la chapelle) est un musée lapidaire rassemblant des vestiges de l'histoire d'Issoudun et de sa région : l'on y découvre le mobilier funéraire d'une nécropole de l'âge du fer, des objets et des éléments architecturaux gallo-romains, des sculptures provenant de l'abbaye N.-D. d'Issoudun. La **salle des femmes** présente une collection d'instruments de soins : chirurgie, dentisterie, gynécologie.

★ **Apothicairerie** – Installée dans une aile du 17e s. devant laquelle a été reconstitué un jardin de plantes médicinales. Après avoir traversé une pharmacie du 19e s., et l'ancienne cuisine (collection de cuivres), le visiteur accède à un ensemble pharmaceutique de grande valeur : une apothicairerie de 1644-1646 avec ses 350 pots de faïence bleue de Nevers ; une série de « silènes », 31 boîtes en bois peint disposées en haut des meubles pour conserver les plantes séchées ; des mortiers de tailles diverses (le plus gros, du 15e s., pèse 80 kg), qui servaient à fabriquer poudres, élixirs et onguents ; un alambic du 13e s. et d'autres objets curieux.
L'aile Ouest, moderne (1984), abrite des expositions d'art contemporain. Dans le jardin, sculpture monumentale en bronze d'Étienne Martin, le *Puits-Fontaine.*

1 FORÊTS DE CHŒURS ET DE BOMMIERS

Circuit de 50 km – environ 3 h

Situé sur les départements de l'Indre et du Cher, ce bel ensemble forestier couvre plus de 7 500 ha dont 75 % sont peuplés de chênes.

Issoudun – *Voir ci-avant.*

Quitter Issoudun par l'Est en empruntant la D 8 en direction de St-Ambroix. Au hameau de St-Hilaire, suivre la D 84E.

Bordée par le bois de Luc, la route longe la pittoresque vallée de l'Arnon. Installés sur la rive droite, on peut encore observer les vestiges de l'**abbaye de la Prée** qui fut fondée au 12e s.

Moulin de Nouan ⓥ – Insolite dans le paysage berrichon, le moulin à vent servait essentiellement à relayer les nombreux moulins à eau de la région qui, pendant l'été, ne recevaient pas un débit d'eau suffisant pour activer leur roue. Construit en 1810, ce moulin a été récemment restauré et tourne à l'occasion de fêtes.
En lisière de bois, on aperçoit la singulière **Tour de la Croisette** ⓥ. Édifiée sur une ancienne motte féodale (vestiges de douves), elle abrite une exposition sur la faune.

Revenir sur la route en empruntant la D 9 sur la droite.

Mareuil-sur-Arnon – Enclavé par une succession de petits bois, ce village fut l'un des centres métallurgiques de la haute vallée de l'Arnon. Seul vestige des forges, une haute cheminée de briques domine l'ancien lac qui alimentait la fonderie en eau. Bordant le Sud-Ouest de Mareuil, ce plan d'eau de 3 ha a été aménagé en **base de loisirs**.

A la sortie de Mareuil, prendre sur la droite la D 18.

Abbaye de Chezal-Benoît – Fondé en 1093 par le moine André de Vallombreuse, cet ancien monastère bénédictin n'a conservé que la nef de l'église du 12e s. et les bâtiments conventuels, occupés aujourd'hui par un hôpital psychiatrique.
La façade de l'église est ornée de beaux chapiteaux romans à motifs végétaux et de pilastres cannelés inspirés de l'antique, ornementation rare en Berry qui trahit une influence bourbonnaise. L'intérieur est d'un style roman très pur : la nef aveugle est éclairée indirectement par les collatéraux. Le décor des chapiteaux est composé de feuillages dont les volutes annoncent déjà le chapiteau gothique à crochet. La modification des structures de support et l'évolution du décor sculpté indiquent que la construction s'est étalée sur la deuxième moitié du 12e s.

Quitter Chezal par le Sud-Ouest en empruntant la D 65E.

La route longe le Sud de la **forêt de Chœurs** où de nombreuses routes et sentiers forestiers convergent vers le carrefour de la Croix Blanche.

A Pruniers, prendre sur la droite la D 925.

Église St-Pierre de Bommiers – Du 12e s., représentative des églises du Bas-Berry par la clarté de son plan bénédictin (noter les rares « secretaria » sortes de réduits voûtés servant de dépôt ou de sacristie et reliant le chœur aux absidioles du transept). Exemple typique de passages berrichons permettant de réduire la croisée du transept et de la couvrir d'une coupole sur trompes. Le visiteur découvre à cet endroit une très belle série de chapiteaux du 12e s. : le Christ remet les clefs à saint Pierre et la loi à saint Paul ; les silhouettes sont étirées, dansantes, l'expression est renforcée par les prunelles garnies de plomb. D'autres chapiteaux mêlent un décor de feuillage aux personnages et aux animaux fantastiques. Les 48 magnifiques **stalles★** (1511-1515) proviennent de la chapelle du couvent des Minimes de Bommiers. Au-dessus de la porte d'entrée, statue de la Vierge, en bois, du 15e s.

Prendre la D 925 en direction de Lignières. 1 km avant Pruniers, prendre sur la gauche la D 68.

La route qui ramène à Issoudun traverse la **forêt de Bommiers** jusqu'à **St-Aubin** dont l'église abrite un groupe sculpté : sainte-Anne, la Vierge et l'Enfant Jésus, de la fin du 15e s. Après avoir franchi le Cousseron, la route traverse la **Levée de César**, ancienne voie romaine qui reliait Argentomagnus *(voir à St-Marcel)* à Bourges.

2 HAUTES VALLÉES DE L'ARNON ET DE LA THÉOLS

Circuit de 45 km – environ 2 h

Issoudun – *voir ci-avant.*

Quitter Issoudun par le Nord-Est en empruntant la N 151 en direction de Bourges.

Chârost – Les origines de ce bourg remontent à l'âge du bronze. Durant l'Antiquité et le Moyen Âge, Chârost connut une période faste dont témoignent les restes de son château féodal, de son enceinte (porte Nord de la ville) et surtout de son église.

Église St-Michel – Cette abbatiale est un vaste édifice roman (12e s.) construit en calcaire ferrugineux. Une large nef, charpentée au 19e s., débouche sur un sanctuaire en hémicycle ; le transept et les absidioles ont disparu. Remarquer l'arche étroite et haute en plein cintre joignant le chœur à la nef (côté Nord), il s'agit d'un passage berrichon caractéristique. Les chapiteaux de la croisée et du chœur sont sculptés de personnages et d'animaux affrontés.
A l'extérieur, au-dessus du portail d'entrée, une grande croix d'entrelacs porte en son centre un Agneau pascal.
Contourner l'édifice et entrer dans le cimetière. On découvre l'abside et sa riche décoration sculptée (corbeaux et chapiteaux à têtes d'animaux), ainsi que les traces d'un croisillon et d'une absidiole (beaux chapiteaux dont l'un représente une harpie portant sur son aile une roue à six branches).

Quitter Chârost par l'Ouest en empruntant la D 2.

Diou – Ce village entretenu et fleuri, sur la Théols, est l'occasion d'une halte agréable. Près de la jolie petite église St-Clément, du 13e s., une pelouse descend vers la rivière qu'enjambe un moulin flanqué d'un pigeonnier.

Quitter Diou par le Nord en empruntant la D 918 en direction de Mehun.

Château de la Ferté – *Ne se visite pas.* Édifiée en 1659, cette belle demeure classique mire ses quatre tours d'angle coiffées d'un dôme dans un bras de la Théols.

Poursuivre la route puis, après avoir traversé l'Arnon, prendre la route sur la gauche qui rattrape la D 18 à Lazenay.

Reuilly – Ce village est réputé pour son vignoble dont l'A.O.C. dépend des Vins du Centre-Loire. Répartis sur les départements de l'Indre et du Cher, les 132 ha s'étendent le long de la Théols et de l'Auron, de Lury à Diou (seul Preuilly se trouve isolé à l'Est). La production de vins blancs (cépage sauvignon) couvre près de 75 % du vignoble.

JUMILHAC-LE-GRAND

1 260 habitants

Cartes Michelin n° 72 pli 17 ou 233 pli 33 – 12 km au Sud-Ouest de St-Yrieix

Le château, bâti à l'extrémité d'un éperon rocheux, domine les gorges de l'Isle, dans un **site★** pittoresque et romantique, ainsi que l'église, ancienne chapelle castrale surmontée d'un clocher octogonal à deux étages d'arcatures.

Château ⓥ – Construit au 13e s., il a été remanié à l'époque de la Renaissance. Cette imposante demeure est couronnée d'une multitude de toits en poivrière ornés de lucarnes, de lanternons et d'échauguettes. Les épis de faîtage en plomb, du 16e s., surmontent la toiture d'ardoises de leurs figurines fantastiques où se mêlent guirlandes et oiseaux.

Les deux ailes ont été élevées au 17e s. Dans celle de droite, un bel escalier de pierre aux massifs balustres Louis XIV conduit à un immense salon lambrissé et parqueté. On peut y admirer une cheminée Louis XIII en bois sculpté ; celle-ci est rehaussée de statues allégoriques, chef-d'œuvre des Maîtres ébénistes du Limousin. Plusieurs salles sont pourvues d'un intéressant mobilier ancien. La chambre « de la fileuse », aux murs épais dont les fenêtres font des couloirs de lumière, est décorée naïvement d'animaux, d'anges, de feuillage. Elle aurait abrité une dame de Jumilhac, Louise de Hautefort, séquestrée par un mari jaloux.

Musée de l'or ⓥ – Installé dans les anciennes caves du château, ses pièces proviennent des mines gallo-romaines de Fouilloux. Un historique de l'extraction et du traitement du métal précède la description de certaines applications.

Jumilhac-le-Grand – Le château

LEVROUX

3 045 habitants (les Levrousains)

Cartes Michelin n° 68 pli 8 ou 238 pli 28 – Schéma p. 151

Partagé entre le paysage bocager et boisé du Boischaut Nord et les riches terres agricoles de la Champagne berrichonne, le Pays de Levroux est une terre de tradition : outre des fromages de chèvre réputés, se perpétue la vieille industrie de la mégisserie et du parchemin.
Le sol est chargé d'histoire. L'occupation humaine remonte à la préhistoire, mais la ville de Levroux apparaît à la fin de l'époque celtique ; elle fut sans doute un de ces « oppida » incendiés par Vercingétorix à l'approche des troupes de César en 52 av. J.-C. La paix romaine établie, Levroux connut un rapide essor qui se traduisit par l'extension de l'agglomération, descendue de la colline des Tours vers la ville actuelle. La richesse archéologique du secteur est telle que le canton de Levroux est devenu un vaste champ d'investigation. Outre le théâtre gallo-romain des Arènes, plusieurs « villae » ont été repérées et sont en cours de fouilles.
Le christianisme s'implanta difficilement : commencée par un prêtre nommé Sylvain, saint Martin vint lui-même poursuivre l'évangélisation de la population, qui le chassa ; revenu quelque temps plus tard, il détruisit un temple païen très riche et les habitants se convertirent.
Au Moyen Âge, la ville s'est développée autour du château féodal des princes de Châteauroux et de la collégiale St-Sylvain, source de pèlerinages. Pendant la guerre de Cent Ans, le passage des grandes compagnies obligea les habitants à s'enfermer dans une enceinte fortifiée dont il subsiste une porte. Plusieurs maisons anciennes des 15e et 16e s. sont également bien conservées.

CURIOSITÉS

★**Collégiale St-Sylvain** – *Voir illustration au chapitre de l'Art – Éléments d'architecture.* Au début du 11e s., Eudes de Déols fonde un chapitre collégial à Levroux et cède aux chanoines une partie du bourg délimitée par un fossé. Ainsi se forme un territoire à part, qui devint une terre d'asile pour les fugitifs et les serfs de la région. L'église a été édifiée en deux phases à partir de la fin du 12e s. La complexité du plan a été imposée par la présence de bâtiments antérieurs, dont le soubassement du grand temple romain. La crypte, l'abside et le grand clocher précédèrent le voûtement de la nef et la construction d'un porche, qui furent effectués vers 1263. Quelques aménagements intervinrent au 16e s. (comblement des entrées de la crypte, ajouts de chapelles) et au 19e s.
L'édifice se termine au chevet par une abside heptagonale flanquée d'un massif clocher carré. Le portail méridional est orné de 21 figurines, dont une belle tête de diable barbue et cornue. Le portail principal porte un tympan très mutilé, sculpté d'une Résurrection des morts et d'un Jugement dernier ; des statues de saints garnissent les niches des voussures. A l'intérieur, la nef de trois étages flanquée de bas-côtés inégaux impressionne par sa hauteur. Le chœur a été bâti dans un style de transition roman-gothique ; remarquer la clef de voûte du sanctuaire représentant un Christ bénissant. La couverture de l'abside, soutenue par des nervures rayonnantes retombant sur des statues-colonnes, est très harmonieuse.
Les **stalles**★ (fin 15e s.) forment un bel ensemble dont les jouées et les miséricordes, malicieusement taillées, symbolisent les vertus et les vices. La lumière blonde qui baigne la nef met particulièrement en valeur le **buffet d'orgue**★, qui se détache en contre-jour devant la fenêtre de la façade. Restauré, il date lui aussi de la fin du 15e s. ; c'est l'un

S. Sauvignier/MICHELIN

Levroux – Lépreux de la maison de bois

des trois exemplaires subsistant en France de l'époque gothique. Dans la chapelle des fonts baptismaux, un bois polychrome (15e s.) représente la Sainte Trinité ; on remarque aussi deux belles statues du 17e s. : la Vierge et saint Jean, et, sur le revers du bas-côté gauche, saint Jacques.

Porte de Champagne – 1435-1506. Proche de l'église, transformée en prison au début du 19e s., elle est encadrée de tours rondes et se termine par un joli toit de tuiles, couleur pain brûlé.

Maison de bois ou maison St-Jacques – Elle fut construite entre 1536 et 1547. Située dans une rue qui débouche devant la façade de St-Sylvain, elle est décorée de charmants culs-de-lampe à figures d'anges, et arbore les blasons de François Ier et de Henri de Valois, futur Henri II ; à l'angle, personnages grotesques. Un lépreux, dont la peau se détache par squames, évoque probablement le miracle de saint Martin qui avait guéri de la lèpre un personnage important de la ville. Cette maison servit d'hospice aux pèlerins de St-Jacques-de-Compostelle.
Sur la place du Marché, monument aux Morts par Ernest Nivet, sculpteur né à Levroux (1871-1948) et élève de Rodin.

Musée du Cuir et du Parchemin ⓥ – Situé dans les locaux du syndicat d'initiative, ce petit musée temporaire est consacré à la technique de la mégisserie et du parchemin (outillage, produits finis).

Colline des Tours – *1 km au Nord ; accès à partir du carrefour de la D 956 et de la D 2 par un chemin en montée.* Sur cet oppidum ont été retrouvés quantité de vestiges archéologiques, dont un rempart du type « murus gallicus », fortification gauloise typique dont les murs aux pierres non maçonnées sont renforcés d'un chaînage de poutres entrecroisées. Les ruines du château, construit au 14e s. par Bertrand de La Tour d'Auvergne, se dressent dans la solitude. Une entrée encadrée de deux grosses tours rondes et un corps de bâtiment (porte gothique) dominent ces lieux d'où l'on jouit d'une belle vue sur Levroux.

★LES CHÂTEAUX DU BOISCHAUT ET DE LA CHAMPAGNE BERRICHONNE

Circuit de 100 km – environ 6 h

Levroux – *Voir ci-avant.*

Quitter Levroux par le Nord-Est en empruntant la D 2.

★★**Château de Bouges** – *Voir p. 76.*

Quitter Bouges par le Nord en empruntant la D 37.

★★**Château de Valençay** – *Voir p. 216.*

Quitter Valençay par le Nord-Est en empruntant la D 37.

La route traverse la belle **forêt de Gâtine** en séparant ses deux étangs ; de nombreux chemins forestiers sillonnent les 2 000 ha peuplés essentiellement de feuillus.

A Villentrois, prendre vers le Sud en empruntant la D 33.

Luçay-le-Mâle – Ce village a longtemps contribué à l'importante production locale de pierre à fusil, tirée d'un banc de silex de grande qualité.

Musée de la Pierre à fusil ⓥ – Ici sont exposés des documents sur l'extraction du silex, sa taille et sa commercialisation, du 17e s. au 19e s., jusqu'à l'invention de l'amorce. On voit le mode de vie des artisans, leurs outils, leurs méthodes et l'aire d'exportation de leurs produits.

Quitter Luçay par le Sud-Est en empruntant la D 22.

Langé – Ce modeste village possède un intéressant musée aménagé dans une salle de la mairie.

Musée géologique et paléontologique ⓥ – La visite commence par une initiation à la géologie : présentation de l'échelle géologique et des strates fossilifères de la région. Les vitrines exposent une grande variété de produits de fouilles (fossiles, mollusques, etc. ; dont un céphalopode de 60 kg) provenant d'un gisement du cénomanien moyen (époque du crétacé – ère secondaire – remontant à 120 millions d'années), découvert dans la carrière des Journaux à quelques kilomètres du village.

Après l'église d'Entraigues, prendre à droite sur la D 34 puis suivre la D 33c.

Pellevoisin – Au sein d'une campagne vallonnée, cette localité a conservé une motte féodale de 15 m de haut (panorama), mais doit surtout sa réputation à son important pèlerinage *(Se reporter aux Renseignements pratiques)* qui a pour origine les 15 apparitions de la Vierge à Estelle Faguette (1843-1929) en 1876 et sa guérison miraculeuse.

Musée Giraudoux-Bernanos-Estelle Faguette ⓥ – Situé à côté de l'église (chœur polygonal du 13e s.), il occupe la « Maison de Menou » où le père de Jean Giraudoux fut percepteur ; dans le cimetière repose Georges Bernanos (1888-1948), berrichon par sa grand-mère.

Quitter Pellevoisin par le Sud-Ouest en empruntant la D 15.

Château du Mée – Ce petit édifice féodal (13e, 15e et 17e s.) dresse ses tours à hourds et à mâchicoulis dans un site agréable ; une enceinte renforcée de tourelles d'angle le protège. Les fenêtres de la façade furent ouvertes au 17e s.

Palluau-sur-Indre – *Voir p. 184.*

Après avoir franchi l'Indre, prendre à gauche la D 63^A.

St-Genou – *Voir p. 192.*

Quitter St-Genou par le Nord-Est en empruntant la D 63.

★**Château d'Argy** – Restaurés par le Club du Vieux manoir, le château et la ferme fortifiée du 17e s. (110 m de long sur 60 de large) sont, depuis, utilisés par cette association comme centre de formation sur le thème « architecture et environnement ».

Fortifié au 12e s., cet imposant château, remanié au 16e s. par Charles de Brillac, compagnon d'armes de Louis XII, bénéficie à nouveau de l'agrément de son parc (40 ha) et des abords reconstitués. Le donjon carré du 15e s., à mâchicoulis tréflés, flanqué de tourelles, est un excellent exemple d'architecture militaire. Une courtine relie le donjon à la remarquable tour de Brillac dont les étages supérieurs conservent de belles cheminées ornées de cordons d'initiales des seigneurs. Les douves ont été comblées à la Révolution. Sous le Second Empire, les bâtiments de la partie Sud-Est furent reconstruits et les deux tours percées de fenêtres.

Dans la cour, la galerie de style Louis XII, entièrement remise en valeur, contraste avec la sévérité de l'extérieur par la grâce de son ornementation d'accolades fleuronnées et de colonnettes prolongées par des pinacles ; la superposition des galeries dénote l'influence italienne. A proximité du château, un moulin et le bâtiment où s'est installé le musée des Traditions paysannes datent du 19e s. La grange sert de lieu d'exposition au columbarium des Archives nationales, mobilier monumental d'époque Napoléon III qui servait à ranger les cartes de géographie (bel escalier en fonte).

Quitter Argy par l'Est en empruntant la D 63.

★**Château de Villegongis** – *Voir p. 225.*

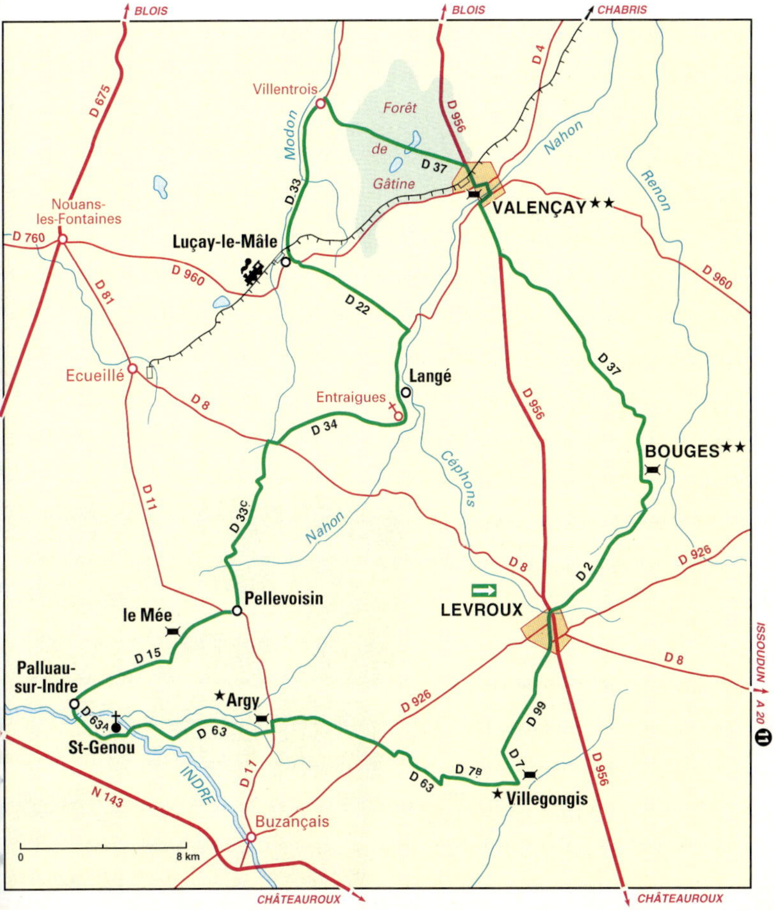

LIGNIÈRES*

1 650 habitants

Cartes Michelin n° 68 Sud du pli 10 ou 238 pli 30 – Schéma p. 189

Lignières est situé au cœur d'un pays d'élevage de caractère familial, aux jolies prairies coupées de haies vives. Ce fut un important centre du calvinisme, à l'époque où Calvin, étudiant à l'université de Bourges, créait de nombreuses églises réformées. En bordure de l'Arnon, se dresse un intéressant château de style classique.

Château ⓥ – C'est sur l'emplacement d'une forteresse féodale transformée à la Renaissance que Jérôme de Nouveau, ayant acquis en 1653 la terre de Lignières, fit construire le noble édifice que nous voyons aujourd'hui. Pour diriger les travaux, il fit appel à François Le Vau (exposition dans l'orangerie), frère du célèbre Louis Le Vau, architecte du Louvre, de Vaux-le-Vicomte et de Versailles. De cet ensemble se dégage à la fois une impression de noblesse et d'austérité.

Église – Bâtie au 12e s. près de l'Arnon, elle a gardé un portail décoré de chapiteaux romans et, dans le chœur, l'oratoire où se retirait sainte Jeanne de France, fille de Louis XI, qui vécut 15 ans à Lignières. Remarquer aussi la chaire, œuvre de Michel Morin (1677), le retable de la chapelle St-François-de-Paule, et une Vierge allaitant, également du 17e s.

ENVIRONS

Château du Plaix ⓥ – *1,5 km de Lignières ; prendre la D 65 au Sud dans la direction de St-Hilaire.* Ce petit château entouré de douves abrite un musée du Jouet. L'enfance rurale en Berry y est aussi évoquée par des costumes (robes de baptême, aubes...).

LIMOGES★

Agglomération 170 065 habitants

Cartes Michelin n° 72 pli 17 ou 239 pli 13 – Schéma p. 165

Un gué sur la Vienne, deux plateaux étagés jouant un rôle de défense sont à l'origine de la fortune de Limoges. Après la disparition d'Augustoritum, capitale des Lémovices, deux agglomérations contiguës et rivales se développent au Moyen Âge : d'une part la « Cité » épiscopale groupée autour de sa cathédrale sur un premier ressaut dominant la Vienne ; d'autre part le « Château », ville active et commerçante construite sur le versant voisin autour de la puissante abbaye St-Martial et partagée entre l'autorité du vicomte et celle de l'abbé.

La ville moderne s'étale largement au Nord de la Vienne ; la porcelaine, dont les usines sont à la pointe du progrès de l'industrie porcelainière mondiale, les émaux, les fabriques de chaussures ont contribué à son essor industriel. Son université, dont le rayonnement dépasse le cadre limousin, lui fait jouer un important rôle culturel. Enfin préfecture et capitale de la région Limousin, Limoges regroupe de nombreux services administratifs.

UN PEU D'HISTOIRE

Limoges gallo-romain – Limoges semble une création de la dernière décennie du 1er s. avant J.-C.

La présence de la voie militaire d'Agrippa, l'existence d'une vaste plate-forme guéable au bord de la Vienne et l'exposition dominante Sud-Est du coteau urbanisable ont conditionné le choix du site d'Augustoritum.

Cette ville nouvelle, qui occupait une superficie de 80 ha, s'ordonnait selon un quadrillage régulier à partir de deux artères centrales perpendiculaires. Très vite la ville fut lotie et dotée d'une imposante panoplie de monuments publics : un pont de pierre franchissant la Vienne (qui deviendra plus tard le pont St-Martial *(voir Autres curiosités)*, un forum, des thermes, des aqueducs, un amphithéâtre, un théâtre, un temple, un arc, etc. Le forum s'étendait dans le secteur de l'actuelle mairie, entre la rue des Récollets et la rue Timbaud. En contrebas, il était jouxté par des thermes (place des Jacobins, fouillés de 1967 à 1978) : ceux-ci comprenaient un corps central de trois immenses salles sur hypocaustes, d'une palestre et de dépendances. L'amphithéâtre (actuel Jardin d'Orsay, *voir Autres curiosités*), édifié hors de la ville sur une hauteur, avait une dimension de 137 m x 116 m qui en faisait un des plus vastes de la Gaule. Malgré l'existence de nombreux monuments, Augustoritum ne fut sans doute jamais très peuplée : guère plus de 6 000 habitants. Les vides constatés dans le semis urbain antique laissent imaginer une ville incomplètement bâtie.

A la fin du 3e s., les invasions barbares entraînèrent une contraction de la ville, qui se réfugia sur le puy St-Étienne et s'enferma dans des remparts, formant ainsi le noyau de la Cité. La cathédrale fut peut-être établie à l'emplacement d'un temple de Jupiter. La nécropole, installée hors les murs, accueillit la sépulture de saint Martial, elle est à l'origine d'un établissement monastique qui donna naissance au bourg du « Château ».

L'apôtre du Limousin – Vers 250, Martial vient évangéliser les Lémovices ; le pays est hostile et le missionnaire, pourchassé par les prêtres de Mercure, ne doit son salut qu'à l'hospitalité que lui offre une dame de la cité. Le zélé Martial convertit bientôt la fille de son hôtesse, Valérie, qui n'hésite pas à rompre ses fiançailles avec le gouverneur romain Étienne. Valérie est alors condamnée au supplice, mais la mort édifiante de sa fiancée bouleverse l'âme d'Étienne : il est touché par la grâce.

A quelque temps de là, Martial pénètre dans le théâtre, interrompt un spectacle impudique et prêche la bonne parole. Les acteurs, furieux, le saisissent et, devant la foule hurlante, Martial est battu de verges puis traîné au cachot : une lueur surnaturelle envahit alors la prison, le peuple crie au miracle et délivre l'apôtre. Martial se rend aussitôt au temple, y brise les faux dieux et le consacre à saint Étienne. Dès lors, le Limousin devient la « terre des saints ». Le souvenir de saint Martial se perpétue par la construction dans la ville même d'une abbaye conservant ses reliques. Très vite, le monastère devient un important lieu de pèlerinage et une étape sur l'un des itinéraires de St-Jacques-de-Compostelle. Il fut détruit en 1791 *(voir Le Château)*.

Un traître parmi les Consuls – Pendant la guerre de Cent Ans, Limoges eut à souffrir des exactions anglaises mais dut aussi lutter contre son vicomte Jean de Laigle, qui voulait réduire les libertés de la commune.

En août 1425, ce dernier décide de passer à l'action ; ne disposant pas d'une force militaire suffisante pour faire tomber la ville, il s'assure d'une complicité intérieure. Moyennant 10 000 écus, Gautier Pradeau, prévôt consul chargé de la défense, promet de lui faire ouvrir, sous un prétexte quelconque, la porte des arènes au matin du 27. La veille, pour tromper la vigilance des habitants, le rusé vicomte leur envoie des émissaires de paix ; il demande de l'aide afin d'aller chasser les Anglais de la place de Nantiat. Méfiants, les Consuls font renforcer le guet. Et à l'heure convenue, l'attaque des hommes de Jean de Laigle, alliés aux Anglais, échoue. Dans la journée, un prêtre retrouve par hasard un chiffon de papier suspect et le fait porter aux Consuls. Pas de doute, il s'agit d'une lettre écrite de la main de Gautier et adressée au vicomte.

Obligé d'avouer son forfait, le traître est condamné à mort et ses biens sont confisqués au profit de la ville. L'exécution publique a lieu place des Bancs : la tête de Gautier est hissée sur une pique, son corps est découpé en quatre morceaux que l'on plante aux quatre coins de la ville, tandis que ses entrailles, en signe d'infamie, sont enterrées à l'endroit exact où fut découverte la fameuse lettre. Pendant ce temps, Jean de Laigle et ses troupes doivent se retirer. Limoges a sauvé ses libertés !

Les Limougeauds célèbres – Nombreux sont les enfants de Limoges qui ont acquis la célébrité. Parmi les artistes, **Léonard Limosin** (1505-1577), « émailleur et peintre ordinaire de la chambre du roi », mérita les faveurs de quatre souverains et passe pour le chef de file de l'importante école d'émailleurs du 16e s., dont la renommée se poursuit au 18e s. avec la dynastie des Laudin. Le peintre **Auguste Renoir** (1841-1919), l'un des maîtres de l'impressionnisme, travailla quelque temps au début de sa carrière comme peintre sur porcelaine.
Parmi les hommes politiques de premier plan, on peut citer **Pierre Vergniaud** (1753-1793), le plus célèbre orateur du groupe girondin à la Convention, et **Sadi Carnot** (1837-1894) qui devint président de la République et mourut assassiné par un anarchiste lors de l'Exposition de Lyon.
La carrière des armes a été brillamment représentée par le maréchal **Jourdan** (1762-1833), commandant en chef de l'armée du Nord à 31 ans, puis de la glorieuse armée de Sambre-et-Meuse qu'il mène à la victoire de Fleurus et, dès lors, de succès en succès : conquête de la Belgique, prise de Liège et de Maastricht, victoire d'Aldenhoven, occupation de Coblence ; le nom du maréchal **Bugeaud** (1784-1849) est lié à la conquête de l'Algérie et à la lutte victorieuse qu'il mena contre Abd el-Kader ; sa bravoure et sa générosité lui acquirent un prestige immense auprès de ses soldats mais aussi des indigènes. Il fut nommé gouverneur général de l'Algérie en 1840 et demeura à ce poste jusqu'en 1847.

ÉMAUX ET PORCELAINES

Les émaux – *Se reporter également à l'Introduction et au musée de l'Évêché.* Composés de verre à base de plomb et colorés dans leur masse de nuances vives, grâce à l'incorporation, au cours de leur fusion, de plusieurs oxydes métalliques (oxyde de cobalt pour le bleu, oxyde de cuivre pour le rouge et le vert, oxyde d'étain pour le blanc), les émaux se présentent sous forme de galettes que l'on broie, avant de les étaler à l'aide d'une spatule, sur une plaque d'or, d'argent ou de cuivre ; des cuissons successives donnent alors à l'émail l'aspect d'un cristal dur.
L'émail est connu depuis l'Antiquité, mais c'est seulement au 12e s. que Limoges acquiert dans sa fabrication une maîtrise exceptionnelle. Les silicates de plomb ainsi que les oxydes de métaux rares : or, argent, uranium, cobalt, manganèse, tungstène, cuivre se trouvent en effet sur place, grâce à la présence de failles dans les terrains primaires.
La visite d'un atelier permet de mieux comprendre les techniques employées et de suivre les diverses phases de fabrication et de cuisson.
La plupart des émailleurs font visiter gracieusement leur atelier *(aux heures ouvrables)*. On trouve à Limoges de nombreux ateliers, notamment aux abords de la place Wilson (**BZ**).

La porcelaine – Parmi les industries auxquelles Limoges doit sa réputation, celle de la porcelaine, née à la fin du 18e s., a connu un essor remarquable.
On la classe en deux catégories : la « porcelaine tendre » et la « porcelaine dure ».

La porcelaine tendre – Avant la découverte du kaolin, on produisait plusieurs sortes de poteries translucides dont la technique différait de celle de l'Extrême-Orient. La matière était constituée par deux éléments principaux : une « fritte » (mélange de sable et de soude, additionné d'alun, de gypse et de sel

Portrait d'Anne de Montmorency

marin) et une « composition » (craie et marne calcaire). On obtenait ainsi une pâte que l'on faisait cuire à 900°. Le résultat était une matière blanche et translucide que l'on recouvrait le plus souvent d'une glaçure plombeuse.

La porcelaine dure – La pâte de porcelaine est un mélange de roches : kaolin, feldspath, quartz. Parmi les argiles, la plus importante est l'argile blanche, fine et pure, le **kaolin**, dont le nom vient de la colline chinoise de Kao-ling où fut découverte cette roche. Le **feldspath** est un « fondant » qui permet à la pâte de se vitrifier dans le four. Le koalin donne la blancheur et le feldspath la translucidité. D'autres minerais sont nécessaires, comme le **quartz** (pour corriger le « retrait » à la cuisson), la pegmatite, le carbonate de chaux, etc.

D'énormes cylindres tournants contiennent ces divers composants mêlés à des silex qui les broient. Un courant d'eau entraîne la poudre dans des cuves où elle est malaxée en permanence. Le mélange d'eau et de poudre forme une pâte très liquide appelée **barbotine**. Celle-ci peut soit être réduite en poudre, soit transformée en pâte qui sera conditionnée en « galettes », puis après passage dans un désaéreur pour en chasser les bulles d'air, en « boudins » et « camemberts » que l'on moulera et calibrera (en bosse ou en creux). Pour les formes complexes, on procède à un coulage de la barbotine dans un moule conçu en plusieurs morceaux. Ensuite, on démoule et on laisse sécher.

A l'issue des opérations de calibrage ou de coulage, les pièces présentent un bord épais qu'il faut amincir. Elles subissent ensuite une première cuisson à 980-1000° en atmosphère oxydante. Cette cuisson, qui dure de 10 à 12 heures, s'appelle le **dégourdi**, elle sert à déshydrater et à décarburer la pâte. Blanche, plus résistante, légèrement sonnante, cette dernière est devenue du biscuit. Sa porosité va lui permettre de fixer l'émail. A ce stade, les pièces reçoivent le cachet de la fabrique et sont plongées dans un bain d'émail.

Pour affronter le « grand feu », les biscuits émaillés sont enfermés dans des gazettes, boîtiers réfractaires qui les isoleront les uns des autres et les protégeront des fumées. Le four (au gaz) est chauffé à 1 400° ; lorsque les pièces en sortent, elles ont subi un retrait moyen de 14 %. « Au four la pâte se souvient », ce vieil adage signifie que les moindres défauts, passés inaperçus lors des opérations précédentes, réapparaissent après la cuisson ; les pièces qui en sont atteintes sont alors rejetées.

La décoration utilise plusieurs procédés. Le décor à la main requiert le talent d'habiles artistes, les « peintres-fleurs », qui peuvent exécuter un motif original, reproduire des toiles célèbres ou bien dessiner, avec une précision et une régularité surprenantes, des initiales sur tout un service. Il est possible d'obtenir de beaux objets d'un bleu profond par la technique dite du « bleu de four » : on passe plusieurs couches de bleu de cobalt sur la pièce en effectuant à chaque fois une cuisson. L'incrustation d'or ou d'argent consiste à déposer le métal précieux (22 carats pour l'or) dans un décor en creux. Le décor par tampon et la décalcomanie sont les deux autres procédés moins nobles. Quel qu'il soit, le décor doit être cuit dans un four à moufle à environ 800°.

Longtemps l'Occident n'avait connu que les porcelaines importées d'Extrême-Orient puis les porcelaines tendres à la fin du 17ᵉ s. En 1752, à Maupertuis, près d'Alençon, on découvrit un premier gisement de kaolin, mais c'est à St-Yrieix *(voir à ce nom)* en 1768 que l'on trouva un kaolin d'une admirable pureté.

Après des essais encourageants effectués à la Manufacture royale de Sèvres, Turgot – alors intendant général du Limousin – crée, en 1771, une fabrique de porcelaine dure, sous le patronage du comte d'Artois : une ère de prospérité commence pour la céramique limousine, à peine ralentie par l'époque troublée de la Révolution. Après le Premier Empire, l'industrie porcelainière se concentre autour de Limoges qui, par la Vienne, reçoit les trains de bois indispensables à l'alimentation des fours.

La porcelaine de Limoges, orientée surtout vers la porcelaine de table, sans négliger les objets de fantaisie et d'ornementation, jouit d'une renommée mondiale ; elle représente plus de la moitié de la production française. Tous les articles produits, d'une grande qualité, sont le résultat d'une tradition maintenue avec le plus grand soin.

LA CITÉ

Située sur une hauteur dominant la Vienne, la « Cité » est le quartier historique le plus ancien de Limoges ; elle correspond à la « civitas » du Bas-Empire au centre de laquelle s'éleva la cathédrale. Depuis le sac du Prince Noir en 1370, elle a cessé d'être le cœur de la ville. Ce paisible quartier n'en reste pas moins agréable à parcourir.

★**Cathédrale St-Étienne** (CZ) – En dépit d'une construction étalée sur six siècles, la cathédrale St-Étienne offre un style homogène qui présente des liens de parenté (chœur) avec les cathédrales de Clermont-Ferrand et de Narbonne, dues à l'architecte Jean Deschamps. Elle succède à un édifice roman dont ne subsistent qu'une partie de la crypte et les étages inférieurs du clocher.

Commencée en 1273, son architecture illustre bien l'emprise de la civilisation apportée par les Capétiens : sa hauteur et l'élancement de ses voûtes, la largeur de ses baies, ses arcs-boutants, tout cela la rattache à l'école du Nord. La construction se déroula en trois campagnes principales. 1273-1327 : le chœur est achevé tout entier et raccordé à l'ancienne nef romane. 1344-fin du 14e s. : l'évêque Gui de Comborn fait reprendre les travaux par le transept méridional ; après les événements de 1370, s'élèvent, à partir de 1378, le transept Nord et la chapelle St-Martial, le clocher est renforcé. 1458-1499 : malgré la volonté d'en finir, on ne parvient qu'à édifier les deux premières travées de la nef. Le premier tiers du 16e s. voit la réalisation du portail Nord (portail St-Jean) du transept, mais le chantier s'arrête à nouveau lors du décès de l'évêque Jean de Langeac en 1541 ; il ne reprendra qu'au 19e s., entre 1876 et 1888, époque à laquelle la nef fut enfin terminée et reliée au clocher.

Cathédrale – Le portail St-Jean

Extérieur – Le **portail St-Jean★** est vraiment l'entrée monumentale de la cathédrale ; réalisé en un granit très fin, il a été édifié entre 1516 et 1530, alors que triomphait le style flamboyant. Deux galeries ajourées divisent la façade en trois étages. Une statue du Christ est adossée au trumeau ; tout le tympan est garni d'un remplage à arcatures dans lesquelles sont sertis des verres aux riches coloris. Un gâble très effilé enserre l'archivolte et s'élève jusqu'à la grande rose. Les deux vantaux de bois, œuvre de la Renaissance, représentent les épisodes de la vie de saint Martial et de saint Étienne.
A l'Est, la rue Porte-Panet offre une belle vue d'ensemble sur le chevet.
Le clocher, bâti sur plan carré, a 62 m d'élévation. Les trois étages inférieurs sont romans, mais la base a dû être noyée dans une maçonnerie pour consolider la tour. Les quatre étages supérieurs sont gothiques et les trois plus élevés présentent un plan octogonal que l'on retrouve dans de nombreux édifices du Limousin. La flèche qui le couronnait fut détruite par la foudre en 1571. Jusqu'au siècle dernier, le clocher fut séparé de la nef ; c'est pour le raccorder à celle-ci que furent construits le narthex moderne et trois travées. Le porche a reçu trois dalles funéraires des 14e et 15e s.

Intérieur ⓥ – Une impression d'unité se dégage de la nef, dont la construction s'est pourtant étalée sur six siècles. La hardiesse et l'élégance des voûtes sont remarquables ; le triforium supporte les fenêtres hautes.
Placé au bas de la nef, sous le buffet d'orgue, le **jubé★**, construit en 1533 et 1534 par des artistes tourangeaux, pour Jean de Langeac, séparait autrefois le chœur du transept. Ce monument de pierre calcaire, dont la paroi du fond est percée d'une large baie, est surmonté d'une galerie aux clefs pendantes ornées des statues des six Vertus, œuvre de l'imagier Jean Arnaud. Les niches creusées de part et d'autre de la porte sont encadrées de colonnes et de pilastres, parés comme tout l'ensemble d'une riche décoration à l'italienne. Les bas-reliefs du soubassement représentent des scènes mythologiques, parmi lesquelles les travaux d'Hercule.
Les trois **tombeaux★** placés autour du chœur offrent un grand intérêt décoratif. En faisant le tour du chœur par la droite, on rencontre successivement :
– le tombeau de Raynaud de La Porte (14e s.), évêque de Limoges, puis archevêque de Bourges et cardinal, enseveli dans la cathédrale qu'il a contribué à faire construire.
– le tombeau de Jean de Langeac ; érigé en 1544, ce mausolée est du plus gracieux style de la Renaissance ; 14 panneaux sculptés retracent les épisodes de l'Apocalypse de saint Jean ; il s'agit d'une adaptation de la *Petite Passion* de Dürer, mais traduite dans la pierre par un mouvement et une fougue exceptionnels.
– le tombeau de Bernard Brun, qui fut évêque du Puy, de Noyon et d'Auxerre ; exécuté au 14e s., ce monument est orné de quatre bas-reliefs : en haut, d'un côté, le Couronnement de la Vierge, de l'autre, le Christ, la Vierge et saint Jean ; en bas, le Martyre de sainte Valérie et la Crucifixion.

★ **Musée de l'Évêché** (**CZ M**[1]) ⓥ – Installé dans l'ancien Palais épiscopal, cet édifice de granit d'une élégance très sobre est dû à deux architectes limousins du 18e s., les frères Brousseaud.
Le bâtiment, à un seul corps de logis, comporte deux ailes en avant-corps sur la façade principale de la cour d'honneur. La façade arrière donne sur le jardin à la française et les terrasses.

Rez-de-chaussée – Il comprend neuf salles plus la chapelle. Dans les deux salles centrales sont rassemblés plus de 300 **émaux★** limousins du 12e s. à la fin du 18e s. Le Moyen Âge vit s'épanouir l'art de l'émaillerie dont les vitrines présentent ici divers aspects.

F. Magnoux/Musée de l'Évêché, Limoges

Musée de l'Évêché – Coffret aux jeux d'enfants

Les **émaux cloisonnés** étaient obtenus en soudant, sur la plaque servant de fond, de minces lames en métal selon le tracé dessiné sur cette plaque ; mais ce procédé, propre à l'or, s'accommodait mal du cuivre, c'est pourquoi on adopta de préférence la technique du champlevage.

Les **émaux champlevés** (châsse de Thomas Becket, vers 1200 ; plaque de la Visitation, 1770-1775) marquent le triomphe de l'œuvre de Limoges à partir de 1167. Ils étaient exécutés sur une plaque de cuivre assez épaisse pour être creusée au burin. Dans les parties ainsi évidées, on étalait l'émail en une ou plusieurs couches ; on obtenait des tableaux de verre en grisaille sur fond sombre, du camaïeu d'or sur fond noir ou bleu, des polychromies opaques ou translucides, les couleurs étant souvent avivées de paillettes d'or ou d'argent glissées entre deux couches d'émail.

LIMOGES PRATIQUE

Commerces – Ils se localisent surtout dans le secteur du Château : les flâneurs trouveront leur bonheur dans le secteur piétonnier (rue du Clocher) et dans les artères principales (rue Jean-Jaurès, boulevard Louis-Blanc, boulevard Gambetta), au Centre St-Martial (avenue Garibaldi) ou au Forum des Bénédictins (avenue de Locarno).

Émaux et porcelaines – Les principales boutiques de vente bordent le boulevard Louis-Blanc ou s'éparpillent à l'Ouest du centre-ville. A noter, pour les amateurs d'affaires, les boutiques de porcelaines déclassées de Morel Michel (boulevard Louis-Blanc) et du Cygne Bleu (place des Jacobins). Art et feu (rue de la Boucherie) présente d'originales créations en émail.

Pause café – Traditionnel : Le Paris (cours Jourdan, le Trianon (boulevard Georges-Périn). Mode : Café de la Plage (rue Haute-Cité), Park-Avenue (cours Jourdan). Branché : Café des anciennes majorettes de La Baule (rue Haute-Vienne), Café des artistes (place de Stalingrad).

Presse – L'Écho du Centre, La Montagne et Le Populaire du Centre se partagent l'information de la vie locale.

Saveurs du monde – La cuisine des « cinq » continents peut être découverte rue Charles-Michels : Le Pékin (chinois), Achirama (indien), Le San Marco (italien), le Salam (marocain), Le Yucatan (mexicain).

Spécialités – Pays d'élevage, le Limousin se montre fier de sa viande et de sa triperie, que l'on trouve en abondance sur les étals des marchés et dans les menus de restaurants : l'Abattoir (avenue de l'Abattoir), Le Bœuf à la mode (rue François-Chénieux), Les Petits Ventres (rue de la Boucherie).

Spectacles – Les salles de cinéma bordent les places Jourdan (Colisée et Lido) et Denis-Dussoubs (Grands Écrans). La grande capacité du Théâtre Municipal (rue Jean-Jaurès) permet d'accueillir alternativement ballets, opéras, comédies et variétés ; les pièces d'art dramatique ou de création se jouent à La Limousine (rue des Coopérateurs) et à Expression 7 (rue de la Réforme).

Terrasses d'été – Place de la République (Le Bœuf Rouge, Café de France, Le Central, Pomme Cannelle), place Fontaine-des-Barres (Le Chalet, La Marmite).

Unique – Au sein des halles, deux restau-cantines, « Chez Bernard » et « Chez Colette », rivalisent de simplicité. Ouverts dès les aurores pour la pause casse-croûte, ils profitent de leur implantation pour servir des repas à base de produits frais. A l'heure du déjeuner, employés, ouvriers et hommes d'affaires prennent place autour de longues tables recouvertes de toiles cirée, commentant l'actualité dans une ambiance chaleureuse.

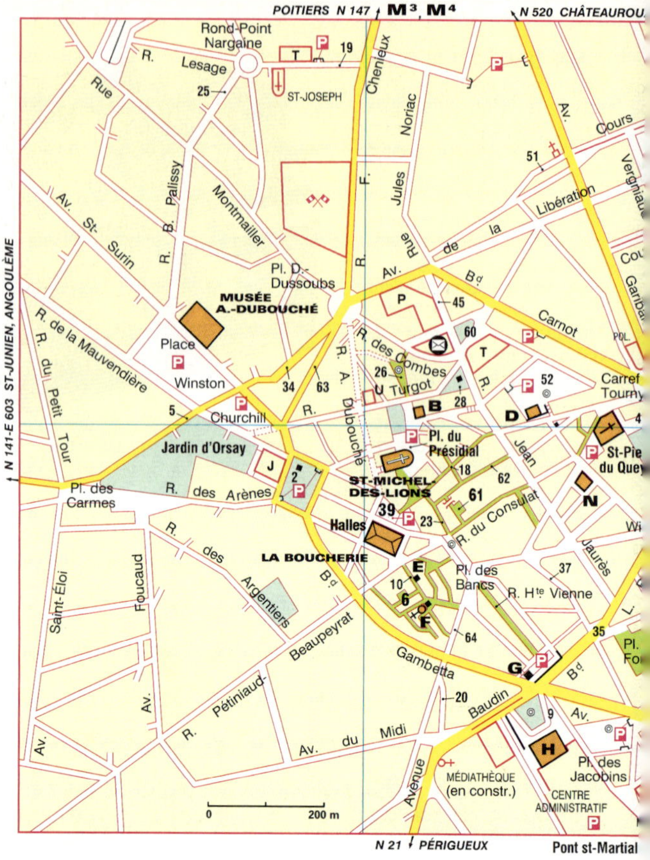

B Hôtel Maledent
D Vestiges de l'abbaye St-Martial
E Maison traditionnelle de la Boucherie
F Chapelle St-Aurélien
G Aquarium du Limousin
H Hôtel de ville

Les parties de cuivre non évidées étaient généralement dorées après l'émaillage. Pour parfaire leur travail, les émailleurs utilisaient les techniques des orfèvres : cabochons, filigranes, feuilles de métal repoussées ou estampées de motifs floraux. Les têtes des rivets étaient, quant à elles, soigneusement transformées par matriçage en visages humains souvent très expressifs. Plaques, châsses, croix, médaillons et divers objets eucharistiques illustrent l'abondante production des ateliers limousins de la fin du 12e s. et surtout du 13e s. Au 14e s., leur créativité eut tendance à s'essouffler.

Un siècle plus tard apparaissent les **émaux peints**, le dessin étant alors tracé au pinceau sur l'émail recouvrant la feuille de cuivre. Actuellement, cette tradition se perpétue à Limoges : les émailleurs ont repris ce procédé, les émaux étant, comme au 16e s., employés à la spatule et les blancs modelés à l'aiguille. La cuisson se fait couleur par couleur, à des températures variant de 1100 à 800° ; les cuissons se succèdent à des températures dégressives afin de ne pas dénaturer les teintes précédentes. Dans cette série des émaux peints sont à distinguer deux plaques de Monvaerni (fin du 15e s.), un **triptyque de la Nativité** (1515-1520) par le « maître aux grands fronts », le **retable de Mesnil-sous-Jumièges** (1525-1530), rare retable émaillé conservé dans son cadre d'origine, un **Laocoon** monumental de Pierre Courteys (vers 1560), des œuvres de Léonard Limosin, portraitiste de cour mort en 1574, et, pour les 17e et 18e s., plusieurs pièces réalisées par la dynastie des Laudin, dont les **médaillons des douze Césars**.

Les deux salles d'**égyptologie** sont particulièrement riches en figurines de terre cuite et en statuettes de bronze ; reconstitution grandeur nature d'une partie du vestibule de la tombe de Nakht, intendant du pharaon Aménophis IV à Thèbes (18e dynastie). La collection de **peinture française** (trois salles) comprend quelques œuvres des 17e et 18e s. (*Bataille de Constantin* par Charles Le Brun), des vues de Limoges par Courtot, des toiles de Renoir *(Portrait de Mademoiselle Laporte)*, Guillaumin, Pascin et Suzanne Valadon.

Précédant la chapelle des évêques, qui a conservé son aspect solennel et dépouillé, deux salles exposent des émaux contemporains, dont Limoges est devenu un centre important grâce à la Biennale internationale de l'Art de l'Émail.

LIMOGES

L Four des Casseaux
M¹ Musée de l'Évêché
M² Musée de la Résistance
M³ Espace F.R.A.C.
M⁴ Musée des Distilleries Limougeaudes
M⁵ Musée de l'Automobile
N Pavillon du Verdurier

Sous-sol – Les belles caves voûtées, anciennes cuisines de l'évêché, ornées de cheminées et creusées de fours et de puits, abritent les six salles du **musée lapidaire**. De l'Antiquité, on remarque : un mobilier funéraire du premier âge du fer provenant de Glandon (Haute-Vienne), des lions de pierre, coffres funéraires, cippes et statues, caractéristiques de l'art gallo-romain local utilisateur du granit. Le Moyen Âge est représenté par une collection de sarcophages, la mosaïque (9e s.) du tombeau de saint Martial *(voir ci-dessous, Autres curiosités)*, des chapiteaux romans et gothiques, des bas-reliefs et divers fragments du 13e au 16e s.

Étage – Un escalier de granit orné d'une belle rampe en fer forgé conduit à l'étage, entièrement consacré à l'archéologie locale.
Des maquettes montrent l'évolution de la ville depuis sa fondation jusqu'au bourg médiéval de Saint-Martial. Une première salle, en face de l'escalier, abrite une rare **fresque** (début du 2e s.) dégagée à l'emplacement d'une villa, rue Vigne-de-Fer. Patiemment reconstituée, elle donne une idée de la beauté du décor intérieur d'une résidence de luxe : filets jaunes et ocre sur fond rouge et noir, motifs animaux (cerfs, félins, aigles). Dans le couloir ont été disposés d'autres fragments de fresque du même style. Les salles suivantes sont consacrées au mobilier domestique, aux monuments publics, à la voirie et aux activités liées à la rue (le réseau de voirie de Limoges antique et la structure des rues étant les mieux connus de toute l'Aquitaine), aux grands chantiers de fouille (notamment celui de « l'ancien hôpital »).

Musée de la Résistance (**CZ M²**) ⓥ – Lors de la dernière guerre, le Limousin fut durement touché par des déportations en nombre et des massacres *(voir à Oradour-sur-Glane et à Tulle)*. Des salles en enfilade présentent un ensemble de témoignages (affiches, cartes, documents, photos, etc.) retraçant cette période noire où des hommes de la Haute-Vienne, avec à leur tête **Georges Guingouin** *(se reporter à l'Introduction)*, s'organisèrent très tôt pour vaincre la barbarie.

★ **Jardins de l'Évêché** (**CZ**) – Étagés en terrasses au-dessus de la Vienne, ces jardins, bordés d'arbres séculaires, offrent une jolie vue sur la cathédrale et le palais épiscopal ; près de l'Orangerie, on admire le jardin botanique aux essences variées.

Limoges – Jardins de l'Évêché

Quartier « Haute Cité » – Au Nord-Ouest de la cathédrale, la rue des Allois (**CZ 4**) et la rue Haute-Cité (**CZ 30**) sont bordées de maisons anciennes à arcades et colombage.

Quartier de l'Abbesaille – A partir du chevet de la cathédrale, un dédale de ruelles anciennes descend jusqu'à la Vienne.
La rue de la Règle (**CZ 53**) est bordée d'anciennes maisons canoniales. Elle se prolonge par la rue du Rajat (**CZ 48**) qui donne sur le quai Louis-Goujaud d'où l'on peut admirer le pont St-Étienne. On remonte ensuite par la rue du Pont-St-Étienne (**CZ 43**). Au n° 37 se trouve la maison natale du maréchal Jourdan *(voir ci-dessus, Un peu d'histoire)*. La rue Porte-Panet (**CZ 44**) ramène à la cathédrale.

Pont St-Étienne (**CZ**) – Construit en 1210 pour desservir la Cité, il se compose de huit arches en arc brisé formant dos d'âne. En le traversant, on a un beau point de vue sur le puy St-Étienne dominé par la cathédrale. Des bornes de pierre jalonnent la face interne du parapet.

LE CHÂTEAU

Le quartier du « château », né jadis autour de l'abbaye St-Martial, puis du château des vicomtes, constitue l'actuel centre-ville aux vieilles rues commerçantes très animées.

Église St-Pierre-du-Queyroix (**BYZ**) – La façade, de style ogival flamboyant, remonte à 1534. Le clocher du 13e s. est de proportions très harmonieuses ; il a servi de modèle, à Limoges même, à ceux de St-Michel et de St-Étienne.
L'intérieur, en forme d'un vaste rectangle irrégulier, frappe par sa largeur ; en partie du 12e s., il a conservé de cette époque ses énormes piliers cylindriques, aux chapiteaux écrasés, ornés de palmettes. A droite du chœur, un beau vitrail aux tons vifs, exécuté en 1510 par Jean Pénicaud et très restauré, représente la Mort et le Couronnement de la Vierge.
Remarquer un Christ en bois de la fin du 14e s., très expressif, placé au mur derrière le maître-autel, et, au fond du second bas-côté, un retable en bois doré du 17e s., orné de peintures. Collection de reliquaires.

Vestiges de l'abbaye St-Martial (**BY D**) ⓥ – Situé extra-muros, le quartier de l'actuelle place de la République était une nécropole qui accueillit, au 4e s., les premières inhumations chrétiennes, en particulier le corps de saint Martial. Le tombeau du saint fut très tôt l'objet d'une grande vénération, et une chapelle funéraire s'éleva au-dessus (6e s.). Les clercs qui en avaient la garde adoptèrent, en 848, la règle bénédictine : l'abbaye se développa et s'affilia à Cluny en 1063. Durant tout le Moyen Âge, elle fut un intense foyer de piété, d'art et de culture : entre le 9e et le 12e s., son scriptorium exécuta de purs chefs-d'œuvre comme le « manuscrit de la Seconde Bible » (qui se trouve à la Bibliothèque nationale). Mais elle ne cessa de décliner par la suite et ses bâtiments furent démolis à la Révolution.
Dans les alentours immédiats du tombeau de saint Martial, trois églises s'élevèrent : la basilique du Sauveur, St-Pierre et St-Benoît.

L'église du Sauveur, au Sud, fut édifiée au 9e s. puis agrandie au 11e s., elle avait alors 102 m de longueur et était une des grandes étapes de la route du pèlerinage de St-Jacques-de-Compostelle. L'axe de l'édifice est traversé aujourd'hui par la rue St-Martial. Par le bras Nord de son transept, on accédait à l'église St-Pierre-du-Sépulcre, située à un niveau inférieur, d'où l'appellation de « Basse Église ». A l'extrémité occidentale, et dans l'axe de la nef, un escalier descendait au tombeau. La chapelle St-Benoît, reconstruite au 13e s., était accolée au Nord de St-Pierre.

Cryptes – L'escalier actuel fut aménagé au 13e s., avec la chapelle de l'Ange, pour faciliter la circulation des pèlerins. Martial et ses deux compagnons (Alpinien et Austriclinien) reposaient dans les deux grands sarcophages de plus de 2,80 m de long que l'on voit. Au 9e s., on exhuma les restes de Martial pour les placer dans un reliquaire d'or sur l'autel majeur de la nouvelle basilique. De cette époque date la mosaïque aux oiseaux, sans doute exécutée à l'occasion d'un réaménagement du tombeau. Dans l'angle opposé s'ouvre la loge dallée dans laquelle était placé le tombeau de sainte Valérie, décapitée selon la légende par son fiancé le gouverneur Étienne.
La seconde salle ou « sanctuaire » contient l'énorme sarcophage de granit dit de Tève-le-Duc et datant du 4e s. Au Sud, les fouilles ont révélé un puissant massif bétonné gallo-romain du 2e s., avec restes d'un parement en petit appareil régulier où s'insèrent des assises de briques.
Ressortant de ces deux salles, on pénètre dans une grande salle constituée par les soubassements des églises St-Pierre et St-Benoît, établis sur des ruines gallo-romaines et à l'emplacement d'un cimetière paléochrétien, comme en témoignent les nombreuses sépultures. Celles-ci se composent de dalles de granit et fond de briques ou sont en plomb, les sépultures enfantines étant en dalles de terre cuite ; nombreux sarcophages mérovingiens et médiévaux venus s'ajouter par la suite. Dans le passage périphérique, vestiges lapidaires antiques et médiévaux.
Sur la place de la République, un plan reconstitué au sol permet d'évaluer l'ampleur de l'église abbatiale.

Place du Présidial (**BZ**) – Le portail Nord de St-Michel-des-Lions s'ouvre sur cette place qui a conservé son ordonnancement d'il y a plusieurs siècles, avec ses bâtiments de l'administration monarchique des 17e et 18e s. Remarquer, au coin de la rue Haute-de-la-Comédie, l'ancien **hôtel Maledent** (**BY B**), daté de 1639. En contrebas, se trouve la jolie **place Fontaine-des-Barres** (16e s.) (**BY 26**).

★**Église St-Michel-des-Lions** (**BZ**) – Deux édifices, l'un roman et l'autre gothique du 13e s., ont précédé l'église actuelle dont la construction, entreprise en 1364, se poursuivit au 15e s. (portail Nord) et au 16e s. (nef prolongée d'une travée). Le plan rectangulaire consacre son caractère d'église-halle.
Près de la porte du clocher, côté Sud, sont placés deux lions de granit qui ont donné leur nom à l'église et servaient, dit-on, à indiquer au Moyen Âge la limite des juridictions des abbés de St-Martial et des vicomtes de Limoges. La tour présente des étages supérieurs octogonaux renforcés de tourelles : une haute flèche, surmontée d'une boule en cuivre ajourée, s'élève à 68 m. Le portail Nord, finement décoré, est orné d'une Vierge à l'Enfant (15e s.) portant une grappe de raisin.
L'intérieur compte trois vaisseaux d'égale hauteur reposant sur des colonnes qui étonnent par leur légèreté (certaines sont déportées vers l'extérieur). De part et d'autre du chœur, à l'extrémité des nefs latérales, de beaux vitraux du 15e s. évoquent la vie de la Vierge et celle de saint Jean-Baptiste.
L'autel de pierre sculptée, un peu en avant du chevet plat, à l'extrémité de la nef centrale, recèle, à son revers, une châsse en bronze doré au 19e s. abritant les reliques de saint Martial – et notamment la tête de l'apôtre du Limousin.
A droite de la première travée, un enfeu contient un trésor : remarquer, au centre, un reliquaire en argent doré et cristal taillé du 13e s.

★**Cour du Temple** (**BZ 61**) – La rue du Consulat, bordée d'immeubles du 18e s., est reliée à la rue du Temple par un couloir (au n° 22) qui s'ouvre sur un bel ensemble de maisons à colombage et de galeries à arcades du 16e s., appelé « cour du Temple ».

Les halles (**BZ**) – Construites à la fin du 19e s., elles bordent la **place de la Motte** (**39**) dont le nom évoque sans doute la motte féodale sur laquelle se dressait le château des Vicomtes. Le bâtiment est orné d'une frise en porcelaine illustrant les produits du marché.

★VILLAGE DE LA BOUCHERIE

Au 13e s., les bouchers se regroupèrent le long du cardo maximus (ancien axe principal de la ville gallo-romaine) à proximité de la place des Bancs où, jusqu'à la Révolution, la corporation débita et vendit la viande.
Les ruelles bordées de hautes maisons des 14e et 15e s. ainsi que les charmantes petites places, très animées en été, permettent d'apprécier un quartier en plein renouveau.

Quartier de la Boucherie

Rue de la Boucherie (**BZ 10**) – Cette singulière rue étroite abrite de typiques maisons à pans de bois dont certaines conservent quelques-uns des 80 étals de bouchers dénombrés au 13e s. Aujourd'hui désertée par la corporation, cette rue retrouve son animation d'antan lors de la pittoresque Frairie des petits ventres *(voir les Renseignements pratiques)*.

Maison traditionnelle de la Boucherie ⓥ (**BZE**) – L'étal du n° 36 ouvre sur un rez-de-chaussée réservé à l'activité professionnelle. La cuisine, transformée en boutique, abrite un billot et ses accessoires, une armoire-glacière du 19e s. et une cheminée où étaient mitonnés les abats ; l'arrière-salle servait au boucher d'abattoir et d'écurie. Aux étages, le visiteur découvre les pièces meublées où cohabitaient quelque 25 personnes (familles, apprentis et employés), puis un grenier à claire-voie (saloir et séchage des peaux). Des expositions présentent la corporation des bouchers et leurs spécialités culinaires.

Place de la Barreyrrette (**BZ**) – Ce nom provient des barrières qui fermaient les enclos des animaux destinés au couteau du boucher. La création d'un abattoir municipal en 1832 enleva à cet espace sa vocation.

Chapelle St-Aurélien (**BZF**) – Une croix monolithe du 14e s. signale l'entrée de ce curieux petit édifice élevé en 1475. Construite pour abriter les reliques de saint Aurélien, la chapelle fut mise aux enchères en 1795 et rachetée secrètement par la corporation des bouchers *(voir encadré)* qui l'entretient encore de nos jours. Elle est remplie d'ex-voto et de statues de bois doré qui étincellent sous les lueurs des cierges.

Une corporation millénaire

Depuis l'an 930, « Messieurs les Bouchers de Limoges » administrent une corporation regroupée dans la rue Torte (rue de la Boucherie). Après la découverte en 1315 des reliques de saint Aurélien (évêque qui succéda à saint Martial), les bouchers obtinrent le droit de l'adopter comme saint patron ; la corporation créa alors une confrérie qui, en 1475, bâtit à ses frais la chapelle St-Aurélien afin d'y abriter la châsse contenant ses reliques. Au 16e s., six familles de la corporation prirent le contrôle du conseil de la confrérie (les membres sont encore aujourd'hui élus par bulletin secret pour 7 ans). Depuis Henri IV, la confrérie de St-Aurélien détient le privilège d'offrir les clefs de la ville aux princes ou aux chefs d'État en visite à Limoges. A l'aube du 21e s., les descendants des Cibot et autres Parot font perdurer la tradition.

★★MUSÉE ADRIEN-DUBOUCHÉ (AY) ⓥ

Fondé en 1845 et devenu musée national en 1881, il porte le nom de son principal bienfaiteur, auquel il doit une part importante de ses fonds (4 000 objets sur 11 000). Les collections retracent l'évolution de la céramique et du verre et les caractéristiques de la plupart des grandes manufactures mondiales. Les porcelaines, Limoges en tête, occupent une place de choix dans cette extraordinaire rétrospective.

Rez-de-chaussée – Il vient d'être réaménagé. A gauche du vestibule où trône une statue en bronze (1898) d'Adrien Dubouché, huit vitrines sont consacrées à la faïence fine, particulièrement en faveur au 19e s., et aux barbotines (beau *Vase aux musiciennes* par Aube). Une collection de faïences de **Théodore Deck** (1823-1891) rappelle l'importance de son rôle au 19e s. Viennent ensuite les grès, depuis le 15e s. allemand jusqu'au 19e s. français, avec des noms célèbres comme Delaherche, Decœur, Chaplet, Moreau-Nélaton, etc., et les poteries, de l'antiquité gréco-romaine au 19e s. Une dernière salle détaille les techniques de fabrication des quatre grandes familles céramiques (la poterie, la faïence, le grès et la porcelaine) à l'aide de schémas, de machines (procédé d'impression par chromolitographie), maquettes de fours et d'un audiovisuel. La porcelaine du 19e s. occupe l'aile droite. 1 200 pièces de Limoges permettent de comprendre la renommée acquise par cette ville depuis les débuts de la production, en 1771. L'on remarquera un énorme service grain de riz de la manufacture Pouyat, la curieuse série d'assiettes de la guerre de 1914 et les ensembles Art Déco. Des porcelaines françaises ou étrangères de la même époque replacent celles de Limoges dans leur contexte.

Salon d'honneur – Il accueille les porcelaines chinoises *(travaux en cours ; informations données sous réserve)* : grès Tang, porcelaines Song, bleu et blanc Yuan, blancs de Chine des 17e et 18e s., famille deux couleurs, famille verte et famille rose résument à travers des pièces d'une grande délicatesse l'art des maîtres porcelainiers d'Extrême-Orient.

Étage – L'**aile droite** est consacrée à la faïence, depuis ses origines au Moyen-Orient à l'époque médiévale. Parvenue rapidement en Espagne (faïence hispano-mauresque), elle fut introduite en Italie à la fin du Moyen Âge («faïence » de Faenza, ville d'Émilie-Romagne) et s'y développa avec un rare talent. Au cours de la seconde moitié du 16e s., la technique se répandit dans toute l'Europe : en France à Lyon, Nevers (« fonds bleus ») et Rouen, en Espagne à Talavera ou Alcora, aux Pays-Bas à **Delft**, où elle tenta plus précisément de rivaliser avec la porcelaine chinoise alors importée par les navires de la Compagnie des Indes, et en Allemagne. La France connut au 17e et surtout au 18e s. un développement magnifique de cette technique ; chaque grande ville avait sa fabrique qui se différenciait par la variété et la qualité de son décor : **Moustiers** (Provence), qui inventa les premiers décors polychromes alors que se répandait un peu partout la mode des « chinoiseries », Marseille, Strasbourg, Lille, Sinceny, mais aussi Limoges.

R.M.N.

Musée Adrien-Dubouché –
Porcelaine de la Manufacture du comte d'Artois

L'**aile gauche** réunit de belles collections de porcelaines du 18e s. La technique de la **porcelaine tendre** (sans kaolin) fut mise au point dès la fin du 17e s. C'est à Rouen que ce type de porcelaine est apparu, mais la fabrication en grand nombre ne débuta vraiment qu'à Saint-Cloud à partir de 1677. Plusieurs centres de la région parisienne s'illustrèrent dans ce domaine : Chantilly, Mennecy, Vincennes et **Sèvres**, dont la Manufacture royale, créée entre 1753 et 1759, acquit une immense renommée. Pour le reste de l'Europe, l'on remarque des pièces provenant des ateliers de Tournai (Belgique), Marieberg (Suède), Chelsea (Angleterre), Naples et Madrid.
Les premières porcelaines dures européennes furent produites à **Meissen** (Saxe), en 1710, grâce à la découverte de gisements de kaolin à Aue par le savant Tschirnhausen et l'alchimiste Böttger. La fabrique de Meissen produisit d'abord des « chinoiseries » puis, avec l'arrivée de sculpteurs, de plus en plus de statuettes. Il fallut attendre la découverte de gisements près de Limoges en 1768 pour que la porcelaine dure se développe également à Sèvres, Paris, Lille, Bordeaux, Orléans ou Valenciennes.
L'aile gauche se termine par quatre vitrines résumant l'histoire du verre de la Renaissance au début du 20e s.

AUTRES CURIOSITÉS

Une ceinture de boulevards circulaires a pris la place des anciens remparts qui isolaient la ville de la périphérie.

Jardin d'Orsay (**AZ**) – Situé derrière le palais de justice, ce jardin public a été aménagé au 18e s. à l'emplacement des arènes gallo-romaines, comblées à cette occasion. Quelques vestiges en sont encore visibles.

Poterie siliceuse et faïence

La poterie siliceuse se compose essentiellement de sable et d'un liant alcalino-calcaire qui permet d'obtenir une glaçure transparente, tandis que la brillance, plus ou moins accentuée, dépend de l'adjonction d'un film à base de cuivre, le lustre métallique.

La ville de Faenza en Italie a donné son nom à une céramique apparue à la fin du Moyen Âge, la faïence. La faïence est une terre cuite poreuse recouverte d'un émail que l'oxyde d'étain rend opaque. La surface obtenue, généralement blanche, peut être colorée mais le décor proprement dit utilise deux techniques : le « grand feu » et le « petit feu ». Le « grand feu » : la pièce est recouverte d'un émail liquide puis séchée ; sur celle-ci le peintre n'a plus qu'à exécuter son dessin dont les couleurs sont à base d'oxydes métalliques (émaux), la cuisson se fait aux environs de 850 à 950°. Le « petit feu » : cette technique, élaborée à Strasbourg en 1744, est à peu près identiques à la précédente, mais elle permet l'utilisation d'une palette plus étendue grâce à une température de cuisson beaucoup moins élevée (environ 400°).

Hôtel de ville (**BZ H**) – Construit de 1879 à 1883, cet édifice inspiré du style Renaissance ne manque pas d'élégance. Devant s'ouvre un joli square orné d'une surprenante **fontaine en porcelaine**.
Non loin, place des Jacobins, devant l'église Ste-Marie, ont été découverts les thermes romains *(voir ci-avant, Un peu d'histoire).*

Aquarium du Limousin (**BZ G**) ⏲ – Installé sous la place Haute-Vienne, il bénéficie de l'atmosphère d'un ancien réservoir d'eau comportant de nombreuses voûtes. Un premier ponton, bordé d'aquariums peuplés de poissons évoluant dans les eaux douces d'Europe ou tropicales, descend vers le fond du souterrain. Après le bassin des piranhas, celui des sélènes marque le départ du second ponton qui ramène le visiteur à la « surface », tout en lui permettant d'admirer les poissons des mers tropicales.

Pont St-Martial (**BZ**) – Le pont romain subsista intact jusqu'en 1182, date à laquelle il aurait été rasé par Henri II Plantagenêt. Les piles antiques, posées directement sur le rocher, se composaient de moellons en grand appareil de granit soudés par des crampons d'acier : leur base se distingue encore nettement. Reconstruit sur ces solides fondations, le pont donna à nouveau accès au château en 1215. Porté par sept arches irrégulières en arc brisé, il forme un dos d'âne accentué.

Four des Casseaux (**CY L**) ⏲ – *Accès par le quai Louis-Goujaud ou la rue Donzelot.* Construit en 1844, ce four rond, conçu pour la cuisson de la porcelaine, est équipé de système Milton dit à flamme renversée. A l'origine, le site comprenait six fours répartis par paires dans des bâtiments d'usine. En 1950, le gaz de Lacq mit un terme à cette génération de four alimenté au bois (90 stères/36 h) puis au charbon (41 tonnes) au profit des tunnels à cuisson continue.
Haut de 19,50 m, le four se compose successivement du **laboratoire** (chauffé par huit alandiers) dont les murs de briques de 1 m d'épaisseur sont cintrés de fer et pouvaient renfermer 32 tonnes de « gazettes » (cuisson 1 400°), du **globe** *(accès à l'étage)* où la porcelaine subissait une première cuisson à 950°, et d'une haute cheminée se terminant par un clapet.

Pavillon du Verdurier (**BZ N**) – Construit après la Première Guerre mondiale pour stocker la viande alors en pénurie, ce curieux bâtiment surprend par ses mosaïques de grès et ses frises florales sur carreaux de céramique. Il abrite aujourd'hui un espace d'expositions.

Gare des Bénédictins (**CY**) – *Voir illustration au chapitre de l'Art – Éléments d'architecture.* Symbole de la prospérité et du développement de Limoges entre les deux guerres, c'est le point de repère caractéristique et l'un des monuments les plus connus de la cité. Construite de 1923 à 1926, elle déploie les formes distendues de son dôme vert-de-gris sur une plate-forme au-dessus des voies. L'originalité de son architecture est mise en valeur par l'esplanade du Champ-de-Juillet, aménagée en parc municipal à la même époque.

Espace F.R.A.C. (**M³** *hors plan*) ⏲ (Fonds régional d'art contemporain) – *A partir de la place Denis-Dussoubs, prendre la rue François-Chenieux, puis, à gauche, l'avenue G.-et-V.-Lemoine. Tourner de nouveau à gauche impasse des Charentes.* Créé en 1982, le F.R.A.C. s'est transporté fin 1991 dans les anciens entrepôts de la chaîne d'épicerie « Les Coopérateurs ». Une salle souterraine de 45 m de long, répartie en dix travées, constitue un cadre original pour les expositions temporaires et les collections permanentes, composées principalement de photographies, de sculptures et d'œuvres du mouvement « Support (s)-Surface (s) », actif au début des années 70.

Musée des Distilleries Limougeaudes (**M^4** *hors plan*) – *Prendre la même direction que le F.R.A.C., mais continuer jusqu'à la place Sadi-Carnot.*
Le musée se trouve au 52, rue de Belfort. Dernier représentant d'une longue tradition locale, cette entreprise fait revivre l'histoire des Distilleries Limougeaudes à travers un musée. Dès l'entrée, le « parfum » saisit le sens olfactif du visiteur qui perçoit plusieurs senteurs.
Certains instruments présentés sont encore fréquemment utilisés : des alambics et leur chauffage au bois, des conches servant aux mélanges, des sirogènes donnant un sirop de sucre limpide. Outre de nombreux instruments traditionnels, les pièces exposent de belles bouteilles, des objets publicitaires, des affiches, etc.
Le Fruitier Limousin, la liqueur de châtaigne du « Feuillardier » et la Sève « la Centrale » sont autant de spécialités fabriquées par la maison.

Musée de l'Automobile (**M^5** *hors plan*) – *Accès par l'A 20, sortie 29.* Situé dans le Centre Commercial La Coupole, il présente, sur 2 200 m^2, un parc de véhicules français et étrangers répartis par décennie depuis 1920. Parmi les marques mythiques des années folles, le visiteur s'attardera sur une Hispano Suiza (1925) et sur une Delage baptisée « Étoile de France » (1928). Voiture des stars d'Hollywood, la Cord 810 (1936) rivalise par sa taille avec la légendaire Cadillac Eldorado (1964). Autour d'un atelier de mécanique où stationnent des voitures en attente de restauration, paradent quelques marques prestigieuses : Buick (1951), Morgan (1962), Ferrari (1964), Corvette (1965), Porsche 911 (1981). Une collection de motos (Ducatti, Harley Davidson, Norton, etc.) complète la visite.

★1 ENTRE VIENNE ET BRIANCE

Circuit de 90 km – environ 2 h 1/2 – schéma ci-dessous

Quitter Limoges par le Sud en empruntant la N 21, direction Périgueux.

La route, pittoresque, remonte la vallée de la Briance qui coule en serpentant au milieu des prairies. Au hameau de Pont-Rompu, on aperçoit à droite un vieux pont pittoresque aux avant-becs aigus : par là passait l'ancienne voie romaine de Limoges à Bordeaux.

★**Solignac** – *Voir p. 207.*
Continuer à suivre la D 32 jusqu'au Vigen, dont l'église romane offre un sévère clocher-mur à 2 étages. Continuer la D 32 qui offre une bonne vue sur le château de Chalusset.

Château de Chalusset – *L'accès aux ruines est formellement interdit (danger d'effondrement).* Sur un promontoire escarpé s'avançant au confluent de la Briance et de la Ligoure se dressent les ruines de Chalusset, parfait exemple de l'architecture militaire du Moyen Âge.
Bâti au 12e s., il fut constamment remanié jusqu'au 15e s. En 1577, le château tombe aux mains des huguenots qui s'en servent comme base de départ contre Limoges. En 1593, les Limougeauds finissent par conquérir de haute lutte la trop fameuse forteresse et la démantèlent. Des trois enceintes primitives, des tours carrées et du donjon, des remparts hauts de 20 m ne subsistent que des vestiges qui, malgré la végétation et l'accumulation de terre et de pierrailles, sont encore d'une impressionnante grandeur.

Au Chatenet, la pittoresque D 39, à gauche *(direction St-Léonard-de-Noblat)*, franchit la Vienne, puis la Maulde près de leur confluent.

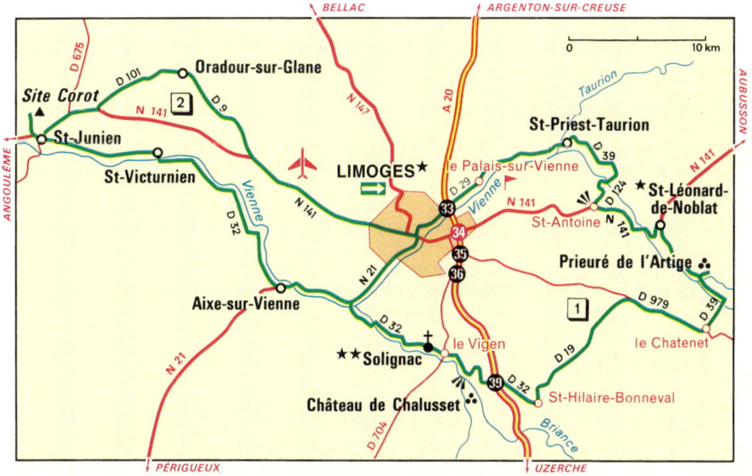

Ancien prieuré de l'Artige – *Voir p. 196.*
La D 39 longe la Vienne, dominée par des rochers, puis s'élève au-dessus de la rivière.

★**St-Léonard-de-Noblat** – *Voir p. 194.*
La D 941 traverse la Vienne dont elle suit la vallée avant de s'élever sur le plateau. La D 124, que l'on prend à St-Antoine, offre un panorama sur les monts d'Ambazac *(voir à ce nom)* et rejoint la D 39 ; tourner à gauche dans cette petite route pittoresque.

St-Priest-Taurion – Site agréable au confluent du Taurion, dont la vallée agreste est coupée de barrages, et de la Vienne qui s'étale là dans un cadre de collines. Après le Palais, la D 29 suit la vallée jusqu'à Limoges, longeant sur 2 km la retenue du barrage.

2 LA « VALLÉE TÉNÉBREUSE »

Circuit de 80 km – environ 3 h – schéma ci-avant

Quitter Limoges par l'Ouest en empruntant la N 141, direction Angoulême.

Oradour-sur-Glane – *Voir p. 183.*

St-Junien – *Voir p. 192.*

Site Corot – *Voir p. 194.*

Église de St-Victurnien – Elle possède un retable décoré de peintures du 14e s. figurant la Passion et la Résurrection. Il orne l'autel ayant sans doute abrité les restes de saint Victurnien. Remarquer au revers deux ouvertures permettant aux simples d'esprit de passer la tête à l'intérieur et de demander au saint leur guérison. Châsse en émail champlevé, du 13e s. ; Vierge à l'Enfant en pierre polychrome du 14e s. Au cimetière (route d'Oradour-sur-Glane), lanterne des morts.

La route, sinueuse, remonte la rive gauche, domine la vallée et procure de très belles vues.

Aixe-sur-Vienne – Tous les 7 ans, les « ostensions » *(voir Introduction)* d'Aixe offrent le spectacle original de 20 reliquaires portés processionnellement par les représentants des corps de métiers de la ville à la chapelle N.-D.-d'Arliquet (à la fois N.-D.-des-Reliques, des Sept-Douleurs et de-la-Bonne-Mort, et ramenés la nuit à la lueur des flambeaux.

Maison de la Porcelaine ⓥ – Cette manufacture fait découvrir au visiteur les différentes étapes indispensables à la réalisation d'une pièce.

LUBERSAC

2 248 habitants

Cartes Michelin n° 75 pli 8 ou 239 pli 25 – 6 km au Nord d'Arnac-Pompadour

Situé dans un paysage vallonné aux confins de la Haute-Vienne et de la Corrèze, le bourg de Lubersac possède une curieuse église des 11e et 12e s.

Église St-Étienne ⓥ – D'allure trapue, son chœur possède une remarquable série de **chapiteaux historiés**★ (le thème est celui de l'Évangile, de l'Annonciation à la Descente de croix) ; d'autres chapiteaux finement sculptés ornent les absidioles Nord et Sud (scènes de la vie du Christ) ainsi que l'extérieur de l'abside principale.

Maison des Archiprêtres – Ancienne résidence des archiprêtres jusqu'en 1780, cette maison présente de belles arcades surmontées de fenêtres Renaissance. Les personnages sculptés, représentant un vieillard, un gentilhomme et une châtelaine, illustreraient un vieux dicton chevaleresque : « Son Dieu, son Roi et sa Dame. »

MALVAL

50 habitants

Cartes Michelin n° 68 pli 19 ou 238 pli 41 – 6 km au Nord de Bonnat

Dans cette bourgade de la vallée de la Petite Creuse se dressent les ruines d'un château fort où séjourna Du Guesclin.

Église – C'est le seul vestige d'un prieuré qui dépendait autrefois de l'abbaye de Chambon-sur-Voueize. Bâtie en granit, en partie romane, cette église possède un chevet paré d'une corniche à modillons. Portail à voussures, boudins, colonnettes, chapiteaux complètent la décoration.
Elle abritait une très belle châsse du 12e s. en émail champlevé limousin, aujourd'hui exposée au musée de la Sénatorie à Guéret *(voir à ce nom)*.

ENVIRONS

Le Bourg-d'Hem – *14 km au Sud-Ouest par la D 6 et la D 56.*
A proximité des gorges d'Anzème taillées par la Creuse, Le Bourg-d'Hem occupe un site pittoresque sur une butte dominant la vallée.

MASSERET

669 habitants

Cartes Michelin n° 72 pli 18 ou 239 pli 14 – 15 km au Nord d'Uzerche

Le bourg de Masseret est situé au cœur d'un paysage limousin où domine la forêt.
Au centre de Masseret s'élève une tour au sommet de laquelle (104 marches) a été dressée une table d'orientation. De là se révèle un très beau **panorama★** circulaire : on reconnaît au Nord les monts d'Ambazac, à l'Est le plateau de Millevaches, le massif des Monédières et, par temps clair, les monts d'Auvergne.
L'**église**, romane dans son gros œuvre mais fortement remaniée au 16e s., possède une châsse de sainte Valérie du 13e s.

LE MONT GARGAN

Itinéraire de 40 km – environ 1 h

Quitter Masseret par l'Ouest en empruntant la D 20E9, vers Meuzac.

Église de St-Germain-les-Belles ⓥ – Bel édifice fortifié du 14e s. dont la façade et le chevet sont protégés par des mâchicoulis. A l'intérieur, à droite du chœur, un escalier à vis permet d'accéder, au-dessus de la très haute voûte brisée, aux salles de guet et au chemin de ronde.

★★ **Mont Gargan** – Altitude 731 m. Une route, en forte montée au départ, conduit au sommet, couronné par les ruines d'une chapelle. En contournant la chapelle, un immense **panorama★★** se déroule au Sud-Est sur le massif des Monédières, au Nord sur les collines de la Marche, à l'Ouest sur les monts du Limousin.

Château de MAUPAS

Cartes Michelin n° 65 pli 11 ou 238 pli 19 – 6 km au Nord des Aix-d'Angillon

Schéma p. 204

Étape de la Route Jacques-Cœur, le château de Maupas est posé sur un écrin de verdure dominant une forêt et un étang.
En entrant dans le parc aux arbres séculaires, on découvre une élégante demeure à l'allure élancée, précédée d'un pigeonnier encore « habité ».
Du 13e s. le château a conservé le corps de logis central avec ses deux tours : l'une octogonale, l'autre ronde et couronnée d'un mâchicoulis à créneaux. Reconstruit au 15e s. par Dumesnil-Simon, transformé aux 17e et 18e s., époque à laquelle on détruisit l'enceinte fortifiée ainsi que plusieurs tours, il entra dans la famille d'Antoine Agard en 1688 ; le fils de ce dernier fut anobli en 1725 par Louis XV et porta le titre de marquis de Maupas. Les Maupas avaient choisi le métier des armes.
L'un d'eux, Marie-Auguste, se distingua sous le Premier Empire et reçut la Légion d'honneur des mains de Napoléon en 1813. Il entra ensuite au service de la famille royale et devint, en 1827, sous-gouverneur de la maison de Henri de Bourbon, duc de Bordeaux, comte de Chambord, dernier représentant de la branche aînée des Bourbons. Cela explique la présence des nombreux souvenirs du comte de Chambord et de sa mère la duchesse de Berry dans le château.

VISITE ⓥ

Intérieur – Au rez-de-chaussée, on remarque le beau mobilier des trois salons et de la salle à manger.
En montant à l'étage, une impressionnante **collection d'assiettes★** des 17e, 18e et 19e s. orne l'escalier d'honneur : en tout 880 pièces provenant de manufactures célèbres comme Moustiers, La Rochelle, Nevers (série révolutionnaire), etc.
Précédant l'entrée de l'oratoire, une tenture en soie italienne, cadeau du comte de Chambord, figure un combat entre un lion et un taureau. De belles tapisseries (Aubusson, Flandres, Beauvais, Gobelins) décorent la « chambre de la duchesse de Berry ». A côté, dans la « salle des jouets », sont exposées d'intéressantes pièces du 19e s. et du début du 20e s.
Dans la cuisine ancienne, qui se trouve au sous-sol, de nombreux cuivres rutilent.

Extérieur – Les deux ailes aux fenêtres à croisillons sont reliées par les deux tours médiévales : l'une donne sur la cour et contient un escalier, l'autre donne sur les parterres à la française et au-delà sur l'étang.

ENVIRONS

Église de Morogues – *1 km à l'Est par la D 59. Voir p. 203.*

Les Aix-d'Angillon – *6 km au Sud par la D 46.*
Ce bourg est situé en bordure de la vaste plaine de la Champagne berrichonne, au pied des collines du Sancerrois. Il possède un quartier ancien avec une vieille porte et une **église romane** comportant une haute croisée du transept encadrée de « passages berrichons » (étroites ouvertures reliant les bras du transept à la nef) et surmontée d'une coupole sur trompes.

Château de Menetou-Salon – *8 km à l'Ouest par la D 59. Voir p. 170.*

La Borne – *8 km au Nord par la D 46. Voir p. 74.*

MEHUN-SUR-YÈVRE*

7 227 habitants

Cartes Michelin n° 64 pli 20 ou 238 pli 18 – 15 km au Sud-Est de Vierzon

Sur le canal du Berry, cette cité ancienne s'adonne à l'industrie de la porcelaine.

Les grandes heures de Mehun – Troisième fils de Jean II le Bon, roi de France, **Jean de Berry** (1340-1416), mécène fastueux et grand amateur d'enluminures, fit reconstruire en 1386 le château de Mehun.
Là, au milieu d'une cour brillante, il accueillit des écrivains comme Froissart, des miniaturistes comme les frères de Limbourg et André Beauneveau ; ce dernier, qui était aussi sculpteur et architecte, travailla longuement au château. Le duc s'entretenait familièrement avec eux et les emmenait visiter sa ménagerie ou son luxueux pavillon des bains.
Jean de Berry ayant légué Mehun à son petit-neveu Charles VII, celui-ci y reçut Jeanne d'Arc en 1429 et 1430. Le dauphin, futur Louis XI, passa sa jeunesse au château et y trama de noirs complots contre son père qui mourut à Mehun en 1461.

CURIOSITÉS

Porte de l'Horloge – Elle date du 14e s. Restaurée, elle ouvre la rue Jeanne-d'Arc.

Rue Jeanne-d'Arc – Elle descend vers l'Yèvre entre des demeures anciennes, parfois précédées de puits.
Au n° 87, la maison où Jeanne d'Arc aurait logé présente d'élégantes baies géminées à trilobes ; à gauche, esplanade vers le château. Plus loin, la rue traverse l'Yèvre, offrant des perspectives sur des lavoirs et sur un moulin remontant au 12e s. Celui-ci abrite le **Centre régional des métiers d'art « Les grands moulins »** ⓥ. Une promenade ombragée longe le canal du Berry : vues sur le château et l'église.

Château-musée Charles VII ⓥ – De ce château merveilleux que Claus Sluter et Holbein vinrent admirer subsistent deux tours rondes dont celle, très restaurée, « de Charles VII » abrite le musée ; on voit quelques départs de voûtes et de grandes cheminées. On reconnaît encore facilement le plan du château ; remarquer l'emplacement du bastion qui s'avançait en éperon sur la rivière. Une miniature précise des « Très Riches Heures du duc de Berry » (musée Condé à Chantilly, *voir guide Vert Michelin Ile-de-France*) par les frères de Limbourg nous montre le château tel qu'il était au 15e s.
Démantelé au 17e s., il tomba peu à peu en ruine. Des fouilles sont en cours : on a reconnu plus de dix châteaux construits du 10e au 15e s.

Collégiale Notre-Dame – Ce monument de style roman (à l'exception d'une chapelle ajoutée au 15e s.) a été commencé par le chœur (11e s.), édifié sur plan en fer à cheval. La façade est précédée d'un clocher-porche orné, sur la face Nord, d'une croix à entrelacs et Agneau pascal au centre.
A l'entrée de la nef, à gauche, une intéressante armoire à reliques, du 15e s., a reçu au 17e s. une porte en bois sculpté représentant l'Éducation de la Vierge.
Dans la nef à gauche, Crucifixion peinte par Jean Boucher de Bourges, maître de Mignard. Chemin de croix moderne en poterie de la Borne.

FORÊT D'ALLOGNY

Circuit de 40 km – environ 1 h

Quitter Mehun par le Nord en empruntant la D 79.

Centre émetteur d'Allouis - A droite de la route, on aperçoit la « pierre de Lu », grosse pierre faite de rognons de silex assemblés.
A gauche, au sommet d'un plateau dégagé, le centre émetteur de télédiffusion d'Allouis, qui diffuse les programmes de France Inter, comporte un pylône haut de 308 m.

Forêt d'Allogny – Formant château d'eau, ce massif boisé fait une tache sombre sur le plateau qui domine les vallées du Barangeon et du Cher. La futaie, serrée, est composée surtout de chênes avec des îlots de pins sylvestres, de bouleaux et de hêtres.
La D 56, entre Allogny et St-Martin-d'Auxigny, offre un bon aperçu de la forêt.
Des pentes qui descendent sur St-Martin, belle vue sur la vallée du Moulon ; très riante et cultivée, elle contraste vivement avec la forêt, sombre et mystérieuse, qu'on vient de quitter.

*Pour apprécier à leur juste valeur les curiosités très importantes,
qui attirent en grand nombre les touristes,
il faut éviter si possible les moments de la journée
et les périodes de l'année où l'affluence
atteint son maximum.*

Château de MEILLANT★★

Cartes Michelin n° 69 pli 1 ou 238 pli 31 – Schéma p. 189

Dissimulé par les arbres de son parc, le château de Meillant – étape de la Route Jacques-Cœur – ne dévoile que progressivement les beautés de son architecture : l'austère façade, baignée de douves, accentue la richesse de la façade orientale qui se pare de toutes les grâces d'un style gothique finissant, teinté d'italianisme.

La famille d'Amboise – Pierre d'Amboise, seigneur de Chaumont, acquiert par mariage la terre de Meillant en 1453. Son fils Charles Ier veut mettre au goût du jour ce château qui offre l'aspect d'une massive construction flanquée de hautes tours ; mais sa mort survient avant qu'il ait pu terminer l'œuvre entreprise et c'est à son fils Charles II que revient cet honneur. La protection de son oncle, le cardinal Georges d'Amboise, lui vaut de cumuler en peu de temps les charges les plus enviées : grand maître de la maison royale de Louis XII, maréchal et amiral de France.
Gouverneur de Milan, Charles II réalise en Italie des profits importants – « Milan a fait Meillant » – qui lui permettent de faire exécuter à Meillant, comme à Chaumont, les travaux envisagés (nouveau corps de logis flanqué d'une tour) auxquels préside, en son absence, le cardinal d'Amboise. Le souvenir de Louis XII à Meillant reste une lettre croustillante à Charles II : « Je suis venu vous voir dans votre château de Meillant mais vous n'y étiez pas, je m'y suis embourbé, le diable m'emporte si j'y reviens. » Le roi avait souffert des routes impraticables des pays marécageux !
Au 18e s., la propriété passa à la famille Béthune-Charost, puis, au 19e s., aux Mortemart. Parmi les ancêtres de ces derniers, Gabriel de Rochechouart, duc de Mortemart, gouverneur de Paris en 1669, eut un fils et trois filles dont deux furent célèbres au 17e s. : Marie-Madeleine, abbesse de Fontevrault, et Françoise Athénaïs, marquise de Montespan et favorite de Louis XIV auquel elle donna huit enfants. Le château fut entièrement restauré en 1842.

VISITE ⌚

Extérieur – *Voir illustration au chapitre de l'Art – Éléments d'architecture.* Le caractère féodal de l'ancienne forteresse élevée au début du 14e s. par Étienne de Sancerre n'apparaît plus que sur la façade Sud baignée de douves : privées de leur chemin de ronde, les tours ont conservé d'étroites archères.
La façade orientale, très différente, s'apparente aux châteaux de la Loire par la richesse de sa décoration : deux tourelles d'escalier font saillie sur le corps de logis et semblent concentrer sur elles l'exubérance du « style gothique fleuri » qui jette là ses derniers feux : la balustrade ajourée placée à la base des combles, les lucarnes sculptées, les cheminées ornées de balustrades à décor flamboyant sont éclipsées par la décoration extraordinairement fouillée de la **tour du Lion** dont l'auteur est Giocondo, un collaborateur de Michel-Ange.
Cette tour, qui doit son nom au lion de plomb placé sur le lanterneau qui la couronne, frappe par la juxtaposition d'éléments sculptés : colonnettes torsadées, entrelacs en forme de cœurs, chiffres et emblèmes où l'on reconnaît des C entrelacés, initiales de Charles d'Amboise, et des monts enflammés, armes parlantes de la famille de Chaumont d'Amboise (chaud mont), personnages apparaissant à des fenêtres simulées, comme au palais Jacques-Cœur, à Bourges. Un joli puits du 16e s. et une élégante chapelle de même époque, aux contreforts surmontés de pinacles, complètent cet harmonieux ensemble.

Intérieur – On découvre une dizaine de pièces richement décorées.

J. D. Sudres/DIAF

Château de Meillant – Tour du Lion

Après avoir passé dans la salle du « lit de justice » et traversé la « galerie des Césars », on arrive dans la Grande Salle à manger, aux murs tapissés de cuir de Cordoue et au plafond à caissons Renaissance (restauré au 19e s.) ; la table est dressée avec sa vaisselle somptueuse, ses étains et ses chaises Louis XIV. Le Grand Salon (200 m^2) possède une belle cheminée du 16e s. surmontée d'une loggia des musiciens ; aux murs, des tapisseries de Bruges (17e s.) figurant des scènes de la Bible ; le portrait de Charles VII, longtemps attribué à Clouet, voisine avec celui de « la » Montespan (1640-1707) ; au sol, un tapis de Smyrne. Juste après la bibliothèque, remplie d'ouvrages rares et d'où l'on a une jolie vue sur le puits et la chapelle, on pénètre dans la « chambre du cardinal d'Amboise ». Il s'agit peut-être de la plus belle pièce : on y admire un splendide mobilier flamand du 17e s., écaille de tortue teintée incrustée d'ivoire ; une superbe **statue** en bois, œuvre allemande protestante datée de 1568, représente Dieu le Père recevant son Fils, elle n'est pas sans rappeler le séjour de Calvin au château en 1529. La visite s'achève par la « salle Louis XII » (cheminée et tapisserie d'Aubusson) et par la salle des gardes, décorée elle aussi de tapisseries (Flandre 17e s.) et d'armes ; au fond de la pièce remarquer le gisant de François de Rochechouart-Mortemart.
Dans la cour, la chapelle possède des vitraux du 16e s. ; l'autel est surmonté d'un retable (perdu au moment de la Révolution et retrouvé un siècle plus tard à Côme) de l'école rhénane, en bois peint et doré, représentant les scènes de la Passion.

Château de MENETOU-SALON

Cartes Michelin n° 65 pli 11 ou 238 pli 19 – 15 km au Nord des Aix-d'Angillon

Dans un cadre forestier majestueux, au centre d'une région de vignobles, ce vaste château tire son nom de « Monastellum-Sarlonis » qui signifie monastère de Sarlon. Un moment propriété de Jacques Cœur, qui acquit le domaine en 1450, il fut endommagé pendant la Révolution et complètement reconstruit au 19e s., englobant dans son ensemble en forme de T la partie ancienne. Le prince d'Arenberg en fit une somptueuse demeure de la Belle Époque.

VISITE ⏲

Les communs renferment une collection de voitures anciennes – en particulier Turcat-Mery et Panhard-Levassor de 1899. Une salle adjacente abrite une sellerie complète (collection de harnais). A l'intérieur du château, dont la décoration est rehaussée par de belles tapisseries flamandes du 15e s., remarquer plus spécialement le grand salon et deux bibliothèques.

Tours de MERLE★★

Cartes Michelin n° 75 pli 10 ou 239 pli 28 – Schéma p. 55

Les vestiges de cette forteresse se dressent sur un éperon qu'entoure un méandre très encaissé de la Maronne. C'est en venant du Nord, par la D 13, qu'on découvre le splendide panorama des tours de Merle. Dans un virage à gauche, garer la voiture *(parking)* : de là s'offre une saisissante **vue**★★ plongeante sur l'ensemble des ruines *(accès par un sentier en descente)* émergeant d'une abondante végétation.

Un repaire inexpugnable – Aux confins de l'Auvergne et du Limousin, le choix du site de Merle répond à une préoccupation défensive évidente : le promontoire (200 m sur 40 m), dominant la rivière de 30 m, est isolé du plateau plus élevé de 150 m. Ce type de forteresse frontalière s'appuie sur une utilisation optimale de la topographie, qui la rend, en principe, inaccessible et lui permet de contrôler un large espace.
Les seigneurs de Merle seraient apparus au 11e s. Au 12e s., ils entrent dans la mouvance des sires de Ventadour *(voir à ce nom)*, et, dès le 13e s., ils commencent à se partager le site : chaque héritier en reçoit une portion avec l'autorisation d'y élever son propre château. Leur caractère turbulent n'entame pas la solidarité familiale et la terre ancestrale reste pour eux le plus sûr des repaires.
Pendant la guerre de Cent Ans, en 1371, les Anglais parviennent à réduire la place, mais la restituent peu après sur l'intervention du pape Grégoire XI. Par contre, le célèbre routier Aymerigot Marchès échoue devant Merle en 1380 ; là se termine sa sinistre carrière de destructeur et de pillard, car son échec entraîne à bref délai sa capture. L'apparition de l'artillerie change le destin de la forteresse, que l'on peut facilement bombarder des hauteurs avoisinantes. En 1574, les huguenots s'en emparent puis doivent se replier ; par la suite les châteaux sont peu à peu abandonnés.

Visite des tours ⏲ – Merle se présente sous l'aspect d'un chapelet de sept châteaux, qui s'égrène du Nord au Sud, et forme trois ensembles plus ou moins disloqués de donjons, tours et corps de logis du 12e au 15e s., répartis sur deux terrasses.

Les tours de Merle

On pénètre par le flanc Nord. Après avoir traversé les vestiges de la chapelle St-Léger, on rencontre le « château ancien » ou château d'Hugues et Fulcon de Merle, qui occupe le point culminant : donjon roman *(accès à la terrasse)* et corps de bâtiments. Le deuxième ensemble est constitué par les deux tours carrées jumelles à mâchicoulis situées à l'extrémité de la plate-forme : tour de Noailles et tour des seigneurs de Pesteils. Du sommet de cette dernière se dégage une belle vue de l'ensemble. D'impressionnantes façades qui dressent leurs pans de murs, des cheminées suspendues dans le vide, des escaliers qui ne conduisent nulle part, tout cela crée une atmosphère presque féerique.

MEYMAC★

2796 habitants

Cartes Michelin n° 73 pli 11 ou 239 pli 16 – Schéma p. 173

Située en bordure du plateau de Millevaches *(voir à ce nom)*, Meymac est une des villes les plus pittoresques de la Corrèze, avec ses rues et ses maisons anciennes regroupées autour de l'ancienne abbaye St-André.

Jadis, les montagnards venaient y échanger leur laine, leurs fromages et leurs châtaignes contre des produits fabriqués dans les plaines. Aujourd'hui, l'économie meymacoise est dominée par le travail du bois ; une école forestière forme des techniciens supérieurs.

Agglomération rurale et artisanale, Meymac affirme aussi une vocation touristique qui s'appuie sur une situation écologique particulièrement attirante. En empruntant la route de Tulle, on accède au **lac de Sechemailles**, immense plan d'eau s'étendant dans un site boisé et reposant, aménagé pour les loisirs et les vacances.

CURIOSITÉS

Église abbatiale Ⓥ – En 1085, Archambaud III, vicomte de Comborn, fondait une abbaye bénédictine à l'emplacement d'une église qu'il tenait de ses aïeux.

L'édification de l'église, commencée au 12e s., se poursuivit au 13e s. à la suite des modifications intervenues dans le plan initial. Ce plan présente quelques irrégularités : une déviation des bras du transept, un désaxement de l'abside et de ses chapelles. Le clocher-porche abrite un portail polylobé, de style limousin, flanqué de deux arcades. Le porche est orné de chapiteaux romans de facture archaïque. La nef, voûtée d'ogives, se prolonge par un chœur aussi large qu'elle. Sur le pilier à gauche, une **Vierge noire**★ du 12e s. qui, à l'exception d'un turban la coiffant, possède les caractéristiques d'une vierge auvergnate : buste droit, longues mains protectrices.

Fondation Marius-Vazeilles Ⓥ – Installée dans un bâtiment latéral de l'abbaye, elle offre d'intéressantes collections archéologiques retraçant le peuplement et la vie sur le plateau de Millevaches depuis les temps préhistoriques (riche outillage lithique), en passant par l'époque gallo-romaine (mobilier funéraire, vestiges d'habitat) et le Moyen Âge. La section ethnologique comprend une salle de ferme reconstituée, des instruments aratoires, des vêtements, etc., qui illustrent l'ancien mode de vie en Haute-Corrèze.

Centre d'art contemporain ⓥ – Installé dans l'aile Sud de l'ancien cloître de l'abbaye St-André, il organise chaque année, de mars à décembre, en plus des expositions personnelles consacrées à de jeunes artistes, une grande rétrospective (François Bouillon en 1990, Jesus Rafaël Soto en 1992, Gérard Garouste en 1996) et une exposition thématique sur les principales tendances de l'art contemporain. Devant l'entrée du centre, sculpture monumentale de Robert Jacobsen.

Vieille ville – La promenade dans les rues anciennes de la ville s'avère très agréable. A gauche de l'église, une halle du début 19e s., avec sa charpente apparente reposant sur des piliers de granit, est entourée d'une petite place fermée par les bâtiments de l'Hôtel-Dieu, édifié en 1681.
En montant en direction de la tour de l'Horloge, qui était la tour de la porte du château, on découvre, au détour des rues étroites, de nombreux porches sculptés (15e-16e s.), des tourelles d'escaliers avec leurs toits en poivrière, de remarquables maisons en granit recouvertes de toits d'ardoises à forte pente. Au-delà de la tour de l'Horloge, la petite place avec sa fontaine n'est pas dénuée de charme.
La ville connaît une intense animation au moment de la « fête du mouton » *(voir les Renseignements pratiques)*. Dans une ambiance colorée, les rues se remplissent d'échoppes tandis que les artisans effectuent des démonstrations.

ENVIRONS

Tourbière du Longéroux *(voir « Faune et flore » dans l'Introduction) – De Meymac, D 979 vers Bugeat (10 km), puis à droite D 109 vers Celle (5 km).*

Mont Bessou – *7 km au Nord-Ouest par la D 36. Voir p. 175.*

Plateau de MILLEVACHES★

Cartes Michelin nos 73 pli 1 et pli 11 et 72 pli 20 ou 239 plis 15, 16

Avec le plateau de Gentioux et les monts des Monédières, le plateau de Millevaches (de « moles vacua », pays vide, ce qui n'exclut pas l'interprétation fondée sur le celtique « batz », source) marque le territoire de la montagne limousine. Type du haut plateau granitique au relief morne, il est taillé dans les roches anciennes du socle et culmine à 977 m au **mont Bessou** et au **puy Pendu**.

Le toit du Limousin – Montagnard, ce plateau l'est par son climat rigoureux, ses hivers longs et ses précipitations abondantes (entre 1 200 et 1 700 mm de pluie par an) qui en ont fait un véritable château d'eau, d'où partent quantité de rivières : sur le versant Nord, la Creuse, le Taurion, la Maulde ; sur le versant Sud, la Vienne, la Vézère, la Corrèze, la Diège, etc. Tous ces cours d'eau se déversent les uns vers la Loire, les autres vers la Dordogne et la Gironde.
De quelque côté qu'on l'aborde, cette « haute table » affiche une grande monotonie topographique. Fougères et bruyères, seule végétation naturelle, ajoutent encore à l'impression de solitude. La vie se concentre dans les dépressions où les prairies et les cultures témoignent d'un habitat très dispersé et peu important ; la densité de la population permanente ne dépasse pas, en effet, 10 habitants au km^2. La pauvreté des sols et le climat rude ont depuis longtemps entraîné une forte émigration.
Initialement, l'agriculture consistait en une modeste polyculture vivrière qui s'est spécialisée dans l'élevage des ovins et, plus rarement, dans celui des bovins ; il y avait là de vastes terrains de parcours pour les troupeaux de moutons... Mais la forêt n'a cessé de prendre de l'importance. Des efforts considérables ont été entrepris pour revaloriser ces vastes étendues qu'il était impossible de planter en arbres fruitiers ou en châtaigniers.
La transformation du paysage a débuté vers 1860, quand s'est développé le réseau ferré. La forêt primitive, brûlée en 1575 au cours des guerres de Religion, n'avait jamais été reconstituée. Des milliers d'hectares sont aujourd'hui consacrés aux conifères, très résistants au froid, dont l'exploitation constitue pour le plateau une ressource appréciable, tout en posant de nombreux problèmes à l'agriculture locale.
Plus récemment, le tourisme a ouvert de nouvelles perspectives. Les aménagements de loisirs (plans d'eau, parcs, circuits verts, équipements sportifs, etc.) se sont multipliés et attirent des citadins en quête d'air pur et de grands espaces. Petit à petit, l'habitat se rénove : à côté des fermes traditionnelles à cheminée faîtière au pignon, les résidences secondaires, souvent d'habiles restaurations de bâtiments anciens, s'affirment. Le chaume, qui conférait un charme désuet à ces « pays perdus », a quasiment disparu.
Les taches sombres du manteau forestier alternent avec celles, plus claires, des landes où affleurent parfois quelques gros blocs de granit. A l'infini se déroule le moutonnement de ces croupes, tandis que se profile à l'horizon la ligne des monts d'Auvergne. Çà et là, un troupeau de bovins ou d'ovins indique la persistance de la vie paysanne.

DE FELLETIN A MEYMAC

Itinéraire de 130 km – environ 5 h – schéma ci-dessous

Felletin – *Voir p. 138.*
La route serpente agréablement le long de la vallée du Gourbillon, au milieu d'un paysage de prairies et de massifs boisés.

St-Quentin-la-Chabanne – Entouré de toutes parts de sommets, ce bourg tire son nom de l'un d'eux, le puy de la Chabanne. L'**église** du 13e s. possède un portail limousin s'ouvrant en arrière d'un clocher-mur. La nef est voûtée d'ogives à liernes. Sous le chœur, une crypte du 11e s., N.-D.-de-Sousterre, abrite une Vierge noire.

Continuer la D 995 sur 5 km, puis prendre à droite la D 59A, direction la Nouaille.

Domaine de Banizette ⓥ – Cette maison seigneuriale du 17e s., dont on visite les dépendances aménagées en musée de la vie rurale, offre l'image d'une grande exploitation agricole Haut-Marchoise au début du siècle, à l'orée de la mécanisation. La bergerie voûtée, le moulin, le petit lavoir, le beau fournil avec son four annexe à pâtisseries et pâtés, l'écurie au pavage d'origine bien conservé, le pigeonnier formant porche, le bûcher, la grande métairie et son immense grenier à grains, répartis autour de la caractéristique cour fermée, composent un ensemble attrayant, progressivement restauré et mis en valeur.

En quittant le manoir, prendre à droite la D 59. A St-Marc-à-Loubaud tourner à gauche pour emprunter la D 16, direction Gentioux.

Pont de Senoueix – Cet antique pont romain qui enjambe le Taurion n'a conservé qu'une arche dont les pierres habilement juxtaposées semblent défier le temps. Le murmure de la rivière naissante complète le charme du site.

Gentioux – Dès le 11e s., Gentioux fut le centre creusois de l'émigration des ouvriers maçons. L'**église** du 13e s., reconstruite au 15e s. par les chevaliers de Malte, est garnie de curieuses sculptures (16e s.), notamment dans le chœur (bas-reliefs, têtes grimaçantes, etc.).
Au cimetière, tombeau ouvragé de Jean Cacaud, sculpteur local célèbre.
Le monument aux Morts est l'un des rares qui expriment une intention pacifiste : un écolier de bronze en sabots, le béret à la main, tend le poing vers la stèle de pierre ou est inscrit « Maudite soit la guerre ».

Quitter Gentioux par l'est en empruntant la D 8, direction Pigerolles. Passé 3 km, prendre à gauche la D 35.

Chapelle de Pallier ⓥ – Érigée au 12e s. par les Templiers, cet édifice offre au regard une belle façade où se détache un clocher-mur. La porte, encadrée par deux contreforts, est surmontée d'un arc brisé et d'un tympan armoirié du 14e s. L'intérieur de la chapelle est formé d'une nef unique à chevet droit ; à droite de l'autel en pierre, on découvre au sol une petite croix de Templier.
Le cimetière et sa croix biface du 16e s. contient une pierre allongée comprenant trois symboles gravés : un carré (les Écritures), un rond (la religion) et huit lobes (l'éternité). La chapelle domine la demeure des Notaires Royaux Jabouille du 18e s., où l'on peut admirer le travail remarquable des tailleurs de pierre de Gentioux. Plusieurs pièces d'expositions évoquent les Templiers et leur histoire en Creuse.

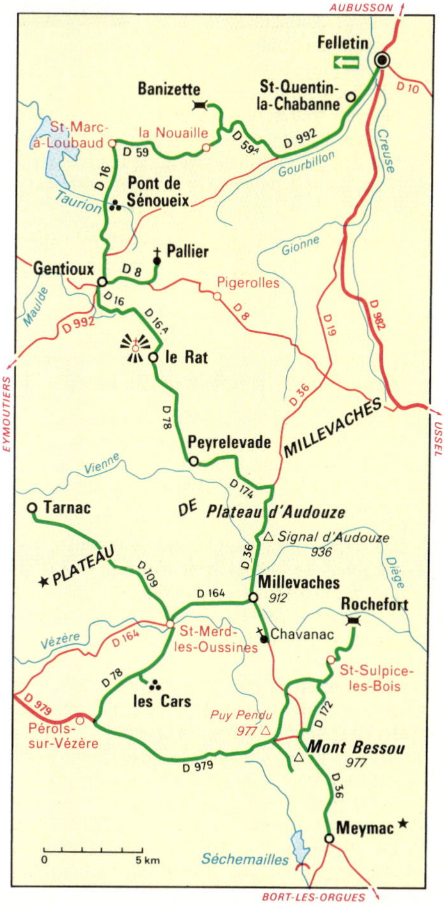

1 km avant le hameau du Rat, prendre un petit chemin sur la droite, signalisation « Chapelle ». Ce chemin étant en très mauvais état, il est conseillé de laisser sa voiture à l'entrée et de poursuivre à pied (1,2 km AR).

Chapelle de Pallier

Le Rat – Le **site** de la chapelle et des rochers est un endroit agréable et reposant. Ombragée par de grands arbres séculaires, la chapelle en granit (17e s.) se trouve à proximité d'énigmatiques rochers, peut-être utilisés à l'époque celtique. Un sentier à gauche de la croix s'enfonce à travers pins et bruyères et conduit à un autre groupe de rochers d'où se dégage une vue sur les environs.

Peyrelevade – Ce joli bourg aux toits d'ardoises est un agréable centre de séjour. L'église et la Croix des Templiers, dite du Mouton, datent du 13e s.

Plateau d'Audouze – Les ruisselets coulant sur les pentes Ouest et Nord du plateau d'Audouze constituent les sources de la Vienne, ceux des pentes Est et Sud les sources de la Diège, important affluent de la Dordogne ; ce sommet se trouve ainsi sur la ligne de partage des eaux des bassins de la Loire et de la Dordogne.
Le plateau est dominé par le signal d'Audouze dont l'accès est interdit *(terrain militaire)*.

Millevaches – Ce petit village (912 m d'altitude), situé au centre du plateau auquel il a donné son nom, est caractéristique du pays. Son église, reconstruite en 1871 après un incendie, est l'unique monument qu'il possède.
A 3 km au Sud *(prendre la D 36 et bifurquer à droite)*, le bourg de **Chavanac** possède une petite **église** des 13e-14e s. A l'intérieur, une statue en pierre polychrome, appelée ici « la Dansarelle », représenterait Salomé, fille d'Hérodiade, portant le plateau sur lequel repose la tête de saint Jean-Baptiste.

Tarnac – Le village possède une charmante petite **église** mi-romane, mi-gothique ; le porche s'ouvrant sur le côté Nord est orné de voussures et de médaillons sculptés où l'on reconnaît, à droite, saint Georges, à gauche, saint Gilles.
Devant l'église, vieux chêne « de Sully » et, à côté, chêne dit « de la liberté du 12 mars 1848 ». Remarquer également la belle fontaine St-Georges.

Les Cars – En pleine nature émergent d'intéressants **vestiges gallo-romains**. L'amoncellement de pierres de taille, que l'on découvre en arrivant, provient des restes d'un temple et d'un mausolée.
Ce temple se présente sous la forme d'un rectangle terminé par une abside semi-circulaire ; il a conservé, outre ses soubassements, son podium et son escalier monumental.
Le mausolée *(à quelques mètres au Nord)* devait avoir une assez grande dimension et contenait en son centre un coffre cinéraire.
Un petit sentier bordé de mélèzes conduit à un ensemble de vestiges distant de 300 m. L'impressionnante cuve (poids : environ 8 t) qui les domine était une réserve d'eau destinée à alimenter les installations hydrauliques du bâtiment.
Plutôt que de thermes, il s'agirait d'une luxueuse résidence, construite au milieu du 2e s. et abandonnée à la fin du 3e s. Un système d'hypocaustes, une mosaïque, des placages de marbre et des fragments d'enduits peints, retrouvés en ces lieux, laissent entrevoir la pénétration de la civilisation romaine jusque dans les régions les plus reculées du Massif Central.

Mont Bessou – Avec le puy Pendu, situé en face, le mont Bessou est le point le plus élevé du plateau (977 m). Ce site, recouvert par la forêt et dominé par un relais de télévision (belle vue aux abords), a été aménagé en un parc municipal de 67 ha. Une aire de repos auprès d'un étang artificiel agrémente ce lieu de détente. Une route fait le tour du mont Bessou.

Château de Rochefort – Bâtie sur un rocher dominant une vallée pittoresque, cette ancienne forteresse s'agrémente d'une aile du 17e s.
La descente sur Meymac par la D 172 et la D 36, où l'on domine la vallée de la Luzège, ne manque pas de pittoresque.

★**Meymac** – *Voir p. 171.*

Les MONÉDIÈRES★

Cartes Michelin n° 72 Sud du pli 19 ou 239 plis 15, 27

Adossé au plateau de Millevaches, le massif des Monédières s'étend de la haute vallée de la Vézère à la Corrèze et représente le bastion méridional de la « montagne » limousine *(se reporter à l'Introduction)*. D'altitude relativement faible, 919 m au puy de la Monédière, il se compose d'un enchevêtrement de croupes fortement rabotées par l'érosion, où dominent les roches cristallines. Bien que largement ouvert aux influences océaniques apportées par les vents d'Ouest, le climat n'en demeure pas moins montagnard, hiver rude et enneigé, été court mais chaud.

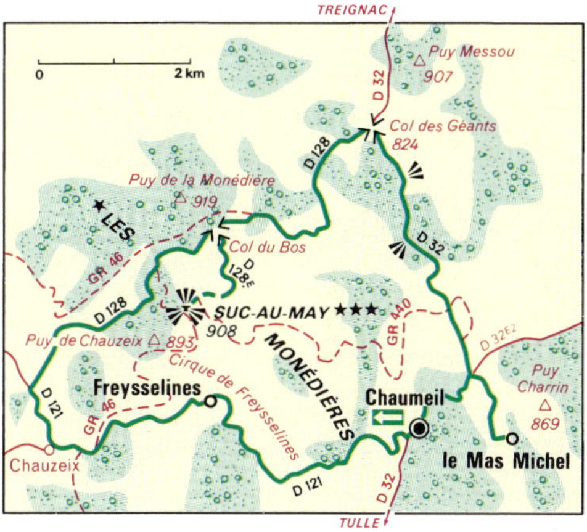

La forêt en flammes – Au temps de la conquête romaine, le massif, couvert de forêts impénétrables, sert de refuge aux druides qui organisent la résistance aux envahisseurs. César, irrité, fait incendier la forêt qui brûle pendant des mois.
Au Moyen Âge, les moines de Treignac reboisent patiemment les Monédières. Au 16e s., tandis que ses puissants voisins se rallient au protestantisme, **Louis de Pompadour**, baron de Treignac, reste fidèle au culte catholique ; ses ennemis envahissent les Monédières et saccagent ses domaines. Renouvelant la tactique de César, Pompadour met le feu à ses forêts : l'incendie s'étend sur 80 km, embrasant châteaux, villages et récoltes. Louis est ruiné, mais les huguenots battent en retraite.
Jamais, depuis, les vastes futaies n'ont été reconstituées. Aujourd'hui, le reboisement s'intensifie, et des milliers de résineux se pressent sur les flancs où sont tracées des pistes forestières.

De la bruyère aux myrtilles – A la fin de l'été, les pentes encore couvertes de landes de bruyère forment un immense tapis rose et naturellement :

« Quant la bruyère est fleurie
Aux flancs des Monédières,
Qu'ils sont loin les soucis
Qu'ont les gens de Paris. »

Mais, peu à peu, au-dessus de 700 m, les myrtilles, nouvelle source de revenus, supplantent la bruyère et chaque fin d'été voit revenir les « vendanges ». Les baies cueillies d'un geste sec sont expédiées vers les conserveries et les laboratoires pharmaceutiques.

CIRCUIT AU DÉPART DE CHAUMEIL

30 km – environ 1 h – schéma ci-dessus

Chaumeil – Capitale des Monédières, ce village coquet groupe ses maisons de granit à toits d'ardoises ou de lauzes autour de son église, ornée d'un beau porche du 16e s. A l'intérieur de celle-ci, à gauche du chœur, on peut admirer dans une vitrine une Pietà naïve du 16e s. en bois polychrome, une Vierge à l'Enfant et un bras reliquaire. A 500 m, au Nord, un plan d'eau a été aménagé.

Emprunter la D 121, route étroite en légère descente.

Freysselines – Petit hameau serré dans le cirque de même nom.
La route serpente sur le versant exposé au Sud où alternent cultures, herbages, châtaigneraies.

A Chauzeix, prendre à droite une route en montée, puis encore à droite la D 128 qui s'élève au milieu des prairies et des conifères. Sur la gauche se dessine la longue échine du puy Pantout (altitude 770 m).
La route passe au pied du puy de Chauzeix aux pentes boisées et laisse le puy de la Monédière à gauche. Au col du Bos, où la forêt fait place à la lande, la D 128^{E}, à droite, mène au Suc-au-May.

★★★ **Suc-au-May** – *1/4 h à pied AR.* Altitude 908 m. De la table d'orientation, le **panorama** embrasse la campagne limousine et le plateau de Millevaches au Nord-Est, les formes particulières des monts Dôme et des monts Dore à l'Est, des monts du Cantal au Sud-Est. Le massif des Monédières se dresse au premier plan en une suite de bombements et de faibles dépressions à fond plat, qui révèlent l'ancienneté des attaques de l'érosion.
Au col des Géants, tourner à droite dans la D 32, la route amorce une légère descente au milieu des conifères. Belles échappées à gauche sur le puy Messou (altitude 907 m) et à droite sur le Suc-au-May.

Le Mas-Michel – Une petite route s'embranche sur la D 32 et mène à ce minuscule hameau, au pied du puy Charrin. De vieilles chaumières au bel appareil de pierres sèches forment un ensemble agréable à découvrir.

MOUTIER-D'AHUN★

195 habitants (les Moutiérots)
Cartes Michelin n° 72 pli 10 ou 239 pli 4 – 22 km au Nord-Ouest d'Aubusson

Entre Guéret et Aubusson, près de la haute vallée de la Creuse qu'enjambe un pittoresque pont ancien hérissé d'avant-becs, le village de Moutier-d'Ahun s'inscrit au pied de son église dans un charmant décor de collines boisées et de prairies coupées de haies vives. Cette église possède un remarquable ensemble de boiseries du 17e s., d'un grand intérêt.

Heurs et malheurs d'une abbaye – Peu avant l'an mille, Boson, comte de La Marche, fait don à l'abbaye d'Uzerche d'une église, dédiée à Notre-Dame, qu'il possédait sur les bords de la Creuse, afin d'y fonder un monastère soumis à la règle de saint Benoît. Bientôt indépendant de l'abbaye mère, le « moûtier », qui prit le nom de Moutier-d'Ahun, joue un rôle considérable : les moines remplacent au 12e s. l'église de Boson par un édifice plus important.
La guerre de Cent Ans met fin à cette longue période de prospérité : détruite par les Anglais, l'église abbatiale est relevée de ses ruines, mais un siècle plus tard, au cours des guerres de Religion, la grande nef est dévastée et incendiée.
En 1610, le calme revenu, les moines font déblayer les décombres et murer les ouvertures laissées par la destruction de la nef et des bras du transept.
C'est à cette époque que furent exécutées les boiseries destinées à décorer le chœur. Après le départ des moines bénédictins, lors de la Révolution, elles furent recouvertes d'un enduit au lait de chaux.
Une patiente restauration, réalisée par l'abbé Malapert, curé de Moutier-d'Ahun, leur a rendu tout leur éclat.

Église ⏲ – Dans son état actuel, l'église comprend une partie romane – carré du transept, clocher et chœur – et une partie gothique, le portail Ouest qui date du 15e s. On pénétrait dans l'édifice par un beau portail en granit de style flamboyant du 15e s. : abrité sous un gâble élancé, il est orné de six voussures garnies de petits personnages où se côtoient prophètes, anges, jongleurs, musiciens, danseurs. La nef a disparu : deux rangées de tilleuls évoquent le souvenir des travées. Les bras du transept ont eux aussi été détruits.

Moutier d'Ahun – Portail Ouest de l'église

La croisée est surmontée d'un gros clocher carré roman, ajouré sur chaque face de trois baies géminées établies sur des colonnettes aux chapiteaux lisses.
Une stèle funéraire gallo-romaine à personnage et portant une inscription est encastrée dans la façade.
Passant sous l'imposante coupole sur trompes du carré du transept, on accède au chœur par un arc triomphal composé de trois arcades juxtaposées. Le chœur à chevet plat et les deux chapelles ont reçu des voûtes d'ogives au 15e s.
A l'extérieur, le chevet a conservé des traces de fortifications du 14e s.

★★ **Les boiseries** – *Voir illustration au chapitre de l'Art – Éléments d'architecture.* Les boiseries et les stalles décorent entièrement les murs de l'abside et du chœur. Toutes ces sculptures ont été exécutées, de 1673 à 1681, par Simon Baüer, maître sculpteur établi en Auvergne, à la demande des moines de Moutier-d'Ahun.
De part et d'autre du maître-autel, dont le bas est recouvert d'un cuir de Cordoue du 17e s., les deux parties d'un vaste retable se composent de colonnes torses très ouvragées soutenant un important fronton brisé. La partie du chœur qui a fait suite au retable est revêtue de panneaux décorés formant une porte monumentale qui donne accès à une chapelle du 15e s. Des motifs empruntés à la faune et à la flore, des sujets fantastiques ornent les 26 stalles. Il semble que le sculpteur ait voulu jouer sur l'opposition des symboles du bien et du mal à travers le choix des animaux et des motifs des cariatides. La grille de clôture fermant le chœur est surmontée d'un Christ à double face, sculpté dans un tronc de chêne.
Le lutrin est formé de deux lions adossés soutenant les pupitres de leurs pattes *(illustration : se reporter à l'Introduction).*
Dans la sacristie ont été rassemblés de nombreux objets provenant de l'ancien monastère : des statues polychromes en granit, du 12e s., représentant saint Benoît et saint Antoine ermite, des reliquaires des 15e et 17e s. et un christ en buis, du 17e s.

Les voies piétonnes vous permettent de vous promener tranquillement.
Elles sont indiquées sur nos plans.

NANÇAY

784 habitants

Cartes Michelin n° 64 pli 20 ou 238 pli 18 – 20 km au Nord-Est de Vierzon

Le village solognot de Nançay compte de nombreux ateliers d'artistes et accueille l'un des plus modernes observatoires astronomiques d'Europe.

Grenier de Villâtre (Galerie Capazza) – installé dans les anciennes écuries joliment restaurées du château, y expose sculptures, poteries, dessins, etc., créés par un groupe de 65 artistes. L'une des salles, **musée imaginaire du Grand Meaulnes**, renferme des souvenirs d'Alain-Fournier ayant appartenu à la famille : photographies, maquette sur une scène tirée du roman, petits meubles.

Station de radioastronomie – Créé en 1953 par l'École Normale Supérieure, puis intégré à l'Observatoire de Paris en 1956, cette station étudie les ondes radio qui parviennent de l'Univers, apportant de précieux renseignements sur le système solaire, les galaxies lointaines et la matière interstellaire. Pour mener à bien ses recherches, elle dispose de trois instruments principaux : le radiotélescope décimétrique (l'un des plus grands au monde par sa surface collectrice), le radiohéliographe interféromètre à deux branches (dévolu à l'étude du soleil) et le réseau décamétrique de 144 antennes (observe en priorité Jupiter).

NEUVIC

1 829 habitants

Cartes Michelin n° 76 pli 1 ou 239 pli 28

Schéma p. 133

Cette petite ville installée à flanc de colline reçoit chaque année une foule d'estivants attirés par son lac et sa plage. En outre, elle a su préserver son centre ancien, avec les ruelles bordées de maisons en granit, les vestiges de sa porte fortifiée et son église du massif clocher-porche.

Musée de la Résistance Henri-Queuille – Ce musée, installé dans la maison d'Henri Queuille, évoque les hauts faits et les drames de la Résistance. Les maquis de Corrèze furent particulièrement actifs pendant la Seconde Guerre mondiale : des réseaux bien structurés affaiblirent l'ennemi et, en 1944, de violents combats furent le prélude à la Libération.

La Résistance

Le Berry et le Limousin se distinguent très tôt dans la lutte contre l'occupant. 1941 et 1942 sont les années de formation des premiers groupes : groupe de Brive autour de Germain Auboiroux et Edmond Michelet, réseau « Alliance », mouvement « Combat » en Haute-Corrèze. Dans l'Indre, un premier message chiffré est envoyé à Londres le 9 mai 1941, depuis Châteauroux, par Georges Bégué, premier agent en France du SOE (Special Operation Executive). Mais c'est par l'activité des passeurs que se manifeste couramment le refus : prisonniers évadés, juifs, aviateurs anglais franchissent la Ligne de démarcation.

Les maquis – Le 11 novembre 1942, la zone libre est envahie. Les actions clandestines se multiplient, tandis que le STO (Service du Travail Obligatoire) jette dans le maquis de jeunes réfractaires. Mais l'appareil répressif grossit : cent « francs-gardes » sont casernés à St-Amand-Montrond ; des rafles se produisent à Aubusson en janvier, février et mars 1944 ; les prisonniers s'entassent à la prison du Bordiot à Bourges, où certains seront secourus par le franciscain allemand Alfred Stanke. La résistance survit grâce aux parachutages et multiplie les actions de sabotage dans l'attente du débarquement.

La Libération – En 1944, la résistance s'unifie : des comités départementaux de Libération sont mis en place. Le jour J, ils n'ont qu'un seul but : paralyser les renforts allemands du Sud-Ouest remontant vers la Normandie. Les offensives se concentrent sur la N 89, où de véritables batailles sont livrées à Cornil, Ussel, Égletons, aux gorges du Chavaron. Certaines villes : Tulle, Oradour-sur-Glane, Argenton-sur-Creuse, contrôlées par les maquisards puis reprises par les Allemands, subissent des atrocités. A la fin août 1944, la Résistance obtient la reddition de la garnison de Brive et celle du groupe armé du général Elster à Arçay (Cher).

Le musée comprend trois salles fort bien documentées et regorgeant de souvenirs. À l'étage, des panneaux d'exposition décrivent l'organisation des réseaux. De nombreux documents – photographies, affiches, presse clandestine, etc. – retracent l'histoire de la Résistance locale et de ses acteurs. Une panoplie assez complète des armes utilisées par les belligérants côtoie d'émouvants souvenirs de la Déportation. Une salle (sous les combles) est consacrée aux parachutages, très intenses dans la région en 1944.
Au rez-de-chaussée, des panneaux et divers souvenirs d'Henri Queuille remémorent cette importante personnalité politique neuvicoise qui fut treize fois ministre de l'Agriculture et à qui l'on doit la création du Crédit Agricole.

NEUVY-ST-SÉPULCHRE

1722 habitants (les Noviciens)

Cartes Michelin n° 68 plis 18, 19 ou 238 plis 40, 41 – Schéma p. 117

A proximité de la « Vallée Noire » chère à George Sand, le gros bourg de Neuvy doit son appellation à une église construite sur le modèle du Saint-Sépulcre de Jérusalem.

Basilique – L'édifice actuel est double : une surface rectangulaire plus ou moins adroitement jointe à une surface circulaire. Le bâtiment droit a été terminé en 1049, il est dédié à saint Jacques le Majeur. Un groupe d'obscurs pèlerins prit l'initiative de fonder à Neuvy un édifice à l'image du Saint-Sépulcre de Jérusalem, aidés par Eudes de Déols, ancien pèlerin de Terre sainte. Cette réplique du Saint-Sépulcre était conçue pour être substituée à l'église rectangulaire. Pour lui faire place, on aurait donc abattu le clocher-porche, ne conservant le reste que pendant le temps nécessaire à l'achèvement. Entre-temps de nouveaux pèlerins rapportèrent qu'à Jérusalem on venait d'ajouter à la rotonde un édifice rectangulaire ! Alors, pour garder la ressemblance avec le modèle, on décida de maintenir ce qui restait de l'édifice antérieurement condamné et de le raccorder vaille que vaille avec l'autre. On peut admirer aujourd'hui une vaste **rotonde★** de 22 m de diamètre ; sept absidioles sont creusées dans l'épaisseur du mur. Les onze colonnes cylindriques entourant le sanctuaire sont surmontées d'intéressants chapiteaux représentant des motifs floraux, des figures humaines ou divers animaux. La partie supérieure de la rotonde a été restaurée par Viollet-le-Duc au siècle dernier.

ENVIRONS

Cluis – *8 km au Sud-Ouest par la D 38.*
L'**église** (13e s.) se termine par un chœur à deux absides (remarquer les chapiteaux). Dans la chapelle de la 4e travée se trouve une magnifique **Vierge à l'Enfant★** du 14e s. en marbre blanc de Paros. L'hôtel de ville (16e s.) abrite des tapisseries d'Aubusson. La halle (17e s.) à la charpente élaborée est surmontée d'un clocheton.
A Cluis-Dessous, les **ruines** féodales du château, dit les Demoiselles de Montpensier se dressent fièrement : on distingue les restes d'une enceinte, une porte d'entrée et ses deux tours, un corps de logis. Non loin s'élève une chapelle gothique.

NOHANT*

481 habitants

Cartes Michelin n° 68 pli 19 ou 238 pli 41 – 6 km au Nord de La Châtre

Schéma p. 117

Le village berrichon de Nohant, proche de l'Indre, présente une pittoresque place, devant une petite église précédée d'un porche rustique.

La vie passionnée de George Sand (1804-1876) - Petite-fille d'un fermier général et d'une fille de Maurice de Saxe, la jeune Aurore Dupin fut, après la mort accidentelle de son père, recueillie par sa grand-mère à Nohant où elle passa presque toute son enfance et son adolescence.
A chaque période de sa vie agitée, pour retrouver le calme, au sein de paysages familiers, elle vint rechercher là ses souvenirs de jeunesse et les folles promenades dans la campagne berrichonne pleine de chants d'oiseaux et des cris des laboureurs. Mariée au baron Dudevant, Aurore se sépara de lui après que deux enfants, Maurice et Solange, furent nés de cette union. Elle décide alors de s'installer à Paris, se lie avec Jules Sandeau ; sa vie est fort libre, ses façons étonnent – elle se fait couper les cheveux, porte une redingote et un chapeau haut de forme – et, voulant imiter son ami qui écrivait, publie en 1832 un roman, *Indiana*, qu'elle signe George Sand. Elle a alors 28 ans.
Le succès est tel que désormais elle ne s'arrêtera plus d'écrire. Sa liaison orageuse avec Musset, en 1833, leur voyage à Venise, correspond à la période romantique de sa vie et ce lyrisme se retrouve dans ses romans, *Lélia, Les Mauprat*, où éclatent ses cris de révolte contre les entraves de la société. Elle subit ensuite l'influence des philosophes humanitaires et de Chopin, compose de nombreux romans, ayant pour cadre villages et châteaux de la *Vallée noire* et pour personnages les paysans du Berry : *Le Meunier d'Angibault, La Mare au diable, Le Péché de Monsieur Antoine, La Petite Fadette, François le Champi, Les Maîtres sonneurs.*
Servie par une imagination débordante, George Sand avait une grande facilité de travail, un style aisé et nuancé. Son amour de la nature se retrouve dans ses Mémoires (*Histoire de ma vie*, 1854), dans ses contes, ses romans (*Les Beaux Messieurs de Bois-Doré*, 1857).
C'est à Nohant qu'elle termina ses jours en 1876, auréolée d'une sorte de légende, justifiant par ses bienfaits ce surnom de « bonne dame de Nohant ». Elle exerçait même les fonctions de médecin de village, ayant étudié avec son premier précepteur, le Dr Deschartres, l'anatomie et les remèdes à base de plantes.

LAUROS/GIRAUDON

Nohant – Portrait de George Sand par C. Blaize

*CHÂTEAU

Cette demeure fut édifiée dans les années 1760 à l'emplacement d'un ancien château, et devint la propriété de Mme Dupin de Francueil en 1793. Transformée en musée, elle a conservé d'innombrables souvenirs de George Sand et de ses hôtes. Chopin et Liszt, Balzac et Flaubert, Delacroix et Fromentin... Un charme suranné s'en dégage, car rien ici n'a changé depuis le 19e s., aussi ne serait-on pas surpris d'y croiser Aurore ou George...
Le rez-de-chaussée comprend huit pièces : le vestibule, la cuisine, la salle à manger, la chambre d'Aurore de Saxe, grand-mère de George Sand, le boudoir aux boiseries peintes, où la grande romancière fit ses premiers essais littéraires et écrivit *Indiana* : « J'habitais alors l'ancien boudoir de ma grand-mère... Il était si petit qu'avec mes livres, mes herbiers et mes cailloux... il n'y avait pas de place pour un lit. J'y suppléais par un hamac. Je faisais mon bureau d'une armoire qui s'ouvrait en la manière d'un secrétaire... »
Le théâtre fut installé en 1849, on y joua des pièces familiales. Le théâtre des marionnettes, aménagé en 1854, contient toujours les nombreuses marionnettes sculptées par Maurice, le fils de George Sand, dont on retrouve un peu partout l'empreinte artistique (tableaux du vestibule, du salon, de la chambre d'Aurore Lauth-Sand).
Le salon, « sanctuaire d'intimité », exprime bien l'harmonie familiale, comme le suggèrent les portraits aux murs.
Au premier étage : un vestibule, une antichambre, la chambre de George Sand où elle mourut le 8 juin 1876, son cabinet de travail, qui fut jusqu'en 1846 la chambre de Chopin, la bibliothèque, la chambre d'Aurore Lauth-Sand (dernière habitante des lieux, décédée en 1961), que George Sand occupa avec sa mère dans son enfance et son adolescence.
A l'issue de la visite intérieure, on se promène dans le parc et on se rend dans le cimetière familial (la tombe de George Sand, en pierre de Volvic, est placée au centre).

Abbaye de NOIRLAC**

Cartes Michelin n° 69 Sud du pli 1 ou 238 pli 31 – Schéma p. 189

Située entre le Cher et la limite Ouest du Grand Bois de Meillant, l'abbaye de Noirlac est une importante étape de la Route Jacques-Cœur.

La fondation – Dans les années 1130, un groupe de moines conduits par Robert de Clairvaux, cousin de saint Bernard, l'âme du mouvement cistercien, fondait une communauté à La Maison-Dieu-sur-Cher, dans un lieu qui dépendait des moines de La Celle *(voir à ce nom)* et qui porta, plus tard, le nom de Noirlac.
Les débuts sont difficiles, les moines endurent de nombreuses privations et souffrent de la faim. En 1149, Bernard lui-même doit intervenir auprès de Suger, le célèbre conseiller de Louis VII, pour leur faire attribuer une dotation en blé. Dès l'année suivante, la situation s'améliore : Ebbes V de Charenton consent une importante donation qui va permettre à la communauté d'assurer la pérennité de l'abbaye.

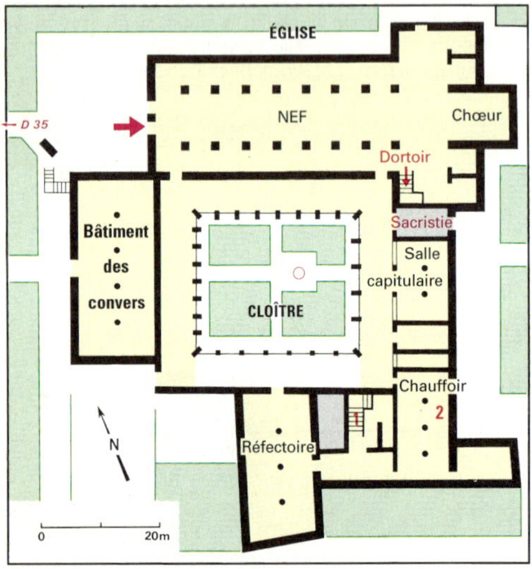

Défricheurs, bâtisseurs, les moines ne tardent pas à mettre en valeur leur patrimoine en le faisant prospérer. En l'espace d'une cinquantaine d'années, le monastère possède un vaste domaine et perçoit même des revenus indirects bien que cela soit contraire aux règles de l'ordre.

De la destruction à la restauration – Après l'élan des 12e et 13e s., Noirlac voit son recrutement se tarir au 14e s., tandis que l'exploitation directe du domaine est peu à peu abandonnée. Après les troubles de la guerre de Cent Ans, l'abbaye reçoit un mauvais coup en 1510 ; elle est mise en commende : l'abbé, désormais nommé par le roi, n'est plus qu'un lointain percepteur. Peu de temps après, les guerres de Religion amènent leur lot de destructions. A la veille de la Révolution, il reste six moines. Déclarée bien national, l'abbaye est vendue. Revendue en 1820, elle abrite une manufacture de porcelaine. Prosper Mérimée la découvre en 1838, mais c'est seulement en 1909 que le département du Cher l'acquiert pour 46 000 F. La restauration peut commencer ; elle se déroule lentement, car les bâtiments sont encore utilisés à des fins humanitaires jusqu'en 1949. A partir de 1950, un vaste programme de restauration est mis en œuvre, dont on peut apprécier aujourd'hui l'extraordinaire résultat.

VISITE ⌚

Les bâtiments conventuels sont rassemblés selon la disposition habituelle des abbayes cisterciennes. Ils constituent l'un des ensembles les mieux conservés et les plus complets de ce type de monastère en France. Ils sont construits en belle pierre blanche du pays. Les magnifiques dallages ont été refaits à l'identique. Quant aux vitraux de grisaille, ils ont été réalisés par Jean-Pierre Raynaud dans l'esprit qui convenait à l'ordre de Cîteaux. Ce cadre exceptionnel est mis à profit pour des messes en grégorien, des concerts et des manifestations culturelles.

L'église – Bâtie à partir de 1150, mais achevée un siècle plus tard, elle illustre le passage de l'art roman à l'art gothique. On commença par le sanctuaire et on termina par la nef et les collatéraux. L'ensemble est d'une grande austérité : la simplicité des lignes s'ajoute à la blancheur de la pierre pour mettre en valeur la beauté de l'architecture et la sérénité du lieu. Conformément à l'esprit de Cîteaux, tout décor sculpté est banni : les chapiteaux sont nus et les vitraux sont uniformément gris.
Les arcs doubleaux retombent sur des colonnes engagées terminées au-dessus du sol par un simple culot en pointe.
Le chœur, bien moins élevé que le transept, est la partie la plus ancienne ; il comporte un chevet plat éclairé par un triplet et un oculus à six lobes.

Les bâtiments conventuels – Ils ont été édifiés en plusieurs étapes : fin du 12e s. (aile orientale et bâtiment des convers), première moitié du 13e s. (réfectoire), seconde moitié du 13e s. et 14e s. (galeries du cloître). Des aménagements sont intervenus au 18e s. (escalier à rampe de fer forgé du réfectoire (1), chambres du dortoir).

Abbaye de Noirlac – Le réfectoire

Le cloître et ses annexes – *Voir illustration au chapitre de l'Art – Éléments d'architecture.* Il se présente sous la forme d'un rectangle de 38 m sur 33 m, et a sans doute remplacé un cloître carré plus ancien. Cœur de l'abbaye, il en dessert toutes les parties. Ses galeries, dont les plus fouillées sont celles de l'Est et du Sud, ont de belles voûtes d'ogives et une riche ornementation qui tranche avec la sobriété de l'église : des culs-de-lampe décorent la retombée des arcs.

La sacristie, primitivement plus spacieuse, a été réduite au 18e s. Les six travées de la salle capitulaire reposent sur des colonnes polygonales. Le chauffoir est voûté d'arêtes surbaissées ; sur le mur Est se trouve la grande cheminée (**2**). Le réfectoire est une haute salle couverte de huit voûtes ogivales dont les arcs retombent en palmier sur trois colonnes ; elle est éclairée par quatre fenêtres à large ébrasement, groupées deux par deux et surmontées de deux roses polylobées.

Le **bâtiment des convers** ne subsiste qu'en partie. Il représentait le centre économique du monastère. Le cellier est une vaste salle divisée en deux nefs par une rangée de quatre piliers supportant les ogives de dix travées. A l'étage se trouvait le dortoir des frères convers ; devenu un « grand grenier » au 18e s., il sert aujourd'hui de salle d'exposition.

Attention, il y a étoile et étoile !
Sachez donc ne pas confondre les étoiles :
- *des régions touristiques les plus riches et celles de contrées moins favorisées ;*
- *des villes d'art et celles des bourgs pittoresques ou bien situés ;*
- *des grandes villes et celles des stations élégantes ;*
- *des grands monuments (architecture) et celles des musées (collections) ;*
- *des ensembles et celles qui valorisent un détail...*

NONTRON

3 558 habitants

Cartes Michelin n° 72 pli 15 ou 233 pli 31

L'intérêt de Nontron réside dans son site et dans l'agrément de ses environs. La ville occupe le sommet d'un promontoire que dominent des remparts et un château restauré au 18e s. Sur la carte, on peut observer une couronne de relief de 25 km de diamètre (Nontron est située au Sud de cette couronne). Il s'agit d'un cratère de météorite géante qui a fait l'objet de recherches et d'articles scientifiques notamment à partir de photos-satellite. Le phénomène d'impact dans la région de Rochechouart remonterait au jurassique moyen (ère secondaire).
Du monument aux Morts, situé à l'extrémité d'une terrasse ombragée, se révèle une vue pittoresque sur la vallée du Bandiat qu'enjambe un viaduc.
Parmi les industries traditionnelles, tanneries et forges ont cédé la place à l'industrie de la chaussure. La célèbre coutellerie nontronnaise, vieille d'un demi-millénaire, fabrique des couteaux à manche de buis, mais son produit le plus original, depuis que les artisans de la ville le développèrent au 18e s., est la noix-bijou, coquille de noix ou de noisette évidée contenant un minuscule canif.

Musée de la Poupée et du Jouet ⓥ – Installé dans le château, il présente une intéressante collection de poupées et de jouets anciens, souvent mis en situation avec charme et poésie.

SAUT DU CHALARD

Circuit de 35 km – environ 1 h 3/4

Quitter Nontron par l'Est en empruntant la D 707.

La route traverse un pays vallonné et mène à St-Pardoux. A Champs-Romain, se détache à droite une route qui passe près de l'église et aboutit à un cimetière.

★**Saut du Chalard** *(3/4 h à pied AR)* - Du cimetière, un sentier (indiqué) en surplomb conduit jusqu'à une petite plate-forme dominant la Dronne qui se précipite en écumant par-dessus de gros blocs de rochers, entre des versants escarpés et boisés.

On revient à Nontron en empruntant la D 79 puis la D 85.

ROC BRANLANT

Circuit de 20 km – environ 1 h 1/4

Quitter Nontron par le Nord en empruntant la D 675.

Roc Poperdu – Dans le creux d'un vallon s'accumulent de gros blocs de granit.

Étang de St-Estèphe – C'est une nappe d'eau d'une superficie de 30 ha, dont les rives ombragées constituent pour les Nontronnais un agréable but de promenade.

Roc Branlant – Suivre la rive gauche du ruisseau qui coule entre des rochers. Au-delà d'un gros bloc carré en équilibre sur une table rocheuse, le ruisseau dévale en cascade, dans un site boisé. En continuant à longer la rive gauche, on parvient à un important amoncellement de rocs appelé « chapelet du diable », sous lesquels l'eau se précipite.

DE NONTRON A VARAIGNES

Itinéraire de 20 km – environ 1 h 1/2

Quitter Nontron par le Sud en empruntant la D 675, puis tourner à droite vers la D 75.

Javerlhac – L'église (12e-15e s.) présente deux nefs dissymétriques voûtées en berceau brisé. Dans le mur Sud se trouve un enfeu dans lequel repose un couple de gisants assez abîmés. A côté de l'église, joli château du 15e s.

La Chapelle-St-Robert – L'église (fin 11e s.), ancienne chapelle d'un prieuré bénédictin dépendant de La Chaise-Dieu, est d'un style roman très pur. Elle est construite en calcaire coquillier du pays à la belle couleur grise. Le portail est orné de chapiteaux primitifs.

Varaignes – Dans l'ancien château des ducs des Cars (13e-15e s. et Renaissance), restauré par un groupe d'habitants, est installé **l'atelier-musée des tisserands et de la charentaise du Haut-Périgord Limousin** ⓥ, qui retrace l'activité textile du pays à travers la reconstitution de divers ateliers : tisserands de village, premiers métiers industriels, mailles et tricots, pantoufles « charentaise ». Après avoir découvert un intérieur paysan d'autrefois, on pénètre dans le château proprement dit. Des salles d'époques différentes se succèdent, avec leur décor d'origine (cheminées, fenêtres, escalier à vis, etc.) ; une remarquable collection de métiers à tisser (dont un en acajou et noyer) y a été placée. La plupart de ces métiers fonctionnent et donnent lieu à un atelier de tissage. Après avoir admiré les productions exposées (tapisseries, soieries), on sort par la cour intérieure, ornée d'une galerie Renaissance. Dans un local a été reconstitué un moulin à huile (nombreux outils agricoles également). En s'approchant de l'église, on peut contempler les volumes du château, flanqué de tours carrées et d'échauguettes.

ORADOUR-SUR-GLANE

1 998 habitants (les Radounaux)

Cartes Michelin n° 72 Sud des plis 6 et 7 ou 233 pli 22 – Schéma p. 165

Des pans de murs calcinés, un mémorial, un cimetière où ont été rassemblées les dépouilles de 642 victimes du nazisme composent le « village martyr », anéanti par 160 « S.S. » de la division d'élite Das Reich.
Ils appellent au recueillement devant une tragédie de la Seconde Guerre mondiale, d'autant plus atterrante qu'elle représentait le massacre gratuit et délibéré d'un village choisi pour son innocence et, par là, plus apte, pensait l'ennemi, à paralyser de terreur l'ensemble du pays. Cet événement fut perpétré le 10 juin 1944, soit 4 jours après l'annonce du débarquement allié en Normandie, par des troupes montant vers le front.

10 juin 1944 – Les habitants d'Oradour, important bourg limousin, vaquent à leurs occupations de chaque jour ; rien ne laisse présager le drame. A 14 heures, tandis qu'un cordon de soldats allemands cerne les issues, une colonne de camions et de voitures blindées pénètre dans la localité. Dans Oradour, l'angoisse succède à la curiosité. Sur l'ordre des nazis, toute la population est rassemblée sur la place du champ de foire, hommes, femmes, vieillards et les 247 enfants des écoles, conduits par leurs maîtres. Bientôt les femmes et les enfants sont enfermés dans l'église, les hommes dans des granges et des garages. L'explosion des grenades et les rafales de mitrailleuses en tuent un grand nombre. L'incendie et la dynamite achèvent ce massacre. Une femme qui réussit à s'échapper de l'église par une fenêtre du chevet, un jeune garçon et quelques hommes furent les seuls rescapés.

Les ruines ⓥ – On pénètre dans l'enceinte du village détruit dont on parcourt les rues. Un guide se tient dans la vieille église, où périrent 500 femmes et enfants. La visite de la Maison du souvenir, où sont rassemblés des objets ayant résisté aux flammes, et celle du cimetière, où reposent dans un ossuaire les restes calcinés des victimes, laissent un souvenir impérissable.

Le nouvel Oradour – A proximité des ruines, un nouvel Oradour a été construit. Le modernisme de l'église avec ses verrières lumineuses et son clocher carré peut surprendre ; pourtant l'ensemble est en parfaite harmonie avec les constructions voisines.

J. Benazet/PIX

Oradour-sur-Glane – Village martyr

Cet ouvrage, périodiquement révisé, tient compte des conditions du tourisme connues au moment de sa rédaction. Certains renseignements perdent de leur actualité en raison de l'évolution incessante des aménagements et des variations du coût de la vie. Nos lecteurs sauront le comprendre.

Jardins du prieuré N.-D. d'ORSAN★

10 km au Sud-Est de Lignières

Cartes Michelin n° 68 pli 20 ou 238 Sud du pli 30 – Schéma p. 189

Aux confins du Cher et de l'Indre, entre St-Amand-Montrond et La Châtre, un ancien prieuré abrite une reconstitution de jardin médiéval librement inspirée des enluminures et miniatures laissées par les communautés monastiques de l'époque.

Fondé au 12e s. par **Robert d'Arbrissel** *(voir guide Vert Michelin Châteaux de la Loire)*, ce couvent conserva la relique (cœur) du créateur des fontévristes qui y mourut en 1116. Pillé et détruit en 1569, le prieuré fut reconstruit aux 16e et 17e s. La Révolution mit un terme définitif à sa vocation religieuse.

VISITE ⓥ

Développé par les religieux à partir des jardins bibliques, le clos était généralement délimité par les bâtiments de la communauté et une rangée de chênes. Cet espace de nature domestique était divisé en jardins dont le tracé fonctionnel permettait aux moines d'associer le besoin terrestre (potager, verger) à la quête de spiritualité (espaces de verdure et de calme).

Placé au centre du monastère, le cloître de verdure était un lieu de prières et de méditation. Clos par une galerie végétale, il comporte quatre carrés de vignes séparés par deux allées de pelouse. A leur intersection se dresse une fontaine symbolisant la source des quatre fleuves du paradis terrestre.

Du cloître, huit gloriettes donnent accès aux nombreux jardins attenants : les simples, les petits fruits, le verger, le **potager labyrinthe**, le potager aromatique (près des cuisines), la **roseraie** (pièces de repos dédiées à Marie), la pergola et les jardins d'oliviers (symbole de miséricorde), le parterre et les jardins secrets.

Au Nord des jardins, une promenade (1,2 km) permet de franchir la clôture pour partir en balade à la découverte du paysage typique du Boischaut-Sud.

Jardins du prieuré N.-D. d'Orsan

PALLUAU-SUR-INDRE

905 habitants (les Palludéins)

Cartes Michelin n° 68 pli 7 ou 238 pli 27

D'origine gauloise, Palluau est une charmante petite ville ancienne occupant un **site**★ plaisant sur les escarpements de la vallée de l'Indre. Ses vieilles demeures s'étagent jusqu'au château.

Le fief d'un gouverneur du Canada – Louis de Buade de Frontenac, comte de Palluau, naît le 22 mai 1622 au château de St-Germain-en-Laye. Conseiller du roi Louis XIV et maréchal de camp de ses armées, il est nommé en avril 1672 gouverneur et lieutenant général de la Nouvelle-France (actuelle province du Québec). Administrateur et diplomate de talent, il développa le commerce des fourrures et s'efforça d'étendre le domaine de la colonie en traitant avec les Iroquois. En août 1689, il lutte victorieusement contre les forces anglaises, permettant le maintien du statu quo lors de la paix de Ryswick (1697). Il s'éteint le 28 novembre 1698, à l'âge de 78 ans, au château St-Louis à Québec.

Ancienne collégiale ⓥ – L'église St-Sulpice (12e-16e s.), ancienne collégiale Ste-Menehould, est un bel édifice à nef unique couvert d'ogives flamboyantes. Autour du chœur (stalles du 15e s.) sont disposées des statues de pierre polychrome des 15e et 16e s. : les plus amusantes sont, à droite, saint Jacques en pèlerin, à gauche, saint Roch accompagné de son chien et de son ange. Récemment, les boiseries du jubé (1622) ont été ramenées du Louvre.
Des vestiges de carrelage émaillé du 15e s. sont visibles dans la chapelle seigneuriale, construite en 1514 dans le bas-côté gauche ; la chapelle Sud contient une *Présentation au temple*, attribuée à Mignard (1612-1695).
De l'esplanade, située derrière l'église, belle vue sur la vallée ; un escalier mène au château.

Château ⓥ – Perché sur un éperon rocheux dominant fièrement la vallée de l'Indre et bordé d'un beau parc, le château agence ses bâtiments d'habitation de style gothique (13e s.) entre de puissantes tours, qui témoignent de son passé défensif. Le donjon, du 12e s., est dit « tour de Philippe Auguste » depuis que le souverain y aurait planté sa bannière en 1188. De la terrasse, la vue s'étend sur la vallée et ses environs.

Ancien prieuré St-Laurent – Situé rue Basse, transformé en habitations, il renferme des **fresques romanes**★ qui comptent parmi les plus remarquables du Berry avec celles de Brinay et de Vic *(voir à ces noms)*. Dans l'abside (que l'on admire d'autant plus facilement qu'on se trouve à l'étage), au pourtour de trois fenêtres, se tenaient de saints personnages dont il reste : un évêque ou un abbé tenant une crosse, les deux visages de Marie et d'Élisabeth, vestiges d'une Visitation que côtoyait une Annonciation. La principale fresque, au cul-de-four, représente une magnifique **Vierge en majesté**★, placée entre deux saints tenant des palmes. Elle porte une couronne et est assise sur un trône dont les bras se terminent par des têtes de dragons. Cette composition admirable frappe par sa qualité picturale, qui n'a rien perdu de sa fraîcheur. On remarque, dans le chœur, un Christ en majesté qui était probablement entouré des Apôtres. Un martyre de saint Laurent (15e s.) a été rajouté à l'emplacement d'une fenêtre.

VALLÉE DE L'INDRE

Circuit de 25 km – environ 1 h

Quitter Palluau par l'Ouest en empruntant la D 28.

La route offre des vues plongeantes sur la rivière vers laquelle elle descend. A Villebernin, la route tracée à flanc de coteau atteint ensuite le fond de la vallée dans un frais paysage coupé de haies ou de files de peupliers, de frênes et de saules. Au Tranger, prendre à gauche la D 18 qui traverse l'Indre et un canal côtoyant le château de l'Isle-Savary.

Château de l'Isle-Savary – Bel édifice du 15e s. (restauré), situé dans une île de l'Indre. Il a été construit par Guillaume de Varie, financier au service de Jacques Cœur.

St-Genou – *Voir p. 192.*
On prend ensuite la D 63A, bordée de platanes ; de jolies échappées se dégagent, surtout après avoir franchi l'Indre, sur Palluau et son château.

Ancienne abbaye de PLAIMPIED

Cartes Michelin n° 69 pli 1 ou 238 pli 31 – 12 km au Sud de Bourges

De l'importante abbaye fondée par Richard II, archevêque de Bourges, pour y installer les chanoines réguliers de Saint-Augustin, subsiste près de l'Auron et de l'ancien canal de Berry l'église abbatiale.

Église abbatiale St-Martin – Commencée dès la fin du 11e s., sa construction a duré une centaine d'années. L'église eut à souffrir des guerres de Religion et les travaux de réfection se poursuivirent jusqu'au 18e s. Si la façade et l'élévation latérale sont d'une grande sobriété, le chevet offre une richesse de décoration inattendue : une arcature en fait le tour et se prolonge sur la face orientale des croisillons ; ses fenêtres sont encadrées de colonnettes que surmontent des chapiteaux délicatement sculptés.
La décoration intérieure doit son originalité à un ensemble de **chapiteaux**, intéressants par leur nombre et leur variété autant que par leur facture. Les plus anciens se trouvent dans le chœur et figurent des monstres et des démons. Ils révèlent l'influence de l'art oriental. Le pilier séparant la nef du transept, à droite, possède l'un des plus remarquables : la *Tentation du Christ*.
A gauche du chœur, un escalier descend dans la belle crypte au plan tréflé dont les voûtes d'arêtes reposent sur quatre colonnes monolithes.

ROCHECHOUART

3 991 habitants

Cartes Michelin n° 72 pli 16 ou 233 pli 21

Le château de Rochechouart se dresse sur un promontoire rocheux. C'est de la D 3 bis, au pied de la falaise, qu'on en a la meilleure vue.

Tous les 7 ans, à l'occasion de la clôture de l'« ostention » *(se reporter à l'Introduction)* de Rochechouart, se déroule, dans la cité, une procession originale par les costumes et les reliquaires qu'elle permet de voir.

Une prestigieuse maison – L'origine des Rochechouart est antérieure à l'an mille : non loin d'un établissement monastique dépendant de l'abbaye de Charroux s'élevait déjà, sans doute, un premier château. Un fils du vicomte de Limoges allait en devenir le maître par son mariage avec Ève d'Angoulême, qui lui apportait en dot le vicomté de Rochechouart. Cette dynastie participa activement aux croisades : en 1099, Aymeric IV était un compagnon de Gouffier de Lastours *(voir à environs de Châlus)*, et, en 1150, un autre Aymeric se trouvait lui aussi en Terre sainte. C'est à cette époque que le troubadour Bertrand de Born célébrait la beauté d'Agnès de Rochechouart. Le château avait été complètement reconstruit lors de l'entrée de l'Aquitaine dans la mouvance du roi d'Angleterre. C'est vers 1205 que se place l'épisode légendaire d'Alix et du lion. Femme d'une grande beauté, la vicomtesse Alix est accusée à tort par l'intendant du château, auquel elle refusait ses faveurs, d'avoir voulu le séduire. L'impulsif Aymeric décide alors de la jeter en pâture au lion gardé dans la tour Est du château. Quand deux jours plus tard il vient contempler son œuvre judiciaire, il découvre l'animal couché aux pieds de la belle : preuve est donc faite de son innocence et le perfide intendant la remplacera dans la cage du fauve qui, cette fois, montrera plus d'appétit. Dans la lutte qui opposa Capétiens et Plantagenêts, les Rochechouart tinrent pour le roi de France. L'un d'eux se fit tuer à la bataille de Poitiers (1356) pour protéger la vie de son souverain, un autre fut emprisonné par le prince de Galles. Aux siècles suivants, la famille de Rochechouart continua de se distinguer au service de la France, elle formait alors plusieurs branches dont la plus célèbre était celle des Mortemart *(voir à environs de Bellac)*. Le château eut à souffrir des guerres et se trouva menacé de ruine à plusieurs reprises, mais fut sauvé à chaque fois par l'argent des dots des épouses des Rochechouart ! La Révolution décréta sa destruction mais, devant l'ampleur de la tâche, les démolisseurs renoncèrent. Finalement, l'État l'acheta en 1836, le fit restaurer et y installa ses services.

CURIOSITÉS

★**Château** – Il occupe un **site** remarquable au-dessus du confluent de la Graine et de la Vayres. La plus grande partie du château actuel date de la fin du 15e s. L'ancien donjon, du 12e s., qui flanque le châtelet d'entrée, a été rasé à hauteur des toits au 16e s.

La tour d'angle qui fait suite à gauche porte un lion de granit, sculpté dans une niche, peut-être en souvenir de l'aventure de la vicomtesse Alix, mais plus sûrement en hommage aux vicomtes de Limoges, ancêtres des Rochechouart. On accède au châtelet d'entrée par un pont-levis.

Rochechouart – Peinture murale du château

Cour d'honneur – Les bâtiments qui l'encadrent sur trois côtés, remaniés au 18e s., abritent la sous-préfecture et deux musées. Ils sont ornés d'une galerie supportée par d'élégantes colonnes torses. Le quatrième côté de la cour est bordé de courtines.

Musée départemental d'Art contemporain ⓥ – La collection que le Conseil général de la Haute-Vienne a commencé à constituer en 1985 forme aujourd'hui un ensemble important. Il regroupe des œuvres représentatives de l' « Arte Povera », de l' « art anglais du paysage » (« Land Art »), de l'école allemande et de personnalités plus singulières comme François Bouillon (qui a fait l'objet d'une rétrospective à Meymac en 1990, *voir à ce nom*) ou le fonds Raoul Hausmann (1886-1971, cofondateur du groupe Dada-Berlin en 1918), unique en France. Certains artistes (Richard Long, *Cercles du coucou*, 1987) ont réalisé des ouvrages spécifiques pour les espaces du château. Trois expositions temporaires s'y déroulent par an. Une magnifique charpente du 15e s. est située dans les combles.
En marge de l'art contemporain, deux salles conservent un ensemble remarquable de **fresques**★ du 16e s. La **salle d'Hercule** constitue un rare exemple de peintures murales en grisaille. Réalisées par plusieurs artistes, elles ont pu être inspirées par les bas-reliefs de la cathédrale de Limoges *(voir à ce nom)*, et illustrent, telle une bande dessinée, le thème des travaux d'Hercule. A proximité, la **salle des chasses** renferme des fresques légèrement plus anciennes qui relatent une chasse à courre, depuis le départ en cortège jusqu'à l'hallali, la curée et la collation servie aux invités. Les costumes, le cadre dans lequel se déroule l'action – l'on reconnaît Rochechouart avec le château et la petite ville ceinte de remparts – font de ces peintures pariétales un intéressant document de l'époque Louis XII.
Des objets préhistoriques et gallo-romains provenant du site de Chassenon complètent la section historique du musée.

Promenades des Allées – En sortant du château, on gagne, à gauche, les Allées, promenade ombragée de tilleuls séculaires, formant terrasse.
Du calvaire situé à l'extrémité, on a une jolie vue sur les vallées de la Graine et de la Vayres et sur la façade principale du château, encadrée de tours rondes et surmontée d'élégantes lucarnes ayant conservé leurs croisées de pierre. Elle s'ouvre sur un jardin en terrasses, par un escalier à double volée, partiellement caché par les arbres à la belle saison.

Église – C'est l'ancienne église prieurale, consacrée en 1067, dont il ne reste de cette époque que la porte Ouest, le mur Nord, une partie du transept et du chœur. Elle possède un curieux clocher dont la flèche torsadée fut refaite au 18e s. A l'intérieur : sarcophage en pierre du 12e s., peintures modernes du chœur.
En se promenant dans la vieille ville, on remarque une **maison des Consuls** du 15e s. *(rue Jean-Parvy)* et, plus loin, une tour d'angle de l'ancienne enceinte médiévale. Dans le cimetière *(à la sortie de la ville, route de Chabanais)*, tombeau wagon-foudre de Léonce Chabernaud, négociant en vins de Rochechouart.

ENVIRONS

★**Thermes de Chassenon** – *5 km au Nord-Ouest par la D 54. Voir p. 107.*

Biennac – *2 km à l'Est par la D 10.*
Rustique petite église des 12e et 13e s., surmontée d'un clocher hexagonal et épaulée de solides contreforts d'angle. On y accède par un large perron semi-circulaire précédé d'un vieux puits à auvent.

ST-AMAND-MONTROND

11 937 habitants

Cartes Michelin n° 69 plis 1 et 11 ou 238 pli 31 – Schéma p. 189

Capitale du Val de Germigny, région bocagère où paissent les bœufs blancs charolais, la cité s'est développée autour d'un monastère, fondé au 7e s. par saint Amand, disciple de saint Colomban. Elle grandit plus tard sous la protection d'un château élevé sur la colline de Mont-Rond. Sans cesse agrandi et embelli, ce dernier fut cédé en 1621 par Sully au duc de Bourbon, père du Grand Condé. Aussi, la Fronde des Princes entraîna-t-elle sa perte : investi en 1652, il fut dès lors voué à la destruction. Sur la colline qui lui servait de base, un parc (**A**) a été aménagé.
Depuis la Seconde Guerre mondiale, la ville s'est beaucoup transformée, sa superficie bâtie ayant doublé. La petite métallurgie, l'orfèvrerie et l'imprimerie forment l'essentiel de son économie.

Église St-Amand (**B**) – Elle est située dans le quartier Sud-Est de la ville, au Sud de la D 951 vers Decize et Nevers.
Édifiée au 12e s. sur un plan « bénédictin », elle s'ouvre par un beau portal en plein cintre à deux baies polylobées. La nef à collatéraux, voûtée en berceau brisé, ne reçoit que peu de lumière. La croisée a reçu une voûte d'ogives qui a certai-

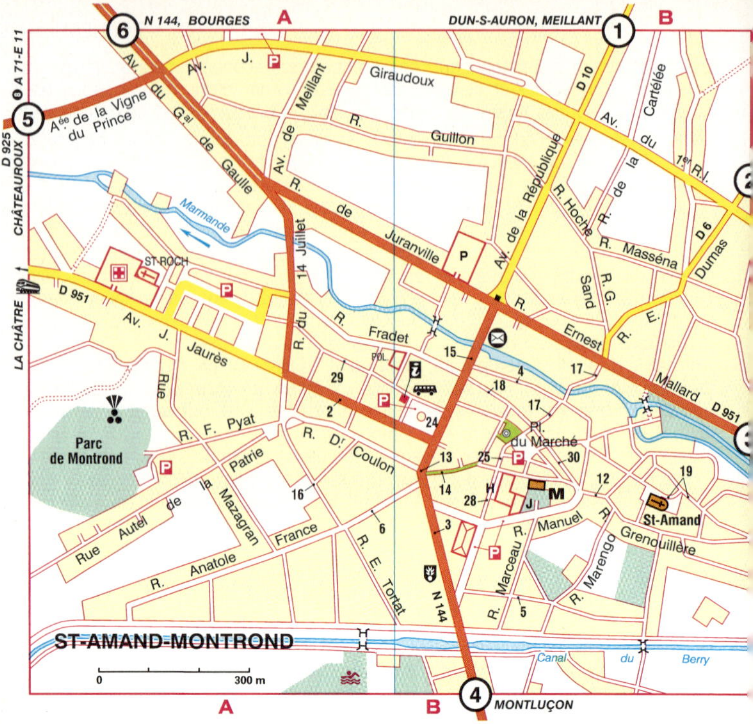

Barbusse (R. H.)	AB	2	Desaix (R.)	B	5	Porte-Verte (R.)	B	19
Mutin (Pl.)	B	13	Dr-Vallet (R. du)	A	6	République (Pl. de la)	B	24
Mutin (R. Porte)	B	14	Hôtel-Dieu (R. de l')	B	12	Rochette (R.)	B	25
Nationale (R.)	B	15	Petit-Vougan (R. du)	A	16	Valette (R. J.)	B	28
Constant (R. B.)	B	3	Pont-Pasquet (R. du)	B	17	Victoires (R. des)	AB	29
Contrescarpe (R.)	B	4	Portes-de-Bourges (R.)	B	18	Vieilles-Prisons (R. des)	B	30

nement remplacé une coupole. Au 15e s., on ajouta des chapelles latérales. Les chapiteaux de la nef sont les plus intéressants ; ils portent un décor roman traditionnel : oiseaux aux cous entrelacés, monstres affrontés, feuilles d'acanthe. Remarquer dans le bas-côté droit un Christ aux Outrages, en pierre de Charly, de la fin du 16e s., et, en face, un Saint Roch, en pierre, du début du 16e s.

Musée St-Vic ⏱ (**B M**) – L'hôtel St-Vic, précédé d'un agréable jardin public, est une belle demeure du 16e s., qui fut résidence de ville des abbés commendataires de Noirlac *(voir à ce nom)*. Ses salles présentent un panorama assez complet d'un terroir riche en histoire et en vestiges.
Une salle de préhistoire retrace les premières implantations humaines du paléolithique inférieur à l'âge du bronze. Remarquer une figurine humaine attribuée aux artistes magdaléniens.
L'implantation gallo-romaine, dense en particulier le long de la vallée du Cher *(voir à Drevant)*, est illustrée par des éléments de la vie quotidienne, dont une rare paire de semelles découverte à Allichamps. Matériel et documents sur le site du Drevant complètent cette période.
Moyen Âge et Renaissance sont représentés par du matériel archéologique (notamment une monnaie carolingienne en or) et de belles pièces de mobilier (crédences et cabinet de voyage à incrustations), des œuvres des peintres Hugo Van der Goes et Bernardino Conti.
Les autres salles sont consacrées aux fouilles et aux souvenirs du château de Montrond, à l'ethnographie berrichonne (mobilier, céramiques traditionnelles, coiffes...), aux créations des potiers de la Borne *(voir à ce nom)* et à l'œuvre étonnante du sabotier Louis Touzet. On voit aussi des paysages de la région peints par Brielman, Cals, Delavaux, Detroy, Osterlind (école de Crozant), des souvenirs de la « Belle Époque » et de surprenantes réalisations d'inventeurs ou d'artisans.

EXCURSIONS

1 Grand bois de Meillant

Circuit de 25 km – environ 1 h – schéma ci-après

Quitter St-Amand-Montrond par le Nord en empruntant la D 10.

La route traverse le Grand Bois de Meillant.

★★ **Château de Meillant** – *Voir p. 169.*

La Celle – *Voir p. 102.*

Bruère-Allichamps – Dans le bourg, au croisement de la N 144 et de la D 92, on remarque une borne milliaire gallo-romaine (3e s.) découverte dans la commune en 1757 et érigée, là, en 1799. Depuis 1865, elle symbolise, pour les habitants, le centre géographique de la France.

La D 35 suit alors de très près la vallée du Cher, semée de prairies.

★★ **Abbaye de Noirlac** – *Voir p. 180.*

2 Le Boischaut

Circuit de 105 km – environ 4 h – schéma ci-dessous

Quitter St-Amand-Montrond par le Sud en empruntant la D 97.

Drevant – Voir p. 135.

Rejoindre la N 144 qui traverse une région vallonnée et offre de jolies vues sur la vallée du Cher.

★ **Ainay-le-Vieil** – *Voir p. 50.*

Au Sud-Ouest de Fosse-Nouvelle, la route, sinueuse, est tracée au milieu des champs et des prairies cloisonnés de haies vives, puis longe la forêt de Bornacq avant de rejoindre la vallée de l'Arnon, bordée de rochers couverts de bruyères.

★ **Culan** – *Voir p. 128.*

A l'Ouest de Culan, l'itinéraire traverse une région vallonnée surtout consacrée à l'élevage des bovins.

Châteaumeillant – *Voir p. 109.*

Puy-Ferrand – L'abbatiale de Puy-Ferrand, au Sud du Châtelet, est un bel édifice roman. Sa façade est ornée de baies, de chapiteaux sculptés et de motifs géométriques.

★ **Jardins du prieuré N.-D. d'Orsan** – *Voir p. 184.*

★ **Lignières** – *Voir p. 152.*

La route traverse la forêt d'Habert.

Église d'Orval – Elle abrite une croix-reliquaire en vermeil du 13e s., dont les quatre extrémités se terminent en fleurons sertis d'émaux.

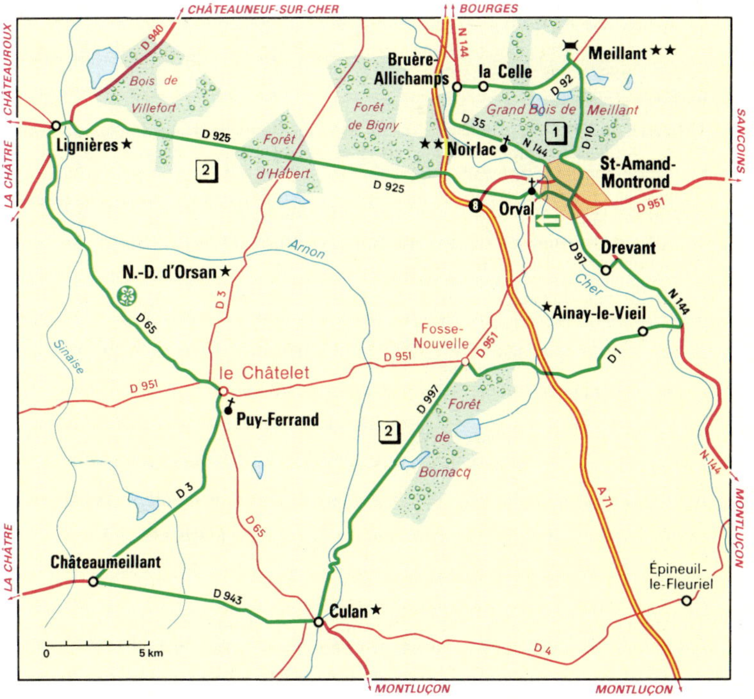

Dans les guides Michelin,
les cartes et les plans de villes sont orientés le Nord en haut.

ST-BENOÎT-DU-SAULT

856 habitants (les Bénédictins)

Cartes Michelin n° 68 pli 17 ou 238 pli 39 – 20 km au Sud-Ouest d'Argenton

Dans un cadre verdoyant de collines coupées de vallons où courent des eaux vives, St-Benoît-du-Sault est bâtie sur un éperon rocheux contourné par la riante vallée du Portefeuille. La localité, installée à l'emplacement de l'antique Salis, fief des seigneurs de Brosse, doit aussi son nom au prieuré bénédictin fondé dès la fin du 10e s. De l'importante cité médiévale entourée d'une ceinture de remparts subsistent de nombreuses demeures dont la découverte, au hasard des rues étroites de la vieille ville, fait l'objet d'une agréable promenade.

VIEILLE VILLE

La partie la plus ancienne de la ville – le Fort, accolée à l'église, est entourée par de solides remparts et fermée par une porte fortifiée proche d'un beffroi. Au-delà du Fort, la ville commerçante s'est développée au 15e s. Elle était entourée par une deuxième enceinte, moins élevée, dont subsistent des murs, un chemin de ronde et la tour Grimard.

Partir de la place du Champ-de-Foire, suivre le sentier qui contourne la ville par le Sud-Est, vues sur la vallée et le château de Montgarnaud. Après le quartier du Portugal, aux pentes abruptes, emprunter l'ancien chemin de ronde qui conduit à l'église.

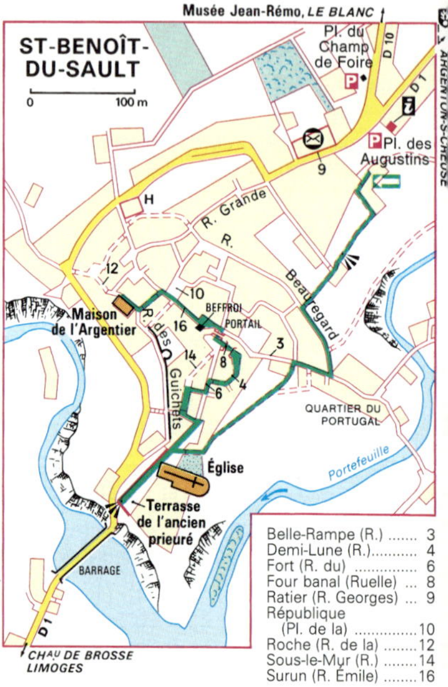

Église – Commencée au 11e s., elle est en grande partie romane. Sa nef est couverte d'une belle charpente. La tour du clocher (14e s.) abrite une cuve baptismale en granit.

Terrasse de l'ancien prieuré – Vue sur la vallée du Portefeuille, le plan du barrage et, sur la droite, l'étagement des terrasses et des maisons aux toits de tuiles.
En remontant vers le portail, emprunter la rue Sous-le-Mur, la rue de la Demi-Lune et la ruelle couverte du Four-Banal. Passer aussi place de la République (entourée de maisons aux toits tourmentés), rue de la Roche où l'on remarque un ensemble de demeures anciennes dont la **maison de l'Argentier** (15e s.), ornée d'une porte à clous que surmonte un linteau sculpté.

Le jardin des merveilles – **musée Jean-Rémo** ⓥ – *Entrée de la commune de Roussines, route du Blanc ; à 400 m de la place du Champ-de-Foire, suivre les panneaux « Art et Nature ».* La maison du peintre est ouverte au public et contient une foule d'objets, souvenirs ou trouvailles, rapportés de son périple à travers la France ; le jardin botanique rassemble 4000 variétés de végétaux.

AUTOUR DE L'ANGLIN

Circuit de 55 km – environ 2 h 1/2

Quitter St-Benoît par le Nord en empruntant la D 46, direction St-Gaultier.

Église de Roussines – Cet édifice abrite une série de **fresques** du 15e s.
Dans la travée du chœur, l'une d'elles figure un Christ entouré des Évangélistes et d'anges jouant de divers instruments. Plus en avant, dans la troisième travée, on admire la représentation des sept péchés capitaux :
1) l'orgueil : jeune noble monté sur un cheval blanc et tenant un paon sur le poing ; 2) l'avarice : homme à dos de lion serrant de sa main droite une bourse et de sa main gauche un vase rempli d'or ; 3) la luxure : personnage à cheval sur un bouc blanc et tenant une épée ; 4) la gourmandise : manant chevauchant un mulet et tenant un vase rempli de vin à sa main gauche et une fiole de l'autre ; 5) la colère : personnage monté sur un porc et se poignardant ; 6) la paresse : vilain à dos d'âne brandissant un bâton noueux ; 7) l'envie : personnage monté sur un lévrier et appuyant sa main droite sur une escarcelle vide.

Poursuivre la D 46 jusqu'à St-Civran. A l'église prendre à gauche la D 54.

Prissac – Ce village possède un sympathique musée.

Musée du Machinisme agricole ⓥ – Il présente, grâce à la ténacité d'un collectionneur, une importante collection (plus de 500 pièces) de tracteurs depuis 1912, de batteuses (dont une batteuse à traction animale de 1850 et une batteuse canadienne « Deering » de 1932), de locomotives, d'outils manuels et d'objets de la vie quotidienne.

Quitter Prissac par l'Ouest en empruntant la D 10, direction Bélâbre.

Château de la Garde-Giron ⓥ – Château féodal des 14e et 15e s. apporté en dot par Catherine de Chauvigny, épouse d'Alain Giron, seigneur breton et compagnon de Jeanne d'Arc. L'ensemble a été restauré au 19e s.

Revenir vers Prissac. Avant le village, prendre à droite la D 55 qui longe plus loin l'Étang de la Roche-Chevreux. A Lignac, prendre sur la droite la D 53.

Château-Guillaume – *Voir p. 109.*

Revenir à Lignac et poursuivre la D 53 jusqu'à Chaillac. Quitter ce village par l'Est en empruntant la D 36 et prendre à droite la route de l'usine « La Barytine ».

Château de Brosse – En descendant au pied des murailles du château et en les contournant par la droite, on a une vue d'ensemble de l'enceinte fortifiée qui s'accroche aux rochers dominant un petit affluent de l'Anglin. Cette forteresse, qui appartint aux seigneurs de Brosse, de Chauvigny et à la famille de Bourbon-Montpensier, fut incendiée par les Anglais au cours de la guerre de Cent Ans.

ST-GAULTIER

1 995 habitants (les Galtois)

Cartes Michelin n° 68 pli 17 ou 238 pli 39 – 10 km au Nord-Ouest d'Argenton

Agréablement située sur une colline dominant la rive droite de la Creuse, St-Gaultier se détache d'un cadre de coteaux boisés parsemés de rochers calcaires qui ont permis l'établissement de nombreux fours à chaux. De la rive gauche, à l'Ouest de Thenay, on découvre une bonne vue de St-Gaultier, dont les toits s'étagent au-dessus de la rivière qu'enjambe un beau pont de pierre.

Église – Ancienne église du prieuré voisin construit au 12e s., elle s'ouvre par un sobre portail orné de larges voussures et encadré de colonnettes. Une tour carrée à deux étages d'arcatures coiffe la croisée du transept. Remarquer le chevet et les murs extérieurs de la nef. A l'intérieur, le chœur est décoré de chapiteaux romans de facture archaïque.

Un petit chemin en forte descente longe l'ancien prieuré et conduit au bord de la rivière d'où l'on a une vue agréable sur la vallée de la Creuse et sur le site de la ville.

ENVIRONS

Méobecq – *11 km au Nord par la D 11.*
Petit bourg tranquille au débouché de la forêt de Lancosme, limite de la Brenne, Méobecq possède les restes d'une abbaye du 11e s. Dédicacée en 1048, l'**église** fut incendiée et dévastée en 1569 par les huguenots. Sa nef béante ne fut fermée qu'en 1658 par une façade classique. Une travée de la nef, le transept et le chevet subsistent, encore ont-ils été passablement remaniés. Plus que les chapiteaux à feuillages et animaux, ce sont les **fresques** de l'abside qui retiennent l'attention. Le Christ en majesté a été repeint au 15e s. Du Nord au Sud : saint Loyau, saint Cyran, saint Benoît, des anges, saint Martial, saint Pierre ont été peints au milieu du 12e s. ; seuls les anges paraissent expressifs.

Château de Romefort – *15 km à l'Ouest par la N 151.*
Le château se dresse dans un site pittoresque sur une plate-forme rocheuse dominant la rive gauche de la rivière. On en a une bonne vue du pont sur la Creuse. L'édifice principal du 14e s., restauré, est encadré de deux tours ; il est flanqué d'un important donjon carré du 12e s., également restauré. L'ensemble est entouré d'une triple enceinte hérissée de tours rondes dont il reste des vestiges.
Sur la rive opposée, se dresse la **lanterne des morts** de Ciron *(illustration : se reporter à l'Introduction).*

ST-GENOU

1 065 habitants (les St-Genouflexois)

Cartes Michelin n° 68 pli 7 ou 238 pli 27 – 18 km au Sud-Est de Châtillon

St-Genou mérite un arrêt pour son église abbatiale. La ville compte deux fabriques de porcelaines.

Église ⓥ – Elle faisait jadis partie d'une abbaye bénédictine, fondée en 828 par Wilfred, comte de Bourges, au lieu dit « Strata » (actuel village d'Estrées) sur la voie romaine de Déols à Tours. Les reliques de saint Genou, qu'elle conservait, lui ont donné son nom. La « Vie » de ce personnage rapporte que, envoyé par le pape Sixte II pour évangéliser la Gaule, il fut sacré évêque de Cahors et mourut non loin d'Estrées.

Felletin St-Genou Coussac

Commencée en 994, la nouvelle église est consacrée en 1066. Les abbés réguliers sont élus par les moines et bénis par l'archevêque de Bourges ; mais leur décision était approuvée par l'archevêque de Tours, ce double patronage entraînant nombre de conflits dans la communauté. L'instauration de la commende en 1516 amorce le déclin. L'abbaye, non entretenue, tombe en ruine ; les archives sont détruites en 1580 ; la nef est abattue en 1676. Un siècle plus tard, le monastère, où ne subsistent plus que quelques moines, est supprimé. Classé « Monument historique » en 1882, les bâtiments existants sont restaurés peu après par l'architecte de Merindol.

Extérieur – Seuls le transept et le chœur, de style roman berrichon, témoignent du passé. Autour de l'abside courent une série d'arcatures aveugles et une corniche à modillons ; les magnifiques contreforts-colonnes, appuyés sur des socles et surmontés de chapiteaux à feuilles d'acanthe, encadrent de hautes fenêtres décentrées et renforcent le rythme de la composition.

Intérieur – Au-delà d'un arc triomphal, s'ouvre un vaste chœur terminé en cul-de-four. Ses monumentales colonnes comportent des chapiteaux remarquables où figurent des animaux fantastiques, des exercices de dressage, des scènes bibliques (Adam et Ève, Daniel dans la fosse aux lions) et des épisodes de la vie de saint Genou. L'élévation à trois étages (arcades ; arcature aveugle, sorte de faux triforium, comme à St-Benoît-sur-Loire ; fenêtres accostées de colonnettes) donne une impression de force et de puissance. Le reliquaire en bois contenant les ossements de saint Genou est placé dans l'absidiole Sud. Son tombeau se trouve sous le maître-autel.

Lanterne des morts – Sur le coteau, plantée au-dessus du hameau d'Estrées où se rencontraient des voies romaines, s'érige, isolée dans un champ voisin de la route, une lanterne funéraire du 12e s. (longtemps appelée lanterne des moines), sorte de haute cheminée au sommet de laquelle était placé un fanal allumé, symbole de la vie éternelle des âmes *(se reporter à l'Introduction)*. De là, on découvre une vue agréable sur la vallée et sur Palluau-sur-Indre *(voir à ce nom)*.

ST-JUNIEN

10 604 habitants (les Saint-Juniauds)

Cartes Michelin n° 72 pli 6 ou 233 pli 21 – Schéma p. 165

Plan dans le guide Rouge Michelin France

Ville active célèbre par ses papeteries, ses mégisseries et surtout ses ganteries, St-Junien possède une intéressante collégiale de style roman limousin.

Les « ostensions » de saint Junien – Au début du 6e s., dans une forêt des bords de la Vienne, à Comodoliac, vivait un saint ermite nommé Amand. Attiré par la réputation de celui-ci, un jeune homme originaire de Cambrai, Junien, vint le rejoindre. Pendant une quarantaine d'années, Junien le thaumaturge guérit, avec l'eau d'une source, les malades qui accouraient parfois de très loin. Sa réputation était telle qu'en 540, lors de son décès, l'évêque de Limoges, Rorice II, présida en personne à ses

obsèques et ordonna la construction d'un sanctuaire au-dessus de son tombeau. Un monastère s'implanta et des habitations s'édifièrent autour : la ville de St-Junien était née.
Des « ostensions » *(se reporter à l'Introduction)* célèbrent tous les 7 ans la mémoire de saint Junien. A cette occasion, ses reliques sont exposées et une pittoresque cérémonie se déroule : de somptueux costumes sont sortis, la rue principale est couverte de feuillage pour représenter la forêt ancestrale et des cages remplies d'oiseaux sont placées dans les branches pour renforcer l'illusion. Des groupes de statues figurent les principaux événements de la vie de saint Junien. Le dimanche après midi, des groupes costumés défilent solennellement à travers la ville.

L'essor de la ganterie – Située au centre d'une région d'élevage et ainsi favorisée par une abondante matière première telle que peaux de chevreaux et d'agneaux, St-Junien bénéficie en outre, en matière de tannage, des qualités exceptionnelles des eaux de la Vienne. La ganterie se développe dès le Moyen Âge et acquiert au 15e s. une grande renommée.
On rapporte que Louis XI, revenant de Bayonne, fut reçu en grande pompe à St-Junien et se vit offrir des gants par les maîtres gantiers.
Le développement de l'industrie a profondément modifié les conditions de travail dans la mégisserie. Mais seules les opérations manuelles, restées très nombreuses, peuvent assurer à la ganterie la qualité du fini.
Aujourd'hui, à St-Junien, 300 personnes travaillant dans 7 fabriques produisent annuellement plus de 480 000 paires de gants représentant 45 % de la production française.

CURIOSITÉS

★**Collégiale St-Junien** ⓥ – La nef et le transept de ce remarquable monument de style roman limousin datent de la fin du 11e s. ; il a été complété à la fin du 12e s. par la façade ; le chevet carré, d'aspect sévère, est du 13e s. Le clocher central, écroulé en 1922, a été reconstruit.
Le portail de la façade occidentale, divisé en deux baies et encadré de colonnettes, est surmonté d'un massif clocher-porche que flanquent deux clochetons.
A l'intérieur, la nef et le chœur sont de même longueur. Dans les croisillons, rythmés par deux travées dont l'une, étroite, prolonge les bas-côtés, s'ouvrent des chapelles voûtées d'ogives primitives. Dans la deuxième travée du bas-côté Nord du chœur se trouve **la chapelle St-Martial**. De construction gothique, elle contenait jadis les reliques de ce saint dont la vie est retracée à travers des fresques du 13e s., en partie visibles. Un enfeu polychrome abrite une Mise au Tombeau du début du 16e s. ; le Christ est entouré par 7 personnages où seul saint Jean a conservé sa tête. A la croisée du transept s'élève une coupole octogonale à pendentifs plats, ajourée de quatre baies limousines et percée d'un oculus polylobé. Les chapiteaux du chœur sont ornés de motifs courants : palmettes, animaux, personnages. Les deux dernières travées et le chevet orné d'une grande rose ont été ajoutés au 13e s.
Derrière le maître-autel se trouve le **tombeau de saint Junien**★, chef-d'œuvre de la sculpture limousine du 12e s. Les deux tiers de la longueur du tombeau sont en calcaire et couverts de sculptures, le reste n'est qu'une enveloppe de plâtre ajoutée au siècle dernier lorsque le maître-autel, déplacé, ne fit plus corps avec le sarcophage.
Sur la face orientale, le Christ en gloire est entouré des symboles des évangélistes ; des médaillons représentent les vertus théologales et morales.
Sur la face Nord, la Vierge, assise dans une gloire et portant l'Enfant Jésus, est encadrée par douze vieillards de l'Apocalypse.
On retrouve sur la face opposée les douze autres vieillards et un médaillon représentant l'Agneau mystique.
En plusieurs endroits subsistent d'importants restes de fresques des 12e et 13e s., notamment sur la voûte de la seconde travée de la nef. Dans la troisième travée, au Nord, remarquer une châsse émaillée du 13e s.
Contre les piliers a été disposée une intéressante collection de **statues** polychromes, œuvres populaires expressives des 14e, 15e, 16e, 17e et 18e s.

St-Junien – Le tombeau

Chapelle N.-D.-du-Pont ⓥ – Sur la rive droite de la Vienne, à l'entrée d'un pont du 13e s. à avant-becs, se dresse l'élégante chapelle N.-D.-du-Pont. On rapporte que la Vierge

exposée dans l'abside fut trouvée sur les bords de la Vienne, près du pont ; elle fut aussitôt transportée solennellement dans la collégiale mais, le lendemain, la statue avait regagné la rive. Les habitants de St-Junien lui élevèrent un sanctuaire à l'endroit où on l'avait recueillie. Construite au 15e s. sur l'emplacement de ce premier édifice, la chapelle actuelle fut agrandie et terminée grâce aux libéralités de Louis XI qui s'y rendit deux fois en pèlerinage.
L'ensemble est d'un gracieux style flamboyant. La voûte est ornée de clefs finement sculptées. Le portail est coupé par un linteau orné de feuilles frisées et surmonté d'une accolade fleuronnée.

ENVIRONS

Site Corot – *Prendre la N 141. A la sortie de la ville, dans un virage, tourner à droite à angle aigu, puis aussitôt après, à gauche dans une petite route ; la suivre jusqu'à l'usine de porcelaine et se garer à l'entrée du sentier. 1/4 h à pied AR.* Longer un moment la rivière qui coule dans un cadre de rochers et de beaux arbres, qui inspira Corot et de nombreux peintres.

Château de Rochebrune ⏲ – *10 km à l'Ouest par la N 141.*
Situé à la limite des anciennes provinces du Limousin et du Poitou, le château de Rochebrune, bâti sur un rocher basaltique, reflète dans ses douves la silhouette de ses tours.
Au 16e s., le château devient la propriété du maréchal Blaise de Monluc, maréchal de France et gouverneur de Guyenne, qui se distingue en menant contre les protestants une lutte implacable *(voir guide Vert Michelin Pyrénées Aquitaine).*
Après avoir admiré les communs aux toits de tuiles rondes, on pénètre dans la cour d'honneur du château en franchissant les douves par un petit pont de pierre. Trois corps de bâtiment relient entre elles les quatre grosses tours rondes, des 11e et 13e s. Au-dessus des portes figurent les armes du maréchal de Monluc. Les appartements renferment un mobilier de style Empire et Renaissance, ainsi que de nombreux souvenirs de l'époque napoléonienne.

ST-LÉONARD-DE-NOBLAT*

5 024 habitants (les Miaulétous)

Cartes Michelin n° 72 pli 18 ou 239 pli 14 – Schéma p. 196

Perchée sur une colline dominant une vaste dépression coupée par les vallées de la Vienne, de la Maulde et du Taurion, St-Léonard-de-Noblat, patrie du célèbre chimiste et physicien Gay-Lussac, possède une ancienne collégiale dont le clocher est un remarquable exemple de l'architecture romane limousine. Le nom des habitants de la ville *(voir ci-dessus)* dériverait du mot patois *miaules* qui désignait les oiseaux tournant autour du célèbre clocher.
La ville doit son activité principalement à la porcelaine (quatre fabriques) et à l'élevage. Berceau de la belle race bovine limousine au pelage roux, la région de St-Léonard reste un centre très dynamique : viande de boucherie destinée à l'exportation, reproducteurs sélectionnés contribuent à sa renommée. Ne pas quitter St-Léonard sans avoir dégusté la spécialité locale : les succulents massepains.

Un ermite – Bien avant la conquête romaine, un important itinéraire joignant Bourges à Bordeaux franchissait la Vienne près du village de Noblat : cette route, qu'un château des évêques de Limoges vint contrôler, devint, au 12e s., un chemin de Compostelle très fréquenté.
La ville doit son nom à l'ermite **Léonard**, filleul de Clovis, qui au début du 6e s. choisit la forêt de Pauvain, aujourd'hui disparue, comme lieu de retraite et y éleva un rustique sanctuaire. Sa piété et ses miracles firent de lui l'un des saints les plus populaires du Limousin. Un village se créa autour de l'ermitage et prit le nom de Noblat (qui viendrait de « nobiliacum », lieu de noble).
Saint Léonard est invoqué pour la protection des chevaux, mais surtout pour la délivrance des prisonniers. Il est toujours représenté avec des instruments de captivité. Il est fêté, en novembre, au tournoi de la « Quintaine » *(se reporter aux Renseignements pratiques) :* un donjon en bois ou quintaine, symbole de la prison, est détruit par des cavaliers armés de massues.

Un grand savant – Né à St-Léonard en 1778, Joseph-Louis **Gay-Lussac** est reçu à l'École polytechnique à l'âge de 19 ans et se distingue très vite par ses travaux de physique et de chimie. Il découvre la loi de la dilatation des gaz, fait plusieurs ascensions en ballon pour vérifier la diminution de la force magnétique terrestre à mesure qu'augmente l'altitude. Plus tard, il énonce les lois de la combinaison des gaz. En 1809, il démontre que le chlore est un corps simple, découvre le bore et l'acide fluoborique. Il se signale par ses innombrables rapports et comptes rendus à l'Académie des sciences et par la valeur de son enseignement, au Muséum, à l'École polytechnique ou à la Faculté des sciences.
Il meurt en 1850 après avoir apporté à la science un tribut exceptionnel. Gay-Lussac avait également été député de la Haute-Vienne, membre de l'Académie des sciences (1806) et pair de France (1839).

CURIOSITÉS

★**Église** – C'est un bel édifice roman du 12e s. dont les murs latéraux et la chapelle du « Sépulcre » remontent au 11e s. Richard Cœur de Lion aurait contribué à sa construction, en reconnaissance de sa libération des prisons d'Autriche.

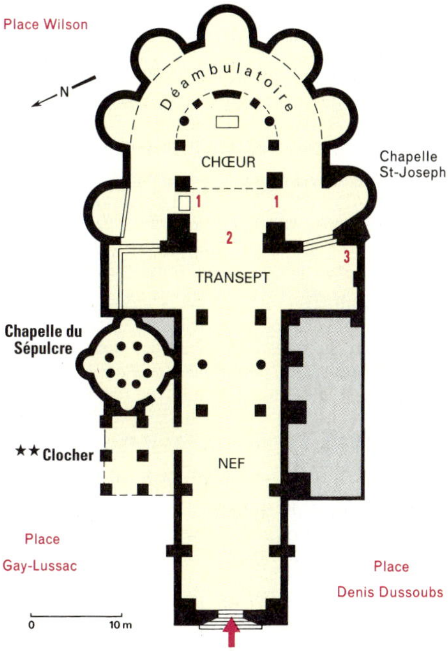

Extérieur – *Voir illustration au chapitre de l'Art – Éléments d'architecture.* Accolé à la troisième travée de la nef, le **clocher★★** repose sur un porche ouvert de deux côtés et garni de remarquables chapiteaux. La tour présente quatre étages de plan carré, surmontés de deux étages en retrait, sur un plan octogonal. La transition entre le plan carré et le plan octogonal est ménagée par un gâble aigu sur chaque face. De belles arcatures s'ouvrent à chaque étage, tandis qu'une flèche en pierre (52 m de hauteur), du 12e s., ajoute à l'élégance de l'ensemble.

Entre le clocher et le transept, le baptistère ou rotonde du « Sépulcre », remis en son état primitif, serait dû à la dévotion d'un chevalier revenant de Terre sainte. Cette chapelle primitive, restaurée au 19e s., comporte une coupole reposant sur huit colonnes, autour de laquelle s'ouvrent quatre absidioles. La façade Ouest, du 13e s., offre un large portail flanqué de nombreuses colonnettes ornées de fins chapiteaux à crochets, supportant des voussures. Le chevet est harmonieusement étagé et les chapelles sont couvertes de tuiles rondes.

Intérieur – Les différentes campagnes de construction (maquette et historique à l'entrée) donnent l'impression d'un manque d'unité et sont d'une interprétation difficile.

La nef a cinq travées : la première, voûtée d'arêtes, et les deux suivantes, en berceau plein cintre, n'ont pas de bas-côtés ; dans les deux dernières, d'étroits collatéraux font leur apparition, les voûtes sont en berceau brisé.

La croisée du transept est couverte d'une coupole sur pendentifs placée sur un tambour éclairé de huit fenêtres, et l'extrémité de chaque croisillon de coupoles plus petites. Le chœur (fin 12e s.), plus large que la nef, se raccorde assez maladroitement au transept. Il est d'une composition complexe : chacune de ses arcatures a été divisée en son milieu par un pilier ou une colonne sur lesquels reposent des arcs de décharge encastrés dans la construction. Le déambulatoire à sept chapelles rayonnantes est couvert d'une voûte d'arêtes irrégulières, soutenue par d'élégantes colonnettes entre les absidioles. Au 17e s., une surélévation a obligé à renforcer les supports : deux des minces colonnes du sanctuaire ont dû être intégrées dans des piles carrées disgracieuses, et une autre pile a été ajoutée sous l'arcade centrale.

A l'extérieur, on construit des arcs-boutants pour épauler la nouvelle voûte, plus élevée que la coupole du transept.

Les stalles du 15e s. (**1**), en chêne, sont sculptées de motifs satiriques. Sur le maître-autel en bois doré du 18e s. (**2**), les reliques de saint Léonard sont enfermées dans une cage grillée et surmontée de sa statue. Dans le croisillon Sud, un enfeu abrite le « verrou » et le sarcophage du saint (**3**) ; ce verrou est son attribut, invoqué pour la délivrance des prisonniers et, selon une tradition, pour vaincre la stérilité.

Maisons anciennes – Le plan de la ville médiévale se lit encore très bien : la ceinture des boulevards épouse le tracé des anciens remparts, comme en témoignent les vestiges du boulevard Carnot (au Sud) et de la rue Jean-Jaurès (au Nord-Ouest). C'est dans ce quartier que sont conservées nombre de vieilles demeures, dont certaines remontent au 13e s.

C'est par la rue Aumônière (aujourd'hui Georges-Périn), alors rue principale, que les pèlerins venant du Pont de Noblat *(voir ci-après)* entraient dans la cité ; on remarque encore dans cette rue la porte d'un hôpital du 13e s.

Partir de la place Gay-Lussac (monument et maison natale du savant). Cette place était, au Moyen Âge, le centre des affaires : là se déployaient les étals des bouchers ; dans un angle, une maison du 13e s. présente, au-dessus d'une vaste baie en tiers-point, deux étages avec des fenêtres géminées. Emprunter la rue Gay-Lussac qui débouche place de la République : au n° 18 se trouve la maison de la Tour ronde (16e s.) portant une tourelle en encorbellement. A l'angle de la rue de la Halle, on découvre un autre édifice du 16e s., la maison de la Tour carrée qui se distingue précisément par son échauguette de forme carrée. En s'avançant vers la place Noblat, on remarque une maison du 13e s. avec une large entrée de boutique en tiers-point et un second étage percé de deux fenêtres géminées.

Musée Gay-Lussac ⓥ – Installé dans deux salles de l'ancien couvent des filles Notre-Dame (foyer rural), il présente des documents sur la vie du savant *(voir page précédente)*, des objets relatifs à ses expériences (nacelle de ballon, reconstitution d'un laboratoire de chimiste du 19e s.) et des instruments (alcoométrie, baromètre, étuve, etc.) illustrant ses nombreuses découvertes.

Historail ⓥ – *Au Sud de la ville, par la D 39.* Le musée évoque l'histoire du rail à travers des pièces réelles en état de marche et le modélisme ferroviaire (six réseaux à échelles différentes, dont un en plein air). Deux salles reconstituent l'ambiance des chemins de fer à l'aide de simulateurs, d'expositions et de cassettes vidéo. A l'extérieur, voie ferrée, signaux, grue à eau et engins moteurs.

VALLÉE DE LA MAULDE

Itinéraire de 40 km – environ 1 h 1/4 - schéma ci-dessous

★ **St-Léonard-de-Noblat** – *Voir ci-avant.*

Quitter St-Léonard par la Sud en empruntant la N 141.

Pont-de-Noblat – Situé dans la vallée de la Vienne, ce faubourg s'est développé de part et d'autre de la rivière. Les vieilles maisons bâties le long de l'ancien sentier escarpé du Pavé sont reliées à la rive gauche par un joli pont du 13e s.

Promenade du chêne de Clovis – Entre le pont et l'église, un sentier grimpe vers un plateau où se dressait autrefois un château. De ce site archéologique, on découvre un motte féodale, ainsi qu'une belle vue sur la Vienne.

Quitter Pont-de-Noblat par la rive droite en empruntant la D 39A.

On longe la vallée de la Vienne. Au confluent de la Vienne et de la Maulde, dominé par le château de Muraud agrippé à un promontoire, tourner à gauche.
Dans une gorge boisée et rocheuse, la route remonte la vallée de la Maulde, petite rivière bondissante, transformée par l'É.D.F. en un immense escalier d'eau comportant huit barrages télécommandés.

Barrage de l'Artige – Dernier ouvrage de la chaîne, il sert de régulateur de débit des barrages amont.
La route le surplombe et offre des vues sur le frais vallon et les vestiges de l'ancien prieuré de l'Artige nichés dans la verdure.

Ancien prieuré de l'Artige – *Une petite route à gauche, à hauteur du barrage, mène à l'entrée du prieuré.* Fondé au 12e s., il fut désaffecté un peu avant la Révolution et une partie de ses bâtiments, laissés à l'abandon, tombèrent en ruine. On aperçoit les vastes bâtiments couverts de tuiles rondes, les arcades par lesquelles la salle capitulaire s'ouvrait sur le cloître, quelques vestiges de portes armoriées qui composent un tableau romantique.
La route serpente à travers bois, puis court sur le plateau bocager avant d'atteindre la D 14 où l'on tourne à droite. Elle franchit le large plan d'eau de la retenue du barrage de Villejoubert et s'élève vers Bujaleuf, découvrant sur la gauche la nappe d'eau formée par le barrage de Langleret.

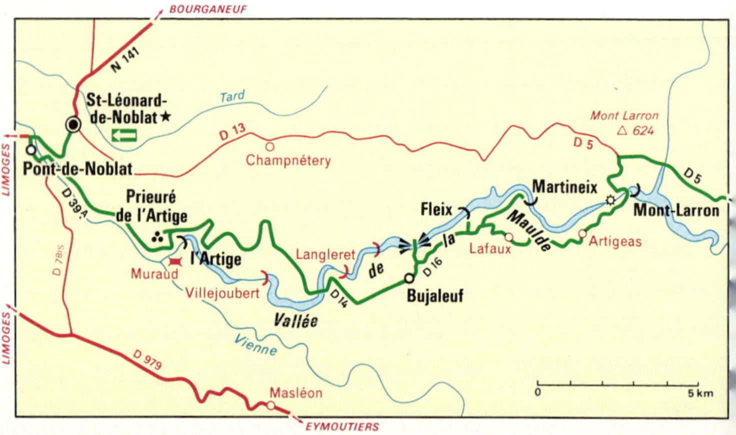

Bujaleuf – Prendre à gauche pour atteindre le pont qui franchit le lac de barrage ; de là apparaît un bon **point de vue★** sur les deux côtés du plan d'eau aménagé en base de loisirs.
Après Bujaleuf, la D 16 redescend dans la vallée, offrant de belles vues sur les retenues et les horizons montagneux.

Barrage de Fleix – D'une architecture très sobre, cet ouvrage, long de 50 m, haut de 16 m et soutenu par des contreforts verticaux, s'inscrit dans un beau site boisé.

Barrage du Martineix – Du même type que le précédent, il se dresse dans un site assez sauvage.

Après Artigeas, la route en corniche offre de belles échappées sur la vallée et les collines avoisinantes.

Usine et barrage du Mont-Larron – Cette usine aux lignes sévères est en fait le cerveau qui surveille et commande les barrages aval. Sur la droite du bâtiment s'amorce un chemin revêtu au départ, qui mène au pied du barrage, ouvrage massif du type voûte. Un sentier à droite permet d'accéder à la crête du barrage, longue de 183 m.

Peyrat-le-Château – Parmi les collines où les landes de genêts et de bruyères alternent avec les bois de pins et de hêtres, Peyrat-le-Château se blottit près d'un étang au bord duquel se dresse le donjon carré de son ancien château fort jadis habité par les Lusignan. Brûlée en 1184, l'église fut reconstruite en style gothique (jolies clés de voûte décorées de symboles).

ST-MARCEL★

1 687 habitants (les Pitolats)

Cartes Michelin n° 68 plis 17, 18 ou 238 pli 39 – 2 km au Nord d'Argenton

Bourg médiéval, St-Marcel s'est édifié à côté de la cité gallo-romaine d'**Argentomagus**, sur une colline dominant la rive droite de la Creuse. L'ancienneté du peuplement humain, les traces bien visibles des monuments antiques, le nouveau musée, qui expose le résultat des fouilles, justifient l'intérêt archéologique exceptionnel de St-Marcel.

CURIOSITÉS

★**Église** – Déportée à gauche de la nef, la massive tour-clocher du 14e s. a servi de donjon, après que les habitants de St-Marcel eurent reçu de leur seigneur Guy de Chauvigny l'autorisation de fortifier le prieuré. Couverte de bardeaux, son aspect sévère d'ouvrage défensif la différencie des autres clochers de la région.
Le chevet, du 12e s., forme un ensemble harmonieux.
A l'exception de l'abside et des absidioles, qui sont romanes et voûtées en cul-de-four, l'intérieur a fait l'objet de réfections (ogives des 13e et 14e s.).
Le chœur est orné de **stalles**, œuvres d'Antoine Barbaud, prieur de St-Marcel de 1484 à 1522, qui marquent la transition entre l'art gothique et Renaissance.
Certaines parties du mur de la nef sont percées de petits trous noirs, orifices de poteries acoustiques permettant d'accroître la résonance des chants religieux.
Au fond de la nef, au-dessus de la porte d'entrée à gauche, la **fresque N.-D.-de-Pitié**, du 15e s., montre Saint Louis en manteau d'hermine présentant un prêtre à la Vierge qui tient dans ses bras l'Enfant Jésus.
Le **portail** de la façade occidentale comprend deux arcs en plein cintre, surmontés d'une archivolte en pointes de diamant. Les claveaux étroits, presque rectangulaires, sont décorés de reliefs en méplat : entrelacs de tradition carolingienne, motifs géométriques (cercles, rosaces) et figures animales (lions, griffons, chevaux) seules ou affrontées, inspirées de modèles orientaux.

Trésor – Le trésor renferme plusieurs croix de procession

D Maison de Sergius Macrinus
F Fontaine monumentale
M Musée archéologique d'Argentomagus

(13ᵉ s.), une châsse en bois sculpté du 15ᵉ s. sur laquelle est représenté le martyre des saints Marcel et Anastase (qu'ils auraient subi, non loin de l'emplacement de l'église, au 3ᵉ s., sous l'empereur Décius), une autre châsse en cuivre doré du 13ᵉ s. ornée d'émaux de Limoges, le bras de saint Marcel et son buste reliquaire du 14ᵉ s. Après être sorti de l'église, le visiteur pourra emprunter les **ruelles médiévales de St-Marcel** : vestiges des fortifications du 15ᵉ s. ; nombreuses portes d'entrée surmontées d'un linteau en accolade, parfois avec un tympan armorié *(plan fléché et guide disponible à la mairie et au musée d'Argentomagus)*.

Fouilles archéologiques ⓥ – Le site archéologique de St-Marcel, vierge de toute occupation ultérieure, a préservé ses vestiges sous une terre de vignoble.

Point de rencontre de plusieurs routes terrestres, St-Marcel occupe une région charnière entre les terres froides de la haute vallée de la Creuse et les marécages de la Brenne, en un endroit où la rivière régularise son cours et devient navigable. Le développement des échanges, l'abondance du gibier *(voir à Vallée de la Creuse)*, la présence de l'eau et de la forêt, indispensables à l'essor de la métallurgie, expliquent l'ancienneté du peuplement local et la diversité des trouvailles archéologiques : aux grottes occupées par les chasseurs de rennes du Magdalénien (14000-8000 av. J.-C.) succède un oppidum gaulois sur lequel s'édifie une cité gallo-romaine.

MUSÉE D'ARGENTOMAGUS, St-Marcel

Musée d'Argentomagus – L'autel domestique

A partir de la conquête romaine (50 av. J.-C.), **Argentomagus** (de « argentum », « argent » en latin, ou « Argentos », nom gaulois masculin, et « magus » : marché) connaît un essor démographique et économique important, lié au développement du commerce, de l'artisanat et surtout de la métallurgie, grande spécialité des Bituriges *(voir à Bourges)*. Mentionnée sur la table de Peutinger – célèbre copie d'un schéma routier du Bas-Empire romain réalisée au 15ᵉ s. par l'humaniste Karl Peutinger , un texte du 4ᵉ s. en fait la première fabrique d'armes des Gaules. Durant les deux premiers siècles, la ville ne cesse de s'étendre en débordant le vieil oppidum des Mersans ; mais elle reste une cité de second ordre, ne dépassant pas 70 ha pour une population d'environ 5000 habitants.

« Les Mersans » – Ce plateau (27 ha), défendu par des falaises et un fossé, constitue le noyau urbain initial. Fouillé depuis 1962, il comprend la maison dite « de Sergius Macrinus » (**D**) et l'aire cultuelle, constituée de deux temples de type **fanum** et d'un édicule carré. De tradition celtique, très éloignée des modèles des temples gréco-romains, l'architecture en fanum emboîte deux carrés ouverts à l'Est. Le carré central (cella) abrite les statues des divinités ; autour, une galerie de circulation sert de déambulatoire, où, d'après des sources littéraires anciennes, les processions se déroulaient dans le sens de la marche du soleil. Comme la plus grande partie de la ville elle-même, ces temples furent détruits lors de l'invasion barbare de 276.

Au cours des fouilles, les archéologues ont découvert de belles statuettes de bronze : un bouc couché, un aigle et le fameux Mercure. Ce sanctuaire a livré par ailleurs une quarantaine de fosses et de puits sacrificiels. Dans l'un d'eux se trouvaient une tête de truie fendue et de nombreux ossements de porcs ; un grand coutelas y était également déposé. Près du grand temple, une dalle avait gardé l'anneau auquel on liait les animaux.

Au-delà de l'aire cultuelle, en direction de l'Est, le forum et d'autres monuments gisent encore enfouis. En 1967, une fontaine monumentale *(suivre le fléchage)* fut fortuitement découverte (**F**). Le déblayage a fait apparaître deux larges escaliers descendant vers un bassin carré de 6 m de côté dont les eaux étaient évacuées par un égout, en parfait état, dégagé sur 90 m. La fonction de cette fontaine (la plus vaste actuellement connue en Gaule) reste mal connue ; sans doute avait-elle une vocation cultuelle avant d'être comblée par les bronziers, les forgerons et les orfèvres après 276.

★**Théâtre du Virou** – *Redescendre en direction d'Argenton ; juste avant le pont ferroviaire tourner à droite, parcourir environ 200 m puis prendre à droite un chemin en forte pente qui conduit au théâtre* – La partie du mur circulaire extérieur, seul témoin visible, jusqu'en 1966, du monument enfoui, a donné son nom à la parcelle (Virou : qui vire, tourne) en lui servant de limite. L'édifice, entièrement fouillé, a connu deux états successifs : un premier, rustique, datant du début du 1er s., un second construit au 2e s. La superposition des deux états est d'un grand intérêt archéologique : le premier théâtre, d'une faible acoustique, adopte le plan typique des théâtres gallo-romains : forme en fer à cheval, scène exiguë, ampleur de l'orchestre ; le choix des spectacles, privilégiant le mime et la danse plus que les jeux de scène, et une influence hellénique sont peut-être responsables de cette disposition inhabituelle. Les gradins, creusés dans le roc, sont très bas et excluent la position assise, les spectateurs conservant la coutume gauloise de s'asseoir en tailleur. La seconde construction rattache le Virou au schéma des théâtres romains classiques et adopte une forme circulaire de 84 m de diamètre pouvant contenir 6000 spectateurs.

En dehors des « Mersans » et du « Virou », d'autres secteurs ont été fouillés comme la nécropole du « Champ de l'image » (200 m au Nord-Ouest du musée).

★**Musée archéologique d'Argentomagus** (**M**) ⏲ – Construit de 1983 à 1990, c'est un bâtiment sobre. A l'intérieur, une allée large de 5 m descend doucement en spirale vers la crypte archéologique. Installées sur le site, les collections d'Argentomagus rassemblent des objets de provenance locale ; seul le cadre préhistorique couvre toute la vallée de la Creuse.

La visite ramène à un million d'années avant J.-C., au Paléolithique inférieur, avec la reconstitution d'une hutte du site de **Lavaud**, à Éguzon-Chantôme. Les collections préhistoriques se déploient ensuite selon un ordre chronologique. On remarquera le très bel outillage du gisement solutréen (18000-16000 av. J.-C.) de Fressignes et de l'abri des Roches, à Pouligny-St-Pierre, et surtout l'abondant matériel livré par la **grotte de la Garenne** (coteaux de la Garenne à St-Marcel), représentatif du Magdalénien à navette (14000 av. J.-C.). Parmi ces pièces exceptionnelles se détachent une « pendeloque aux danseuses », où six silhouettes féminines stylisées se donnent la main, le « Baptiste », représentation d'un visage humain sur un bâton percé, et une collection de vingt lampes.

La partie gallo-romaine s'organise par thèmes : la ville et ses monuments (maquettes) ; le travail, la vie quotidienne et les échanges ; les rites funéraires (reconstitution d'une partie du cimetière romain du Champ de l'image).

La dernière salle, consacrée aux pratiques religieuses, révèle, à travers un ensemble de sculptures, la coexistence, dans la civilisation gauloise, de divinités d'origines diverses (indigène, gréco-romaine et orientale). Les bronzes, de petite dimension, sont remarquables : le fameux **Mercure**, du 1er s. apr. J.-C., dieu des commerçants et des voleurs, très honoré à Argentomagus et dans toute la Gaule témoigne d'une grande maîtrise technique. D'autres statues : un dieu gaulois assis en tailleur, des déesses-mères... sont exposées avec le vase du Vergobret (magistrat de la Gaule indépendante) et la stèle de dédicace pour la construction d'un temple.

La **crypte archéologique** clôt la visite par une promenade de 150 m à travers les vestiges imposants du fossé Nord (mur de 20 m de long et 5 m de hauteur, massifs à fruits), d'une zone artisanale (cuves à foulon de teinturier ou de tanneur) et de caves, où un rare autel domestique a été laissé en place.

ST-ROBERT

331 habitants

Cartes Michelin n° 75 pli 7 ou 239 pli 25 – 25 km au Nord-Ouest de Brive

Agréable bourgade couronnant un « puy », aux confins de la Corrèze et de la Dordogne. Sa grand-place, ses robustes maisons de pierre blanche couvertes d'ardoise et son église servirent de cadre au feuilleton télévisé *Des grives aux loups* tiré du roman de Claude Michelet qui lui-même vit dans cette région. De la terrasse de la mairie, **vue** sur le chevet de l'église et les environs.

★**Église** – De l'édifice construit au 12e s ; ne subsistent que le transept, dont la croisée supporte un clocher octogonal, et le chœur, de belles proportions. Les tours qui flanquent le chevet sont les témoins du système de défense ajouté au 14e s.

Le chœur, éclairé par des fenêtres hautes, est séparé du déambulatoire par six colonnes surmontées d'intéressants chapiteaux historiés ; ceux qui sont accolés au mur du déambulatoire sont de facture plus archaïque ; remarquer les deux vieillards se tirant la barbe.

Dans la nef, **Christ** en bois, de l'école espagnole du 13e s.

ST-YRIEIX-LA-PERCHE

7 558 habitants (les Arédiens)
Cartes Michelin n° 72 pli 17 ou 233 pli 33

Aux portes du Périgord vert et au centre d'une riche région d'élevage, St-Yrieix doit à son marché régional de bestiaux une part importante de son activité (immense champ de foire à environ 4 km sur la route de Limoges) ; mais son économie n'en est pas moins diversifiée : agro-alimentaire, confection, chaussure, appareillage électrique, porcelaine, et surtout une imprimerie à vocation administrative d'audience nationale.

Les origines – Un établissement gallo-romain portant le nom d'Attanum aurait précédé la ville actuelle. Vers 530, Aredius, noble de la cour du roi Théodebert, ami de Grégoire de Tours et de Fortunat de Poitiers, hérite de la « villa » de son père et vient s'y installer. Homme d'une grande piété, il fonde là un sanctuaire desservi par des moines et, en 572, par un testament précieux pour la connaissance de la société mérovingienne, lègue la plus grande partie de ses biens à l'abbaye St-Martin de Tours. Près du monastère, un bourg se développe et prend le nom de Saint-Yrieix, déformation du nom d'Aredius, auquel s'adjoint au 15e s. l'appellation de la Perche.
Depuis 1307, la ville relevait en partie de l'autorité royale, mais elle était dominée par le puissant chapitre de la collégiale du Moûtier. Après les événements de la guerre de Cent Ans, qui amenèrent Du Guesclin dans ses murs, et la grande peste de 1563, St-Yrieix obtint sa franchise municipale en 1565. Henri IV y séjourna en 1569, à la veille de la bataille de La Roche-l'Abeille, et on montre encore aujourd'hui la chambre dans laquelle il dormit.

Darnet et le kaolin – C'est à St-Yrieix que Limoges doit d'être la capitale de la porcelaine en France, grâce à la découverte, au 18e s., de gisements de kaolin. Cette argile blanche très pure, connue en Chine au 17e s., tire son nom de la colline de Kao-ling. Utilisée pour la première fois en Europe, dans le plus grand secret, depuis 1710, par la manufacture saxonne de Meissen, elle fait l'objet en France de recherches fiévreuses de la part des céramistes fabriquant les porcelaines « tendres » *(voir à Limoges)*.
Au cours des prospections effectuées dans tout le Sud-Ouest, un chirurgien de St-Yrieix nommé Darnet entre en rapport, à la suite de circonstances fortuites, avec l'apothicaire chargé de faire des prélèvements et de les analyser. Darnet lui signale l'existence de terre utilisée par sa femme pour faire sa lessive. L'analyse révèle la pureté du kaolin ; en 1771, Darnet est chargé, au nom du roi, d'en diriger l'extraction. Grâce à Turgot, intendant du Limousin, l'impulsion est donnée, et St-Yrieix approvisionne en kaolin Limoges et toute la région. Depuis 1774, une fabrique de porcelaine est installée à la Seynie, à 1 km de St-Yrieix.

CURIOSITÉS

★**Collégiale du Moûtier** – Elle s'élève à l'emplacement de l'abbaye fondée par Aredius.
Ce vaste édifice présente un curieux mélange d'art roman et d'art gothique : l'église romane, bâtie au 11e s., fut remplacée par une plus vaste construction à partir de la fin du 12e s.
De l'église romane n'a subsisté que le clocher-porche flanqué de deux collatéraux très étroits. Le caractère massif de ce dernier, les contreforts robustes couronnés de créneaux donnent à l'édifice l'allure d'une église fortifiée. Le portail du clocher présente des voussures limousines. Au Midi, un portail gothique est surmonté d'arcatures légères où apparaît un Christ en majesté du 12e s.
La nef, très large et longue seulement de deux travées, s'inscrit dans des murs extérieurs romans dont les voûtes d'ogives et leurs supports sont indépendants. Un vaste transept à chapelles latérales précède un chœur très profond voûté d'ogives à liernes et tiercerons.
D'élégantes arcatures ornent les murs. Des corniches formant galeries courent de chaque côté de l'édifice, contournant les croisillons du transept. Dans le chœur, la coursière est bordée d'une rampe en bois et supportée par des modillons qui offrent une grande variété de motifs décoratifs (têtes, personnages et animaux, feuillages).

Trésor – Dans une niche du chœur de l'église se trouve le chef reliquaire de saint Yrieix, en lames d'argent repoussé clouées sur une âme de bois, la barbe et les sourcils étant figurés en pointillés or (buste 15e s., collier 13e s.).
Dans une niche de la nef sont rassemblés : une petite châsse du 13e s. en cuivre doré et émaillé, ornée de vingt médaillons qui figurent des anges aux ailes déployées ; une belle colombe eucharistique (13e s.) en cuivre doré aux ailes mobiles, découvrant ainsi les hosties consacrées ; un pavillon en tissu orné de perles qui recouvrait la colombe.

Tour du Plô – Près de la collégiale, ce donjon du 13e s., orné de fenêtres géminées, faisait partie autrefois de l'enceinte fortifiée du Moûtier.

Musée de la Porcelaine ⓥ – *Accès par ① du plan, route de Limoges ; au bout de 2 km, tourner à gauche vers l'étang.* Un amateur éclairé a rassemblé ici une abondante et intéressante collection, du 18e s. à nos jours. A côté des pâtes tendres de Vincennes, Arras, Strasbourg, on peut voir de belles pièces (tendres ou dures) de la manufacture du comte d'Artois. Une vitrine est consacrée à l'étranger (Saxe, Angleterre), deux autres aux pièces françaises du 19e s. (Limoges surtout).

J. D. Sudres/wDIAF

St-Yrieix-la-Perche – Musée de la Porcelaine (biscuit de A. Thabard)

DU CHALARD A JUMILHAC-LE-GRAND

Circuit de 35 km – environ 1 h

Quitter St-Yrieix par le Nord-Ouest en empruntant la D 901.

Le Chalard – *Voir p. 102.*

Ladignac-le-Long – Le village possède une **église** romane à clocher octogonal. Les voussures du portail sont polylobées. Remarquer la qualité du chevet, avec ses arcs trilobés sur colonnes d'angle à chapiteaux historiés : l'abside pentagonale est éclairée par trois baies limousines.

En approchant de Jumilhac-le-Grand, la route, pittoresque, serpentant dans un léger sous-bois, rejoint l'étroite vallée de l'Isle.

Jumilhac-le-Grand – *Voir p. 148.*

Les SALLES-LAVAUGUYON

210 habitants

Cartes Michelin n° 72 pli 15 ou 233 pli 31 – 17 km au Sud-Ouest de Rochechouart

Situé en bordure du Limousin, ce bourg possède une église romane renfermant d'intéressantes peintures murales.

Église St-Eutrope ⓥ – Érigé en grande partie aux 11e et 12e s., cet édifice, du fait de son inclinaison vers l'Est, présente une nef s'élevant par paliers successifs vers le chœur. Ce dernier, à chevet plat, date de l'époque gothique (13e s.).

Depuis plusieurs années, des travaux de restauration ont permis de mettre au jour de belles **peintures murales★** dissimulées sous une épaisse couche de mousse. Les plus remarquables sont visibles au revers de la façade occidentale. Ces peintures, divisées en cinq registres, révèlent un bon état de conservation et une grande richesse de coloris, en particulier les bleus intenses, les verts. De haut en bas, on reconnaît la Création, la Naissance du Christ, l'Illustration des Vices, la Vie des Saints. Le dernier registre montre une série de personnages. D'autres peintures décorent les murs des chapelles latérales.

SANCERRE★

2059 habitants

Cartes Michelin n° 65 pli 12 ou 238 pli 20 – Schéma p. 204

Perchée sur une butte de la rive gauche de la Loire, Sancerre domine St-Satur et le faubourg de St-Thibault. De ce **site★** privilégié, on découvre un vaste panorama sur le fleuve et le Nivernais à l'Est, sur le Berry à l'Ouest. La petite cité, capitale d'un pays de vignes et de chèvres, est réputée pour son délicieux vin blanc au goût de « pierre à fusil » et ses petits fromages ronds au lait de chèvre, fabriqués notamment à Chavignol et portant le nom imprévu de « crottin ».

Une place stratégique – Sancerre, déjà célèbre à l'époque romaine par son site d'oppidum, veille de tout temps sur la ligne de la Loire ; peut-être même fut-elle au 9e s. la résidence de Robert le Fort, ancêtre des Capétiens. Plus tard, elle joua un rôle capital durant la guerre de Cent Ans comme clé du Berry, en face des Bourguignons et des Anglais. Charles VII, le « roi de Bourges », y avait rassemblé 20000 combattants qu'il commanda en personne durant quelque temps.

Ayant embrassé la Réforme dès 1534, Sancerre devint une des citadelles du protestantisme sur laquelle échouèrent les coups de main des forces royales. Le traité de St-Germain (1570) et le massacre de la Saint-Barthélemy (1572) n'eurent aucun effet sur les tenants de la « religion prétendue réformée », qui persistèrent dans l'insoumission. Si bien que, le 3 janvier 1573, le maréchal de La Châtre, accompagné de 7000 hommes, met le siège devant Sancerre. Au terme d'une intense préparation d'artillerie, l'assaut est donné par trois brèches, mais les Sancerrois restent maîtres du terrain. Alors La Châtre décide d'affamer la place par un blocus rigoureux. Les assiégés, réduits à la plus noire famine, mangent de l'ardoise pilée et tout ce que la ville compte de cuirs et peaux. Enfin, ils se résignent à la capitulation, après 7 mois de résistance. Les honneurs de la guerre leur sont accordés, avec la liberté de culte.

Le vin de Sancerre – « Le vin, écrivit Balzac en 1844 dans *La Muse du Département*, forme la principale industrie et le plus considérable commerce du pays qui possède plusieurs crus de vins généreux, pleins de bouquet, et assez semblables aux produits de la Bourgogne pour qu'à Paris les palais vulgaires s'y trompent. Sancerre trouve donc dans les cabarets parisiens une rapide consommation, assez nécessaire d'ailleurs à des vins qui ne peuvent pas se garder plus de sept à huit ans. » La vigne règne sur toutes les pentes exposées au soleil. L'appellation « Sancerre » est réservée aux vins blancs de sauvignon pur ainsi qu'aux vins rouges et rosés de cépage « Pinot ».

CURIOSITÉS

★★ **Esplanade de la porte César** – Elle offre une belle **vue**★★ sur le vignoble, St-Satur et son viaduc, St-Thibault et le Val de Loire, puis au-delà sur la Puisaye (région de bois et d'étangs, située entre la Loire et le Loing, au Nord-Est de Sancerre), tandis qu'à l'horizon apparaissent les premiers contreforts du Morvan.

Tour des Fiefs ⓥ – Ce donjon cylindrique de la fin du 14e s. est le seul vestige du château des comtes de Sancerre, citadelle huguenote âprement défendue lors du siège de 1573.
De son sommet on découvre un vaste **panorama**★ sur la vallée de la Loire et les collines du Sancerrois.

Beffroi – Cet ancien beffroi, qui date de 1509, sert de clocher à l'église Notre-Dame de Sancerre.

La vieille ville – Le touriste pourra flâner dans les ruelles de la vieille ville : des plaques indiquent les maisons ou vestiges intéressants. A chaque pas, l'attention est attirée par un pignon, une tourelle, un portail, un motif sculpté. Autour de la Nouvelle Place, réaménagée, on verra de nombreuses boutiques d'artisanat et de poterie.

Le Sancerrois – Vignoble et colline de Sancerre

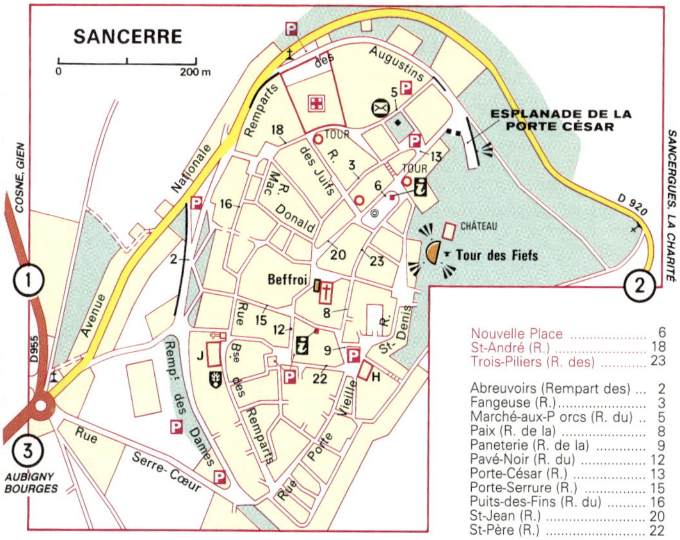

★1 LE SANCERROIS

Circuit de 95 km – environ 6 h – schéma ci-après.

★Sancerre – *Voir ci-avant.*

Quitter Sancerre par le Sud-Ouest en empruntant la D 955 en direction de Bourges. Peu après, prendre sur la droite la D 923.

La route traverse une mer de vigne, puis s'élève en serpentant vers les hautes collines argilo-calcaires appelées « terres Blanches », dont le vignoble produit des vins corsés.
Au carrefour avec la D 7 se révèle une **vue★★** remarquable sur le site de Sancerre perché sur sa butte, les vignobles, St-Satur et, au-delà, sur la vallée de la Loire.

Chavignol – Ce pittoresque village de vignerons, niché au creux d'une cuvette aux flancs tout tapissés de vignes, a donné son nom à l'un des crus les plus réputés du vignoble sancerrois et au fameux « crottin », petit fromage rond au lait de chèvre, bien connu des gastronomes.

Peu après la sortie du village, prendre une petite route sur la droite menant au hameau d'Amigny.

Sur la route de Sens-Beaujeu, vers le croisement avec la D 85, une **vue★** agréable s'offre à gauche sur le village viticole de Bué et les collines du Sancerrois.

Château de Boucard – *Voir p. 76.*

Poursuivre sur la D 76.

Jars – Cette charmante localité dominée par un manoir encadré de tours rondes possède une église (15ᵉ-16ᵉ s.) en grès rose et calcaire blanc ; précédée par une tour-porche, la nef est couverte de voûtes à liernes et tiercerons. Derrière l'abside, belle vue sur le Sancerrois.

Quitter Jars par le Nord-Ouest en empruntant la D 923.

On atteint **Vailly-sur-Sauldre**, agréablement située sur la rivière ; la route offre ensuite de séduisantes vues sur le lumineux bassin de la Sauldre, jusqu'à Villegenon.

Henrichemont – Au début du 17ᵉ s., Sully, le ministre de Henri IV, désira se constituer une petite principauté en Berry qui pût servir de refuge aux protestants, ses coreligionnaires. Possédant déjà le château de Béthune à la Chapelle-d'Angillon *(voir à ce nom)*, il décida de faire bâtir, non loin de là, sur le sable et dans un lieu désert, une ville qu'il nomma Henrichemont en souvenir du roi Henri.
Jamais terminée, elle est bâtie sur un plan rayonnant, huit rues convergeant vers une place carrée qui a conservé son puits mouluré et quelques maisons du 17ᵉ s. à portails cintrés. Grâce à la qualité de la terre de la région, de nombreux ateliers de potiers se développèrent à Henrichemont et dans ses environs *(voir ci-après La Borne)*.

Quitter Henrichemont par l'Est en empruntant la D 22.

La Borne – *Voir p. 74.*

Quitter la Borne par le Sud-Est en empruntant la D 46.

Église de Morogues – Cet édifice roman du 13ᵉ s., précédé par un clocher-porche octogonal en pierre rousse, abrite un magnifique dais en bois provenant de la Sainte-Chapelle de Bourges. Les trois pinacles à jour, d'une surprenante finesse, surmontaient les sièges des officiants. De chaque côté du chœur sont placées deux statues en pierre polychrome (14e s.) : celle de saint Jean-Baptiste et celle dite de saint Symphorien, d'une facture remarquable ; dans la chapelle à gauche du chœur, belle Vierge à l'Enfant.

Quitter Morogues par l'Ouest en empruntant la D 59.

Château de Maupas – *Voir p. 167.*

Revenir à Morogues et prendre au Nord-Est la D 185.

On rejoint la route de crête qui côtoie, un peu plus au Nord, la **Motte d'Humbligny** (alt. 431 m), point culminant du Sancerrois.

Quitter Humbligny par le Nord-Est en empruntant la D 74.

Une route pittoresque longe la vallée de la Grande Sauldre jusqu'à Neuilly-en-Sancerre, puis la D 22 descend vers Sancerre en longeant les vignes après Crézancy.

2 LE LONG DU CANAL LATÉRAL, ET L'EST DU PAYS FORT

Circuit de 60 km – environ une demi-journée – schéma ci-dessous

★**Sancerre** – *Voir ci-avant.*

Quitter Sancerre par le Sud-Ouest en empruntant la D 955, puis à gauche, la D 10 en direction de Baugy.

Après avoir traversé le village viticole de Vinon, on rejoint St-Bouize pour accéder à la route qui longe de près le **canal latéral à la Loire**. Parsemé d'écluses pittoresques, il double le fleuve, depuis 1836, de Roanne à Briare *(voir à ces noms dans les guides Vert Michelin Vallée du Rhône et Bourgogne)*.

St-Satur – Le village du Château-Gordon qui se trouvait à cet emplacement reçut les reliques du martyr africain Satyrus et fut rebaptisé St-Satur.

Église St-Guinefort ⏲ – Un premier édifice avait été élevé au 12e s et fut complètement détruit par les Anglais. De la nouvelle abbatiale, commencée en 1362, seuls le chœur et l'abside furent achevés : leur ampleur, la pureté de leurs lignes élancées laissent imaginer l'important projet mis en œuvre par les chanoines de St-Augustin.

St-Thibault – Bordant la Loire, ce port connut une grande activité jusqu'au milieu du 19e s.

Poursuivre sur la D 955.

Bannay – Enclavé entre la partie Nord des bois de Charnes et le canal, ce village viticole possède une curieuse église coiffée de deux toits en poivrière.

Le jardin du Tisserand ⏲ – *Accès depuis la D 955 par la rue à Cantin (à gauche avant l'écluse).* Né de la passion d'un peintre sur soie pour sa matière première, ce musée retrace les quatre étapes nécessaires à la confection de cette étoffe jadis si convoitée.

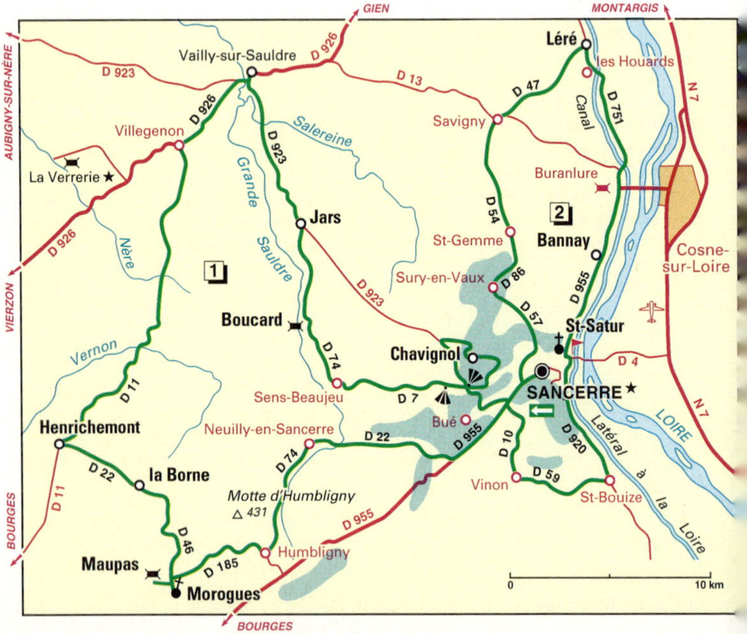

Le vignoble est représenté en vert

Dans un local tempéré (20°) le visiteur découvre le monde fascinant de la **sériciculture** où les 600 œufs pondus par la femelle du bombyx mori sont conservés sous forme de graines ; puis après éclosion, les vers à soie sont élevés sur des feuilles de mûrier. Encabannés, les vers constituent leurs cocons pendant quatre jours en sécrétant une substance constituée de séricine et de fibroïne ; cette « bave » qui durcit à l'air se transforme en un fil continu long de 800 à 1 500 m.
L'historique de la **filature** est évoqué par la présentation de divers types de machines permettant l'extraction du fil de soie du cocon. Le **moulinage** (torsion du fil de soie) et le **tissage** font l'objet de démonstration sur d'impressionnantes machines.

Poursuivre sur la D 955.

Face à la route menant à Cosne-sur-Loire, on aperçoit le château de Buranlure (15e s.) niché dans un écrin de verdure ; la route emprunte ensuite la rive droite du canal, sur 5 km, jusqu'à l'écluse du hameau des Houards.

Léré – situé aux confins du Pays Fort *(voir ci-après)* et du Val de Loire, ce bourg fut jadis fortifié, comme en témoignent les restes de tours rondes et le tracés incurvé de la rue des Remparts.

Collégiale St-Martin – Profondément remanié après le 16e s., cet édifice conserve une abside romane jouxtant un chœur du 15e s. ; remarquer au tympan du portail gothique les restes d'une sculpture en haut relief, pleine de mouvement malgré les mutilations, qui représente saint Martin partageant son manteau. Sous le sanctuaire s'étend une **crypte** dont la partie centrale, en hémicycle, est divisée en trois nefs voûtées d'arêtes.

Quitter Léré par le Sud-Ouest en empruntant la D 47.

En suivant la vallée de la Judelle jusqu'à Savigny, la route traverse l'Est du **Pays Fort**, permettant d'apprécier un paysage de verdure composé de prairies et de « bouchétures » (haies). Un petit bois ou un rideau d'arbres abritent généralement les « villages », lieux-dits regroupant les maisons d'une même famille (les Henriots, les Naudeaux, les Thibauts), bâties avec des matériaux strictement trouvés sur place (bois, pierre ferrugineuse, torchis).

Par la D 54, on retrouve le vignoble au Sud du typique village viticole de Ste-Gemme. Revenir à Sancerre en empruntant la D 86 jusqu'à Sury-en-Vaux, puis la pittoresque D 57.

Schwartz/PIX

St-Satur – Les quais de St-Thibault et la Loire

SANCOINS

3 634 habitants

Cartes Michelin n° 69 pli 3 ou 238 pli 32

Aux confins du Bourbonnais, du Berry et du Nivernais, cette cité s'est ouverte à de nombreuses activités artisanales et industrielles (usine de fabrication de fosses septiques, pièces détachées, meubles et confection). En outre, du fait de sa situation dans la région d'élevage des bœufs charolais, Sancoins est devenue un centre européen du marché des bestiaux.

Parc des Grivelles – *Accès par la déviation Nord.* Il couvre 17 ha et comprend un centre administratif sur deux niveaux et 33 000 m² de halls d'exposition. Cet espace accueille bovins, veaux, moutons et porcs, et attire, les mercredis, des acheteurs venus des départements français et des pays de la Communauté.

Les remparts du 15e s., les diverses tours Ste-Catherine et Jeanne-d'Arc et les vieux quartiers de la ville, restés place forte jusqu'à la Révolution, intéresseront les visiteurs.

ENVIRONS

Château de Grossouvre – *6,5 km au Nord par la D 920.*
S'élevant sur la droite de la route, ce château restauré présente une tour carrée, au curieux appareil en bossages, qui remonte au 12e s.

Château de Sagonne ⏱ – *8 km au Nord-Ouest par la N 76.*
Cette importante forteresse des 12e et 14e s., dont l'enceinte, ceinturée de douves d'eau vive, conserve une partie de ses défenses, fut la propriété de l'architecte Jules Hardouin-Mansart qui obtint alors le titre de comte de Sagonne.
Un important donjon renferme notamment une chapelle décorée en trompe l'œil et une chambre à décors peints. Portraits, documents, armes et meubles anciens évoquent le souvenir de Gabrielle d'Estrées et de Mansart.

Château de SARZAY

9 km au Nord-Ouest de La Châtre
Cartes Michelin n° 68 pli 19 ou 238 Nord du pli 41

Située dans le Boischaut du Sud, cette fière demeure féodale était jadis une importante place forte vouée à la lutte contre les Anglais. Bâti à la fin du 14e s. par Jehan de Barbançois (dalle funéraire visible dans l'église de Sarzay), le donjon était protégé par deux murailles d'enceinte bordées de douves et jalonnées par 38 tours de défense. Renommé château de Blanchemont par George Sand dans son roman *Le Meunier d'Angibault*, Sarzay y est décrit comme *« ... un castel assez élégant, un carré long renfermant à tous les étages une seule grande pièce, avec quatre tours contenant de plus petites chambres aux angles... ».*

Château de Sarzay

VISITE ⏱

Depuis le porche de la tour de guet, le visiteur découvre l'austère donjon composé d'un corps de logis rectangulaire couronné de tours d'angle cylindriques (25 m de hauteur).
A l'Est, une autre tour abrite un escalier à vis donnant accès aux deux étages et aux combles du château dont on peut admirer la haute charpente. Chaque étage est constitué de deux vastes pièces : salle commune et chambre. Seules les pièces du rez-de-chaussée ont été restaurées et meublées.
Une chapelle seigneuriale occupe le rez-de-chaussée d'une petite tour de 6 m de diamètre dont les parties supérieures abritaient le chapelain et les gardes.
Une reproduction de la halle de Ste-Sévère *(voir à ce nom)* abrite des calèches.

SÉGUR-LE-CHÂTEAU*

269 habitants

Cartes Michelin n° 75 pli 7 ou 239 pli 25 – 10 km au Nord-Est d'Arnac-Pompadour

Niché dans une gorge profonde creusée par l'Auvézère, le charmant village de Ségur offre un décor pittoresque de maisons anciennes que dominent deux buttes aux pentes abruptes, dont l'une porte les ruines d'un château fort (12e-13e s.) à double enceinte. Peut-être d'origine gallo-romaine, Ségur joua un rôle important au Moyen Âge et sous l'Ancien Régime. Berceau des premiers vicomtes de Limoges à l'âge d'or de la féodalité, ce bourg prospère vit naître, en 1470, Jean d'Albret, premier roi de Navarre et aïeul de Jeanne d'Albret, la mère de Henri IV. Mais, surtout, Ségur fut le siège, pendant trois siècles (du 15e s. à 1750), d'un tribunal dont dépendaient, en appel, plusieurs centaines de juridictions seigneuriales du Limousin et du Périgord.

La présence de tout un monde de robe enrichissait et embellissait le pays, comme en témoignent ces belles « maisons nobles » que sont la **maison Febrer** (15e s.), avec ses cheminées Renaissance et ses tourelles, et la **maison Henri IV**, baptisée ainsi en l'honneur de la famille d'Albret. Outre ces deux hôtels particuliers, des maisons à colombage et à tourelles des 15e, 16e et 17e s., des toits pointus de tuiles brunes, des croisées à meneaux et des portes gothiques, sans oublier la tour des Appeaux, que l'on découvre au détour des rues étroites et tortueuses, créent une atmosphère particulière qui attire promeneurs et peintres.

SOLIGNAC*

1 345 habitants

Cartes n° 72 pli 17 ou 239 pli 13 – 13 km au Sud de Limoges

Schéma, voir p. 165

Près de la vallée verdoyante de la Briance, Solignac conserve une intéressante église romane, ayant appartenu à une célèbre abbaye fondée en 632 par saint Éloi.

Le grand saint Éloi – La figure de saint Éloi domine les temps mérovingiens. Ce saint homme ne fut pas seulement le grand ministre de Dagobert ; il reste illustre dans l'art de l'orfèvrerie et populaire par son inépuisable charité.

Né en 588 à Chaptelat, il apprend son métier d'orfèvre à l'atelier de Limoges, puis va travailler à Paris sous les ordres du trésorier du roi. Son talent et sa probité le font remarquer par Clotaire II qui en fait son trésorier ; mais c'est surtout la confiance du bon roi Dagobert, si malicieusement chansonné, qui permet à saint Éloi de déployer toutes ses capacités de ministre. Titulaire de l'évêché de Noyon, saint Éloi a pourtant la nostalgie du sol natal : c'est alors qu'il demande au roi la terre de Solignac pour y fonder le monastère où il compte aller mourir en paix. « Mon roi et maître, dit le saint homme, que ta bonté veuille me l'accorder pour que je puisse y construire une échelle pour toi et pour moi, par laquelle nous mériterons de monter tous deux dans le royaume céleste. » Le roi, selon son habitude, répondit favorablement à cette sollicitation. L'abbaye prit aussitôt une grande importance mais, en dépit de ses fortifications, elle ne put se soustraire aux sévices des Normands, des sarrasins, des Anglais et des huguenots qui, au cours de sa longue histoire, la ravagèrent périodiquement.

**ÉGLISE ABBATIALE ⏱

L'actuelle église abbatiale date de la première moitié du 12e s. C'est l'église du Limousin qui a le plus profondément subi les influences de l'école périgourdine.

Extérieur – Le grand clocher-tour contemporain de l'abbatiale a été remplacé au 19e s. par un simple clocher-mur. Le flanc Nord offre une admirable ordonnance : larges contreforts et colonnes engagées montent jusqu'à la corniche du toit ; dans la partie inférieure, des groupes de quatre arcs retombent alternativement sur des pilastres sans décor et sur des culots ornés

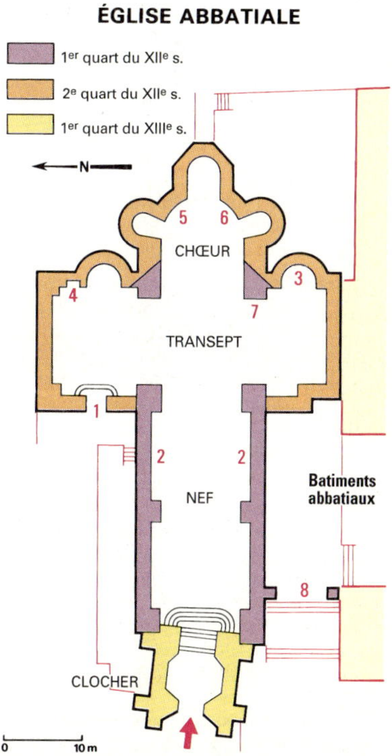

de volutes, de personnages accroupis ou de monstres ; à l'étage, la succession de fenêtres et de trilobes aveugles dénote une influence mozarabe. Un bas-relief figurant un Christ en majesté (1) surmonte le portail du croisillon Nord. En reculant, on admire l'ensemble formé par les bras du transept et l'abside ; une frise d'arcatures aveugles court à la partie supérieure, ajoutant à l'élégance de l'édifice.

Intérieur – Entrer par le portail placé sous le porche. Du haut des marches qui dominent la nef, on est frappé par l'harmonie des proportions, la pureté des lignes, la force de l'architecture et les tons chauds du granit de cette église en forme de croix latine sans bas-côtés ni déambulatoire.
Le vaisseau est couvert de vastes coupoles hémisphériques et les murs ornés d'arcatures aveugles en plein cintre. Ces dernières, qui supportent une galerie de circulation, sont décorées de chapiteaux et de culs-de-lampe archaïques dont la sculpture apparaît de plus en plus recherchée au fur et à mesure que l'on s'avance vers le chœur. Les stalles (2), placées de chaque côté de la nef, datent pour l'essentiel du 15e s. : leurs miséricordes et leurs accoudoirs sont sculptés de feuillages, d'animaux et de masques grimaçants.
Le transept est dissymétrique. Le croisillon Sud, plus court, est voûté en berceau ; remarquer la fenêtre « limousine » à voussure unique de l'absidiole (Vierge en bois polychrome du 18e s.) (3). Dans le croisillon Nord, couvert d'une coupole ovoïde percée d'un oculus, une vitrine (4) expose quelques objets d'art, notamment le buste-reliquaire de saint Théau, du 12e s., en cuivre doré et argent.
Le chœur, couvert d'une coupole déformée, est rythmé par sept arcades et trois absidioles. Les chapiteaux portent un décor varié : palmettes, personnages luttant contre des griffons et des serpents entrelacés, etc. Deux fresques du 17e s. représentent la Tentation du Christ (5) et l'Agonie au jardin des Oliviers (6). Les vitraux datent en partie du 15e s. Sur le pilier de droite une peinture (restaurée) « à la détrempe » représente saint Christophe (7) ; elle daterait du 15e s.

Bâtiments abbatiaux – Reconstruits au 18e s., dévastés sous la Révolution, ils sont occupés par une congrégation de missionnaires.
De la cour, vue sur le flanc Sud de l'église, qui communiquait avec le cloître par un portail en plein cintre de la seconde travée. L'arc brisé (8) sous lequel on passe en contournant l'édifice marque soit une seconde entrée du cloître, soit l'entrée d'une chapelle.

La SOUTERRAINE

5 459 habitants (les Sostraniens)
Cartes Michelin n° 72 pli 8 ou 239 pli 24

Dans un bassin verdoyant des monts de la Marche, La Souterraine, bâtie à l'emplacement d'une villa gallo-romaine (« villa Sosteranea »), a conservé plusieurs témoins de ses fortifications du Moyen Âge dont, près de l'église, la **porte St-Jean** appelée aussi porte de Breith ou porte Notre-Dame. Édifiée aux 13e et 15e s., elle est ornée de deux tourelles en encorbellement, de créneaux et de mâchicoulis.

★ÉGLISE

La **crypte** ⏲ fut construite par les moines de l'abbaye St-Martial de Limoges vers 1020 ; elle servit de sépulture au fondateur Géraud de Crozant. On y voit les vestiges d'un sanctuaire gallo-romain (colonnes et inscriptions).

Extérieur – L'édifice auquel le granit confère un aspect sévère fut bâti aux 12e et 13e s. La façade, avec son portail polylobé en arc légèrement brisé que flanquent deux lanternons, témoigne d'une influence mozarabe qu'on peut attribuer aux pèlerins de St-Jacques-de-Compostelle, La Souterraine se trouvant sur l'une des principales « routes » de pèlerinage. Le tympan du portail latéral Sud s'orne d'une Vierge romane, N.-D. de La Souterraine, d'un style typiquement limousin, de même que les robustes contreforts épaulant le transept. Le clocher du 13e s. a été, au 19e s., pourvu d'un beffroi.

Intérieur – On peut suivre l'évolution de l'architecture depuis le roman – voûte en berceau de la 2e travée – jusqu'au gothique – transept et chœur – en passant par les voûtes d'arêtes des bas-côtés.
La nef, harmonieuse, est décorée d'intéressants chapiteaux. Le transept double constitue la partie la plus originale de l'édifice. Une coupole ovale sur pendentifs construite sur un plan trapézoïdal, surmonte la croisée de la 1re travée. Dans le chœur gothique, remarquer la table d'autel en pierre, du 12e s.

Sachez tirer parti de votre guide Michelin.
Consultez la légende.

TREIGNAC

1 520 habitants

Cartes Michelin n° 72 pli 19 ou 239 pli 15 – Schéma p. 221

Au pied du massif des Monédières *(voir à ce nom)*. Treignac est une cité pittoresque, étagée au-dessus de la Vézère dont les eaux, retenues en amont de la ville par un barrage, reprennent leur course au milieu des rochers.

Coup d'œil sur la ville – De la D 16 au Nord, une situation dominante permet d'embrasser du regard le site de Treignac. Pour en avoir un autre aspect, descendre par une rue en très forte pente jusqu'au vieux pont gothique qui enjambe la Vézère au cours rapide : la vue se porte sur les ruines du château dont les murs en terrasses dominent la rivière, sur les vieilles demeures coiffées d'ardoises et sur l'église.

Église – Cet édifice carré flanqué d'un clocher hexagonal est couvert d'un vaste toit d'ardoise ; voûté d'ogives, il repose sur de gros piliers. L'église, restaurée, contient des vitraux modernes de Camille Fleury. Autel de granit en forme de dolmen.

Ville haute – Elle s'étend entre la place de la République et la place du Collège, offrant un ensemble de maisons anciennes avec tourelles et portails sculptés (remarquer le grand nombre de coquilles Saint-Jacques), et des halles de granit du 15e s.

Maison Marc-Sangnier ⓥ – Elle abrite les collections ethnographiques du **musée des Arts et Traditions populaires de la Haute et Moyenne-Vézère**.

Rocher des Folles – *3/4 h à pied AR. Sentier signalé à la sortie Sud-Ouest de la localité.* Ce chemin procure de jolies vues sur Treignac. Après avoir atteint le sommet de la butte, emprunter un petit sentier qui serpente au milieu des bruyères et descend jusqu'au rocher des Folles, amoncellement de gros blocs granitiques. De là se révèle une vue agréable sur les gorges rocheuses et les collines boisées de la Vézère.

TULLE

17 164 habitants (les Tullistes)

Cartes Michelin n° 75 pli 9 ou 239 pli 27 – Schéma p. 121

L'étroite vallée encaissée de la Corrèze a conditionné le développement de Tulle : la ville s'étire ainsi sur plus de 3 km, et ses quartiers grimpent à l'assaut des collines qui dominent la rivière. Au cœur de la cité émerge l'élégant clocher de pierre de la cathédrale Notre-Dame. Chef-lieu de département, bien que deuxième ville de la Corrèze, Tulle est réputée pour sa manufacture d'armes.

Une abbaye chicanière – Fondé à l'époque mérovingienne par saint Calmine, au confluent de la Corrèze et de la Solane, peut-être à l'ombre d'un ancien castrum gallo-romain, un premier monastère donne naissance à l'agglomération. L'abbaye de Tulle devient rapidement très puissante. Le zèle de ses moines est souvent agressif, comme le montre la célèbre affaire de Rocamadour où, pendant plus d'un siècle, les abbayes de Tulle et de Marcilhac se disputent la possession du riche sanctuaire.
L'un des abbés, Élie de Ventadour, trouve un moyen peu banal de remplir son trésor trop souvent vide : il emprunte des sommes importantes aux banquiers juifs de Brive, à des taux d'intérêt exorbitants ; l'argent étant encaissé, l'abbé, qui est suzerain de justice, accuse d'usure les prêteurs, les condamne et confisque leurs biens.
Un autre abbé, Arnaud de St-Astier, obtient par intrigue le titre d'évêque de Tulle en 1317. Cette usurpation prive Limoges de l'un des fleurons de son diocèse : d'interminables procès s'ensuivent et la rancune sépare pour longtemps les deux cités.

Un lourd tribut – La guerre de Cent Ans voit la ville tomber à deux reprises aux mains des Anglais, en 1346 et en 1369. Et chaque fois la milice locale chasse l'envahisseur. Au cours des guerres de Religion, Tulle tient pour les « papistes » ; l'armée protestante du vicomte du Turenne échoue devant ses murs en 1577, mais en 1585 le vicomte prend une sanglante revanche et met la ville à sac, après un assaut que le poète protestant Agrippa d'Aubigné a relaté.
Le 8 juin 1944, Tulle est libérée par les troupes du maquis, mais dès le lendemain les troupes allemandes reprennent la ville : plusieurs centaines d'habitants sont arrêtés, 99 d'entre eux sont pendus dans les rues, les autres sont envoyés en déportation où 101 succomberont. Au Sud de la ville (route de Brive, N 89), un monument a été érigé à la mémoire des victimes par pendaison.

CURIOSITÉS

Cathédrale Notre-Dame ⓥ – En 1103 l'abbé Guillaume, voulant donner à son abbaye, alors en pleine prospérité, un cadre digne d'elle, entreprit de reconstruire l'église et les bâtiments claustraux. Le 12e s. vit s'élever la nef, le porche et le premier étage du clocher. Le plan primitif était celui de beaucoup d'églises bénédictines : nef à collatéraux, transept avec chapelles orientées, abside avec déambulatoire et absidioles. La lenteur de la construction permet d'expliquer pourquoi les piliers et

TULLE

Baluze (Quai) 12
Gambetta (Pl.)
Gaimme (Av. Ch.-de-)
Jaurès (R. Jean) 14
République (Q. de la) 20
Zola (Pl. Émile) 30

Baylie (R. de la) 2
Bride (Pl. de la) 4
Carmes (Pont des) 5
Chammard (Q. A.-de) 7
Choisinet (Pont) 9
Eyrolles (R. Marc) 10
Perrier (Q. Edmond) 15
Poincaré (Av.) 17
Portes-Chanac (R. des) 18
Riche (R.) 22
Tavé (Pl. Jean) 24
Tour-de-Maïsse (R. de la) 25
Vidalin (R. Félix) 28

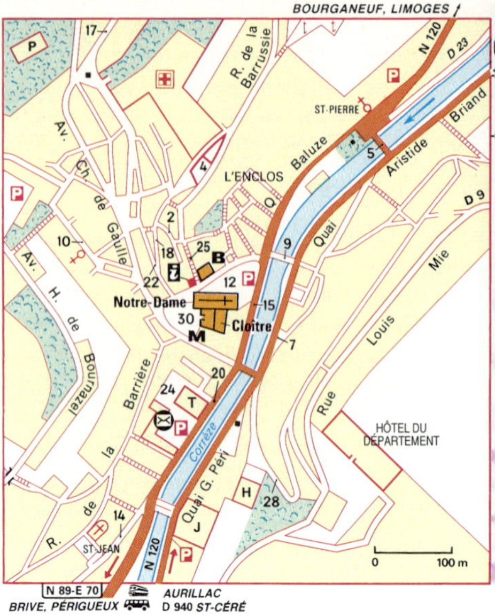

B Maison de Loyac
M Musée du cloître

les murs latéraux sont romans et la voûte du plus pur style gothique. En 1796, la coupole surmontant le transept s'écroula, entraînant une fraction du chœur : on démolit alors la partie orientale de l'édifice et l'on ferma la nef d'un simple mur. La 6e travée de la nef est donc l'élément architectural le plus ancien de l'édifice.

Le **clocher★**, haut de 73 m, est constitué de trois étages surmontés d'une élégante flèche octogonale, entourée de gracieux clochetons ; touchée par la foudre en 1645, cette flèche, qui datait du 14e s., a été restaurée dans son style primitif.

Le porche couvert d'une voûte d'ogives abrite un portail en tiers-point, de type limousin, orné de boudins et de colonnettes.

La décoration intérieure est très sobre. Toutefois, la grande verrière moderne (1979) du chœur offre une remarquable palette de couleurs ; au centre se tiennent Notre-Dame-de-Tulle et, au-dessous, saint Jean le Baptiste portant l'Agneau de Dieu ; dans les bordures : à droite, l'évêque Dumoulin-Borie (missionnaire corrézien martyrisé au Tonkin), au-dessous, saint Sébastien ; à gauche, saint Jacques, au-dessous, un pendu évoquant les douloureux souvenirs de 1944.

Dans le bas-côté gauche, une statue en bois de saint Jean-Baptiste, du 16e s., est l'objet d'une grande vénération.

Depuis le 14e s., les habitants de Tulle célèbrent la nativité de ce dernier par la grande procession de la « lunade » *(se reporter aux Renseignements pratiques).*

Cloître – Construit au début du 13e s., il nous est parvenu en partie mutilé. Il reste : la galerie Ouest, deux travées des galeries Nord et Est ; la galerie Sud fut démolie au 19e s. lors d'un projet de construction d'un théâtre municipal.

Les deux galeries complètes, restaurées, présentent de belles voûtes d'ogives à liernes. La richesse et la finesse de leur décoration apparaissent à travers les motifs, délicatement sculptés, des chapiteaux et des clés de voûte.

La galerie Est (au fond) est la plus ornementée (remarquer les anges aux clés de voûte), elle donne accès à la salle capitulaire dont l'entrée est encadrée par deux gisants très abîmés (en face, jolis chapiteaux à têtes humaines). Les voûtes d'ogives retombent sur deux piliers centraux ; sur le mur Nord (à gauche), deux peintures du début du 14e s. représentent l'une l'entrée du Christ à Jérusalem, l'autre la Cène. De nombreux vestiges sont disposés le long des galeries : collection de plaques de cheminées (16e-18e s.), statues, moulages de gisants des papes limousins, fragments lapidaires divers (chapiteaux, nervures, etc.).

Musée du cloître (**M**) ⌚ – Il jouxte la galerie occidentale.

Le **rez-de-chaussée** présente des expositions temporaires d'art contemporain.

Un escalier médiéval à vis conduit aux salles du **1er étage**, réservées aux arts et traditions populaires de Tulle et de sa région : l'on y découvre l'œuvre de Gaston Vuillier (aquarelles de paysages corréziens et série de dessins illustrant les pratiques de sorcellerie et les coutumes religieuses du monde paysan à la fin du 19e s.), l'histoire de la ville et son artisanat (dentelle « en poinct de Tulle »). La dernière salle accorde une place particulière à l'**accordéon** (autrefois, la Corrèze comptait quatre fabriques importantes) ; plusieurs types d'instruments sont exposés, de 1835-1845 à 1950, dont ceux d'une lutherie locale toujours en exercice.

Au **second étage**, la belle collection d'armes blanches et d'armes à feu : fusils français de 1763 à 1900, pistolets à silex, illustre en partie la production de la manufacture de Tulle, qui fut créée en 1696 et érigée en manufacture royale en 1777 sous le règne de Louis XVI.

L'art de la céramique est représenté par des faïences régionales, des porcelaines de Limoges, des grès « Art Nouveau » (legs Gabriel Bernadou) ; une troisième section consacrée à l'art religieux regroupe de nombreuses pièces statuaires du 14e au 19e s. (beau lutrin baroque en bois sculpté rehaussé de dorures) et des fragments d'ornements liturgiques du 14e s. brodés en opus anglicanum.

Quartier ancien – Au Nord de la cathédrale s'étend le quartier dit de « l'Enclos », dont le nom évoque les remparts qui entouraient jadis la ville. Ce quartier bien typé a conservé son aspect ancien (fin du Moyen Âge) avec ses ruelles, ses escaliers et ses maisons caractéristiques.
Une promenade très courte *(1/4 h à pied AR)* permet d'en avoir une vue d'ensemble.

★**Maison de Loyac** (**B**) – Appelée autrefois maison de l'Abbé, c'est l'édifice civil le plus remarquable de Tulle.
Construite au début du 16e s., elle présente une très belle façade dont les fenêtres et la porte d'entrée sont encadrées de colonnettes et surmontées d'accolades ornées de feuillages, de choux frisés et d'animaux tels que cerf, lièvre, sanglier, porc-épic (emblème de Louis XII), lion, lévriers.
Prendre, à gauche de la maison de Loyac, la rue de la Tour-de-Maïsse, rue à escaliers, très étroite, bordée de plusieurs maisons à encorbellement dont les toits à auvents se rejoignent presque ; suivre à gauche la rue de la Baylie, puis encore à gauche la rue des Portes-Chanac, en pente, où parmi tout un groupe de vieilles demeures on remarque à gauche, au n° 9, la belle porte sculptée d'une maison fin Renaissance.
La rue Riche, dans laquelle on remarque au n° 13 une maison à façade sculptée, ramène à la cathédrale.

J. D. Sudres/DIAF

Tulle – Maison de Loyac

ENVIRONS

★**Vallée de la Corrèze** – *Voir p. 120.*

TURENNE★

740 habitants

Cartes Michelin n° 75 Sud-Est du pli 8 ou 239 Sud du pli 26 – Schéma p. 101

«Pompadour pompe, Ventadour vente, Turenne règne », ce vieux dicton caractérise bien la fière capitale de l'ancienne « vicomté », dressant aujourd'hui autour des ruines de son château le pittoresque amphithéâtre de ses maisons.

Petite ville, grand passé – L'incapacité des derniers carolingiens à gouverner l'ensemble de leurs possessions, et l'aptitude des seigneurs de Turenne à résister aux invasions normandes semblent être à l'origine de l'émancipation du fief vis-à-vis du pouvoir royal. Dès le 11e s. une forteresse couronne la butte témoin détachée du causse de Martel. au 15e s., Turenne a sous sa dépendance le tiers du Bas-Limousin, le Haut-Quercy et le Sarladais, soit 1 200 villages et bon nombre d'abbayes. La vicomté jouit alors d'enviables privilèges : tout comme le roi de France, les vicomtes agissent en véritables souverains anoblissant à leur guise, créant offices et consulats, battant monnaie, levant les impôts.

Les La Tour d'Auvergne – C'est la famille de La Tour d'Auvergne qui a rendu célèbre le nom de Turenne. Au 16e s., Henri de La Tour d'Auvergne est le chef des huguenots du Limousin et le plus vaillant soutien de la Réforme. Pour récompenser son zélé lieutenant, Henri IV lui fait épouser l'héritière du duché de Bouillon, Charlotte de La Marck ; les Turenne émigrent alors à Sedan, administrant de loin leur vicomté toujours indépendante. Charlotte meurt trois ans après ce mariage, laissant à son mari les titres de duc de Bouillon et de prince de Sedan. Celui-ci se remarie avec Élizabeth de Nassau dont il aura huit enfants. Son fils cadet, prénommé aussi Henri deviendra le Grand Turenne. Mais c'est l'aîné, Frédéric-Maurice, qui hérite de la vicomté. Il y reçoit en 1650 la princesse de Condé et son fils le duc d'Enghien. La rencontre entre ces deux partisans de la Fronde fut l'objet de telles magnificences qu'elle resta célèbre sous le nom de « semaine folle de Turenne » et qu'il fallut prélever deux années d'impôts pour rembourser les dépenses occasionnées.

« Heureux comme les vicomtins » – Ce dicton illustre la vie paisible et aisée des habitants de la vicomté qui coulaient des jours heureux dans leur petit État. Ils étaient dispensés des tailles qui pesaient lourdement sur les roturiers français, ce qui rendait leur situation fort enviable. Cet âge d'or eut une fin : en 1738, le dernier des neuf vicomtes de la dynastie des La Tour d'Auvergne, qui n'avait plus un sou vaillant, vendit la vicomté à Louis XV pour 4 200 000 livres, mettant fin à l'indépendance quasi totale de ce dernier fief français. Les impôts des vicomtins furent soudain multipliés par dix.

VISITE

La ville basse – C'est le quartier du Barri-bas, ancien faubourg de la ville.
Sur la **place du Foirail** (**6**), l'hôtel Sclafer (**B**) avec sa terrasse à l'italienne était la demeure de notaires au 17e s. ; en face une échoppe du 15e s. ouvre sa grande arcade (**D**). La rue du Commandant-Charolais mène à la place de la Halle. Les logis tout autour témoignent de la richesse des habitants, surtout l'élégante **maison Vachon**, demeure des consuls de Turenne aux 16e et au 17e s. Entre deux hôtels, l'étroite **rue Droite** s'élève vers le château, bordée de maisons anciennes en encorbellement et d'échoppes. On prend à droite la rue Joseph-Rouveyrol et l'on admire la **maison de l'Ancien Chapitre** dont la tour est décorée d'une belle porte de style gothique flamboyant.

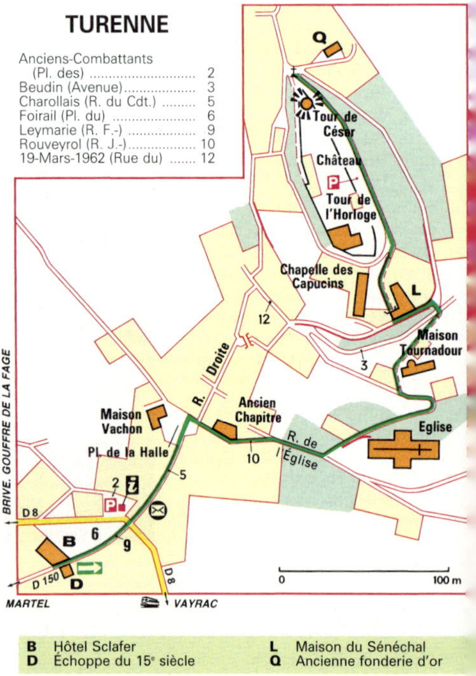

Église – Sa construction fut décidée par Charlotte de La Marck en 1593, année de la conversion au catholicisme de Henri IV.
Celui-ci mourut peu après et c'est la seconde femme de Henri de La Tour d'Auvergne, Élizabeth de Nassau, qui s'occupa de la faire terminer. Elle ne fut consacrée qu'en 1668.
L'édifice, en forme de croix grecque, est curieusement voûté d'une belle mosaïque de pierres jaunes et blanches dessinant un réseau de nervures prismatiques. Le mobilier des 17e et 18e s. comprend des stalles et surtout un maître-autel surmonté d'un retable en bois sculpté et doré figurant la Passion du Christ.
Un décor en trompe l'œil plus tardif occupe de part et d'autre l'espace entre les colonnes torses.
Juste au-dessus de l'église, un vaste bâtiment, la **maison Tournadour**, était l'ancien grenier à sel de la ville.

La ville haute – On y pénètre par la **porte fortifiée** de la deuxième des trois enceintes qui protégeaient le château. A droite la maison du Sénéchal (**L**) s'orne d'une élégante tour. A gauche la **chapelle des Capucins** (1644) sert de cadre à des expositions. En contournant le château par la droite, on peut voir une série de manoirs recouverts de toits d'ardoises et flanqués de tours trapues, solides constructions qui ont des noms parfois évocateurs comme l'ancienne fonderie d'or (**Q**).

Le château ⓥ – Il fut démantelé par le roi juste après la réunion de la vicomté à la Couronne. Seules les tours de l'Horloge et de César furent épargnées, occupant chacune une extrémité du promontoire, **site**★ remarquable qui était autrefois entièrement couvert par le château et ses vastes corps de logis. Une chapelle s'élevait derrière la tour de l'Horloge.

Tour de l'Horloge – De cet ancien donjon du 13e s., on ne visite que la salle des gardes voûtée en berceau brisé. Quelques objets évoquant le passé de Turenne y ont été rassemblés. Au-dessus se trouve la salle de la monnaie ou salle du trésor.

Tour de César – Cette tour circulaire à l'appareillage irrégulier semble dater du 11e s. Un escalier permet d'accéder au sommet d'où l'on découvre un vaste **panorama**★★ sur la région par-delà un paysage verdoyant et vallonné, les monts du Cantal vers l'Est et en plein Sud la vallée de la Dordogne *(table d'orientation)*.
On peut rejoindre la place du Foirail en repassant par la porte fortifiée et en descendant la rue Droite.

USSEL

11 448 habitants

Cartes Michelin n° 73 pli 11 ou 239 pli 17 – 17 km à l'Ouest de Meymac

Bâtie à 631 m d'altitude sur l'un des derniers contreforts du plateau de Millevaches, entre les vallées de la Diège et de la Sarsonne, Ussel a conservé quelques témoins d'un passé qui vit éclore, du 15e au 17e s., nombre de monuments d'un grand intérêt.

CURIOSITÉS

La ville ancienne – Par la rue de la Liberté gagner, derrière l'église, la place Joffre où coule une fontaine, et parcourir les rues étroites qui y aboutissent : nombreuses y sont les maisons anciennes, restaurées pour la plupart, ornées de tourelles, et dont les entrées sont décorées d'écus.
Derrière la place de la République, l'**hôtel de Ventadour** (**B**) est une élégante demeure Renaissance que les ducs de Ventadour firent construire dans les dernières années du 16e s. pour remplacer leur austère château féodal *(voir à ruines de Ventadour)*.
De l'**église St-Martin**, seul le chœur à chevet plat date de la fin du 12e s. ; la nef et les collatéraux furent refaits en style gothique ; façade et clocher (19e s.) sont modernes. A l'intérieur, belles boiseries et stalles du 18e s. dans le chœur ; Pietà en bois polychrome du 16e s.

Hôtel Bonnot de Bay – Ce sévère hôtel du début du 18e s. abrite un musée consacré aux objets d'artisanat, témoins de métiers disparus ou en voie de disparition au pays d'Ussel.

Musée du pays d'Ussel ⓥ – Des ateliers ont été fidèlement reconstitués : le forgeron du village, le tisserand (exceptionnel métier à tisser du 18e s.), le sabotier, le galochier (activité spécifique à la ville de Bort-les-Orgues), la modiste, le travail de la paille (le chaume, la ruche, les palisses) et le travail du bois. Plusieurs salles sont consacrées à la « bugeade » (lessive), à la vie musicale, à la cuisine, au mobilier local. Une petite pièce montre l'intérieur d'un ancien café de campagne.
Au premier étage, une vitrine est consacrée à la vie intellectuelle, avec une présentation d'un choix d'œuvres des écrivains locaux.

USSEL

Alsace-Lorraine (Pl.) 2
Foch (Bd) 5
Grabié (R. F.) 6
Joffre (Pl.) 7
Liberté (R. de la) 8
Marché (R. du) 12
Michelet (R.) 13
Neuve-du-Palais (R.) 14
Pénitents (R. des) 18
Récollets (R. des) 19
République (Pl. de la) 20
Ventadour (R. de) 22
Victor-Hugo (Bd) 23
Voltaire (Pl.) 26

B Hôtel de Ventadour

Chapelle des Pénitents – La vie religieuse du pays y est traitée par thèmes : « le cadre historique », « la messe paroissiale », « processions et confréries », « dévotions populaires », « du berceau à la tombe ».
C'est l'occasion d'exposer des pièces remarquables de l'art local : retable en bois doré de 1711, toile des frères Cibille : *La Pentecôte* (1664) ; nombreuses statues en bois polychrome (bel Ange en prière, du 17e s.).
L'aspect ethnographique apparaît notamment avec l'étonnant corbillard du siècle dernier attelé à un cheval naturalisé.

Aigle romaine – Ce monument taillé dans le granit a été découvert au moulin du Peuch, sur la Sarsonne. A proximité, au n° 18, rue Michelet, une maison du 17e s. abrite une imprimerie lithographique et une salle d'exposition.

Chapelle N.-D.-de-la-Chabanne – *Au Sud de la ville ; accès par la rue Pasteur.* De l'esplanade proche de cette chapelle de pèlerinage se développe une **vue** étendue, du plateau de Millevaches au Nord-Ouest, aux monts Dore à l'Est, et aux monts du Cantal au Sud-Est.

ENVIRONS

St-Angel – *9 km au Sud-Ouest par la N 89.*
Bien groupé sur un promontoire dominant la rive droite de la Triouzoune, St-Angel possède une **église fortifiée** à laquelle sont accolés les reste des bâtiments de l'ancien prieuré de St-Michel-des-Anges. Épaulée par de puissants contreforts, la façade de l'église a la sévérité d'une forteresse. L'**intérieur★** surprend par son élévation. Le chœur est d'une grande élégance, tout en pierres de taille avec sa voûte en étoile ; l'abside est éclairée par des fenêtres en arc brisé sous lesquelles s'ouvrent de petites chapelles ménagées dans l'épaisseur des murs, ornées de culs-de-lampe sculptés.

UZERCHE★★

2 813 habitants

Cartes Michelin n° 75 pli 8 ou 239 pli 26 – Schéma p. 220

« Qui a maison à Uzerche a château en Limousin » ; le nombre de jolis hôtels et de vieilles demeures que conserve la cité confirme ce vieux dicton populaire.
Sur un promontoire qu'enserre une boucle de la Vézère, Uzerche, charmante petite ville limousine, dresse, dans ce site pittoresque, un étonnant amas de clochetons, de tours à échauguettes et de toits à poivrières.

Une ruse souvent exploitée – En 732, les Arabes repoussés à Poitiers par **Charles Martel** viennent attaquer Uzerche. Bien protégée par de solides murailles et dix-huit tours fortifiées, la ville résiste pendant sept ans. Mais la famine décime la population, la reddition est proche. Usant alors d'un stratagème qui, si l'on en croit les vieux chroniqueurs, réussit chaque fois, les assiégés font présent à l'émir des Sarrasins de leur dernier veau gorgé à souhait et de leur dernière ration de froment. Étonnés d'une telle prodigalité, les Infidèles croient les défenseurs encore abondamment pourvus de vivres et, découragés, lèvent le siège.
Les armoiries d'Uzerche – deux taureaux – rappellent cette ruse de guerre qui sauva la forteresse. La vieille cité ne fut jamais forcée et ne capitula jamais au cours des nombreux sièges qu'elle subit au Moyen Âge. Charles V, avec l'autorisation d'ajouter dans ses armes trois lys d'or, lui donna le surnom d' « Uzerche la pucelle », et sa devise « non pulluta » (jamais souillée) confirme cette appellation.

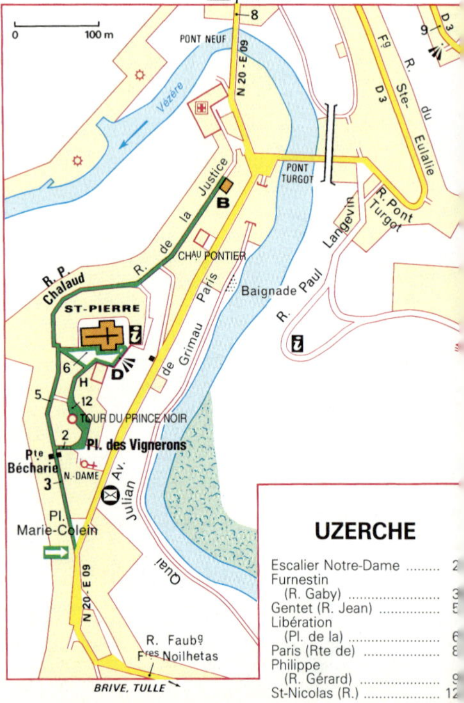

B Centre régional de documentation sur l'archéologie du paysage
D Esplanade de la Lunade

★★**Le coup d'œil** – Prendre au pont Turgot la D 3, route d'Eymoutiers, qui s'élève rapidement et traverse le faubourg Ste-Eulalie. A 800 m du pont, avant un virage à gauche, on découvre une très belle **vue** sur le site de la ville, perchée sur son rocher au pied duquel coule la Vézère : l'église St-Pierre domine les nombreux clochetons des tourelles couvertes d'ardoises et, parmi les vieux logis étagés en terrasses au-dessus de la rivière, se détache, sous l'église, la silhouette du château Pontier.

Rives/CEDRI

Uzerche – Vue d'ensemble de la ville

CURIOSITÉS

Partir de la place Marie-Colein.

Rue Gaby-Furnestin (**3**) – On y voit, à gauche, une maison à pans de bois (16e s.) où naquit Alexis Boyer, chirurgien de l'empereur Napoléon Ier. Dans cette rue et la rue Jean-Gentet qui la prolonge, plusieurs autres vieilles demeures rénovées ont de beaux portails sculptés.

Porte Bécharie – Cette porte fortifiée est la seule des anciennes portes qui ait été conservée intacte : au-dessus du passage sous voûte, une niche sculptée abrite une statue moderne de la Vierge.
Accolé à la porte, le bâtiment appelé château Bécharie est flanqué d'une tour carrée et d'une tourelle ; sur le mur à gauche, une grosse pierre porte les armes d'Uzerche.

Aussitôt après la porte Bécharie, prendre à droite l'escalier Notre-Dame.

Place des Vignerons – Ancien marché aux fruits, cette petite place est bordée par de vieilles demeures et par la chapelle Notre-Dame, la plus ancienne d'Uzerche. Le passage sous la voûte de la Perception donne accès à une petite terrasse d'où la vue plonge sur la Vézère et une partie de la ville.
Laisser à gauche la tour du Prince-Noir et suivre la rue St-Nicolas qui mène directement à la place de la Libération, dominée par la masse imposante de l'église St-Pierre.

★**Église St-Pierre** – Cet intéressant édifice roman fut construit en plusieurs étapes : chœur et croisillon Nord du 11e s., nef du 12e s. allongée au 13e s. Fortifiée pendant la guerre de Cent Ans, réparée au 17e s., l'église a été restaurée au début du 20e s.
La nef est flanquée de bas-côtés très étroits. A la croisée du transept s'élève une coupole octogonale.
Dans le chœur à déambulatoire et chapelles rayonnantes se trouvent de beaux **chapiteaux**, ornés d'entrelacs, de feuillages et d'animaux ; trois autres ont été transformés en bénitiers : l'un d'eux est sculpté de monstres à corps de lion et à tête humaine.
Le clocher, du 12e s., est de style limousin. Le troisième étage carré aux baies géminées et lucarnes à gâbles est surmonté d'un quatrième, octogonal, dont le toit couvert de bardeaux remplace une pyramide en maçonnerie. Au Sud-Ouest, une tour ronde et massive en moellons, percée de meurtrières, défendait le portail. C'est, depuis la restauration subie par l'église au siècle dernier, le seul vestige qui subsiste de l'ensemble complet de défense militaire de la cité : l'enceinte comptait 18 tours et 5 portes fortifiées.

Crypte – *Accès à l'extérieur par le chevet.* Cette crypte du 11e s., en forme de rotonde à trois absidioles, est considérée comme la plus ancienne du Limousin. Les murs et les voûtes, en moellons noyés dans un épais mortier, portent encore des traces de coffrage. La salle centrale, soutenue par un unique pilier à base rectangulaire, communique avec le déambulatoire.
La chapelle Nord abrite un tombeau (14e s.) d'origine inconnue.
Deux escaliers reliaient jadis la crypte à l'église.

Esplanade de la Lunade (**D**) – De cette terrasse qui a été établie à l'emplacement des anciens bâtiments abbatiaux, la vue se porte en contrebas sur le faubourg de la Pomme qui s'étage au long de la N 20, sur le méandre de la Vézère et, au-delà, sur le cadre des collines qui entourent la ville.

Rue Pierre-Chalaud – Elle est bordée de quelques maisons anciennes : maisons à pans de bois ou ornées d'une porte gothique ou Renaissance. Au bout de la rue, le château Tayac (12e-14e s.) est une belle demeure à tourelle dont le portail est surmonté d'un écusson.

Centre régional de documentation sur l'archéologie du paysage (**B**) – Aménagé dans un ancien hôtel du 17e s., demeure du sénéchal d'Uzerche, le centre illustre, à travers une exposition permanente, la recherche archéologique de ces dix dernières années sur une période allant de l'âge du fer à la fin du Moyen Âge.

Revenir place de la Libération.

Par la rue Jean-Gentet, où l'on remarque des portails sculptés, on rejoint la porte Bécharie et la place Marie-Colein.

Pour organiser vous-même votre voyage vous trouverez, au début de ce guide, la carte des principales curiosités et un choix d'itinéraires de visite.

Château de VALENCAY★★

Cartes Michelin n° 64 pli 18 ou 238 pli 16 – Schéma p. 151

Un château de financiers – Valençay fut construit vers 1540 par Jacques d'Estampes, châtelain du lieu. Ce seigneur, ayant épousé la fille grassement dotée d'un financier, voulut avoir une demeure digne de sa nouvelle fortune. Le château du 12e s. fut rasé et à sa place s'éleva le somptueux bâtiment actuel. La finance fut souvent mêlée à l'histoire de Valençay : parmi ses propriétaires successifs, on compte des fermiers généraux et même le fameux **John Law** dont l'étourdissante aventure bancaire fut un premier et magistral exemple d'inflation.

Charles-Maurice de Talleyrand-Périgord, qui avait commencé sa carrière sous Louis XVI comme évêque d'Autun, est ministre des Relations extérieures lorsqu'il achète Valençay en 1803 à la demande de Bonaparte, pour y organiser de somptueuses réceptions en l'honneur des étrangers de marque. En 1808, l'intrigant et dispendieux prince de Bénévent, bien près de la disgrâce, y accueille Ferdinand d'Espagne, son frère Carlos et son oncle Antoine. Napoléon lui écrit : « Votre mission est assez honorable ; recevoir chez vous trois illustres personnages pour les amuser est tout à fait dans le caractère de la nation et dans celui de votre rang. » Le futur Ferdinand VII resta dans sa cage dorée jusqu'à la chute de l'Empereur en 1814. Quant à Talleyrand, il continua sa longue carrière et se retira enfin en 1834.

Spectacle son et lumière – *Se reporter aux Principales manifestations.*

VALENÇAY

Blois (R. de) 4
Château (R. du) 7
Halle au blé (Pl. de la) 8
République (R. de la) 16

Abreuvoir (R. de l') 2
Auditoire (R. de l') 3
Chabris (Rte de) 5
Châtaigniers (R. des) 6
Hymans (R. Max) 9
Marnières (R. des) 10
Nationale (R.) 12
Princes (R. des) 14
Résistance (Av. de la) 18
St-Maurice (R.) 19
Talleyrand (R. de) 20
Tournebride (R. du) 23

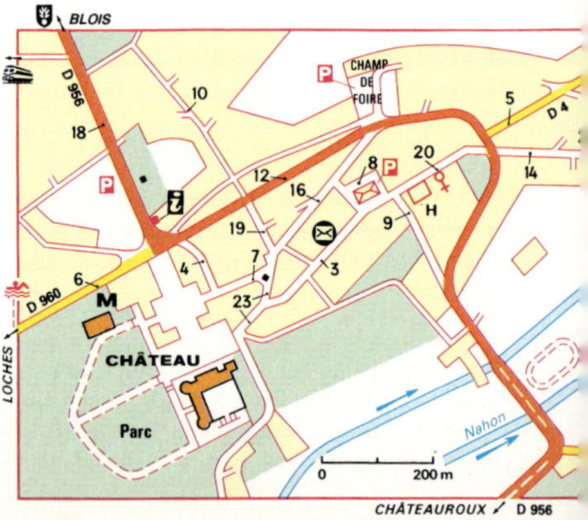

J. P. Garcin/DIAF

Château de Valençay – Pavillon d'entrée

VISITE ⏲

Le pavillon d'entrée est une énorme construction traitée en donjon de plaisance, avec de nombreuses fenêtres, des tourelles inoffensives et de faux mâchicoulis. Le comble aigu est ajouré de hautes lucarnes et surmonté de cheminées monumentales. Cette architecture se retrouve dans les châteaux Renaissance du Val, mais on remarque ici les premières touches du style classique : des pilastres superposés, aux chapiteaux doriques (rez-de-chaussée), ioniques (1er étage) et corinthiens (2e étage). Le classique s'accuse encore plus dans les toitures des grosses tours d'angle : les dômes prennent la place des toits en poivrière qui sont la règle au 16e s. sur les bords de la Loire.

Aile Ouest – Elle a été ajoutée au 17e s. et remaniée au 18e s. Son toit est à la Mansart : « mansardes » et œils-de-bœuf y alternent. On visite au rez-de-chaussée le grand vestibule Louis XVI, la galerie consacrée à la famille Talleyrand-Périgord, le grand salon et le salon bleu qui contiennent de nombreux objets d'art et un somptueux mobilier Empire, dont la célèbre table dite du congrès de Vienne, l'appartement de la duchesse de Dino. Au 1er étage, après la garde-robe et la chambre du prince de Talleyrand, on verra la chambre qu'occupa Ferdinand, prince des Asturies puis roi d'Espagne, l'appartement du duc de Dino et celui de Mme de Bénévent (portrait de la princesse par Mme Vigée-Lebrun), la grande galerie (*Diane chasseresse* par Houdon) et l'escalier d'honneur. La visite de la salle à manger, au rez-de-chaussée, puis de l'office et des cuisines, au sous-sol, permet d'imaginer le faste des réceptions données par Talleyrand avec la participation de son chef de bouche, **Marie-Antoine Carême**.

Parc ⏲ – Dans le beau jardin à la française qui précède le château se promènent en liberté cygnes noirs, canards, paons... Sous les grands arbres du parc, on ira voir daims, lamas et kangourous gardés dans de vastes enclos.

Musée de l'Automobile du Centre (**M**) ⏲ – Caché dans le parc, il présente la collection des frères Guignard, petits-fils d'un carrossier de Vatan (Indre) ; cet intéressant ensemble compte plus de 60 voitures anciennes (depuis 1898), parfaitement entretenues et en état de marche, dont la limousine Renault des présidents Poincaré et Millerand (1908) ; on y verra aussi les documents de route de l'automobile d'alors, vieilles cartes et guides Michelin d'avant 1914.

Chabris – *14 km au Nord-Est par la D 4.*
D'origine romaine, Chabris, sur les pentes de la rive gauche du Cher, produit des vins et des fromages de chèvre estimés.

Église – Dédié à saint Phalier, solitaire du 5e s. qui mourut à Chabris, cet édifice est l'objet d'une dévotion fort ancienne (pèlerinage le 3e dimanche de septembre).
En contournant son cheveton, on remarque de curieuses sculptures, primitives, d'animaux fantastiques, de l'Annonciation, et des sections en appareil losangé qui proviennent d'une église plus ancienne. Celle-ci fut reconstruite au 15e s. : derrière le porche à double arcade et à tribune, admirer son portail gothique aux vantaux sculptés. dans le chœur, deux panneaux naïfs évoquent la vie et les miracles de saint Phalier, qui donnait la fécondité aux femmes.
La crypte daterait du 11e s. En forme de « confession », avec un passage et des ouvertures pour vénérer les reliques, elle renferme le sarcophage du saint.

Lac de VASSIVIÈRE★★

Cartes Michelin n° 72 plis 19, 20 ou 239 pli 15

D'une superficie de 1 000 ha, le lac artificiel de Vassivière est une retenue créée par le barrage du même nom, établi sur la Maulde. Il s'inscrit dans un cadre préservé de collines boisées de couleur vert sombre. Chaque année, d'importantes manifestations nautiques s'y déroulent. Au Sud du barrage, la base nautique d'Auphelle sert aussi de point d'embarquement aux **vedettes d'excursions** ⓥ.
Une route touristique, signalée « circumlacustre », permet de longer les rives du lac qui s'étale en de nombreuses ramifications *(pour les promenades équestres ou pédestres, la pêche, les sports aquatiques, etc., voir les Renseignements pratiques).*

Île de Vassivière

Accès – *Emprunter la route « circumlacustre » vers le Sud en direction de Beaumont-du-Lac. Prendre la petite route qui mène, vers le Nord, à Pierrefitte. Laisser la voiture au parking.* Bien abritée dans la partie ouest du lac, l'île de Vassivière associe les attraits naturels du site au plaisir d'aborder des œuvres d'art, grâce à un aménagement spectaculaire effectué en 1991. Que l'on rejoigne l'île à pied ou par le petit train, la promenade du pont offre des **vues**★ étendues sur les deux côtés du lac et les collines environnantes.
Un château néo-classique (Maison du Tourisme de Vassivière), dont le parc abrite des sculptures en granit, fait face à un enclos animalier. La route se poursuit jusqu'au centre d'art contemporain, où un sentier bifurque vers le nouveau parc de sculptures.

★★ **Centre d'art contemporain** – L'architecte milanais Aldo Rossi et son homologue français Xavier Fabre ont conçu l'ensemble des bâtiments, la **galerie** et le **phare**, en rapport étroit avec la nature.
A l'intérieur du phare, un escalier tournant s'élève au-dessus d'une sculpture monumentale et permet d'accéder à la base du lanternon ; le panorama embrasse le lac. Dans la galerie (80 m de long), une voûte de bois en forme de berceau écrasé transforme la grande salle muséale en nef. Régulièrement, des artistes, français ou étrangers, sont invités à Vassivière pour y exposer leurs œuvres et enrichir le **parc de sculptures** ⓥ. Ce dernier est le complément indispensable du centre d'art. Un parcours fléché permet d'explorer, dans le bois situé derrière le centre, les œuvres de David Nash, Kimio Tsuchiya, Dominique Bailly ou Jean-Pierre Uhlen. Indépendamment de la découverte des sculptures, les chemins de l'île constituent une agréable promenade qui ménage échappées et points de vue. Une cafétéria, au rez-de-chaussée du centre, côté pignon, s'ouvre par une immense baie vitrée sur la prairie et le lac.

Île de Vassivière

Ruines de VENTADOUR

Cartes Michelin n° 75 pli 10 ou 239 pli 28 – 7 km au Sud-Est d'Égletons

Sur un promontoire escarpé dominant les gorges de la Luzège, les ruines imposantes du château de Ventadour se dressent dans un **site★** sauvage.

Bernard de Ventadour – Ventadour est au 12e s. un véritable foyer littéraire. Ses vicomtes sont poètes de père en fils. C'est dans cette ambiance raffinée que naît vers 1125 Bernard, fils d'un domestique du château. Très jeune, Bernard révèle un extraordinaire talent poétique et devient le plus tendre et le plus passionné des chantres de l'amour courtois *(se reporter à l'Introduction)*. Mais la vicomtesse écoute avec trop de ferveur les vers brûlants du troubadour qui est instruit, sait bien chanter et possède un physique avantageux. Le vicomte intervient : il éloigne le poète et garde plus sévèrement sa dame.

Bernard de Ventadour est accueilli par la duchesse de Normandie Éléonore d'Aquitaine, épouse d'Henri II Plantagenêt. Elle est jeune et de grand mérite, elle écoute, elle aussi, les vers passionnés du poète. Quand elle devient reine d'Angleterre, elle part à Londres avec sa cour à laquelle s'est joint Bernard de Ventadour. Ses démêlés avec Henri II la font revenir en France où elle s'installe à Poitiers, Bernard l'accompagne. Des hommes à la solde d'Henri II la ramènent en Angleterre où elle est faite prisonnière. Bernard de Ventadour quitte alors Poitiers et se rend chez le comte de Niort dans l'Aude, il y reste dix ans. Puis, attiré par la vie monacale, Bernard reprend la route vers sa terre natale et se retire à l'abbaye de Dalon, en Dordogne, située près du château de Hautefort *(voir guide Vert Michelin Périgord Quercy)*. C'est là qu'il rencontre un autre troubadour célèbre, Bernard de Born, et qu'il s'éteint à la fin du siècle, laissant de nombreuses chansons qui ont fait sa renommée.

La forteresse de Ventadour – Par sa situation et sa formidable défense, Ventadour semblait imprenable. Elle fut cependant prise par trahison et, treize années durant, resta aux mains des Anglais pendant la guerre de Cent Ans. A l'époque de la Renaissance, les vicomtes abandonnèrent la forteresse, trop austère, pour s'installer à Ussel dans un élégant hôtel *(voir à ce nom)*. Parlant avec orgueil de son château fort, le duc de Ventadour disait à Louis XIV : « Toute la paille du royaume ne suffirait pas à combler les fossés de Ventadour. »

VISITE

Autour des ruines – Au départ de Moustier-Ventadour, une route étroite offre des vues sur les ruines dressées sur leur éperon rocheux. *Accès par un sentier, 1/2 h à pied AR.* Deux tours, de hautes murailles, des anciennes cours intérieures, des vestiges du corps de logis, une barbacane permettent d'évoquer l'austère forteresse médiévale. De la plate-forme située au Sud, la **vue** est vertigineuse sur les ravins et la vallée de la Luzège.

Le « tour des fossés » – *Circuit de 7 km au départ du pied du château, en prenant toujours à droite.* Poursuivre la route d'accès qui se prolonge par un chemin, goudronné mais très étroit, et plonge (pente 15 %, lacet serré) dans les « fossés » de Ventadour, passant, à mi-pente de la falaise, au pied des ruines, puis gagne la N 961. Cette dernière offre des **vues★** pittoresques sur les ruines et les méandres encaissés de la Luzège.

Château de la VERRERIE★

Cartes Michelin n° 65 pli 11 ou 238 plis 18, 19 – 15 km au Nord d'Henrichemont

Ce château, isolé en bordure de la forêt d'Ivoy, bénéficie d'un **cadre★** ravissant au bord du lac formé par un élargissement de la Nère. Ce décor aurait inspiré à Alain-Fournier celui de la fête au château dans *Le Grand Meaulnes (voir à La Chapelle-d'Angillon)*.

La terre de la Verrerie faisait partie de la seigneurerie d'Aubigny. En 1422, Charles VII en fit don à Jean Stuart pour services rendus. A la fin du 15e s., Bérault Stuart y construisit la partie la plus ancienne du château (corps de logis et chapelle) qui fut terminé par son neveu Robert, nommé maréchal d'Aubigny par François Ier en 1515. Revenu à la couronne en 1672, le château est à nouveau donné, par Louis XIV, en 1673, à la duchesse de Portsmouth, favorite de Charles II d'Angleterre.

VISITE ⌚

Une gracieuse **galerie Renaissance★** fut élevée en 1525 par Robert Stuart. La chapelle du 15e s. fut décorée de fresques en 1525 ; remarquer son tabernacle Renaissance en bois sculpté. L'aile ajoutée au 19e s., à l'arrière de la galerie Renaissance, est garnie de beaux meubles d'époque Renaissance à Louis XVI ; dans la salle à manger se trouvent deux tapisseries de Bruxelles du 18e s. ; dans le salon, une armoire Renaissance cache quatre remarquables copies de **pleurants★** d'albâtre (15e s.) provenant du tombeau de Jean de Berry.

On voit encore dans le boudoir une collection de poupées du 19e s. avec leur mobilier, ainsi que la bibliothèque de l'académicien **Melchior de Vogüé** (1829-1916), archéologue et diplomate qui dirigea des fouilles en Palestine et en Syrie.

Haute vallée de la VÉZÈRE★★

Cartes Michelin n° 72 plis 19, 20 et 75 plis 8, 9 ou 239 plis 15, 26

Cette vallée constitue une remarquable voie touristique par la beauté des paysages qu'elle traverse.

Fille du Limousin – Née sur le plateau de Millevaches, au Nord-Ouest de Meymac, la Vézère court à travers les landes granitiques monotones du Limousin, serpentant dans un lit encombré de cailloux, au milieu de collines couvertes de bruyères. Très tôt domestiquée, elle s'étale en deux vastes retenues dues aux barrages de Monceaux-la-Virole et de Treignac aménagés à des étranglements de la vallée où la rivière bondissait autrefois en cascades.
En amont du Saillant, seule la voix ferrée permet de suivre les gorges creusées par la Vézère entre Uzerche et le bassin de Brive. On découvrira toutefois de belles **perspectives** sur la haute vallée, de certaines routes qui la franchissent ou des principales villes établies près de la rivière.

LACS, GORGES ET CASCADES

Itinéraire de 125 km – environ 5 h – schéma ci-dessous

Bugeat – Proche de la source de la Vézère, ce gros bourg sert de lien entre le plateau de Millevaches et le massif des Monédières. La présence de vestiges gallo-romains témoigne d'une présence humaine ancienne, malgré un climat rude.
Lieu de forêts et de rivières alevinées, Bugeat est axé sur la détente et le sport.

Quitter Bugeat par la D 979, direction Treignac.

Barrage de Monceaux-la-Virole – Situé sur le lac de Viam, il constitue la première retenue en amont de la Vézère, là où autrefois la rivière bondissait en cascades. Une jolie vue donne un aperçu du contraste paysager.

Revenir au croisement de la D 160, puis prendre cette départementale sur la gauche.

Lac des Bariousses – La route permet de longer la rive gauche du lac et donne lieu à de magnifiques vues. Ce site pittoresque, où châtaigniers, chênes et conifères se côtoient, dispose d'une base de loisirs.

Treignac – *Voir p. 209.*

Continuer la D 940 jusqu'à la sortie de Treignal, puis prendre à droite la D 20.

Chamboulive – Dans un paysage agréable de puys, de collines et de champs, ce pays d'altitude

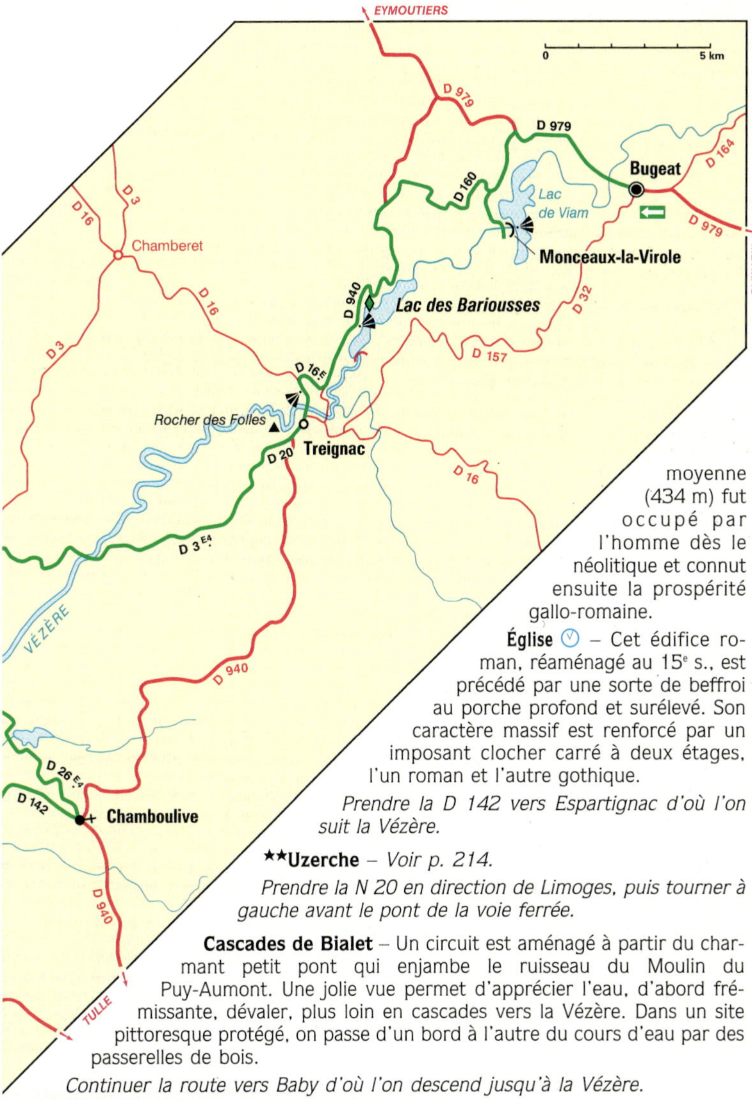

moyenne (434 m) fut occupé par l'homme dès le néolitique et connut ensuite la prospérité gallo-romaine.

Église ⓥ – Cet édifice roman, réaménagé au 15ᵉ s., est précédé par une sorte de beffroi au porche profond et surélevé. Son caractère massif est renforcé par un imposant clocher carré à deux étages, l'un roman et l'autre gothique.

Prendre la D 142 vers Espartignac d'où l'on suit la Vézère.

★★Uzerche – *Voir p. 214.*

Prendre la N 20 en direction de Limoges, puis tourner à gauche avant le pont de la voie ferrée.

Cascades de Bialet – Un circuit est aménagé à partir du charmant petit pont qui enjambe le ruisseau du Moulin du Puy-Aumont. Une jolie vue permet d'apprécier l'eau, d'abord frémissante, dévaler, plus loin en cascades vers la Vézère. Dans un site pittoresque protégé, on passe d'un bord à l'autre du cours d'eau par des passerelles de bois.

Continuer la route vers Baby d'où l'on descend jusqu'à la Vézère.

Vigeois – Un monastère y fut fondé, si l'on en croit la « Vita » de saint Yrieix (Aredius), dès le 6ᵉ s. Ruiné par les Normands, la guerre de Cent Ans, les guerres de Religion, l'abbaye se relève à chaque fois. Un décret de la Convention la supprime totalement en 1790.

Église – Elle remonte au 12ᵉ s., mais elle subit d'importantes restaurations. Au portail Nord polylobé, un chapiteau représente les apôtres Pierre et Paul dans les mandorles juxtaposées. D'autres chapiteaux se trouvent au niveau du transept. Le chevet à trois chapelles rayonnantes constitue un ensemble harmonieux dont les baies alternent avec les arcatures aveugles. Il est décoré de modillons sculptés et de colonnes engagées surmontées de beaux chapiteaux historiés (à l'absidiole centrale, l'on reconnaît la Parabole du Mauvais Riche, la Vierge en majesté, Daniel dans la fosse aux lions). De l'église, la route dévale jusqu'au **Vieux Pont** (12ᵉ s.) qui enjambe la Vézère, dont les eaux encore calmes se brisent sur les avant-becs. Base de loisirs, le **plan d'eau de Poncharal** (16 ha) s'inscrit dans un site accueillant.

Quitter Vigeois en traversant le Vieux Pont, puis longer la Vézère pour accéder à la D 3.

★Site de la Roche – Une agréable petite route conduit à la bordure d'un précipice plongeant sur les Gorges de la Vézère. A droite, un chemin jonché de roches mène sous les châtaigniers à une **table d'orientation** (391 m) fort bien mise en valeur. La vue s'étend des **gorges** boisées **du Saillant** au premier plan, jusqu'au village de St-Robert. A gauche, on accède au **panorama** qui permet une meilleure approche de la perspective des gorges.

Revenir sur la D 9.

Allassac – Petite ville aux maisons bâties en schiste noir et coiffées d'ardoise, parfois agrémentées de chaînes d'angle en grès rouge *(voir rue L.-Boucharel).*

Église de la Décollation-de-St-Jean-Baptiste – Cet édifice est également construit en schiste noir, à l'exception du gracieux **portail Sud★** utilisant des grès aux tonalités contrastées. A proximité, la Tour de César, haute de 30 mètres, représente le dernier vestige de l'enceinte fortifiée médiévale.

Quitter Allassac par la Nord-Est en empruntant la D 134.

Le Saillant – Ce hameau occupe un site agréable au débouché des gorges de la Vézère. Du joli **pont ancien** qui enjambe la rivière, on aperçoit sur la rive droite le manoir des Lasteyrie du Saillant où venait séjourner le futur tribun révolutionnaire Mirabeau, frère de la marquise du Saillant.

Poursuivre sur la D 134.

Vertougit – Ce ravissant petit village domine les **gorges de la Vézère**, face au site de la Roche. Le visiteur est invité à flâner parmi les maisons de pays dont l'une attire plus particulièrement le regard par sa décoration extérieure.
On peut descendre à pied jusqu'à la table d'orientation pour profiter, chemin faisant, de la vue sur le village et du paysage où se côtoient arbres fruitiers et vignes.

Rejoindre la D 3.

Voutezac – Bâti à flanc de coteau, cet agréable village possède une belle église fortifiée à tour carrée du 15e s. A l'angle de la route menant à Objat (calvaire) se trouve un « travail » à bœufs, entouré de divers instruments de labour.

VIC

Cartes Michelin n° 68 pli 19 ou 238 pli 41
8 km au Nord-Ouest de La Châtre – Schéma p. 117

Ce village, dont le nom latin « Vicus » signifie bourg, fut construit aux abords d'une voie romaine. Il possède une petite église romane aux fresques intéressantes.

Église St-Martin – Donnée par l'archevêque de Bourges aux moines de l'abbaye de Déols à la fin du 11e s., elle fut décorée de fresques au siècle suivant.
Les **fresques★** furent découvertes en 1849 par l'abbé Perigaud, curé de Nohant-Vic, et signalées par George Sand et Prosper Mérimée. Elles ornent les deux faces d'un mur séparant le chœur de la nef, ainsi que les murs du chœur, la paroi et la voûte de l'abside.
Parmi les scènes représentées, la Rédemption apparaît comme le thème principal, de la naissance à la mort du Christ. Les six tonalités utilisées sont le carmin, l'ocre rouge, l'ocre jaune, le blanc de céruse, le noir et le gris bleuté. Bien que les visages soient peu expressifs (mis à part les profils tendus et haineux des soldats entourant Jésus et Judas), l'habileté de la composition, le mouvement qui anime les personnages, la recherche du détail laissent présager la technique qui caractérisera l'art pictural et sculptural du Limousin et du Sud-Ouest.
Sur le mur de la nef, face à l'entrée, le Christ en majesté, à ses pieds dans un médaillon l'Agneau mystique, à droite la Descente de croix (la lune et le soleil y figurent).
Dans le chœur, les symboles des quatre évangélistes entourant un autre Christ en majesté décorent la voûte de l'abside.
Dans l'avant-chœur, sur le mur de gauche au-dessus du Lavement des pieds, du Baiser de Judas et du Portement de croix par Simon, sont tracés deux épisodes de la vie de saint Martin ; sur le mur de droite l'entrée de Jésus à Jérusalem, enfin, au-dessus de l'arche, face à l'autel, la Cène.

Vic – Fresque de l'abside

VIERZON

32 235 habitants

Cartes Michelin n° 64 plis 19, 20 ou 238 pli 17

Vierzon, né en 1937 du rassemblement de quatre communes (Vierzon-Ville, Village, Bourneuf, Forges), est à la fois une ville-pont au confluent de l'Yèvre et du Cher, un carrefour de routes, et un nœud de voies ferrées à l'intersection des lignes Paris-Toulouse et Nantes-Lyon. Elle est également, au sortir de la Champagne berrichonne, la porte d'accès à la Sologne, annoncée au Nord-Est par les forêts domaniales de Vierzon et de Vouzeron.

L'héritage industriel – Aux forges créées en 1779 par le comte d'Artois, frère de Louis XVI, ont succédé des ateliers offrant une gamme étendue de produits industriels. La renommée de Vierzon est ancienne dans le domaine de la construction mécanique et de la céramique.
La première manufacture de porcelaine ouvre en 1816. Au tournant du siècle, la ville compte une dizaine d'usines qui la placent au second rang après Limoges ; c'est toujours le centre porcelainier le plus important du Berry. L'autre spécialité vierzonnaise naît avec la fondation, au milieu du 19e s., de la Société française de matériel agricole et industriel (aujourd'hui La Case-Poclain), qui sort la première batteuse mobile de France ; la maison Brouhot est créée en 1860, et produira même des véhicules automobiles, suivie par les établissements Merlin en 1879. De ce passé industriel subsistent la gracieuse architecture de fer du Grand Magasin de la Société française et le canal, aménagé en 1835 pour relier Vierzon à Montluçon ; privé de circulation, il constitue, dans le prolongement des jardins bordant l'Yèvre, une calme allée d'eau bordée de peupliers et un agréable lieu de promenade.

Vieille ville – Ce quartier piétonnier bien remis en valeur présente des rues tortueuses aux vieilles maisons à pans de bois se serrant sur une butte que domine le **beffroi** gothique, ancienne porte de la ville. L'**église Notre-Dame** (**B**), construite au 12e s., agrandie et remaniée au 15e s. par l'adjonction de bas-côtés, s'ouvre par un clocher-porche et un portail en anse de panier.
A l'intérieur, belle voûte restaurée en carène de navire et vitrail Renaissance représentant une Crucifixion dans le mur Sud de la chapelle Ste-Perpétue. La pierre scellée, à l'entrée du chœur, porte une longue inscription en lettres gothiques qui en rappelle la fondation, datée de 1409. Dans le transept, tableau montrant saint Jean-Baptiste, par Jean Boucher.
A gauche de l'église, un escalier mène à un jardin qui donne un bon aperçu de l'édifice.

Square Lucien-Beaufrère (**B**) – Ce jardin dessiné en 1929 dans le style Art Déco a remplacé l'abbaye St-Pierre, dont les bâtiments restants sont annexés à la mairie. A l'entrée, Auditorium de 1935, par Albert Collet, et kiosque-lavoir orné de carreaux de grès émaillés de fabrication locale. Datant de la même époque, le monument aux Morts est décoré de bas-reliefs représentant les métiers exercés à Vierzon. Depuis les bords de l'Yèvre, jolie vue sur la vieille ville.

INCURSION EN CHAMPAGNE BERRICHONNE

Circuit de 75 km – environ 2 h

Quitter Vierzon par ④ du plan, puis emprunter la D 27.

Brinay – *Voir p. 96.*

Prendre la D 18E en direction de Méreau.

Église de Massay – Reconstruite du 14e s. au 16e s. et précédée d'un majestueux clocher-porche carré, elle appartenait à une abbaye bénédictine fondée au 8e s., St-Martin de Massay. Détruite par les Normands, pendant la guerre de Cent Ans et les guerres de Religion, elle fut transformée en église paroissiale au 18e s., en remplacement de l'église St-Paxent, dont elle prit le vocable et qui tombait en ruine. Des bâtiments abbatiaux subsistent en particulier la salle capitulaire, des parties des dortoirs (13e s.), des celliers (12e s.) et granges dîmières. La chapelle de l'Abbé (ou chapelle St-Loup), du 12e s., bien conservée, se dressait au centre du petit cloître. Le logis de l'Abbé date du 17e s.

Quitter le village par le Sud-Ouest, direction Châteauroux.

Vatan – L'**église St-Laurian**, restaurée, a un chœur du 16e s. avec vitrail de la même époque (histoire de saint Laurian) ; elle renferme quelques tableaux du 18e s. dignes d'intérêt. Les vantaux sculptés datent de 1498.

Au Nord, prendre la D 922.

Graçay – Cette cité médiévale conserve des remparts et quelques maisons anciennes.

St-Outrille – Séparé de Graçay par le Fouzon, ce village possède une intéressante **collégiale**. Cet édifice mi-roman, mi-gothique possède une nef datant du 15e s. Le chœur, les absidioles (sauf une) et le transept ont été édifiés dans la première moitié du 12e s. Le chevet, aux proportions harmonieuses (on remarquera les pilastres à entrelacs de l'arcature aveugle), est surmonté d'un curieux clocher tordu couvert de bardeaux. Dans le chœur, des chapiteaux à feuilles d'acanthe de facture simple sont posés sur des colonnes monolithes légèrement galbées. Le portail de la façade occidentale date du 14e s.

VIERZON

Brunet (R. A.) .... B
Foch (Pl. du Mar.) .... B 9
Joffre (R. du Mar.) .... B 12
Péri (Pl. Gabriel) .... A 15
République (R. de la) .... A 16
Romain-Rolland (R.) .... B
Voltaire (R.) .... B 20

Baron (R. Bl.) .... A 2
Briand (Pl. Aristide) .... B 3
Caucherie (R. de la) .... A 4
Desmoulins (R. C.) .... A 6
Dr-P.-Roux (R. du) .... B 7
Gaulle (R. Gén.-de) .... A 10
Nation (Bd de la) .... A 13
Roosevelt (R. Th.) .... B 18

Quitter le village par l'Est en empruntant la D 68.

Nohant-en-Graçay – Charmante **église St-Martin** ⓥ. Les colonnes supportant la voûte de la tour centrale sont surmontées de remarquables chapiteaux (12e s.). Curieux clocher à flèche en spirale comme à St-Outrille-en-Graçay. Zulma Carraud (1796-1889), grande amie de Balzac *(voir à Issoudun)*, séjourna longtemps dans la propriété voisine de l'église.

Quitter le village par le Nord en empruntant la D 164.

Genouilly – A l'extrémité du bourg s'élève l'**église St-Symphorien**. Cet édifice du 12e s., précédé par un beau porche, possède des vitraux de 1536. Le chœur est recouvert d'une voûte angevine du 13e s., exceptionnelle dans le Berry, et qui repose sur des colonnettes aux chapiteaux romans ornés de feuilles d'acanthe, de rinceaux et d'entrelacs, au milieu de quelques visages et têtes d'animaux. Sur le chapiteau du pilier de droite, à l'entrée du chœur, acrobate en équilibre sur les mains, accompagné de deux animaux fantastiques qui lui retiennent les pieds. Dans la chapelle Sud, mausolée de la famille de La Châtre de la fin du 16e s. et du début du 17e s.

On revient à Vierzon par la D 19, puis la D 90.

L'estimation de temps indiquée pour un itinéraire de visite correspond au temps global nécessaire pour bien apprécier le paysage et effectuer les visites recommandées.

Château de VILLEGONGIS★

Cartes Michelin n° 68 pli 8 ou 238 pli 28 – 15 km au Nord-Ouest de Châteauroux
Schéma p. 151

Remarquable édifice de la Renaissance, le château de Villegongis est demeuré tel qu'il a été construit. Ne font défaut que le campanile et les deux avant-corps, abattus au 18e s.

VISITE ⏲

Extérieur – Merveille d'équilibre et d'harmonie, l'architecture de cette gracieuse bâtisse frappe dès l'abord par les analogies qu'elle présente avec celle du château de Chambord. De fait, la demeure commencée en 1530, achevée vers 1575, pour Jacques de Brizay et Avoye de Chabannes, serait vraisemblablement due à Pierre Trinqueau qui, de 1524 à 1538, fut un des maîtres d'œuvre de Chambord.
Le plan très simple en apparence, mais raffiné, comporte un corps de bâtiment encadré de deux grosses tours rondes non symétriques, que baignent les douves ; il faut admirer le dessin des toits et des cheminées dont la disposition et l'orientation, savamment calculées, dénotent l'intervention d'un grand maître.
Construit en tuffeau, le château présente un décor à la mesure de l'architecture. Une frise de coquilles court à la base de la corniche du logis, accompagnée de pilastres à losanges et chapiteaux finement ouvragés ; les baies à meneaux s'inspirent de l'exemple de Chambord. Mais ce sont les superbes cheminées qui rappellent le plus nettement le château de François Ier par leur décor d'ardoises découpées en losanges, cercles, demi-cercles, carrés, comme par leur couronnement de frontons et de pinacles. Monumentales, celles des tours, aux souches très ornementées, sont creusées de niches abritant les statues de saint Jacques (cheminée Sud) et de sainte Avoye (cheminée Nord), signifiant que la demeure est placée sous la protection de saints patrons respectifs des premiers propriétaires. Saint Jacques tient son bâton de pèlerin à la main, sainte Avoye, martyre, est retenue prisonnière, mais la Vierge lui apparaît et lui présente une hostie tandis qu'en haut, à gauche, un ange tient le ciboire.

Intérieur – La visite commence par le **grand escalier**, éclairé par des baies jumelées, c'est un des premiers escaliers droits de l'époque. Sa voûte à caissons est ornée de clés pendantes toutes sculptées de motifs différents ; de chaque côté, les parois sont décorées de pilastres corinthiens coiffés de chapiteaux.
Le **mobilier** des appartements, d'une rare qualité, est entièrement d'origine familiale. Il se compose de pièces des 17e et 18e s. dont une grande partie est estampillée (fauteuils de Jacob, etc.). Outre de belles tapisseries (Flandres, Beauvais et Aubusson), on remarque une belle collection d'objets d'art et de nombreux portraits de famille et des souvenirs (lettres) du grand Montesquieu.

Villegongis – Le château

L'YSSANDONNAIS

Cartes Michelin n° 75 plis 7 et 8 ou 239 plis 25 et 26

L'**Yssandonnais** couvre la partie Ouest du Bassin de Brive ; son territoire constituait durant le haut Moyen Âge un Pagus (mot dont nous avons fait « pays ») qui avait pour chef-lieu Yssandon. Sa géologie variée – schistes noirs du plateau corrézien, mamelons de grès rouge dominés par des buttes calcaires ou « puys » – explique les séduisants contrastes de matériaux employés dans la construction des villages et bourgs. Le relief, très vallonné, porte des prairies et rideaux de peupliers dans les dépressions, des champs de tabac ou maïs, des noyers et autres arbres fruitiers sur les terroirs les mieux exposés, tandis que la forêt de chênes couronne les puys. Vers Voutezac ou St-Cyprien perdure un vignoble dont la renommée atteignit autrefois la cour d'Henri IV.

A LA DÉCOUVERTE DES VALLÉES ET PUYS

Circuit de 70 km – environ une demi-journée – schéma ci-dessous

Donzenac – Bâti à flanc de coteau en bordure du bassin de Brive, ce village occupe une position stratégique qui lui a valu d'être très disputé par le passé particulièrement pendant la guerre de Cent Ans. L'église, entourée de quelques maisons anciennes, conserve un clocher-tour élevé au 14e s. La chapelle des Pénitents possède une harmonieuse façade Renaissance.
Avant la guerre de 1914-1918, les ardoisières de Donzenac et d'Allassac connurent une réelle prospérité : on remplaçait alors massivement la couverture de chaume des fermes par des toitures d'ardoises. Les dernières carrières ont fermé en 1982.

Quitter Donzenac par l'Ouest en empruntant la D 25 en direction de l'A 20.

Allassac – *Voir p. 222.*

Quitter Allassac par le Sud-Ouest en empruntant la D 9.

La Chapelle – Sur un replat offrant une belle perspective sur la vallée de la Vézère est érigé ce gracieux monument en grès rouge, de style roman.

En quittant le parking devant le monument, prendre la route à droite puis suivre la direction Objat.

St-Bonnet-la-Rivière – Originale **église romane** en grès rouge, en forme de rotonde, dont le portail d'entrée s'abrite sous un clocher-porche. La légende veut que le chevalier des Cars, seigneur du lieu, ait fait vœu d'élever une église à l'image du Saint-Sépulcre pendant sa captivité en Terre Sainte.

Quitter St-Bonnet par le Sud-Ouest en empruntant la D 148E1.

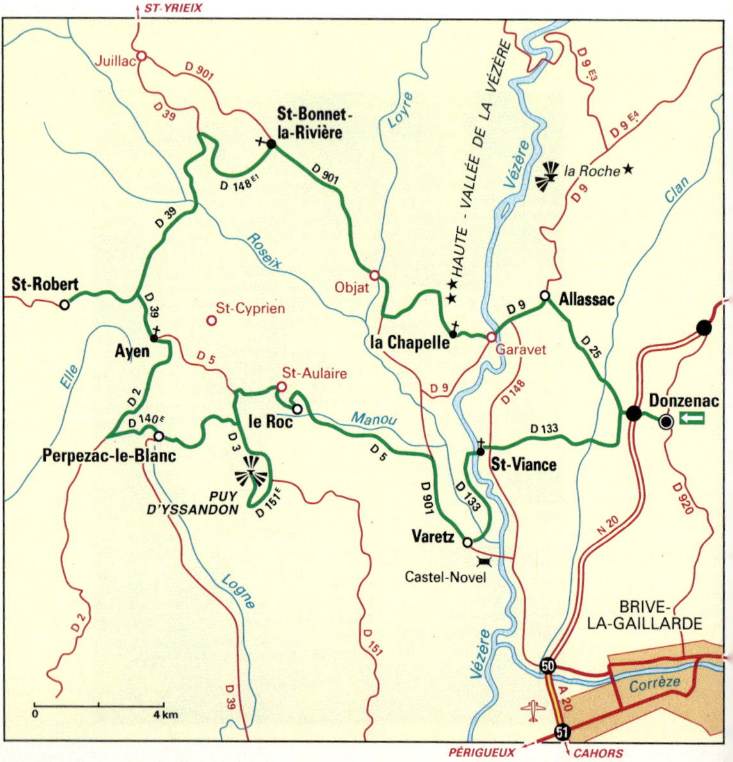

St-Robert – *Voir p. 199.*

Revenir sur la D 39.

Ayen – Ancienne châtellenie de la vicomté de Limoges, ce village est célèbre pour les **enfeus** du 12e s. disposés dans les murs extérieurs de son église.

Quitter Ayen par le Sud-Est en empruntant la D 2.

Perpezac-le-Blanc – Plaisant village aux maisons de calcaire blond, siège d'un « **Astropole** » ⏲ proposant une série d'activités en relation avec l'espace informatique. Le champ du châtel, aménagé en pas de tir de micro-fusées de 1 m de hauteur, accueille un observatoire équipé pour l'étude des taches solaires (le jour) et l'observation du ciel nocturne.

Quitter Perpezac par l'Ouest et rejoindre la D 3.

Puy d'Yssandon – L'occupation du site et très ancienne : on y a découvert les structures d'un oppidum gaulois et des vestiges gallo-romains. Au 7e s., ses occupants commandaient à l'ensemble des terres qui forment aujourd'hui l'Yssandonnais. Il fut ensuite possédé par de très puissantes familles : les Pompadour, les Noailles. Du château fort médiéval ne subsiste qu'une tour ruinée. Deux tables d'orientation décrivent des vues étendues sur les monts du Limousin, les collines du Périgord, la plaine de Brignac, le bassin de Brive.

Revenir sur la D 3 pour remonter vers la D 5, puis prendre à droite vers St-Aulaire.

Le Roc – Rustique hameau entièrement bâti en grès rouge, perché au-dessus de la vallée de la Manou et dominé par le château de St-Aulaire.

Rejoindre la D 5 et prendre à droite.

Varetz – A la sortie du bourg, en direction de Brive, se dresse le château de Castel Novel, transformé en hôtel. Entre 1912 et 1923, il accueillit Henri de Jouvenel et son épouse, la romancière Colette.

Quitter Varetz par le Nord en empruntant la D 133.

St-Viance – Séduisant village de grès rouge au bord de la Vézère, dont l'église abrite l'une des plus belles pièces d'émaillerie limousine : une **châsse★** d'émail champlevé du 13e s. placée dans une niche du chœur.

Ambrazac – Détail de la châsse

Renseignements pratiques

J. D. Sudres/SCOPE

Avant le départ

OÙ SE RENSEIGNER

Comités régionaux de tourisme (C.R.T.)

Centre-Val de Loire – 9, rue Pierre-Lentin, 45041 Orléans Cedex 1, ☎ 02 38 54 95 42.

Limousin – 27, boulevard de la Corderie, 87031 Limoges Cedex, ☎ 05 55 45 18 80.

Comités départementaux de tourisme (C.D.T.)

Cher – 5, rue de Séraucourt, 18000 Bourges, ☎ 02 48 67 00 18.

Indre – 1, rue Saint-Martin, BP 141, 36003 Châteauroux Cedex, ☎ 02 54 07 36 36.

Corrèze – Maison du Tourisme, Quai Baluze, 19000 Tulle, ☎ 05 55 29 98 78.

Creuse (Creuse Expansion Tourisme) – 43, place Bonnyaud, 23000 Guéret, ☎ 05 55 51 93 23.

Haute-Vienne – Maison du Tourisme, 4, place Denis-Dussoubs, 87000 Limoges, ☎ 05 55 79 04 04.

Services de Réservation Loisirs-Accueil

Ils proposent des circuits et des forfaits originaux dans une gamme étendue : gîtes ruraux, gîtes d'enfants, chambres d'hôtes, meublés, campings, hôtels de séjour.

Fédération nationale – 280, boulevard St-Germain, 75007 Paris, ☎ 01 44 11 10 44. Elle édite un annuaire regroupant les coordonnées des 58 SRLA et, pour certains départements, une brochure détaillée. Sur Minitel 3615 code DETOUR.
Pour une réservation rapide, s'adresser directement au « Loisirs-Accueil » du département concerné :

Cher – 5, rue de Séraucourt, 18000 Bourges, ☎ 02 48 67 01 38.

Corrèze – Maison du Tourisme, Quai Baluze, 19000 Tulle, ☎ 05 55 29 98 70.

Creuze – 8, rue Martinet, BP 7, 23001 Guéret Cedex, ☎ 05 55 52 87 50.

Haute-Vienne – Maison du Tourisme, 4, place Denis-Dussoubs, 87031 Limoges Cedex, ☎ 05 55 79 04 04.

Maison de province

Maison du Limousin : 30, rue Caumartin, 75009 Paris, ☎ 01 40 07 04 67. Regroupe la documentation de toute la région, du comité régional au S.I.

TRANSPORTS

Par route

Tourisme-Informations sur minitel – Consulter le **3615 MICHELIN** : ce serveur vous aide à préparer ou décider du meilleur itinéraire à emprunter en vous communiquant d'utiles informations routières. Consulter la carte Michelin n° 989 (au 1/1 000 000).

Information autoroutière – Du lundi au vendredi : Centre des renseignements autoroutes, 3, rue Edmond-Valentin, 75007 Paris, ☎ 01 47 05 91 01, ou sur minitel 3615 AUTOROUTE. Consulter l'Atlas autoroutier Michelin n° 914.

Par rail

Depuis Paris (gare d'Austerlitz) ou Toulouse, le train permet de rejoindre Châteauroux, Limoges et Brive. Les correspondances pour Foëcy, Mehun-sur-Yèvre et Marmagne sont assurées depuis les gares de Vierzon et de Bourges (ligne Paris-Bourges). Les correspondances pour Issoudun, Argenton-sur-Creuse, St-Sébastien, La Souterraine et St-Sulpice-Laurière sont assurées depuis les gares de Vierzon et de Limoges ; celles pour Uzerche et Allassac sont assurées depuis Limoges ou Brive (ligne Paris-Brive).
Depuis Paris (gare Montparnasse) ou Agen, le train permet de rejoindre Vierzon, Châteauroux et Limoges. La gare de Brive est également desservie par la ligne Paris-Toulouse (par Vierzon).

Renseignements et réservations – **Minitel** : 3615 SNCF, ☎ 01 45 82 50 50 (renseignements de 7 h à 23 h) ou 01 45 65 60 60 (réservations, de 8 h à 20 h).

Par air

Aéroport de Bourges – Situé au Sud-Ouest de Bourges : Route d'Issoudun, 18000 Bourges, ☎ 02 48 50 74 77.

Aérodrome Châteauroux Déols Marcel-Dassault – Situé au Nord de Châteauroux (le long de l'A 20), ☎ 02 54 60 53 53.

Aéroport de Brive – Situé à l'Ouest de Brive : 19100 Brive, ☎ 05 55 86 88 36. Les liaisons avec Paris et Toulouse sont assurées par la compagnie **TAT** (Transport Aérien Transrégional), ☎ 08 00 05 50 05.

Aérodrome Montluçon-Guéret – Situé à 40 km à l'Est de Guéret (près de Gouzon) : 23170 Lépaud, ☎ 05 55 65 73 32. Les liaisons avec Paris sont assurées par la compagnie **Air Normandie**, ☎ 05 55 65 77 48.

Aéroport de Limoges Bellegarde – Situé à 8 km à l'Ouest de Limoges : 87100 Landouge, ☎ 05 55 43 30 30.

Lieux de séjour

La carte des pages 8 et 9 propose une sélection de localités particulièrement adaptées à la villégiature en raison de leurs possibiltés d'hébergement, des loisirs qu'elles offrent et de l'agrément de leur site.
La carte fait apparaître des **villes-étapes**, localités de quelque importance possédant de bonnes capacités d'hébergement, et qu'il faut visiter. Les **lieux de séjour traditionnels** sont sélectionnés pour leurs possibilités d'accueil et l'agrément de leur site. Enfin la ville de Bourges mérite d'être classée parmi les **destinations de week-end**.
Les Offices de tourisme et Syndicats d'initiative renseignent sur les possibilités d'hébergement (meublés, gîtes ruraux, chambres d'hôtes) autres que les hôtels et terrains de camping, décrits dans les publications Michelin, et sur les activités locales de plein air, les manifestations culturelles ou sportives de la région.
L'adresse et le numéro de téléphone des plus importants d'entre eux figurent dans la dernière partie de ce volume, au chapitre des Conditions de visite.

Cartes Michelin au 1/200 000 (assemblage p. 1) – Un simple coup d'œil permet d'apprécier le site de la localité. Elles donnent, outre les caractéristiques des routes, les emplacements de baignade en rivière ou en étang, des piscines, des golfs, des hippodromes, des terrains de vol à voile, des aérodromes...

En complément des cartes, un serveur **3615 MICHELIN** permet le calcul d'itinéraires détaillés avec leurs temps de parcours, et bien d'autres services.

HÉBERGEMENT

Guide Rouge Michelin France

Mis à jour chaque année, il recommande un large choix d'hôtels et de resturants établi après visite et enquête sur place. Ils sont classés suivant la nature et le confort de leurs aménagements. Ceux d'entre eux qui sortent de l'ordinaire par l'agrément de leur situation et de leur cadre, par leur tranquillité, leur accueil sont mis en évidence. Le guide signale pour chaque établissement les prix en cours, les cartes de crédit acceptées et les numéros de téléphone et de fax pour réserver, ainsi que l'adresse et le numéro de téléphone de l'Office de tourisme ou du Syndicat d'initiative.

Guide Michelin Camping Caravaning France

Comme son homologue pour les hôtels, le guide Camping Caravaning France présente une sélection de terrains, et, pour chacun d'eux, il indique l'équipement, les prix et les autres agréments de leur situation.

Hébergement rural

Pour tout savoir sur les chambres d'hôtes, les gîtes, les fermes équestres ou les fermes-auberges, l'accueil d'enfants ou le camping caravaning à la ferme, se renseigner auprès des Chambres d'agriculture régionales ou départementales.

Chambres d'agriculture régionales

Centre – 13, avenue des Droits de l'Homme, BP 9019, 45921 Orléans Cedex, ☎ 02 38 71 91 00.

Limousin – 32, avenue du Général-Leclerc, 87000 Limoges, ☎ 05 55 10 05 20.

Chambres d'agriculture départementales

Cher – 3, rue Volta, 18000 Bourges, ☎ 02 48 23 04 00.

Indre – 24, rue Ingrains, 36000 Châteauroux, ☎ 02 54 22 20 07.

Corrèze – Puy Pinçon, 19000 Tulle, ☎ 05 55 21 55 60.

Creuze – 1, rue martinet, 23000 Guéret, ☎ 05 55 61 50 15.

Haute-Vienne – 32, avenue du Général-Leclerc, 87000 Limoges, ☎ 05 55 10 05 20.

Fédération nationale des gîtes de France – 35, rue Godot-de-Mauroy, 75439 Paris Cedex 09, ☎ 01 49 70 75 75. Cet organisme donne les adresses des relais départementaux et publie des guides sur les différentes possibilités d'hébergement en milieu rural. Renseignements sur serveur Minitel : 3615 GITES DE FRANCE.

Fédération française des Stations Vertes – BP 598, 21016 Dijon Cedex, ☎ 03 80 43 49 47. Cet organisme édite annuellement un répertoire de localités rurales sélectionnées pour leur tranquillité et les distractions de plein air qu'elles proposent.

Association Atmos'vert – Village de vacances et hameaux de gîtes sur le plateau des Millevaches, 19290 Peyrelevade, ☎ 05 55 94 73 23.
Les randonneurs peuvent consulter le guide Gîtes d'étapes, refuges, par A. et S. Mouraret (Éditions la Cadole, 74, rue Albert-Perdreaux, 78140 Vélizy, ☎ 01 34 65 10 40, service télématique 3615 CADOLE). Cet ouvrage est principalement destiné aux amateurs de randonnées, d'alpinisme, d'escalade, de ski, de cyclotourisme et de canoë-kayak.

Auberges de jeunesse (AJ)

Fédération française pour les Auberges de Jeunesse – 27, bd Raspail, 75007 Paris, ☎ 01 45 48 69 84. Par serveur Minitel, 3615 LFAJ.
La carte LFAJ est délivrée contre une cotisation annuelle de 70 F pour les moins de 26 ans et de 100 F au-delà de cet âge.

Tourisme et handicapés

Un certain nombre de curiosités décrites dans ce guide sont accessibles aux handicapés. Elles sont signalées par le symbole ♿ dans le chapitre des *Conditions de visite*. Pour de plus amples renseignements au sujet de l'accessibilité des musées aux personnes atteintes de handicaps moteurs ou sensoriels, contacter la Direction des Musées de France, service Accueil des Publics Spécifiques, 6, rue des Pyramides, 75041 Paris Cedex 1, ☎ 01 40 15 35 88.

Guides Michelin et Camping Caravaning France – Révisés chaque année, ils indiquent respectivement les chambres accessibles aux handicapés physiques et les installations sanitaires aménagées.

3614 HANDITEL – Ce serveur Minitel est proposé par le **Comité National Français de Liaison pour la Réadaptation des Handicapés**, 236 bis, rue de Tolbiac, 75013 Paris, ☎ 01 53 80 66 66. Ce service télématique assure un programme d'information au sujet des transports et des vacances.

Guide Rousseau H... comme Handicaps – En relation avec l'association France Handicaps (9, rue Luce-de-Lancival, 77340 Pontault-Combault, ☎ 01 60 28 50 12), il donne de précieux renseignements sur la pratique du tourisme et des loisirs.

RESTAURATION

Guide Rouge Michelin France – Il propose une très large sélection de restaurants qui permettront de découvrir et de savourer les meilleures spécialités du Berry et du Limousin.
Dans le guide, lorsque le mot Repas, figure en rouge, accompagné du symbole ☺, il signale à l'intention du gastronome un repas soigné, souvent de type régional, pour un prix particulièrement favorable.
Le symbole ∞ signifie que le restaurant propose un menu simple à prix modéré.

Spécialités

Le **Berry** offre une gamme de spécialités raffinées qui enchantera le palais des gourmets. Pour mieux découvrir les produits et les plats du terroir, des brochures sont disponibles au Comité Départemental de Tourisme de Bourges *(Vins, fromages et spécialités du Berry, Tables gourmandes du Berry)*.
Le **Limousin** organise la promotion de produits régionaux : volaille grasse (foie gras, confit, magret, rillette) ou à rôtir (canard, dinde, oie, pintade), fruits et légumes, fromages, miel ou gâteaux aux noix sont directement proposés chez les producteurs locaux.

Dégustation et artisanat

Visite de caves vinicoles

Bué, La Croix-St-Laurent *(Cher)* – **Cave Balland-Chapuis**, ☎ 02 48 54 06 67.

Menetou-Salon, Route des Aix *(Cher)* – **Cave Gilbert**, ☎ 02 48 64 80 77.

Preuilly, Le Carroir *(Cher)* – **Cave Beurdin**, ☎ 02 48 51 30 78.

St-Satur, Domaine Laporte *(Cher)* – **Cave de la Cresle**, ☎ 02 48 54 04 07.

Verdigny, Fontenay-St-Satur *(Cher)* – **Cave du Clos de la Perrière**, ☎ 02 48 54 16 93.

Dion, Le Grand Serennes *(Indre)* – **Cave Renaudat**, ☎ 02 54 49 21 44.

Fontguenand *(Indre)* – **Cave Coopérative « Les Vignerons Réunis »**, ☎ 02 54 00 16 11.

Brancelles, Bourg *(Corrèze)* – **Cave des Mille et Une Pierres**, ☎ 02 55 84 09 01.

Fait main

La Borne *(Cher)* – Émaux et poteries. Pour un gage de qualité et d'originalité, il est conseillé de s'adresser aux ateliers qui vendent leur production.

Palluau, Braconneau *(Indre)* – **Laine, couvertures et plaids** 100 % mohair (visite d'un élevage de chèvres Angora), ☎ 02 54 38 52 83.

Parpeçay, Le Bourg *(Indre)* – **Faïencerie**, ☎ 02 54 41 15 46.

Verneuil-s-Igneraie *(Indre)* – **Poteries de la Vallée Noire**, ☎ 02 54 31 01 27.

St-Georges-la-Pouge, Puy du Chalard *(Creuse)* – **Meubles en chêne et granit**, ☎ 05 55 66 62 68.

Sardent, Le Mondoueix *(Creuse)* – **Pain à l'ancienne**, ☎ 05 55 64 93 15.

Bersac-s-Rivalier, Maillofargueix *(Haute-Vienne)* – **Ferronnerie**, ☎ 05 55 71 03 88.

La Chapelle-Montbrandeix *(Haute-Vienne)* – **Vannerie**, ☎ 05 55 78 72 30.

Détente et nature

LA PÊCHE

Rivières, ruisseaux et retenues de barrage sont classés en deux catégories. La première regroupe les eaux à salmonidés (truite, ombre commun), la seconde celles à cyprinidés (ablette, barbeau, brème, carpe, gardon, tanche). Outre les truites, en grand nombre sur le plateau des Millevaches, la friture est très appréciée. La pêche aux écrevisses est sévèrement réglementée.

Étangs et lacs *(voir tableau ci-après)* sont pour la plupart très poissonneux ; la pêche y est statique pour taquiner le gardon, la perche, la tanche, mais peut devenir sportive quand on s'attaque au brochet, à la carpe, voire à la truite. Les amateurs de grenouilles se dirigeront vers la Brenne qui s'en fait une spécialité.

Réglementation – Quel que soit l'endroit choisi, il convient d'observer la réglementation nationale ou locale, de s'affilier, pour l'année en cours, à une association de pêche et de pisciculture agréée, d'acquitter les taxes afférentes au mode de pêche pratiqué, etc. Pour certains étangs ou lacs, des cartes journalières sont délivrées.

Fédérations départementales de pêche

Cher : 103, rue de Mazière, 18000 Bourges, ☎ 02 48 67 92 22.

Corrèze : 1, avenue Winston-Churchill, 19000 Tulle, ☎ 05 55 26 11 55.

Creuse : 60, av. Louis-Laroche, 23000 Guéret, ☎ 05 55 52 24 70.

Haute-Vienne : 31, rue Jules-Noël, 87000 Limoges, ☎ 05 55 06 34 77.

Indre : 17-19, rue des États-Unis, BP 102, 36002 Châteauroux Cedex, ☎ 02 54 34 59 69.

Au niveau national – Une carte-dépliant commentée, pêche en France, est en vente (15 F) auprès du **Conseil supérieur de la pêche**, 134, avenue de Malakoff, 75016 Paris, ☎ 01 45 02 20 20.

Carpe

Perche

Truite fario

Brochet

L'art de la pêche

L'halieutique prend toute sa dimension dans cette région où, du Nord du Berry au Sud du Limousin, chacun peut s'adonner à sa technique favorite dans un cadre préservé. La pêche à la mouche (truite) demeure la plus « noble » des pratiques, alliant dextérité, précision, rapidité et intuition. Le choix des leurres (les mouches imitent une centaine d'insectes) doit être judicieux suivant la configuration des eaux vives. Les pêches au vif (brochet), aux bouillettes (carpes), au coup, à l'insecte ou au ver sont praticables suivant des zones bien précises où les limitations et les dates d'ouverture sont fixées par arrêté préfectoral... il est avisé de se renseigner sur place. Tout pêcheur de plus de 16 ans doit s'acquitter des différentes taxes piscicoles et de la vignette halieutique s'il pêche avec plus d'une ligne. Certaines fédérations, comme celle de la Creuse, proposent de pêcher à la carpe de nuit et développent des animations pédagogiques (écoles de pêche pour les jeunes de 7 à 16 ans).

DÉCOUVRIR LA NATURE

Parc naturel régional de la Brenne

Centre d'information :
– Maison du Parc, hameau du Bouchet 36300 Rosnay, ☎ 02 54 28 12 13.

Fédération des Parcs Naturels de France
– 4, rue de Stockholm, 75008 Paris, ☎ 02 42 94 90 84.

Fédération des Centres permanents d'initiation à l'environnement
Ces centres organisent des séjours et des week-ends de sensibilisation à l'environnement naturel, surnommés « Sépia ».
– 2, rue de Washington, 75008 Paris, ☎ 01 45 63 99 48.

Centre Permanent d'Initiation à l'Environnement (C.P.I.E.)
– 35, rue H.-Luzarche 36290 Azay-le-Ferron, ☎ 02 54 39 23 43.
Installé dans les communs d'un château, il accueille 5000 stagiaires par an (classe nature et séjours d'adultes) et offre des produits touristiques comme la randonnée pédestre ou le cyclotourisme. Ouvert toute l'année, animateurs permanents, 20 chambres (60 lits), moyen de transport et matériel d'observation.

Parcs et jardins

Le Limousin propose plus de trente parcs et jardins à visiter :

Association « Découverte du Patrimoine paysager et botanique », Le Ponteix, 87220 Feytiat, ☎ 05 55 30 11 95.

« Hortus Paysage Environnement Limousin », 19390 Saint-Augustin, ☎ 05 55 75 62 26.

TOURISME FLUVIAL

Les sites de Bort-les-Orgues, de Crozant et du lac de Vassivière peuvent se visiter en vedette *(se reporter aux Conditions de visite de ces noms).*

Des **promenades en gabare** sur la Dordogne sont organisées à partir des points d'embarquement de Chalvignac (à proximité du barrage de l'Aigle), Spontour, au pont du Chambon et au barrage du Chastang. Se reporter aux *Conditions de visite* de Spontour.

G. Guittot/DIAF

Spontour – En gabare sur la Dordogne

Loisirs sportifs

SUR LACS ET PLANS D'EAU

Les lacs artificiels (barrages) et les plans d'eau offrent une large gamme de possibilités : voile, planche à voile, motonautisme, ski nautique, etc.

PLANS D'EAU	Dép.	Superficie en ha	Baignade	Base nautique	Pêche
Bessais (Étang de Goule)	18	135	🏊	⛵	🐟
Bourges (Lac du Val d'Auron)	18	80	🏊	⛵	2e Cat.
Sidiailles (Lac de)	18	90	🏊	⛵	🐟
Eguson (Lac de Chambon)	36	300	🏊	⛵	🐟
Mézière (Étang de Bellebouche)	36	100	🏊	⛵	🐟
Aubazine (Plan d'eau du Coiroux)	19	24	🏊	–	1re Cat.
Bort-les-Orgues (Lac de Val)	19	1 400	🏊	⛵	2e Cat.
Égleton (Lac du Deiro)	19	13	🏊	–	1re Cat.
Gimel (Étang de Ruffaud)	19	20	🏊	⛵	🐟
Marcillac (Barrage de la Valette)	19	230	🏊	–	2e Cat.
Meymac (Lac de Sechemailles)	19	42	🏊	–	2e Cat.
Neuvic (Lac de Triouzoune)	19	410	🏊	⛵	🐟
Seilhac (Lac de Bournazel)	19	32	🏊	–	–
Treignac (Lac de Bariousses)	19	100	🏊	⛵	2e Cat.
Viam (Lac de)	19	189	🏊	–	2e Cat.
Vigeois (Lac de Pontcharral)	19	14	🏊	–	–
Guéret (Étang de Courtille)	23	12	🏊	⛵	–
Vassivière (Lac de)	23	1 000	🏊	⛵	2e Cat.
Compreignac (Lac de St Pardoux)	87	330	🏊	⛵	2e Cat.
Videix (Plan d'eau de Lavaud)	87	40	🏊	–	1re Cat.

EN EAUX VIVES

Canoë kayak

La Creuse, le Cher, la Dordogne se prêtent admirablement à la pratique de ce sport.

Le **canoë** (d'origine canadienne) se manie avec une pagaie simple. C'est l'embarcation pour la promenade fluviale en famille, à la journée, en rayonnant au départ d'une base, ou en randonnée pour la découverte d'une vallée à son rythme.

Le **kayak** (d'origine esquimaude) se déplace avec une pagaie double. Les lacs et les parties basses des cours d'eau offrent un vaste choix de parcours.

Fédération française de canoë-kayak – 87, quai de la Marne, 94340 Joinville-le-Pont, ☎ 01 45 11 08 50 ou sur Minitel 3615 code CANOE PLUS. Publie une carte des cours d'eau praticables.

Ligues régionales de canoë-kayak

Centre – 6, rue Jeanne-d'Arc, 45000 Orléans, ☎ 02 38 77 08 87.

Limousin – Base de la Minoterie, 13, rue Jean-Moulin, 19140 Uzerche, ☎ 05 55 73 02 84.

Comités départementaux de canoë-kayak

Cher – Écluse de Reussy, 18500 Mehun-sur-Yèvre.

Indre – 29, rue St-Lazare, 36300 Le Blanc, ☎ 02 54 37 77 99.

Corrèze – Dominique Laurent, Lycée Danton, 19100 Brive-la-Gaillarde.

Creuse – Lotissement les Fontaines, 19230 St-Sornin-Lavolps, ☎ 05 55 73 66 28.

Haute-Vienne – 30, rue des Rivailles, 87430 Verneuil-sur-Vienne, ☎ 05 55 00 12 12.

LA RANDONNÉE CYCLISTE

« Du haut des côtes, descendre et s'enfoncer dans le creux des paysages ; découvrir comme à coup d'ailes les lointains de la route qui s'écartent et fleurissent à votre approche ; traverser un village dans l'espace d'un instant et l'emporter tout entier d'un coup d'œil... En rêve seulement j'avais connu jusque-là course aussi charmante, aussi légère. Les côtes mêmes me trouvaient plein d'entrain. »

(Alain-Fournier, *Le Grand Meaulnes.*)

Fédération française de cyclotourisme – 8, rue Jean-Marie-Jégo, 75013 Paris, ☎ 01 44 16 88 88 ou Minitel 3615 FFCT. Elle participe à la collection **La France à vélo** qui compte deux titres (118 F) sur la région : Centre, Berry, Bourbonnais et Auvergne, Limousin.

Guide Franck Cyclotourisme – Édition Franck Mercier, BP 404, 74013 Annecy Cedex, ☎ 04 50 57 16 50.

Ligues régionales de cyclotourisme

Orléanais – 4, rue Pasteur, 45380 La Chapelle-St-Mesmin, ☎ 02 38 72 68 40.

Limousin – 7, rue Gustave-Flaubert, 87170 Isle, ☎ 05 55 50 29 71.

Comités départementaux de cyclotourisme

Cher – 9, rue Fernault, 18000 Bourges, ☎ 02 48 73 42 21.

Indre – 199ter, avenue de la Châtre, 36000 Châteauroux, ☎ 02 54 27 69 10.

Corrèze – 55, avenue Galandy, 19600 St-Pantaléon, ☎ 05 55 86 03 76.

Creuse – Ligue Limousin, 76, les Goussières, 23000 St-Sulpice-le-Guérétois, ☎ 05 55 52 85 80.

Haute-Vienne – 10, rue Jean de la Fontaine, 87220 Feytiat, ☎ 05 55 48 33 38.

LE VTT

L'évolution technique du vélo a déclenché, depuis les années 90, le phénomène VTT (Vélo Tout Terrain). Née en Californie, cette génération de vélos franchit l'Atlantique, après treize ans de pratique, pour faire son apparition en France en 1983. Initialement conçu pour la descente, le VTT touche aujourd'hui un large public, roulant désormais sur l'asphalte. Ce sport rassemble de nombreux compétiteurs se divisant en quatre disciplines : descente, cross-country, rallye, trial.

Fédération française de cyclisme – 5, rue de Rome, 93561 Rosny-sous-Bois, ☎ 01 49 35 69 00. Publie le *Guide des centres VTT* et s'occupe de la compétition, serveur Minitel : 3615 FFC ou 3615 VTT.

RANDONNÉE ÉQUESTRE

Les centres équestres sont nombreux : ils organisent des randonnées dans les bois et le long des paisibles chemins de campagne. Certains circuits s'adressent à des cavaliers confirmés.
Le tourisme attelé intéresse les gens soucieux de découvrir en profondeur la région qu'ils visitent. Sur les routes du Limousin et du Sud du Berry, le voyage s'effectue au rythme du temps jadis et l'on peut éventuellement s'arrêter à la ferme ou dans les gîtes ruraux.

Fédération française d'équitation – 30, avenue d'Iéna, 75116 Paris, ☎ 01 53 67 43 00.

Délégation nationale du tourisme équestre (DNTE) – 30, avenue d'Iéna, 75116 Paris, ☎ 01 53 67 44 44. Édite un guide *Tourisme et loisirs équestres en France* (48 F) répertoriant, région par région, les centres équestres dûment patentés, et énumérant leurs activités.

Associations régionales de tourisme équestre (ARTE)

Val de Loire-Centre – Maison Départementale des Sports, 32, rue Alain-Gerbault, BP 719, 41007 Blois Cedex, ☎ 02 54 42 95 60 (poste 411 de 13 h 30 à 17 h 30).

Limousin – Romanet, 19470 Le Lonzac, ☎ 05 55 98 20 23.

Comités départementaux de tourisme équestre (CDTE)

Cher – 5, rue Camille-Blanc, 18100 Vierzon, ☎ 02 48 75 26 33.

Randonnée équestre dans les Monédières

Indre – Le Breuil, 36330 Arthon, ☎ 02 54 36 14 25.

Corrèze – La Valade, Cublac, 19520 Mansac, ☎ 05 55 85 23 25.

Creuse – Le Breuil, 23220 Jouillat, ☎ 05 55 51 21 52.

Haute-Vienne – La Maurie, 87150 Oradour-sur-Vayvres, ☎ 05 55 78 77 52.

LA RANDONNÉE PÉDESTRE

Des sentiers de **Grande Randonnée (GR)**, jalonnés de traits rouges et blancs horizontaux, permettent de découvrir la diversité des paysages de la région. Des topo-guides en donnent le tracé détaillé et procurent d'indispensables conseils aux randonneurs ; renseignements sur le serveur Minitel : 3615 RANDO.

Les sentiers de **Petite Randonnée (PR)** sont destinés aux marcheurs d'un jour. Au départ des circuits, des balisages de couleur indiquent la durée de la promenade :

Bleu – jusqu'à 2 h.

Jaune – de 2 h 15 à 3 h 45.

Vert – de 4 h à 6 h.

Fédération française de la randonnée pédestre – 14, rue Riquet, 75019 Paris, ☎ 01 44 89 93 90.

Comité national des sentiers de Grande Randonnée – 64, rue de Gergovie, 75014 Paris, ☎ 01 45 45 31 02.
Cette fédération édite des topo-guides et un guide annuel, *Rando guide.*

Comité régional de la randonnée pédestre

Centre – 3, rue F.-Henault, 37320 Esvres-sur-Indre, ☎ 02 47 26 58 93.

Comités départementaux de la randonnée pédestre

Cher – 14, rue du Château-d'Eau, 18000 Bourges, ☎ 02 48 20 01 78.

Indre – La Croisille, 36350 Luant, ☎ 02 54 36 74 76.

Corrèze – Puy Pinson, 19700 Seilhac, ☎ 05 55 27 93 25.

Haute-Vienne – Maison des Sports, 45, boulevard Beaublanc, 87100 Limoges, ☎ 05 55 77 20 64.

AUTRES ACTIVITÉS

Golf – Les amateurs de ce sport consulteront la carte *Golf, les parcours français*, établie à partir de la **carte Michelin 989.**

Éditions Plein-Sud – 46, avenue Aristide-Briand, 92300 Levallois-Perret, ☎ 01 47 48 03 03.

Ski de fond – Le Limousin ne possède pas de station de sports d'hiver, mais l'abondant manteau neigeux qui recouvre ses hautes terres autorise la pratique du ski de fond ; dans le secteur de Meymac, au mont Bessou et au puy Pendu (alt. 977 m), sur le plateau des Millevaches, des pistes ont été aménagées (se renseigner à la mairie annexe de Pigerolles, ☎ 05 55 67 93 14).

LA MÉTÉO

Le service Météo-France a mis en place un système de répondeurs téléphoniques :

Pour les informations localisées – ☎ 08 36 68 02 suivi du numéro du département recherché. Exemple d'application pour le Cher : 08 36 68 02 18.

Voyages à thème

LES ROUTES HISTORIQUES

Pour découvrir le patrimoine architectural local, la Caisse nationale des Monuments Historiques et Sites a élaboré des itinéraires à thème. Tracés et dépliants sont disponibles auprès des Offices de tourisme.
Sur le terrain, chaque route historique est signalée par des panneaux nominatifs tout au long du parcours emprunté.
Le **Berry** est traversé par les routes des Dames de Touraine, de François Ier, de George Sand, de Jacques Cœur, des Parcs et Jardins Beauce-Val de Loire-Berry.
Le **Limousin** est sillonné par les routes des Lémovices, des Marches du Quercy, des Plantagenêts, de Richard Cœur de Lion, de St-Jacques, de Ventadour.
Les étapes non décrites dans ce guide figurent dans les *guides Vert Michelin Châteaux de la Loire* et *Périgord Quercy.*

LES CIRCUITS DU TERROIR

Le Chemin des Lavoirs dans le Cher – Circuit de découverte d'une quinzaine de lavoirs préservés en Vallée de Germigny, réalisé par l'association « Nos villages en Berry ».

La Ronde des Champs d'Amour – Circuit à travers la Champagne berrichonne d'Issoudun.

De Moulins en Barrages – Circuit longeant les bords de la Maulne, de la Vienne et de la Combade, réalisé par l'A.T.M.B., ☏ 05 55 69 54 52.

Circuit du Châtaignier – Une journée au pays des feuillardiers, organisé par l'Association du Marron et du Châtaignier Limousins, ☏ 05 55 78 43 08.

POINT DE VUE D'ART

La Vallée des Peintres – Circuit longeant la Creuse d'Argenton à Glénic, proposé par l'Association des Peintres de l'École de Crozant et de Gargilesse.

Pour retrouver cette vallée peinte, sous des formes diverses, par les pinceaux de **Guillaumin**, de **Monet** et de nombreux paysagistes, le visiteur peut se rendre dans les musées de **Châteauroux** (Bertrand), **La Châtre** (George Sand), **St-Amand-Montrond** (St-Vic), **Guéret** (Art et Archéologie et Louis Lacrocq), **Limoges** (l'Évêché).

Découverte de l'art contemporain – Itinéraire partant de **Rochechouart** (Musée départemental d'art contemporain), puis **Limoges** (F.R.A.C.), **Vassivière** (Centre d'art contemporain), **Meymac** (Centre d'art contemporain).

UN AUTRE REGARD

Par les airs – **Creuse Hélicoptère Services**, Château du St-Maixant, 23200 Aubusson, ☏ 05 55 66 12 62.

Par le rail – **Trains Touristiques à Vapeur en Limousin** ; à bord de voitures voyageurs des années 30 tractées par une machine à vapeur 141 TD 740 (1932), quatre itinéraires sont proposés. La Haute Vallée de la Vienne (Limoges-Eymoutiers-Limoges), Le Plateau de Millevaches (Limoges-Meymac-Limoges), Les Gorges de la Vienne (Eymoutiers-Châteauneuf-Bujaleuf-Eymoutiers), La Cité des Ventadour (Meymac-Ussel-Meymac). Renseignements et réservations dans les principaux Offices de tourisme ou en contactant Vienne Vézère Vapeur à la mairie d'Eymoutiers, ☏ 05 55 69 10 21.

En 4x4 – **Here Rando**, Domaine de St-Pierre-ès-Liens, 16420 Lesterps, ☏ 05 45 71 07 58.

Le Limousin en automne

Livres, CD et Films

OUVRAGES GÉNÉRAUX – TOURISME

Bourges, par Ph. Goldman, M. Lemaire et J.Y. Ribault *(Bonneton)*.
Berry et Bourges, 2 guides **Le Petit Futé** *(Nouvelles Éditions de l'Université)*.
Balade en Corrèze, par M. Peyramaure *(Les 3 Épis)*.
Le Limousin, par M. Peyramaure *(Ouest-France)*.
Corrèze, Limoges et Tulle, 3 guides **Le Petit Futé** *(Nouvelles Éditions de l'Université)*.

Histoire – Civilisation – Art

Histoire du Berry, sous la direction de Guy Derailly *(coll. « Univers de la France » Privat)*.
Berry roman *(coll. Zodiaque, exclusivité Weber, Paris)*.
Limousin roman *(même éditeur)*.
Le crime des puissants, par D. Sarne *(J.-C. Lattès)*.
Porcelaine de Limoges, par E. Mannoni *(Massin Éditeur)*.
La Tapisserie d'Aubusson, par J. Fadat *(Géhan)*.
Berry, lieux et mythologies, par A. Bobèche, J. Du Cange *(Privat)*.
Masgot-L'Œuvre énigmatique de François Michaud, par R. Brousse, A. Freytet, J. Lagrange, J. Meunier, B. Montpied, R. Nicoux, P. Trapon, P. Urien *(Souny)*.
L'École de Crozant – Les Peintres de la Creuse et de Gargilesse 1850-1950, par C. Rameix *(Souny)*.
Alain-Fournier, les Chemins d'une vie, par A. Rivière *(Cherche-Midi)*.

Vie rurale et traditions populaires

Comtes du Berry, par J.-L. Boncœur *(La Nouvelle République)*.
Humour en Berry, par J. Mellot *(Bonneton)*.
Le Berry autrefois, par J.-L. Boncœur *(coll. « Vie quotidienne d'autrefois », Horwath)*.
La Creuse autrefois, par R. Guinot *(même éditeur)*.
Limousin d'autrefois, par C. Madec *(Souny)*.

Gastronomie – Nature

Les Recettes gourmandes du Berry, par A. Nonnet, N. et B. Tardif *(Pirot)*.
La Bonne Cuisine Creusoise, par G. Laconche *(Verso)*.
Quatre saisons en Limousin, par C. et B. Michelet *(Robert Laffont)*.
La Châtaigne gourmande *(Dessagne)*.
Promenades en Brenne, par J. Moury *(La Nouvelle République)*.
A contre courant, par D. Taboury *(Souny)*.

Littérature

La Mare au diable, François le Champi, et bien d'autres romans, par George Sand *(coll. Livre de Poche)*.
Le Grand Meaulnes, par Alain-Fournier *(coll. Livre de Poche)*.
Siegfried et le Limousin, L'Apollon de Bellac, par J. Giraudoux *(Grasset)*.
La Jeunesse de Théophile, les Pincengrain, Prudence Hautechaume, par M. Jouhandeau *(Gallimard)*.
Le Pain noir, par G.-E. Clancier *(J'ai lu)*.
Le Porteur de destins, par G. Bordes *(coll. Pocket, Seghers)*.
Les Chemins creux, Derrière les murs, par M. Delpastre *(coll. « Récit de vie », Payot)*.
Les Cayol, Cœur de chêne, par R. Leclerc *(Pygmalion)*.
Les Fruits de la ville, Les Moissons délaissées, par J.-G. Soumy *(Robert Laffont)*.

Trois petites notes de musique...

Sand et les Romantiques, par Catherine Lara *(Tréma-Sony Music)*. Un musical rock symphonique.
Musiques pour Cornemuses du Berry, par J. Blanchard *(Ocora Radio France)*. Folklore.

On a tourné

À Ste-Sévère-sur-Indre *(Indre)* : **Jour de fête** (1949) de J. Tati.
À Sardent *(Creuse)* : **Le Beau Serge** (1959) de C. Chabrol, avec G. Blain, J.-C. Brialy et B. Lafont.
À St-Benoît-du-Sault *(Indre)* : **La Vouivre** (1989) de Georges Wilson, avec L. Wilson.
À Valençay *(Indre)* : **Les Noces rouges** (1973) de C. Chabrol, avec S. Audran et M. Piccoli.
À Rougnat *(Creuse)*, au château de Bodeau : **Tous les matins du monde** (1990) d'A. Corneau, avec J.-P. Marielle, Gérard et Guillaume Depardieu. A. Brochet.
À Bouges et Valençay *(Indre)* : **Le Colonel Chabert** (1994) d'Y. Angelo, avec G. Depardieu et F. Luchini.

Principales manifestations

FESTIVALS

Janvier

Limoges .... Danse Émoi (la 1re quinzaine du mois, les années paires). Renseignements : Centre culturel Jean-Gagnant, ☎ 05 55 34 45 49.

Avril

Bourges .... Printemps de Bourges : festival de chansons françaises et internationales (3e semaine du mois), ☎ 02 48 24 30 50.

Mai

Aubigny-sur-Nère .... Poètes en Sologne, festival de poésie murale au château des Stuarts (1re quinzaine du mois), ☎ 02 48 58 40 20.

Mai-juin

Limoges .... Photographies sur un fil : 5 photographes s'expriment sur un thème donné (fin mai à début juin), ☎ 05 55 32 30 78.

Juin

Bourges .... Synthèse : festival international des musiques expérimentales (en début de mois), ☎ 02 48 20 41 87.

Nohant .... Fêtes romantiques (tous les week-ends du mois), ☎ 05 54 48 22 64.

Printemps de Bourges – Ambiance de scène

Mi-juin - mi-juillet

Bellac .... Festival de théâtre et de musique Jean Giraudoux (dernière semaine de juin à la 1re semaine de juillet). Renseignements : Les Amis du festival de Bellac, ☎ 05 55 68 10 44.

Mi-juin - mi-août

Noirlac .... Été de Noirlac : musique de chambre et vocale dans l'abbaye, ☎ 02 48 67 00 18.

Juillet

Argenton-sur-Creuse .... Mercuria : festival de folklore européen (3e semaine du mois), ☎ 02 54 24 05 30 (OT).

La Châtre .... Rencontres internationales Frédéric-Chopin (3e semaine du mois), ☎ 02 54 48 22 64.

Le Noyer .... Festival de Boucard : concert de musique de chambre et de musique sacrée (tous les week-ends du mois), ☎ 02 48 73 88 32.

St-Chartier .... Rencontres internationales de luthiers et maîtres sonneurs (autour du 14 juillet). Renseignements : Comité George-Sand, ☎ 02 54 06 09 96.

Juillet-août

Nexon .... Stages internationaux des arts du cirque et Rencontres cinématographiques des films de cirque (de la mi-juillet à la 3e semaine d'août), ☎ 05 55 58 34 71.

Valençay .... Festival départemental de musique, théâtre et folklore, ☎ 02 54 00 04 42 ou 02 54 00 32 32.

Mi-juillet - mi-août

Bourges .... Très Riches Heures de l'Orgue en Berry (débute à la Pentecôte) 02 48 20 25 24.
Ballades à Bourges : concerts de musique classique, jazz, variétés dans divers monuments de la ville, ☎ 02 48 24 75 33.

Tulle.. Festival international de la dentelle, ☎ 05 55 21 55 21 ou 05 55 98 29 28.

Vesdun .... « Soirs d'été » : spectacle théâtral de plein air, ☎ 02 48 63 03 07.

Août

Aubusson .... Musique au cœur de la tapisserie : orgue et musique de chambre (1re quinzaine du mois), ☎ 05 55 66 17 43.

Châlus .... « Les troubadours en Limousin » : chants (en début de mois), ☎ 05 55 33 73 78.

Châteauroux .... Festival international Danse, Art, Rythme, Création (2e quinzaine du mois), ☎ 02 54 27 49 16.

Felletin.................................... Festival de Folklore (du 1er mercredi au 1er dimanche du mois), ☎ 05 55 66 54 60 ou 05 55 66 43 00.

Gargilesse .... Festival musical d'été : atelier de harpe (dernière semaine du mois), ☎ 04 54 47 85 06.

Lapleau-St-Pantaléon................ Festival de la Luzège : théâtre, ☎ 05 55 27 54 27.

Lac de Vassivière...................... Paroles de Conteurs : festival du conte (3e semaine du mois), ☎ 05 55 69 20 45.

Septembre

Solignac.................................... Rencontres photographiques (2e semaine du mois). Renseignements : L'Œil écoute, ☎ 05 55 32 30 78.

Tulle.. Festival des Nuits de Nacre : accordéon. Renseignements : Centre d'animation culturelle, ☎ 05 55 26 99 10.

Septembre - octobre

Limoges .... Festival international des Francophonies en Limousin : théâtre et créations de l'Espace Francophone (de la dernière semaine de septembre à la 1re semaine d'octobre), ☎ 05 55 10 90 10.

Octobre-novembre

Guéret...................................... Rendez-vous international du piano en Creuse : le piano dans tous ses états (de la fin octobre à début novembre), ☎ 05 55 52 14 29.

Novembre

Limoges .... Festival international jazz en Limousin. Renseignements : ASSECARM Limousin, ☎ 05 55 34 70 70.

Décembre

Châteauroux .... Festival du cinéma indépendant en début de mois, ☎ 02 54 34 80 04.

SON ET LUMIÈRE

Mi-juillet

Chénerailles .... Féerie nocturne, ☎ 05 55 62 34 34/05 55 62 37 22.

Juillet-août

Tours de Merle......................... Spectacle médiéval, ☎ 05 55 28 22 31.

Fin juillet - début août

Chambon-sur-Voueize .... La légende de Léonore (à l'étang de la Rebeyrie), ☎ 05 55 82 11 36.

Fin juillet-début août

Nohant .... Spectacle réalisé d'après un roman de George Sand, ☎ 02 54 31 02 62.

Fin juillet-début août

Solignac .... Les Lumières de la Briance, ☎ 05 55 00 43 54.

Fin juillet-août

Valençay .... Escarmonde, ☎ 02 54 00 04 42.

Début août

Lavaufranche .... Spectacle à la Commanderie, ☎ 05 55 65 07 26/ 05 55 65 15 05.

Mi-juillet - mi-août

Rilhac-Lastours .... Images, torches et lumières (visite nocturne animée des ruines du château de Lastours), ☎ association A.S.P.E.L. 05 55 58 34 78 ou au château 05 55 58 38 47.

RENCONTRES SPORTIVES ET CONCOURS

Avril

Pontarion .... Concours national des coqs de pêche : 130 coqs présentés par les éleveurs du Limousin, de l'Auvergne et de l'Aveyron (fin du mois), ☎ 05 55 64 51 41.

Mai

Aubigny-sur-Nère .... Berdigne-Berdogne : rencontre de vieux attelages ruraux en Sologne. Renseignements : Centre régional de culture populaire (fin du mois), ☎ 02 54 88 71 09.

Neuvic .... Concours national des coqs de pêche (le 1er mai), ☎ 05 55 95 93 79.

Vallée de la Vézère .... La Transcorrézienne : randonnée VTT (fin du mois), ☎ 05 55 28 64 93.

Juillet

Argentat .... Rallye international de canoë-kayak Argentat-Beaulieu (2e dimanche du mois), ☎ 05 55 28 86 45.

Août

Ahun .... Moto-cross international : side-cars international et championnat de France inter-régional (début du mois), ☎ 05 55 62 44 03 ou 05 55 62 40 24.

Arnac-Pompadour .... Journée du Cheval (autour du 15 du mois), ☎ 05 55 98 55 47.

Présentation des étalons et attelages du haras national (le 15 du mois à 10 h 45).

Chambon-sur-Voueize .... International de pétanque (début du mois), ☎ 05 55 82 14 12.

Pays des 3 lacs .... Olympiades : rencontres sportives (début du mois), ☎ 05 55 51 21 18.

Décembre

Saint-Sétiers .... Course internationale de chiens de traîneaux sur le Plateau des Millevaches (3e semaine du mois), ☎ 05 55 96 50 75.

FÊTES ET FOIRES

Dimanche suivant Mardi gras

Mézières-en-Brenne .... Fête des Brandons.

Pâques

Reuilly .... Foire aux vins, ☎ 02 54 49 24 94.

Mai

Cluis .... Fêtes des Lumas : fête des escargots. (1er du mois) ☎ 02 54 31 21 06.

Menetou-Salon .... Frairie des Brangers : fête patronale d'un village dont les habitants retracent les travaux et les scènes d'autrefois (2e dimanche du mois). ☎ 02 48 64 80 52.

Juin

Chénerailles .... Foire aux laines (3e lundi du mois). ☎ 05 55 62 37 22.

Juillet

Aubigny-sur-Nère .... Fêtes franco-écossaises : reconstitution historique avec défilés, spectacles, groupes folkloriques (avant le 15 du mois). ☎ 02 48 58 40 20.

Aubusson .... Foire au fondu. ☎ 05 55 66 32 12.

Lubersac .... La Gerbe Baude : fête des moissons.

Août

Bué-en-Sancerre .... Foire aux sorciers : kermesse folklorique (début du mois). ☎ 02 48 54 06 61.

St-Léonard-de-Noblat .... Fête Médiévale (début du mois).

Lignières .... Fête des « Thiaulins » (week-end suivant le 15 du mois) au château du Plaix. ☎ 02 48 60 22 14.

St-Satur .... Fête de la Saint-Roch : fête nautique et joutes nautiques (autour du 15 du mois).

St-Matthieu .... Foire aux haricots et au jambon (dimanche après le 15 du mois). ☎ 05 55 00 30 26.

Aigurande .... Fête de l'écrevisse (dernier week-end du mois).

Féniers .... Foire aux agnelles (fin août). ☎ 05 55 66 91 51.

Vigeois .... Foire du livre consacrée aux écrivains régionaux (début du mois).

Argentat .... Fête nautique sur la Dordogne.

Beaulieu-sur-Dordogne .... Fête du Monturu.

Crevant .... Fête internationale de la pomme de terre.

Septembre

Issoudun .... Foire du Tout et de la Curiosité (début du mois). ☎ 02 54 21 13 53.

Le Blanc .... Fête des Bons Saints (1er dimanche du mois). ☎ 02 54 37 68 48.

Octobre

Tranzault .... Foire aux potirons et légumes oubliés (milieu du mois). Renseignements : Club jardins d'antan. ☎ 02 54 30 81 05.

Limoges .... Frairie des petits ventres (3e vendredi d'octobre). ☎ 05 55 34 46 87.

Dourazac .... Journée de la Châtaigne (dernier dimanche du mois). ☎ 05 55 78 58 33.

Novembre

St-Léonard-de-Noblat .... Fête de la Quintaine (2e dimanche après le 6 novembre). ☎ 05 55 56 06 51.

Bellegarde-en-Marche .... Fête de la confrérie des mangeurs de chèvres : procession dans les rues du village et intronisation des nouveaux membres (dernier dimanche du mois). ☎ 05 55 67 65 27.

MANIFESTATIONS RELIGIEUSES

Lundi de Pâques

Neuvy-St-Sépulcre .... Pèlerinage du Précieux Sang. ☎ 02 54 30 80 17.

Lundi de Pentecôte

Magnac-Laval .... Procession de « Neuf lieues » ou en l'honneur de saint Maximin.

Juin

Tulle .... Pèlerinage de la Lunade (le 23 juin à 19 h). ☎ 05 55 26 71 72.

1er dimanche de juillet

Crocq .... Procession de Notre-Dame-de-Montlaure (bienfaitrice de Crocq). ☎ 05 55 67 40 32.

Août

Étang de la Mer Rouge........... Pèlerinage à N-D-de-la-Mer-Rouge (2e dimanche du mois.

16 août

Le Moutier-d'Ahun .... Procession de saint Roch, ☎ 05 55 62 45 63.

Septembre

Beaulieu-sur-Dordogne .... Fête des Corps Saints (1er week-end de septembre).

Pellevoisin................................ Pèlerinage à N-D-de-Miséricorde (fin du mois), ☎ 02 54 39 06 49.

Argenton-sur-Creuse................ Procession de la Bonne-Dame et pèlerinage des malades (2e dimanche du mois).

Aixe-sur-Vienne........................ Pèlerinage à N-D-d'Arliquet (4e dimanche du mois), ☎ 05 55 70 20 74.

SPECTACLES DIVERS, SALONS, BIENNALES

2e quinzaine de mai

La Roche-Canillac .... Le Printemps des Granges, ☎ 05 55 29 29 77.

Juillet

La Borne.................................. Rencontre internationale de la céramique.

Juillet - août

Limoges .... Biennale internationale des arts de l'émail (les années paires), ☎ 05 55 34 58 27.

2e quinzaine d'août

Châteauroux .... Biennale de la céramique, ☎ 05 54 34 10 74.

Septembre - octobre

Saint-Just-le-Martel................. Salon international du dessin de presse et d'humour (fin septembre à début octobre), ☎ 05 55 09 26 70.

Conditions de visite

Les renseignements énoncés ci-dessous s'appliquent à des touristes voyageant isolément et ne bénéficiant pas de réduction. Pour les groupes constitués, il est généralement possible d'obtenir des conditions particulières concernant les horaires ou les tarifs. Ces données ne peuvent être fournies qu'à titre indicatif en raison de l'évolution du coût de la vie et de modifications fréquentes dans les horaires d'ouverture de nombreuses curiosités. Lorsqu'il nous a été impossible d'obtenir des informations à jour, les éléments figurant dans l'édition précédente ont été reconduits. Dans ce cas ils apparaissent en italique.

*Les **édifices religieux** ne se visitent pas pendant les offices. Certaines églises et la plupart des chapelles sont souvent fermées. Les conditions de visite en sont précisées si l'intérieur présente un intérêt particulier ; dans le cas où la visite ne peut se faire qu'accompagnée par la personne qui détient la clé, une rétribution ou une offrande est à prévoir.*

*Dans certaines villes, des **visites guidées** de la localité dans son ensemble ou limitées aux quartiers historiques sont régulièrement organisées en saison touristique. Cette possibilité est mentionnée en tête des conditions de visite, pour chaque ville concernée. Dans les Villes d'Art et d'Histoire et les Villes d'Art* A, *les visites sont conduites par des guides-conférenciers agréés par la Caisse Nationale des Monuments Historiques et des Sites.*

Lorsque les curiosités décrites bénéficient de facilités concernant l'accès pour les handicapés, le symbole ♿ figure à la suite de leur nom.

A

AHUN

Visite guidée de la ville – S'adresser à l'Office de tourisme.

AINAY-LE-VIEIL

Château – Visite accompagnée (3/4 h) tous les jours de 10 h à 19 h en juillet et août ; de 10 h à 12 h et de 14 h à 19 h (dernières entrées à 11 h 15 et 18 h 15) de mars à juin et de septembre à novembre ; de 14 h à 18 h en février. Fermé de décembre à janvier et le mardi en février, mars et novembre. 40 F (adulte) ; 20 F (enfant). ☎ 02 48 63 50 03.

AIXE-SUR-VIENNE

ℹ 46, avenue Président-Wilson (en saison) – 87700 – ☎ 05 55 70 19 71

Maison de la Porcelaine – Visite accompagnée (1/2 h) tous les jours (sauf le week-end et les jours fériés) à horaires réguliers : 10 h, 11 h, 15 h, 16 h, 17 h en juillet et août. Le reste de l'année à 10 h et 15 h. Fermé les 1er janvier et 25 décembre. Entrée gratuite. ☎ 05 55 70 14 68.

AMBAZAC

ℹ avenue de la Libération – 87240 – ☎ 05 55 56 85 76

Parc de Montméry – *Visite le lundi, le jeudi, le dimanche et les jours fériés de 14 h à 18 h du 15 juin au 31 août ; le dimanche et les jours fériés de 14 h à 18 h du 1er mars au 15 novembre. Les autres jours et le reste de l'année sur demande. 20 F. ☎ 05 55 56 60 01.*

APREMONT-SUR-ALLIER

Château-Musée des Calèches – Visite tous les jours (sauf le mardi matin) de 14 h à 19 h de juin à septembre ; tous les jours (sauf le mardi) de 14 h à 18 h des Rameaux à mai. 40 F ; 50 F (billet incluant la visite du parc). ☎ 02 48 80 41 41.

Parc floral – Visite tous les jours (sauf le mardi matin) de 10 h à 12 h et de 14 h à 19 h de juin à septembre ; tous les jours (sauf le mardi), mêmes horaires, des Rameaux à mai. 40 F (adulte) ; 20 F (enfant). ☎ 02 48 80 41 41.

ARGENTON-SUR-CREUSE

ℹ place de la République – 36200 – ☎ 02 54 24 05 30

Visite guidée de la ville – S'adresser à l'Office de tourisme.

Musée de la Chemiserie – ♿ Visite tous les jours (sauf le lundi) de 9 h 30 à 12 h et de 14 h à 18 h. Fermé de janvier à mi-février et le 25 décembre. 20 F. ☎ 02 54 24 34 69.

Chapelle Notre-Dame-des-Bancs – Visite tous les jours de 9 h à 19 h de juin à septembre. Le reste de l'année tous les week-ends et jours fériés.

ARGENT-SUR-SAULDRE

Musée des Métiers et Traditions de France (château) – Visite libre ou accompagnée (1 h 30) du lundi au jeudi de 14 h à 18 h 30 (dernière entrée à 17 h 30), le vendredi de 10 h à 12 h et de 14 h à 19 h (dernière entrée à 18 h), le week-end et les jours fériés de 10 h à 12 h 30 et de 14 h 30 à 19 h d'avril à novembre. 25 F. ☎ 02 48 73 33 10.

Château d'ARGY

Visite accompagnée (3/4 h) tous les jours de 10 h à 12 h et de 14 h à 17 h de Pâques à la Toussaint. 25 F (adulte) ; 15 F (enfant). ☎ 02 54 84 04 98.

ARNAC-POMPADOUR

ℹ 19230 – ☎ 05 55 98 55 47

Château – ♿ Visite accompagnée (1/2 h) tous les jours (sauf jours de courses, fermé l'après-midi) de 10 h à 12 h et de 14 h à 18 h (dernières entrées à 11 h 30 et 17 h 30) d'avril à septembre ; de 14 h à 17 h (dernière entrée à 16 h 30) d'octobre à mi-novembre et de mi-février à mars. Fermé de mi-novembre à mi-février. 5 F. ☎ 05 55 98 55 47.

Haras national – ♿ Visite accompagnée (1 h) tous les jours de 10 h à 12 h et de 14 h à 18 h 30 (dernières entrées à 11 h et 17 h 30) de juillet à septembre (réduction du nombre de visites les jours de courses et de concours) ; de 14 h 30 à 17 h 30 (dernière entrée à 16 h 30) d'octobre à juin. Fermé les 1er janvier et 25 décembre. 20 F. ☎ 05 55 98 55 47.

Jumenterie nationale de Beyssac – ♿ Visite accompagnée (3/4 h) tous les jours de 14 h à 17 h 45 (dernière entrée à 17 h ; 16 h le jour des courses) d'avril à juin ; de 15 h à 17 h 45 (dernière entrée à 17 h ; 16 h le jour des courses) de juillet à septembre ; de 14 h à 17 h (dernière entrée à 16 h 15) de mi-février à mars. 15 F. ☎ 05 55 98 55 47.

AUBAZINE

Bâtiments conventuels – Visite accompagnée (3/4 h) tous les jours (sauf le lundi) à 11 h, 15 h 30 et 16 h 30 en juillet et août ; à 11 h et 16 h en juin et septembre ; à 16 h d'octobre à mai. Fermé en janvier. 15 F. ☎ 05 55 84 61 12.

AUBIGNY-SUR-NÈRE

ℹ Ilot Sainte-Anne – 18700 – ☎ 02 48 58 40 20

Visite guidée de la ville – S'adresser à l'Office de tourisme (en saison) ou à la mairie (hors saison).

Église St-Martin – Visite tous les jours de 14 h à 19 h (18 h en octobre) de Pâques à la Toussaint. ☎ 02 48 81 50 00 (mairie).

Ancien château des Stuarts (musée Marguerite-Audoux) – Visite tous les jours de 14 h 30 à 19 h de juillet à mi-septembre ; le week-end et les jours fériés de 14 h 30 à 18 h de Pâques à juin. Le reste de l'année sur demande préalable. Entrée gratuite. ☎ 02 48 58 40 20 (OT) ou 02 48 81 50 00 (mairie).

AUBUSSON

ℹ rue Vieille – 23200 – ☎ 05 55 66 32 12

Musée départemental de la Tapisserie (Centre Jean-Lurçat) – ♿ Visite libre ou accompagnée sur demande préalable (1 h) tous les jours (sauf le mardi matin) de 10 h à 18 h en juillet et août ; tous les jours (sauf le mardi) de 9 h 30 à 12 h et de 14 h à 18 h de septembre à juin. Fermé les 1er janvier et 25 décembre. 18 F (l'été) ; 14 F (le reste de l'année) ; 120 F (visite accompagnée). ☎ 05 55 66 33 06.

Aubusson – Velouteuses sur métier de haute-lisse

École nationale d'Art Décoratif – ♿ Visite tous les jours (sauf le dimanche) de 9h à 12h et de 14h à 17h. Fermé les jours fériés. Entrée gratuite. ☎ 05 55 66 14 28.

Forum de la tapisserie – Visite tous les jours de 10h à 18h 30 de mi-juin à septembre. 15F ; 20F (billet jumelé avec la Maison du Tapissier). ☎ 05 55 66 32 12.

Manufacture de Tapis et Tapisseries St-Jean – Visite accompagnée (1 h) tous les jours (sauf le matin en week-end) de 9h à 12h et de 14h à 17h de mai à octobre ; tous les jours (sauf le week-end) de novembre à avril. Fermé le 1er janvier et le 25 décembre. 25F. ☎ 05 55 66 10 08.

Maison du Tapissier – Visite libre ou accompagnée (1/2h) tous les jours de 9h 30 à 19h de juin à septembre ; tous les jours (sauf le dimanche) de 9h 30 à 12h et de 13h 30 à 18h (17h 30 le samedi) d'octobre à mai. 15F. ☎ 05 55 66 32 12.

AUZANCES

ℹ place Jean-Moulin – 23700 – ☎ 05 55 67 00 17

Chapelle Ste-Marguerite – Visite tous les jours de 10h à 19h de mai à octobre. ☎ 05 55 67 10 58.

AZAY-LE-FERRON

ℹ place de Verdun – 36290 – ☎ 02 54 39 25 44

Château – Visite accompagnée (3/4h) tous les jours (sauf le mardi) de 10h à 12h et 14h à 18h d'avril à septembre ; le mercredi et le week-end de 10h à 12h et de 14h à 17h d'octobre à mars. Fermé en janvier. 20F. ☎ 02 54 39 20 06.

B

Domaine de BANIZETTE

Visite accompagnée (1 h 1/4) tous les jours à 15h, 16h 15 et 17h 30 en juillet et août ; idem les deux derniers week-ends de juin et les trois premiers week-ends de septembre ; le dimanche et les jours fériés à 15h de mai à juin et du dernier week-end de septembre à mi-novembre. 30F (adulte) ; entrée gratuite (enfant). ☎ 05 55 83 28 55.

BANNAY

Le jardin du Tisserand – Visite libre ou accompagnée (1 h) tous les jours de 10h 30 à 19h de juin à septembre ; de 14h à 18h de Pâques à mai et d'octobre à la Toussaint. 30F (adulte) ; 15F (enfant). ☎ 02 48 72 32 10.

BEAULIEU-SUR-DORDOGNE

ℹ 6, place Marbot – 19120 – ☎ 05 55 91 09 94

Trésor de l'église St-Pierre – S'adresser à l'Office de tourisme.

Chapelle des Pénitents – Visite libre ou accompagnée (1 h 1/2) tous les jours de 10h à 12h et de 15h à 18h en juillet et août ; de 10h 30 à 12h et de 15h à 17h 30 en septembre. Le reste de l'année sur demande préalable (5 jours à l'avance). 10F. ☎ 05 55 91 11 31 (mairie).

BELLAC

ℹ rue Louis-Jouvet – 87300 – ☎ 05 55 68 12 79

Maison natale de Jean Giraudoux – Visite libre ou accompagnée (1/2h) tous les jours (sauf le mardi) de 14h 30 à 17h 30 de juin à la 1re semaine de septembre ; tous les jours (sauf le week-end) de 14h à 18h d'octobre à mai. 10F. ☎ 05 55 68 03 77.

La BERTHENOUX

Église – Visite tous les jours (sauf le mardi) de 9h à 12h et de 14h à 18h.

Le BLANC

ℹ ☎ 02 54 37 05 13

Visite guidée de la ville haute – Uniquement sur demande préalable. S'adresser à l'Écomusée de la Brenne, château Naillac, 36300 Le Blanc. ☎ 02 54 37 25 20.

Maison des Amis du Blanc – Visite tous les jours (sauf le lundi et le dimanche) à 15h et 16h 30 en juillet et août. 10F. ☎ 02 54 37 25 20 (Écomusée).

Écomusée de la Brenne et du Pays Blancois – Visite tous les jours de 9h 30 à 19h (dernière entrée à 18h) ; tous les jours (sauf le lundi) de 9h 30 à 12h 30 et de 14h à 18h (dernières entrées à 11h 30 et 17h) de mai à juin et en septembre ; de 10h à 12h et de 14h à 17h (dernières entrées à 11h et 16h) d'octobre à avril. 20F (adulte) ; 10F (enfant). ☎ 02 54 37 25 20.

BLANCAFORT

Château – Visite accompagnée (3/4h) tous les jours de 10h à 19h de juin à septembre ; tous les jours (sauf le mardi en octobre et novembre) de 10h à 12h et de 14h à 18h 30 d'octobre à mai. Fermé de mi-novembre à mi-mars. 35F (adulte) ; 25F (enfant). ☎ 02 48 58 60 56.

Musée de la Sorcellerie – ♿ Visite tous les jours de 10 h à 19 h de juin à septembre ; de 10 h à 18 h de Pâques à mai et d'octobre à la Toussaint. 33 F (adulte) ; 25 F (enfant). ☎ 02 48 73 86 11.

La BORNE

Musée de la Poterie – Visite tous les jours pendant les vacances scolaires de 15 h à 19 h en été et de 14 h à 18 h en hiver ; le week-end et les jours fériés aux mêmes horaires le reste de l'année. Entrée gratuite. ☎ 02 48 26 96 21.

Ateliers d'artisanat – Conditions de visite identiques à celles du musée.

Centre d'exposition – Conditions de visite identiques à celles du musée.

Musée Vassil Ivanoff – ♿ Visite libre ou accompagnée (3/4 h) tous les jours (sauf le mardi) de 14 h à 19 h (dernière entrée à 18 h 30) de mai à septembre. 13 F. ☎ 02 48 26 95 99 ou 02 48 26 96 24.

Vase en grès émaillé rouge "sang de bœuf" à reflets bleus, d'Ivanoff

BORT-LES-ORGUES

ℹ place Marmontel – 19110 – ☎ 05 55 96 02 49

Vedettes d'excursions – Tous les jours en juillet et août ; départ toutes les 1/2 h à partir de 14 h 15 jusqu'à 17 h : crête du barrage, arrivée : château de Val. Tous les jours en mai, juin et septembre mais à horaires variables : se renseigner. 30 F (adulte) ; 20 F (enfant). Renseignements auprès des vedettes panoramiques (de mai à septembre). ☎ 04 71 40 30 14.

« Circuit-visiteurs » – Proposé tous les jours de 9 h à 18 h de mi-décembre à mi-octobre. Gratuit. ☎ 05 55 96 02 49.

Château de BOUCARD

Visite accompagnée (3/4 h) tous les jours de 10 h à 12 h et de 14 h à 19 h de juin à mi-septembre ; tous les jours (sauf le jeudi) de 10 h à 12 h et de 14 h à 18 h de mars à mai et de mi-septembre à décembre ; tous les jours (sauf le lundi et le mardi) de 10 h à 12 h et de 14 h à 17 h en février. Fermé en janvier. 32 F (adulte) ; 15 F (enfant). ☎ 02 48 58 72 81.

Château du BOUCHET

Visite accompagnée (3/4 h) tous les jours (sauf le mardi matin et le dimanche matin) de 9 h 30 à 11 h 30 et de 14 h 30 à 18 h 30 en juillet et août ; de 14 h 30 à 18 h 30 de février à juin et de septembre à fin décembre. 25 F (château et parc), 5 F (parc uniquement). ☎ 02 54 37 82 89.

Château de BOUGES

Visite accompagnée du château (1/2 h), visite libre du parc et des communs tous les jours de 10 h à 13 h et de 14 h à 19 h en juillet et août ; tous les jours (sauf le mardi) de 10 h à 12 h et de 14 h à 19 h en juin ; tous les jours (sauf le mardi) de 10 h à 12 h et de 14 h à 18 h d'avril à mai et de septembre à octobre ; les week-ends de 10 h à 12 h et de 14 h à 17 h en mars et en novembre. Fermé de décembre à février et le 1er mai. 32 F (château, parc et communs) ; 25 F (parc et communs). ☎ 02 54 35 88 26.

BOURGANEUF

ℹ mairie – 23400 – ☎ 05 55 64 07 61

Tour Zizim – Visite accompagnée (1 h) tous les jours de 10 h 30 à 11 h 30 et de 14 h 30 à 18 h 30 de fin juin à fin septembre. Le reste de l'année sur demande préalable (48 h à l'avance) auprès de la mairie. 10 F. ☎ 05 55 64 07 61.

Hôtel de ville – Visite tous les jours (sauf le week-end) de 9 h à 12 h et de 14 h à 17 h 30. Fermé les jours fériés. ☎ 05 55 64 07 61 (Office de tourisme).

BOURGES

ℹ 21, rue Victor-Hugo (près de la cathédrale) – B.P. 145 – 18003 – ☎ 02 48 24 75 33

Visite guidée de la ville A – S'adresser à l'Office de tourisme.

Visites à thème – S'adresser à l'Office de tourisme (voir ci-dessus) ou au Service du Patrimoine. ☎ 02 48 57 81 46.

Cathédrale St-Étienne :

Intérieur – Visite tous les jours de 8h à 18h. Éclairage de la nef 10F (sous le buffet d'orgue, à gauche). ☎ 05 48 65 49 44.

Crypte – Visite accompagnée (3/4h) tous les jours (sauf le dimanche matin) de 9h à 13h et de 14h à 19h en juillet et août ; de 9h à 12h et de 14h à 18h d'avril à juin et de septembre à octobre ; de 9h à 12h et de 14h à 17h de novembre à mars. Fermé les 1er janvier, 1er mai, 1er et 11 novembre, 25 décembre. 32F (billet incluant la montée à la tour Nord).

Montée à la tour Nord – Mêmes conditions de visite que pour la crypte (même billet).

Palais Jacques-Cœur – Visite accompagnée (3/4h) tous les jours de 9h à 13h et de 14h à 19h en juillet et août ; de 9h à 12h et de 14h à 18h d'avril à juin et de septembre à octobre ; de 9h à 12h et de 14h à 17h de novembre à mars. Fermé les 1er janvier, 1er mai, 1er et 11 novembre, 25 décembre. 32F (adulte) ; 21F (enfant). ☎ 02 48 24 06 87.

Musée du Berry (Hôtel Cujas) – Visite libre ou accompagnée (3/4h) tous les jours (sauf le mardi et le dimanche matin) de 10h à 12h et de 14h à 18h. Fermé les 1er janvier, 1er mai, 1er et 11 novembre, 25 décembre. Entrée gratuite. ☎ 02 48 57 81 15.

Musée des Arts décoratifs (Hôtel Lallemant) – Visite libre ou accompagnée (3/4h) tous les jours (sauf le lundi et le dimanche matin) de 10h à 12h et de 14h à 18h. Fermé les 1er janvier, 1er mai, 1er et 11 novembre, 25 décembre. Entrée gratuite. ☎ 02 48 57 81 17.

Musée de l'École – Visite le mercredi de 14h à 17h. Entrée gratuite. ☎ 02 48 57 81 15.

Musée Estève (Hôtel des Échevins) – ♿ Visite libre ou accompagnée (1h) tous les jours (sauf le mardi et le dimanche matin) de 10h à 12h et de 14h à 18h. Fermé les 1er janvier, 1er mai, 1er et 11 novembre, 25 décembre. Entrée gratuite. ☎ 02 48 24 75 38.

Église Saint-Bonnet – Visite tous les jours de 14h à 18h (17h en hiver) et le dimanche de 10h à 12h 30. ☎ 02 48 24 11 84.

Muséum d'Histoire naturelle – ♿ Visite tous les jours de 10h à 12h et de 14h à 18h pendant les vacances scolaires. Le reste de l'année de 14h à 18h. Fermé les 1er janvier, 1er mai, 1er novembre, 25 décembre. 20F (adulte) ; 10F (enfant). ☎ 02 48 65 37 34.

BOUSSAC

i place de l'Hôtel-de-Ville – 23600 – ☎ 05 55 65 05 95

Château – Visite accompagnée (1h) tous les jours de 9h à 12h et de 14h à 18h. 40F (adulte) ; 15F (enfant). ☎ 05 55 65 07 62.

Château de BRIE

Visite accompagnée (3/4h) le dimanche et les jours fériés de 14h à 19h d'avril à septembre. 25F (adulte) ; 15F (enfant). ☎ 05 55 78 17 52.

BRIVE-LA-GAILLARDE

i place du 14-Juillet – 19100 – ☎ 05 55 24 08 80

Musée d'Art et d'Histoire Labenche – ♿ Visite libre ou accompagnée (1h 30) à 16h 30 de mi-juin à mi-septembre tous les jours (sauf le mardi) de 10h à 18h 30 pour les collections permanentes, de 10h à 12h et de 13h 30 à 18h 30 pour l'exposition temporaire, d'avril à octobre ; de 13h 30 à 18h (collections permanentes), de 10h à 12h et de 13h 30 à 18h (exposition temporaire), de novembre à mars. Fermé les 1er janvier, 1er mai, 1er novembre et 25 décembre. 27F (+ 10F si visite accompagnée). ☎ 05 55 24 19 05.

Musée Edmond-Michelet – Visite libre ou accompagnée (1h 1/2) tous les jours (sauf le dimanche) de 10h à 12h et de 14h à 18h. Fermé les jours fériés. Entrée gratuite. ☎ 05 55 74 06 08.

C

Château des CARS

Visite libre ou accompagnée (1h) tous les jours de 14h à 18h de la première semaine de juillet à août. 10F. ☎ 05 55 36 90 22 (mairie).

Lac du CAUSSE

Parc de loisirs – Ouvert tous les jours de 10h à 19h de mi-juin à mi-septembre ; de 9h à 12h et de 14h à 18h le reste de l'année. La base aquatique n'est ouverte que de mi-juin à mi-septembre. Fermé la 1re semaine de septembre et de décembre à janvier. 35F. ☎ 05 55 85 35 46 (base nautique) ou 05 55 85 42 93 (base aquatique).

Le CHALARD

Église – Visite tous les jours de 10h à 19h des Rameaux à la Toussaint. Le reste de l'année le week-end de 10h à 18h. ☎ 05 55 09 30 94.

CHÂLUS

ℹ 28 bis, avenue de Flaury – 87230 – ☎ 05 55 78 51 13

Château de Châlus-Chabrol – Visite accompagnée (3/4h) tous les jours de 10h à 18h de juillet à mi-septembre ; tous les jours (sauf les matinées du week-end) de 10h à 12h et de 14h à 18h de mi-septembre à juin. 20F. ☎ 05 55 78 56 61.

CHAMBON-SUR-VOUEIZE

ℹ mairie – 23170 – ☎ 05 55 82 11 36

Église Ste-Valérie – Visite libre (pour l'abbatiale) et accompagnée (pour le trésor) tous les jours de 8h à 12h et de 14h à 18h de juillet à septembre. ☎ 05 55 82 15 89.

CHAMBOULIVE

Église – Visite tous les jours (sauf le dimanche) de 9h à 17h. ☎ 05 55 21 60 62.

La CHAPELLE-D'ANGILLON

Château – Visite accompagnée (1h) tous les jours (sauf le dimanche matin) de 9h à 12h et de 14h à 19h 30 (18h 30 en hiver) Fermé les 1er janvier et 25 décembre. 40F (adulte) ; 25F (enfant). ☎ 02 48 73 41 10.

Église Saint-Jacques-l'Ermite – Visite tous les jours de 10h à 19h de Pâques à la Toussaint. Le reste de l'année sur demande préalable. ☎ 02 48 73 43 41.

Thermes de CHASSENON

Visite accompagnée (1h) tous les jours de 10h à 12h et de 14h à 19h (dernières entrées à 11h 15 et 18h 15) de juin à mi-septembre ; de 14h à 17h 30 (dernière entrée à 16h 45) des Rameaux à mai et de mi-septembre à mi-novembre. 25F (adulte) ; 12F (enfant). ☎ 05 45 89 32 21.

CHASSIGNOLLES

Église – Visite sur demande préalable ou demander la clef auprès de Mme Aussire, le Bourg ☎ 02 54 48 31 77 ou 02 54 48 07 02 (mairie).

Barrage du CHASTANG

Visite accompagnée (1h) sur demande préalable (3 à 5 jours avant). Entrée gratuite. ☎ 05 55 18 13 59.

CHÂTEAU-GUILLAUME

Château – Visite accompagnée (1/2h) tous les jours de 10h à 12h et de 14h 30 à 18h en juillet et août ; de 14h 30 à 18h d'avril à juin et en septembre. 25F (adulte) ; 12F (enfant). ☎ 02 54 25 62 81.

CHÂTEAUMEILLANT

ℹ rue de l'Étang – 18370 – ☎ 02 48 61 39 89

Musée archéologique Émile-Chenon – Visite accompagnée (1h) tous les jours de 10h à 12h et de 15h à 18h (dernières entrées à 11h 30 et 17h 30) de juin à septembre. Le reste de l'année sur demande préalable (1 semaine avant) auprès de l'Office de tourisme. 20F. ☎ 02 48 61 39 89 (OT).

CHÂTEAUNEUF-SUR-CHER

Château-Parc animalier – Visite libre pour le parc animalier et accompagnée (3/4h) pour le château, tous les jours de 10h à 12h et de 14h à 19h d'avril à octobre ; le dimanche et les jours fériés de 14h à 17h de novembre à mars. 45F (adulte) ; 25F (enfant). ☎ 02 48 60 64 21.

CHÂTEAUPONSAC

ℹ hôtel de ville – 87290 – ☎ 05 55 76 31 55

Musée René-Baubérot – Visite tous les jours de 14h à 18h de juin à septembre ; le dimanche (en semaine sur demande préalable) et les jours fériés au même horaire d'octobre à mai. Fermé le 1er janvier et 25 décembre. 25F. ☎ 05 55 76 56 72.

CHÂTEAUROUX

ℹ place de la Gare – 36000 – ☎ 02 54 34 10 74

Musée de Châteauroux (Hôtel Bertrand) – Visite libre ou accompagnée (2h) tous les jours (sauf le lundi) de 14h à 18h (19h le week-end) de septembre à mai ; de 10h à 12h et de 14h à 18h (19h le week-end) de juin à août. Fermé les 1er janvier, 8 mai, 14 juillet, 1er et 11 novembre, 25 décembre. ☎ 02 54 08 33 49.

Ancien couvent des Cordeliers – Visite en période d'expositions (sauf le lundi) de 14h à 18h (19h le week-end et les jours fériés). Fermé les 1er janvier, 1er mai, 8 mai, 14 juillet, 1er et 11 novembre, 25 décembre. ☎ 02 54 08 33 49.

Église St-Martial – Visite seulement en semaine de 9h à 18h. ☎ 02 54 34 12 70.

CHÂTILLON-SUR-INDRE

ℹ place du Champ-de-Foire – 36700 – ☎ 02 54 38 74 19

Château et Tour de César – Visite (1/2 h) tous les jours de 9 h à 12 h et de 14 h à 17 h ; 4 F (le château est visible à l'extérieur seulement). ☎ 02 54 38 75 44.

La CHÂTRE

ℹ square George-Sand – 36400 – ☎ 02 54 48 22 64

Musée George-Sand et de la Vallée Noire – Visite tous les jours de 9 h à 19 h en juillet et août ; de 9 h à 12 h et de 14 h à 19 h d'avril à juin et de septembre à octobre ; de 9 h à 12 h et de 14 h à 17 h de février à mars. Fermé en janvier. 20 F. ☎ 02 54 48 36 79.

Réserve naturelle de CHÉRINE

Visite accompagnée (2 h) le mardi et le jeudi de 18 h à 20 h, le samedi et le dimanche de 20 h à 22 h en juillet et août ; le mardi, le jeudi et le samedi de 16 h à 18 h de mi-avril à juin. Le reste de l'année sur demande préalable : Le Moulin 36290 Mézières-en-Brenne. 35 F (adulte) ; 15 F (enfant). ☎ 02 54 38 12 24.

COLLONGES-LA-ROUGE

Visite commentée du village – Départ du Musée d'Arts et Traditions Populaires (1 h 1/4) tous les jours à 10 h 30 et 14 h 30 en juillet et août. Le reste de l'année auprès de Mme Ghislaine Faucher, « visites guidées », le Bourg 19500 Collonges-la-Rouge. 10 F. ☎ 05 55 25 42 48 ou 05 55 84 08 03 (musée).

Maison de la Sirène – Visite libre tous les jours de 10 h 30 à 12 h 30 et de 14 h 30 à 18 h 30 en juillet et août ; tous les jours (sauf le matin en semaine) de 10 h 30 à 12 h 30 et de 15 h à 18 h 30 d'avril à juin ; tous les jours de 15 h à 18 h de septembre à mi-novembre. Le reste de l'année sur demande préalable. 10 F. ☎ 05 55 84 08 03.

COMPREIGNAC

Église – Visite uniquement le vendredi à 16 h 30 (rendez-vous à la mairie) de juin à août. ☎ 05 55 71 00 23 ou 05 55 71 09 14.

COUSSAC-BONNEVAL

ℹ mairie – 87390 – ☎ 05 55 75 20 29

Château – Visite accompagnée (3/4 h) tous les jours de 14 h 30 à 18 h de mi-mars à début novembre. 30 F (adulte) ; 15 F (enfant). ☎ 05 55 75 24 15.

CROCQ

ℹ mairie – 23260 – ☎ 05 55 67 49 02

Visite guidée de la ville – S'adresser à l'Office de tourisme.

Tours de l'ancien château – Visite tous les jours de 11 h à 12 h et de 14 h 30 à 18 h 30 en juillet et août ; de 14 h 30 à 18 h 30 la dernière quinzaine de juin ; de 14 h 30 à 17 h 30 la 1re quinzaine de septembre. Le reste de l'année s'adresser à l'Office de tourisme. 10 F. ☎ 05 55 67 49 02.

Tour de la CROISETTE

Visite tous les jours (sauf le lundi) de 14 h 30 à 19 h de la 1re semaine de juin à la 1re semaine de septembre. 10 F. ☎ 02 54 03 18 72 ou 02 48 61 13 58.

Ruines de CROZANT

Visite tous les jours de 10 h à 12 h et de 14 h à 19 h (le week-end et les jours fériés de 10 h à 19 h) en juillet et août ; de 10 h à 12 h et de 14 h à 18 h d'avril à juin et de septembre à mi-novembre. 10 F. ☎ 05 55 89 80 12 (mairie).

Promenades en vedette – Embarquement de mi-juillet à fin août, départs réguliers à 14 h 45 et 16 h ; de mai à mi-juillet et en septembre, départs avec un minimum de 20 personnes. 45 F. Renseignements à l'hôtel du Lac. ☎ 05 55 89 81 96.

CULAN

Château – Visite tous les jours de 9 h 30 à 19 h en juillet et août ; de 9 h 30 à 12 h et de 14 h à 18 h 30 des Rameaux à juin et de septembre au 1er novembre. 35 F (adulte) ; 21 F (enfant). ☎ 02 48 56 64 18.

Église – Visite le dimanche de 16 h à 19 h ou en semaine demander le prêtre au presbytère (2, rue Jeanne-d'Arc).

CUREMONTE

Église – Visite tous les jours (sauf le week-end).

Les villes, sites et curiosités décrits dans ce guide sont indiqués en caractères noirs sur les schémas.

D

DÉOLS

ℹ 7, rue de l'Abbaye – 36130 – ☎ 02 54 07 58 87

Visite guidée du vieux Déols – Départ devant l'Office de tourisme (pour 1 h 1/2 de visite) tous les jours à 15 h de juin à septembre. 10 F. ☎ 02 54 07 58 87.

Le DORAT

ℹ 17, place de la Collégiale – 87210 – ☎ 05 55 60 76 81

Collégiale St-Pierre :

Crypte – Visite libre de 8 h à 12 h et de 14 h à 18 h toute l'année ou accompagnée (1 h1/4) tous les jours de 14 h à 18 h de juin à septembre.

DUN-SUR-AURON

ℹ hôtel de ville – 18130 – ☎ 02 48 59 50 40

Musée du canal de Berry – Visite libre ou accompagnée (1 h) tous les jours de 10 h 30 à 12 h et de 14 h à 18 h 30 de mai à septembre ; tous les jours (sauf le lundi et le dimanche) de 14 h à 18 h en avril et octobre. 20 F (adulte) ; 10 F (enfant). ☎ 02 48 59 85 26.

E

ÉGUZON

Musée de la Vallée de la Creuse – Visite libre ou accompagnée (1 h 30) tous les jours (sauf le mardi et le mercredi) de 10 h 30 à 12 h et de 15 h à 18 h en juillet et août. Le reste de l'année sur demande préalable. 15 F. ☎ 02 54 47 47 75.

ÉPINEUIL-LE-FLEURIEL

L'École du Grand Meaulnes – Visite libre audioguidée (1 h) ou accompagnée sur rendez-vous (3 h) tous les jours (sauf le mardi) de 10 h à 12 h et de 14 h à 18 h d'avril à septembre ; de 10 h à 12 h et de 14 h à 17 h d'octobre à mi-novembre. 35 F (adulte) ; 20 F (enfant). ☎ 02 48 63 04 82.

ÉVAUX-LES-BAINS

ℹ place de l'Église – 23110 – ☎ 05 55 65 50 90

Église St-Pierre et St-Paul – Visite libre tous les jours de l'année ou accompagnée tous les jours d'avril à octobre (s'adresser à l'Office de tourisme). ☎ 05 55 65 50 90.

EYMOUTIERS

ℹ 2, rue de la Vieille-Tour – 87120 – ☎ 05 55 69 27 81

Visite guidée de la ville – Départ (2 h 1/2 de visite) le mardi à 10 h en juillet et août. 10 F. S'adresser l'Office de tourisme.

Espace Paul-Rebeyrolle – Visite libre ou accompagnée (1 h 1/4) tous les jours de 10 h à 19 h de mi-mai à octobre ; tous les jours (sauf le lundi et le mardi) de 14 h à 18 h (ouvert le dimanche matin de 10 h à 12 h) de novembre à mi-mai. Fermé de fin décembre à mi-janvier et le 1er mai. 20 F. ☎ 05 55 69 58 88.

F. Brumas/Espace Paul Rebeyrolle

Paul Rebeyrolle –
Le Cyclope, Hommage à Georges Guingouin – 1987

F – G

Gouffre de la FAGE

Visite libre hors saison et accompagnée en juillet et août (3/4 h) tous les jours de 9 h 30 à 19 h de mi-juin à mi-septembre, de 14 h à 18 h 30 d'avril à mi-juin ; de 14 h à 17 h 40 de mi-septembre à mi-octobre. 27 F (adulte) ; 17 F (enfant). ☎ 05 55 85 80 62 ou 05 55 87 12 21.

FELLETIN

ℹ 2, rue du Petit-Clocher – 23500 – ☎ 05 55 56 54 60

Église N.-D. du château – Visite tous les jours de 10h à 12h 30 et de 14h à 19h de mi-juin à mi-septembre (lors de l'exposition annuelle organisée par le Musée départemental de la tapisserie d'Aubusson). ☎ 05 55 66 54 60 (Office de tourisme).

Abbaye de FONTGOMBAULT

Église abbatiale Notre-Dame – Visite de la nef uniquement tous les jours de 9h à 13h et de 14h à 19h. Messe en latin et chant grégorien tous les jours à 10h ; Vêpres à 18h en semaine (sauf le jeudi), à 17h le dimanche et les jours fériés. ☎ 02 54 37 12 03.

FUSSY

Musée de la Résistance – ♿ Visite tous les jours (sauf le mardi) de 14h 30 à 18h 30. Fermé les 1er janvier et 25 décembre. 20F. ☎ 02 48 69 44 36.

Château de la GARDE-GIRON

Visite accompagnée (1/2h) tous les jours de 14h 30 à 18h 00 de mi-juillet à mi-août. 15F. ☎ 02 54 25 62 81.

GARGILESSE-DAMPIERRE

ℹ 36190 – ☎ 02 54 47 85 06

Église – Visite accompagnée tous les jours de 10h à 12h et de 14h à 18h de Pâques à septembre. ☎ 02 54 47 85 06 (Office de tourisme) ou 02 54 47 83 11 (mairie).

Refuge de George-Sand « Algira » – Visite accompagnée (3/4h) tous les jours de 9h 30 à 12h 30 et de 14h 30 à 19h d'avril à septembre. 20F. ☎ 02 54 47 84 14.

GIMEL-LES-CASCADES

Les Cascades – Visite tous les jours (du lever du jour à la tombée de la nuit) de mars à octobre. 20F. ☎ 05 55 21 26 49.

Chartreuse de GLANDIER

Visite accompagnée (1 h 1/4) tous les après-midi en juillet et août. Le reste de l'année sur demande préalable (1 semaine à l'avance). Entrée gratuite. ☎ 05 55 73 81 00 ou 05 55 98 55 47 (Office de tourisme).

GUÉRET

ℹ avenue Charles-de-Gaulle – 23000 – ☎ 05 55 52 14 29

Musée de la Sénatorerie – Visite tous les jours (sauf le mardi) de 10h à 12h et de 14h à 18h. Fermé les jours fériés. 15F. ☎ 05 55 52 07 20.

Musée du présidial Louis-Lacrocq – ♿ Visite tous les jours (sauf le mardi) de 10h à 12h et de 14h à 18h. Fermé les jours fériés. 15F. ☎ 05 55 52 07 20.

H – I

Parc zoologique de la HAUTE-TOUCHE

Visite tous les jours de 10h à 18h de Pâques à la Toussaint. 30F (adulte) ; 20F (enfant). ☎ 02 54 39 20 82.

INGRANDES

Musée Henry-de-Montfreid – Visite libre ou accompagnée (1/2h) tous les jours (sauf le mardi) de 15h à 18h (19h le week-end) de Pâques à la Toussaint. 15F. ☎ 02 54 37 65 25.

ISSOUDUN

ℹ place St-Cyr – 36100 – ☎ 02 54 21 74 02

Musée de l'Hospice St-Roch – ♿ Visite libre le lundi et le mardi de 14h à 19h, et du mercredi au dimanche de 10h à 12h et de 14h à 19h d'avril à octobre ; tous les jours (sauf le mardi) de 14h à 18h (le week-end de 10h à 12h et de 14h à 18h) de novembre à mars. Fermé du 24 décembre au 24 janvier et les 1er mai, 1er et 11 novembre. Entrée gratuite. ☎ 02 54 21 01 76.

J

JUMILHAC-LE-GRAND

Château – Visite accompagnée (3/4 h) tous les jours de 10 h à 18 h 30 de juillet à mi-septembre ; le week-end et les jours fériés de 14 h à 18 h 30 de mi-mars à juin et de mi-septembre à mi-novembre. 30 F (adulte) ; 15 F (enfant). ☎ 05 53 52 42 97.

Musée de l'Or – Visite libre ou accompagnée (1 h) tous les jours de 10 h à 12 h et de 14 h à 18 h de mi-juin à mi-septembre ; le dimanche et les jours fériés de 15 h à 18 h de mi-mars à mi-juin et de mi-septembre à mi-octobre. 20 F. ☎ 05 53 52 55 43.

Château de JUSSY-CHAMPAGNE

Visite accompagnée (3/4 h) tous les jours de 13 h 30 à 19 h du 8 juillet au 21 août. 30 F. ☎ 02 48 25 00 61.

L

LANGÉ

Musée géologique et paléontologique – Visite accompagnée (1/2 h) tous les jours pendant les vacances scolaires. Le reste de l'année sur demande préalable à la mairie. Entrée gratuite. ☎ 02 54 40 80 09 (mairie).

Château de LASTOURS

Visite libre ou accompagnée (1/2 h) tous les jours (sauf le lundi) de 10 h à 19 h de mi-juillet à août ; le week-end et les jours fériés de mars à mi-juillet et de septembre à novembre. 10 F (libre) ; 15 F (accompagnée). ☎ 05 55 58 38 47.

Commanderie de LAVAUFRANCHE

Visite accompagnée (1 h) tous les jours de 14 h à 18 h de juillet à mi-septembre (de 14 h à 18 h le dimanche et les jours fériés). 30 F (adulte) ; 15 F (enfant). ☎ 05 55 65 07 62.

LEVROUX

ℹ rue Gambetta – 36110 – ☎ 02 54 35 70 54

Musée du Cuir et du Parchemin – Visite libre ou accompagnée (1 h 1/2) tous les jours de 10 h 30 à 12 h 30 et de 15 h à 19 h en juillet et août. 10 F. ☎ 02 54 35 83 58.

LIGNIÈRES

Château – ♿ Visite libre ou accompagnée (3/4 h) tous les jours de 10 h à 12 h 15 et de 14 h à 19 h de juillet à septembre ; de 14 h à 18 h d'avril à juin et d'octobre à début novembre. 25 F (visite libre) ; 40 F (visite accompagnée). ☎ 02 48 60 07 08 (en saison) ou 02 48 60 16 13.

LIMOGES

ℹ boulevard de Fleurus – 87000 – ☎ 05 55 34 46 87

Visite guidée de la ville – De mi-juin à mi-septembre. S'adresser à l'Office de tourisme.

Musée de l'Évêché – Visite libre ou accompagnée (1 h 1/2) tous les jours de 10 h à 11 h 45 et de 14 h à 18 h de juillet à septembre ; tous les jours (sauf le mardi) de 10 h à 11 h 45 et de 14 h à 18 h en juin ; de 10 h à 11 h 45 et de 14 h à 17 h d'octobre à mai. Fermé les 1er janvier, 1er mai, 1er et 11 novembre, 25 décembre. Entrée gratuite. ☎ 05 55 34 44 09.

Musée de la Résistance – ♿ Visite tous les jours de 10 h à 11 h 45 et de 14 h à 18 h de juillet à mi-septembre ; tous les jours (sauf le mardi) aux mêmes horaires en juin ; idem mais de 14 h à 17 h de mi-septembre à mai. Fermé les 1er janvier, 1er mai, 1er et 11 novembre, 25 décembre. Entrée gratuite. ☎ 05 55 34 44 09.

Vestiges de l'abbaye St-Martial – Visite accompagnée (1/2 h) tous les jours de 9 h 30 à 12 h et de 14 h 30 à 19 h de juillet à septembre. Entrée gratuite. ☎ 05 55 34 46 87 (musée municipal) ou à l'Office de tourisme.

Maison traditionnelle de la Boucherie – Visite tous les jours de 10 h à 13 h et de 15 h à 19 h de juillet à septembre. Entrée gratuite. ☎ 05 55 34 46 87.

Musée National Adrien-Dubouché – Visite libre ou accompagnée (1 h 1/4) tous les jours (sauf le mardi) de 10 h à 17 h 45 en juillet et août ; de 10 h à 12 h et de 13 h 30 à 17 h 45 de septembre à juin. 22 F (en semaine) ; 15 F (le dimanche) ; entrée gratuite (enfant). ☎ 05 55 33 08 50.

Aquarium du Limousin – ♿ Visite libre ou accompagnée (1 h 30) tous les jours de 9 h 30 à 19 h en juillet et août ; de 9 h 30 à 12 h et de 14 h à 19 h de septembre à juin. 35 F (adulte) ; 25 F (enfant). ☎ 05 55 33 57 33.

Four des Casseaux – Visite libre ou accompagnée (1 h) tous les jours (sauf le week-end) de 14 h à 17h 30 de mi-avril à mi-octobre. Entrée gratuite. ☎ 05 55 34 43 16.

F.R.A.C. – ♿ Visite accompagnée le 1er samedi du mois (1 h) ou tous les jours (sauf le dimanche et le lundi) de 12h (14h le samedi) à 19h. Fermé les jours fériés. 10 F. ☎ 05 55 77 08 98.

Musée des distilleries Limougeaudes – ♿ Visite libre ou accompagnée (1 h) tous les jours (sauf le lundi et le dimanche) de 8h à 12h et de 14h à 18h. Fermé les jours fériés. Entrée gratuite. ☎ 05 55 77 23 57.

S. Sauvignier/MICHELIN

Limoges – Four des Casseaux

Musée de l'automobile – ♿ Visite libre ou accompagnée (1 h) tous les jours de 10h à 12h et de 14h à 18h. Fermé les 1er janvier et 25 décembre. 35F (adulte) ; 25F (enfant). ☎ 05 55 35 43 83.

LUBERSAC

Église St-Étienne – Visite le dimanche après l'office de 11 h ou après demande préalable auprès du Dr Ducloux, place de l'Église. ☎ 05 55 73 51 80.

LUÇAY-LE-MÂLE

Musée de la Pierre à Fusil – ♿ Visite libre ou accompagnée (1 h 1/2) tous les jours de 10h à 12h et de 14h à 18h 30 d'avril à septembre ; le week-end de 10h à 12h et de 14h à 18h 30 d'octobre à novembre. Le reste de l'année sur demande préalable à la mairie. 15F (adulte) ; entrée gratuite (enfant). ☎ 02 54 40 51 11 (musée) et 02 54 40 43 31 (mairie).

M

Moulin de MALESSE

♿ Visite accompagnée (3/4h) tous les jours à 15h, 16h et 17h en juillet et août. 20F. ☎ 05 55 28 21 01.

Village de MASGOT

Visite accompagnée (3/4h) tous les jours en juillet et août de 14h à 18h 30 ; le reste de l'année sur demande préalable. 10F (vidéo, exposition et musée). Le village est aussi en visite libre toute l'année (entrée gratuite). ☎ 05 55 66 98 88.

Château de MAUPAS

Visite accompagnée (3/4h) tous les jours de 10h à 12h et de 14h à 19h de juillet à la 1re semaine de septembre ; de 14h à 19h de Pâques à juin et de la 1re semaine de septembre à mi-octobre. 35F (adulte) ; 20F (enfant). ☎ 02 48 64 41 71.

Château du MÉE

En travaux, chantier interdit au public.

MEHUN-SUR-YÈVRE

ℹ place du 14-Juillet – 18500 – ☎ 02 48 57 35 51

Centre régional des métiers d'art « Les grands moulins » – Visite tous les jours de 10h à 12h et de 14h à 18h en juillet et août ; le week-end et les jours fériés de 14h à 18h de mars à juin et d'octobre à décembre. Fermé en janvier et février. 20F (ce billet est jumelé avec celui du château). ☎ 02 48 57 36 84.

Château-Musée Charles VII – Mêmes conditions que le Centre régional des métiers d'art (voir ci-dessus).

Château de MEILLANT

Visite accompagnée (3/4 h) tous les jours de 9 h à 11 h 45 et de 14 h à 18 h 45 de mi-mars à mi-octobre. Le reste de l'année de 9 h à 11 h 45 et de 14 h à la tombée de la nuit. Fermé de mi-décembre à janvier. 40 F (adulte) ; 20 F (enfant). ☎ 05 48 63 30 68 ou 05 48 63 32 05.

Château de MENETOU-SALON

Visite accompagnée (1 h 1/4) tous les jours de 10 h à 18 h 30 en juillet et août ; tous les jours (sauf le mardi) de 10 h à 12 h et de 14 h à 18 h 30 de Pâques à juin et en septembre. 50 F (adulte) ; entrée gratuite (-16 ans). ☎ 02 48 64 80 16 ou 02 48 64 80 54.

Tours de MERLE

Visite tous les jours de 10 h à 13 h en juillet et août ; tous les jours de 14 h à 18 h en mai, juin et septembre ; tous les après-midi pendant les vacances scolaires ; le dimanche et les jours fériés de 14 h à 18 h de février à avril et d'octobre à décembre. 23 F. Animation médiévale tous les jours de 14 h 30 à 18 h 30 de mi-juillet à mi-août. 40 F. Un son et lumière est organisé tous les soirs de mi-juillet (à 22 h 30) à août (22 h) ; tous les samedis en juin (22 h 30) et septembre (21 h), se renseigner. ☎ 05 55 28 22 31.

MEYMAC

ℹ place de la Fontaine – 19250 – ☎ 05 55 95 18 43

Visite guidée de la ville – S'adresser à l'Office de tourisme.

Église abbatiale – Visite libre tous les jours de l'année ou accompagnée le mardi et le vendredi de 10 h à 12 h en juillet et août.

Fondation Marius-Vazeilles – ♿ Visite libre ou accompagnée (1 h 1/2) tous les jours (sauf le mardi) de 10 h à 12 h et de 14 h 30 à 18 h 30 de mai à octobre. 15 F.

Centre d'Art contemporain – Visite libre ou accompagnée (1 h) tous les jours (sauf le mardi) de 10 h à 12 h et de 14 h à 19 h en juillet et août ; du lundi au vendredi (sauf mardi) de 14 h à 18 h, le week-end et les jours fériés de 10 h à 12 h et de 14 h à 18 h de septembre à juin. Fermé en décembre et janvier. 25 F. ☎ 05 55 95 23 30.

MÉZIÈRES-EN-BRENNE

ℹ O.T.S.I. « Le Moulin » – 36290 – ☎ 02 54 38 12 24

Maison de la Pisciculture – Visite tous les jours (sauf le mardi) de 14 h à 18 h de mars à octobre ; de 14 h à 17 h de novembre à février. Fermé les 1er janvier, 1er mai et 25 décembre. 12 F. ☎ 02 54 38 12 99.

La MOTTE-FEUILLY

Église – Visite tous les jours de Pâques à la Toussaint. ☎ 02 54 31 41 34.

MOUTIER-D'AHUN

Église – Visite accompagnée tous les jours de 9 h à 12 h et de 14 h à 18 h. Église illuminée en juillet et août (les week-ends et jours fériés). 12 F. ☎ 05 55 62 45 63 (mairie).

N

NANÇAY

Grenier de Villâtre – musée imaginaire du Grand Meaulnes – Visite libre ou accompagnée (1 h) le week-end et les jours fériés de 9 h 30 à 12 h 30 et de 14 h 30 à 19 h 30, les jours de la semaine sur demande préalable (1 semaine avant) de la troisième semaine de mars à mi-décembre. 20 F (adulte) ; entrée gratuite (enfant). ☎ 02 48 51 80 22.

Station radioastronomique – Visite accompagnée (2 h) à 14 h 30 le deuxième samedi de chaque mois, uniquement sur demande écrite. « Ciel ouvert à Nançay » – Mairie – 18330 Nançay. Entrée gratuite. ☎ 02 48 51 82 41.

NEDDE

Visite tous les jours de 10 h à 13 h et de 14 h 30 à 18 h 30 de mi-juin à mi-septembre. 22 F (adulte) ; 12 F (enfant). ☎ 05 55 69 95 22.

NEUVIC

ℹ rue de la Poste – 19160 – ☎ 05 55 95 88 78

Musée de la Résistance Henri-Queuille – ♿ Visite tous les jours de 10 h à 12 h et de 15 h à 18 h de mai à octobre. 10 F. ☎ 05 55 95 96 87.

NEXON

ℹ conciergerie du Château – 87800 – ☎ 05 55 58 28 44

Château – Visite accompagnée (château, anciennes écuries, église : 1 h 30) le mardi, le jeudi et le vendredi à 17 h de juillet à mi-septembre. 10 F. ☎ 05 55 58 28 44 (Office de tourisme du Pays de Nexon).

Église – Visite libre tous les jours de 10 h à 12 h et de 14 h à 18 h ou accompagnée le mardi, jeudi et vendredi à 17 h en juillet et août. Le reste de l'année, visite seulement le dimanche matin. ☎ 05 55 58 28 44 (Office de tourisme).

NOHANT

Château – Visite accompagnée (1 h) tous les jours de 9h à 19h 30 (fermeture de la billetterie à 18h 30) en juillet et août ; de 9h à 12h 15 et de 14h à 18h 30 (fermeture de la billetterie à 11h 15 et 17h 30) d'avril à juin et de septembre à mi-octobre ; de 10h à 12h et de 14h à 16h 30 (fermeture de la billetterie à 11h et 15h 30) de mi-octobre à mars. Fermeture les 1er janvier, 1er mai, 1er et 11 novembre, 25 décembre. 32F (adulte) ; 21F (enfant). ☎ 02 54 31 06 04.

NOHANT-EN-GRAÇAY

Église St-Martin – Visite tous les jours de 10h à 18h de mi-juin à mi-septembre. ☎ 02 48 51 23 63.

Abbaye de NOIRLAC

Visite libre ou accompagnée (3/4h) tous les jours de 9h 45 à 18h 30 (fermeture de la billetterie à 17h 30) en juillet et août ; de 9h 45 à 12h et de 13h 45 à 18h 30 (fermeture de la billetterie à 11h 30 et 17h 30) d'avril à juin et en septembre ; tous les jours (sauf le mardi) de 9h 45 à 12h et de 13h 45 à 17h (fermeture de la billetterie à 11h 30 et 16h 30) d'octobre à mars. Fermé les 1er janvier et 25 décembre. 35F (adulte) ; 20F (enfant). ☎ 05 48 96 23 64.

NONTRON

ℹ rue de Verdun – 24300 – ☎ 05 53 56 25 50

Musée de la Poupée et du Jouet – Visite tous les jours de 10h à 19h en juillet et août ; tous les jours (sauf le mardi) de 10h30 à 12h et de 14h à 18h30 de mai à juin et en septembre ; de 14h à 18h de mars à avril et d'octobre à novembre. 30F (adulte) ; 15F (enfant). ☎ 05 53 56 20 80.

Moulin de NOUAN

Visite accompagnée (1/4h) tous les jours (sauf le lundi) de 14h 30 à 19h de la 1re semaine de juin à la 1re semaine de septembre ; le dimanche et jours fériés de 14h 30 à 18h de mars à début juin et de début septembre à mi-novembre. 10F. ☎ 02 54 03 18 72 ou 02 48 61 13 58.

O

ORADOUR-SUR-GLANE

ℹ place du Champ-de-Foire – 87520 – ☎ 05 55 03 13 73

Ruines – ♿ Visite libre tous les jours de 9h à 12h et de 14h à 19h d'avril à septembre ; de 9h à 12h et de 14h à 17h d'octobre à mars. Fermé les 1er janvier, 1er mai et 25 décembre. Entrée gratuite. ☎ 05 55 03 13 73 (Office de tourisme).

Jardins du prieuré N.-D. d'ORSAN

Visite libre ou accompagnée (1 h) tous les jours de 10h à 19h de mi-juin à mi-septembre ; idem le week-end et les jours fériés de fin avril à mi-juin et de mi-septembre à début novembre. 40F (adulte) ; 30F (enfant). ☎ 02 48 56 27 50.

Jardins du prieuré N.-D. d'Orsan

Jardins du prieuré N.-D. d'Orsan

P

PALLIER

Chapelle et maison des Chevaliers – Visite accompagnée (1 h 1/4) tous les jours à 14h 30, 16h, 17h 30 en juillet et août ; idem les deux derniers week-ends de juin et les trois premiers week-ends de septembre. 25 F (adulte) ; entrée gratuite (enfant). ☎ 05 55 67 91 73.

PALLUAU-SUR-INDRE

ℹ place de Frontenac – 36500 – ☎ 02 54 38 53 03

Ancienne collégiale – Accès momentanément fermé au public (arrêté municipal).

Château – Visite accompagnée (1/2 h) tous les jours (sauf le lundi) de 10h à 12h et de 15h à 17h 30 de juillet à septembre (sous réserve de travaux dans le château, se renseigner). 20 F. ☎ 02 54 38 54 57.

PELLEVOISIN

ℹ 36180 – ☎ 02 54 39 00 68

Musée Giraudoux-Bernanos-Estelle Faguette – Visite tous les jours (sauf le dimanche après-midi) de 10h à 12h et de 15h à 18h de juillet à mi-septembre. Entrée gratuite. ☎ 02 54 39 00 68 (Office de tourisme).

PERPEZAC-LE-BLANC

Astropole – ♿ *Visite tous les jours (sauf le lundi) de 16h à 19h. Observation du ciel de 21 h à l'aube. Conditions de visite soumises aux exigences de la météorologie (réservation conseillée). 30 F. ☎ 05 55 25 17 88.*

Château du PLAIX

Visite les week-ends de 14h à 19h de mi-juin à mi-septembre. Autres jours (en saison) se renseigner. 20 F (adulte) ; entrée gratuite (enfant). ☎ 02 48 60 22 14 ou 02 48 65 99 28.

PRISSAC

Musée du Machinisme agricole – ♿ Visite libre ou accompagnée (2 h) d'avril à octobre de 14h à 19h. Le reste de l'année sur demande préalable (8 jours à l'avance) auprès de M. Pierre Cotinat 36370 Prissac. 20 F. ☎ 02 54 25 01 51.

Château de PRUNE-AU-POT

Pour des raisons de sécurité, le château est momentanément fermé au public. Se renseigner sur une possible réouverture. ☎ 02 54 25 41 20.

R

REYGADE

Mise au tombeau – ♿ Visite libre tous les jours de 9h à 22h. 10 F (en juillet et août). ☎ 05 55 28 50 19 (mairie).

Rochechouart – Le château

Château de ROCHEBRUNE

Visite (3/4h) tous les jours de 10h à 12h et de 14h à 19h en juillet et août ; tous les jours (sauf le mardi) de 14h à 18h en juin et en septembre ; le dimanche et les jours fériés de 14h à 18h en mai. 30F (adulte) ; 12F (enfant). ☎ 05 45 89 08 29 (Office de tourisme).

ROCHECHOUART

ℹ O.T.S.I. 6, rue Victor-Hugo – 87600 – ☎ 05 55 03 72 73

Musée départemental d'Art contemporain – Visite libre ou accompagnée (1 h 1/2) tous les jours (sauf le mardi) de 10h à 12h 30 et de 13h 30 à 18h de la troisième semaine de juin à septembre ; tous les jours (sauf le lundi et le mardi) de 14h à 18h de la troisième semaine de mars à la troisième semaine de juin et d'octobre à décembre. Fermé de janvier à la troisième semaine de mars. 15F. ☎ 05 55 03 77 77.

S

Château de SAGONNE

Visite accompagnée (3/4h) tous les jours de 10h à 12h et de 14h à 18h de juillet à septembre ; les week-ends et jours fériés de 14h à 18h d'avril à juin et d'octobre à la Toussaint. 35F (adulte) ; 15F (enfant). ☎ 02 48 80 01 27 ou 01 47 33 59 25.

ST-AMAND-MONTROND

ℹ place de la République – 18200 – ☎ 02 48 96 16 86

Musée St-Vic – Visite libre ou accompagnée (1h) tous les jours (sauf le mardi et le dimanche matin) de 10h à 12h et de 14h à 18h de septembre à juin ; de 13h à 19h 30 en juillet et août. Fermé les 1er janvier, 1er mai et 25 décembre. 11F. ☎ 02 48 96 55 20.

ST-BENOÎT-DU-SAULT

ℹ 36170 – ☎ 02 54 47 57 91

Le jardin des Merveilles (musée Jean-Rémo) – Visite accompagnée (2h) tous les jours de 14h à 18h (dernière entrée à 17h) de mi-avril à la 1re semaine d'octobre. Le reste de l'année sur demande préalable. 30F (saison) ; 15F (hors saison). ☎ 02 54 47 56 63.

ST-CHARTIER

Parc du Château – Visite tous les jours (documentée par panneaux). 5F. ☎ 02 54 31 10 17.

ST-GENOU

Église – Visite tous les jours (sauf le dimanche) de 8h à 18h. ☎ 02 54 38 42 05.

ST-GERMAIN-LES-BELLES

ℹ Complexe touristique de Montréal – 87380 – ☎ 05 55 71 88 65

Église – Visite libre tous les jours de 9h à 17h 30 ou accompagnée le mercredi à 11h et le dimanche à 15h en juillet et août. Se renseigner à l'Office de tourisme. ☎ 05 55 71 88 65.

ST-JUNIEN

ℹ place du Champ-de-Foire – 87200 – ☎ 05 55 02 17 93

Collégiale St-Junien – Visite tous les jours (sauf le dimanche après-midi) de 8h à 12h et de 14h à 18h. ☎ 05 55 02 12 52.

Chapelle N.-D.-du-Pont – Visite tous les jours de 9h à 12h et de 14h à 18h d'avril à septembre. ☎ 05 55 02 33 70.

ST-LÉONARD-DE-NOBLAT

ℹ rue Roger-Salengro – 87400 – ☎ 05 55 56 25 06

Visite guidée de la ville – Le vendredi à 10h en juillet et août (2h). Sur demande préalable le reste de l'année. 15F. Se renseigner à l'Office de tourisme.

Musée Gay-Lussac – Visite libre ou accompagnée (1h) tous les jours de 10h 30 à 12h 30 et de 14h à 18h en juillet et août ; de 14h à 18h d'avril à juin et de septembre à octobre. Le reste de l'année sur demande préalable (48h avant) auprès de l'Office de tourisme ou de la mairie. 10F. ☎ 05 55 65 25 06 (OT) ou 05 55 56 00 13 (mairie).

Historail – Visite libre ou accompagnée (1h) tous les jours de 14h à 18h en juillet et août ; tous les jours (le week-end et les jours fériés sur demande préalable) d'avril à juin et de septembre à mi-novembre. Le reste de l'année sur demande préalable. 25F (adulte) ; 10F (enfant). ☎ 05 55 56 11 12.

ST-MARCEL

Fouilles archéologiques – ♿ Visite toute l'année. Entrée gratuite. ☎ 02 54 24 47 31 (Musée d'Argentomagus).

Musée archéologique d'Argentomagus – ♿ Visite tous les jours (sauf le mardi) de 9h 30 à 12h et de 14h à 18h de mai à octobre ; de 10h à 12h et de 14h à 17h de novembre à avril. Fermé les 1er janvier et 25 décembre. 20 F (adulte) ; 10 F (enfant). ☎ 02 54 24 47 31. Espace tactile pour non-voyants et indications partielles en braille.

ST-VAURY

Église – Visite tous les jours (sauf le mercredi) de 9h à 18h 30. ☎ 05 55 80 20 17.

ST-YRIEIX-LA-PERCHE

ℹ mairie – 87500 – ☎ 05 55 75 00 04

Musée de Porcelaine – ♿ Visite tous les jours de 10h à 18h en juillet et août ; tous les jours (sauf le dimanche) de 9h à 12h et de 14h à 18h. Fermé les jours fériés. Entrée gratuite. ☎ 05 55 75 10 38.

Les SALLES-LAVAUGUYON

Église St-Eutrope – Visite libre toute l'année ou accompagnée de 10h à 12h 30 et de 14h 30 à 18h 30 de juillet à septembre. ☎ 05 55 00 30 68 (mairie).

SANCERRE

ℹ avenue de Verdun – 18300 – ☎ 02 48 54 00 26

Tour des Fiefs – Visite de 14h à 18h le week-end et les jours fériés de mars à début novembre. Entrée gratuite. ☎ 02 48 54 24 23.

Château de SARZAY

Visite libre ou accompagnée (1 h) tous les jours de 10h à 19h en juillet et août ; de 10h à 12h et de 14h à 19h de septembre à juin. 30 F (adulte) ; 15 F (enfant). ☎ 02 54 31 32 25.

Forge de SAVIGNAC-LÉDRIER

Le site est en cours de restauration ; fermé à la visite pendant la durée des travaux.

Château de SÉDIÈRES

Visite accompagnée (3/4h)) tous les jours de 10h à 12h et de 14h à 19h en juillet et août. Le reste de l'année sur demande préalable. Fermé les 3 premières semaines de septembre. 20 F. ☎ 05 55 27 76 40.

SÉGUR-LE-CHÂTEAU

ℹ 19230 – ☎ 05 55 98 72 45

Visite guidée de la ville – S'adresser à l'Office de tourisme.

SOLIGNAC

ℹ place Dubreuil – 87110 – ☎ 05 55 00 42 31

Église abbatiale – Visite tous les jours (sauf pendant les offices) de 8h à 19h (17h l'hiver). Possibilité de commentaire à l'aide d'un baladeur et de sa cassette (location au Syndicat d'initiative 10 F). ☎ 05 55 00 42 31 (SI) ou 05 55 00 50 28 (presbytère).

La SOUTERRAINE

ℹ place de la Gare – 23300 – ☎ 05 55 63 10 06

Crypte – Visite tous les jours de 10h à 12h et de 14h à 18h en juillet et août. Le reste de l'année sur demande préalable, s'adresser à l'Office de tourisme. ☎ 05 55 63 10 06.

SPONTOUR

La Dordogne en Gabare – En juillet et août tous les jours ; d'avril à juin et de septembre à octobre, se renseigner. ☎ 05 55 27 68 05. Trois autres points d'embarquement sont mis à disposition sur les sites du Chastang, du Pont de Chambon et de Chalvignac.

T

Château du THÉRET

Visite accompagnée (3/4h) tous les jours de 10h à 19h de juin à septembre. Le reste de l'année sur demande préalable. 25 F (adulte) ; entrée gratuite (enfant). ☎ 05 55 80 01 35.

TREIGNAC

ℹ place de la République – 19260 – ☎ 05 55 98 15 04

Visite guidée la ville – S'adresser à l'Office de tourisme.

Maison Marc-Sangnier – Visite accompagnée (1 h) tous les jours de 10h à 12h et de 16h à 19h en juillet et août. Le reste de l'année sur demande préalable (10 jours). 15 F. ☎ 05 55 98 01 56 ou 05 55 98 01 22.

TULLE

ℹ 2, place Émile-Zola – 19000 – ☎ 05 55 26 59 61

Musée du Cloître – Visite tous les jours (sauf le mercredi matin et le samedi matin) de 9h à 12h et de 14h à 18h d'avril à septembre ; idem mais fermeture à 17h d'octobre à mars. Fermé les 1er janvier, 1er mai, 1er novembre et 25 décembre. 12F. ☎ 05 55 26 22 05.

TURENNE

Château – Visite accompagnée (3/4h) tous les jours de 9h à 12h et de 14h à 19h de juin à septembre ; de 10h à 12h et de 14h à 18h d'avril à mai et en octobre ; le dimanche de 14h à 17h de novembre à mars. Fermé de Noël au jour de l'An. 15F. ☎ 05 55 85 91 87.

U

USSEL

ℹ 19200 – ☎ 05 55 72 11 50

Musée du Pays d'Ussel (Hôtel Bonnot de Bay) – Visite tous les jours de 10h à 12h et de 14h à 19h en juillet et août. Le reste de l'année sur demande préalable (2 jours avant) à la mairie. Entrée gratuite. ☎ 05 55 46 54 00 (mairie).

UZERCHE

ℹ mairie – 19140 – ☎ 05 55 73 15 71

Centre régional de documentation sur l'archéologie du paysage – Visite tous les jours (sauf le lundi matin) de 10h 30 à 12h 30 et de 14h 30 à 18h 30 de mi-juin à mi-septembre. 10F. ☎ 05 55 73 26 07.

V

Château de VALENÇAY

Château – Visite tous les jours de 10h à 19h en juillet et août ; de 10h à 18h de mi-mars à juin et de septembre à mi-novembre. Le reste de l'année de 10h à 12h 30 et de 13h 30 à 17h 30 le week-end et pendant les vacances scolaires. 42F (adulte) ; 32F (enfant). ☎ 02 54 00 10 66.

Parc – Billet jumelé avec celui du château.

Musée de l'Automobile du Centre – Billet jumelé avec celui du château.

VARAIGNES

ℹ château de Varaignes – 24360 – ☎ 05 53 56 35 76

Atelier-Musée des Tisserands et de la Charentaise du Haut-Périgord Limousin – Visite libre ou accompagnée (3/4h) tous les jours (sauf le dimanche matin) de 10h à 12h et de 14h à 18h de mai à octobre ; de 10h à 12h et de 14h à 17h de novembre à avril. Fermé les 1er janvier et 25 décembre. 15F. ☎ 05 53 56 35 76.

Abbaye de VARENNES

Visite accompagnée (20 mn) tous les jours (sauf le mercredi) de 13h 30 à 19h 30 de début juillet à début septembre. Entrée gratuite. ☎ 01 47 04 68 64.

Lac de VASSIVIÈRE

ℹ maison du tourisme – Île de Vassivière – 87120 – ☎ 05 55 69 76 70

Visite guidée de l'île de Vassivière – Histoire du lac et du Pays de Vassivière, tous les jours (sauf le week-end) à 16h en juillet-août. 10F. ☎ 05 55 69 76 70.

Vedettes d'excursions – Promenade sur le lac à bord de l'Escale IV (1h) tous les jours de Pâques à la Toussaint (hors saison, il est conseillé de se renseigner, le bateau ne quittant le quai qu'avec un nombre minimum de passagers). 38F. ☎ 05 55 69 41 35.

Centre d'Art contemporain – Visite libre ou accompagnée (de juillet à mi-septembre et le mercredi à 16h) tous les jours de 11h à 13h et de 14h à 19h de mi-juin à mi-octobre ; tous les jours (sauf le lundi) de 11h à 13h et de 14h à 18h de mi-octobre à mi-juin. Fermé la première quinzaine de janvier et le 25 décembre. 15F. ☎ 05 55 69 27 27.

Parc de sculpture – Accès libre toute l'année ; visite accompagnée liée à celle du Centre d'art contemporain (voir ci-dessus).

Château de la VERRERIE

ℹ 26, place Paul Vaillant-Couturier – 18100 – ☎ 02 48 52 65 24

Visite accompagnée (3/4h) tous les jours de 10h à 19h de mi-février à mi-novembre. 35F (adulte) ; 25F (enfant). ☎ 02 48 81 51 60.

Centre d'art contemporain de Vassivière

Château de VILLEGONGIS

Visite accompagnée (2 h) sur demande préalable (baronne Philippe de Montesquieu, Château de Villegongis, 36110 Levroux) d'avril à septembre. 30 F (adulte) ; entrée gratuite (enfant). La visite du parc du château est permanente et gratuite. ☎ 02 54 36 60 51.

Château de VILLEMONTEIX

Visite accompagnée (1 h) tous les jours de 10 h à 12 h et de 14 h à 19 h de juillet à septembre ; de 14 h à 19 h de Pâques à juin et d'octobre à la Toussaint. Le reste de l'année sur demande préalable. 23 F (adulte) ; 10 F (enfant). ☎ 05 55 62 33 92.

Index

Aubusson *Creuse*......... Ville, sites, curiosités et régions touristiques.
Alain Fournier.............. Noms historiques et termes faisant l'objet d'une explication.
Les curiosités isolées (abbayes, barrages, cascades, châteaux, gorges, monts, vallées...) sont répertoriées à leur nom propre.

A

B

C

D

E

F

G

H

I

J

L

M

N

O

P – Q

R

S

T

U

V

X – Y – Z

MANUFACTURE FRANÇAISE DES PNEUMATIQUES MICHELIN

Société en commandite par actions au capital de 2 000 000 000 de francs

Place des Carmes-Déchaux – 63 Clermont-Ferrand (France)

R.C.S. Clermont-Fd B 855 200 507

Dépôt légal 10/1997 – ISBN 2-06-030504-7 – ISSN 0293-9436

Printed in the EU 10-1997/1

Photocomposition : NORD COMPO, Villeneuve-d'Ascq

Impression et brochage : KAPP LAHURE JOMBART, Évreux

Illustration de la couverture par Gérard RADEGONDE

Collection Guides Verts Michelin

Titres France

MICHELIN